교회의 역사를 바꾼

9가지 신학 논쟁

도날드 K. 맥킴 지음 | 장종현 옮김

UCN

교회의 역사를 바꾼
9가지 신학 논쟁

Theological Turning Points
— Major Issues in Christian Thought —

ⓒ Copyright John Knox Press 1988
Korean copyright ⓒ 2005 by The United Christian Newspapers
Translated by permission of John Knox Press
through the arrangement of KCBS Inc., Seoul, Korea

이 책의 한국어 저작권은 KCBS를 통해 미국 존 낙스 출판사와
독점 계약한 기독교연합신문사가 소유합니다.
저작권법에 의하여 한국 내에서 보호를 받는 저작물이므로
무단 전재와 복제를 금합니다.

역자 서문

교회사는 이중적이다. 무엇보다도 교회사는 성령의 역사의 결과이자 작품이다. 교회사의 주체는 처음부터 지금까지 성령이셨다. 그러나 또한 교회사는 교회에 제기된 문제들에 대한 신자들의 반응의 역사이기도 하다. 매 시대마다 교회에는 수많은 문제들이 있었다. 그리고 각 시대의 신자들은 그 문제들에 대해 나름의 믿음과 의식을 갖고 반응했다.

교회에 제기된 문제들 중 일부는 교회의 삶과 관련해 매우 중요했다. 때로 그런 문제들은 신자들 간의 상호 이해와 절충을 통해 해결되기도 했다. 그러나 때로는 아무리 애를 써도 합의점을 찾을 수 없을 만큼 심각한 문제들이 제기되어서 교회를 큰 혼란에 빠뜨리기도 했다. 그럴 때마다 교회 안에는 서로 다른 의견을 지닌 신자들 사이에 치열한 논쟁이 벌어졌다. 교회가 그런 논쟁을 통해 어떤 결론에 이르렀든 간에, 그런 결론은 그 이후의 교회의 삶에 크고 작은 변화를 가져 왔다. 즉 각각의 논쟁들은 교회의 삶의 모습과 방향을 바꾸는 전환점의 역할을 했다.

이 책은 교회의 삶의 방향을 크게 바꾸어 놓았던 몇 가지 신학 논쟁들에 대한 이야기다. 오늘 우리가 고백하는 신앙은 어느 날 갑자기 잘 정제된 상태로 하늘에서 떨어진 것이 아니다. 그것은 어려운 상황 속에서 믿음을 지키고자 애썼던 신앙의 선조들이, 때로는 다른 생각을 지닌 이들과 목숨을 걸고 싸우면서, 또 때로는 비본질적인 부분들에 대해 타협하고 절충하면서 만들고 지켜온 투쟁과 타협과 절충의 산물이다.

이 책을 읽는 가장 효과적인 방법은 각각의 논쟁을 말 그대로 '논쟁(論爭)이라는 견지에서 읽는 것이다. 무엇보다 교회가 왜 그런 문제들을 놓고 그렇게 심각한 논쟁을 벌여야 했는지를 이해할 필요가 있다. 동일한 신앙을 고백하는 사람들의 입장이 얼마나 다를 수 있는지를 살펴보는 것도 필요하다.

정통 신앙을 보수하는 것은 매우 중요하다. 하지만 그 신앙과 다른 주장을 했던 이들의 입장에 대한 충분한 그리고 공감적인 이해가 없이는, 우리의 신앙과 신학은 유연성을 잃고 경직되어 자기 속으로만 파고들 위험이 있다. 논쟁에는 상대가 있다. 그리고 복음을 전파할 사명을 지닌 오늘 우리에게도 마주해야 할 상대가 있다.

오랜 세월 신학을 공부하고 가르쳐 온 사람으로서 이런 책의 필요성을 절감하고 있었다. 이 책은 신학도로서 혹은 교회 안에 있는 기독교인으로서 반드시 알아야 할 기본적인 교리들을 다룬다. 교리에 대한 올바른 이해는 건강한 신앙과 신학을 위해 절대적으로 필요하다.

이 책의 장점들 중 하나는 독자들에게 단순히 교리들을 소개하는 것이 아니라 그 교리들의 형성 과정에 대한 이야기를 곁들임으로써 신학적 사유의 즐거움을 맛보게 해준다는 것이다. 이 책이 이 땅의 신학도들에게 — 특히 이제 막 신학 공부를 시작한 이들에게 — 신학의 깊이와 기쁨을 알게 해주는 작은 선물이 되기를 바란다. 쉽지 않은 책의 편집에 공을 들인 기독교연합신문사 출판국 편집진에게 감사의 마음을 전한다.

2005년 4월
장종현

머리말

내가 핀레이슨(R. A. Finlayson)이 쓴 『신학 이야기』(*The Story of Theology*, 1963)라는 작은 책을 구입한 것은 거의 20여 년 전의 일이다. 모두 6개의 장으로 이루어진 그 책은 평신도들을 위한 기독교 교리사 강의였다. 나는 그 책을 통해서 처음으로 기독교 교리의 발전 과정 속에 어떤 내적인 논리가 있다는 것을 알게 되었다. 그 책에서 핀레이슨은, 제임스 오르(James Orr)의 주저인 『도그마의 발전』(*The Progress of Dogma*, 1901)의 논조를 따라, 교리의 '역사적 발전'에 관해 말했다. 오르는 교리의 발전이 "그것을 역사적일 뿐 아니라 과학적으로 만드는 어떤 논리적 질서"를 따른다고 주장한 바 있었다.

핀레이슨의 책은 나에게, 교회가 먼저 삼위일체론을 통해, 그 다음에 기독론을 통해, 그 다음에 인간론을 통해, 그 다음에 … 하는 식으로 기독교 신앙의 어떤 측면을 공고히 한 후 다시 다음 세대를 위한 새로운 질문과 쟁점들을 제시하면서 점차적으로 발전해 온 방식을 보여 주었다. 나는 추가적인 공부를 통해서 기독교 사상사 안에 있는 여러 가지 중요한 논쟁들에 대해 알게 되었다. 그 각각의 논쟁들은 이후의 논의들을 새로운 터전 위에 올려놓았던 기독교 교리의 발전에 있어서의 '전환점들'이었다.

　이 책에서 나는 그런 전환점들 중 몇 가지를 설명하고 중요한 교리들의 형성기에 있었던 발전과정을 추적하고자 한다. 그러므로 이 작업은 그 접근방식에 있어서 역사적인 동시에 조직적이다. 이 책은 다음 세 그룹의 사람들을 위해 쓰였다.

　첫째, 신학대학과 신학교 학생들은 이 책이 그들이 다른 책에서 읽거나 강의실에서 배우는 내용을 요약하는 데 유용하다는 것을 알게 될 것이다. 나는 각각의 주제들에 대한 추가적인 연구가 가능하도록 주(註)에다 광범한 문서자료들을 제공하고자 노력했다. 수많은 2차 자료들이 있지만, 본문에서 나는 오직 1차 자료들— 논의 중인 신학자나 문서들— 만을 인용했다.

　둘째, 평신도들은 이 책이 교회가 직면했던 몇 가지 중요한 신학적 쟁점들과 그런 쟁점들에 대한 우리의 견해를 형성해 온 몇 가지 중요한 진술들을 폭넓게 이해할 수 있는 유용한 도구임을 알게 될 것이다. 나는 신학적 지식이 거의 없는 사람들에게 신학의 역사를 소개하는 한 권으로 된 책이 꼭 필요하다고 느껴 왔다. 그런 교리들을 설명함에 있어서 내가 의도하는 것은, 그런 교리들이 어떻게 발전했는지에 초점을 맞추고, 해당 교리와 관련된 특별한 쟁점들에 대한 연구를 보다 수월하게 하는 것이다. 이 책에서는 각 장들이 각각의 교리적 발전을 추적하고 있다. 따라서 이 책은 장별로 읽는 것이 가장 자연스러울 수 있다. 또는 초대 교회나 어느 특정한 신학자가 쟁점이 되는 교리에 관해 무슨 말을 했는지 알아보기 위해서 역사적 시기별로 혹은 신학자별로 접근하는 것도 가능하다.

셋째, 나는 목회자들이 그들의 주일 설교에서 이 책에 실린 내용 중 몇 가지를 적절하게 인용하게 되기를 바란다. 더 나아가 이 책이 그들에게 교회가 어떻게 신학을 해왔는지에 대한 관심을—아마도 이런 관심은 그들이 신학교를 떠나는 순간부터 사라졌을 것이다—다시 일깨워 주기 바란다. 또한 그들이 교인들을 가르치거나 설교할 때, 이 책이 그들로 하여금 누가 무슨 말을 했는지 찾아보고 또한 교리의 의미와 그것의 현재적 적절성에 관해 생각하도록 자극하는 유용한 도구가 되기를 바란다.

나는 이 책을 준비하는 과정에서 수많은 사람과 자료들의 도움을 받았다. 기독교 사상사에 관해 글을 쓰는 사람들은 누구나 J. N. D. 켈리, 야로슬라프 페리칸, 라인홀드 시버그, 유스토 곤잘레스, 오토 헤익, 그리고 베른하르트 로쉐 같은 학자들의 작품이 절대 필요하다는 사실을 알 것이다. 그 모든 이들 뒤에는 위대한 교리사학자인 아돌프 폰 하르낙이 있다. 비록 이 책에서 직접 언급되지는 않지만, 그는 이 책에 실린 신학적 이해에 막대한 도움을 주었다.

그러나 무엇보다도 나는 내가 기독교 교리사를 배우고 사랑하도록 도움을 준 스승들에게 감사드린다. 잭 B. 로저스 박사, 러버트 S. 폴 박사, 아서 C. 코크레인 박사는 모두 나의 절친한 친구이자 탁월한 스승들이다. 또한 비교할 수 없는 교회사가이자 신학사가였던 고(故) 포드 루이스 배틀 박사는 내가 피츠버그 신학교에서 그에게 배울 때부터 나에게 지울 수 없는 영향을 주었다.

또한 나는 나의 가족인 린다조, 스티븐, 그리고 칼 맥킴에게 감사한다 — 그들은 매일 나에게 기독교 교리와 삶이 실제로 무엇을 의미하는지를 보여 주는 스승들이다.

나는 이 책을 나의 친구이자 담임목사였던 존 E. 카네스에게 바친다. 그는 나에게 기독교 신학을 소개해 준 사람이다. 그는 설교와 대화와 돌봄을 통해 내가 기독교 사상사에 대한 애정을 발전시키도록 도왔다. 나는 그에게 늘 깊이 감사드린다.

도날드 K. 맥킴

| 차 례 |

- 서론 ··· 21

제1장 삼위일체론 논쟁: 하나님은 누구인가? ·················· *27*

성경적 기초 ··· 30
하나님은 한 분이시다 / 30
하나님은 세 분이시다 / 33
니케아 공의회의 배경 ··· 36
사도적 교부들과 변증가들 / 37
이레니우스 / 40
터툴리안 / 42
오리겐 / 44
요약 / 46
전환점: 니케아 위기 ··· 47
아리우스 / 47
니케아 공의회 / 49
니케아 이후의 발전 상황 ··· 52
아타나시우스 / 53
갑바도기아 교부들 / 55
콘스탄티노플 공의회 / 57
어거스틴 / 58

제2장 기독론 논쟁 : 예수 그리스도는 누구인가? ·················· 63

　　성경적 기초 ··· 66
　　칼케돈 회의의 배경 ··· 71
　　　　초기 동향 / 71
　　　　변증가들과 2세기 신학자들 / 74
　　　　순교자 저스틴 / 74
　　　　멜리토와 이레니우스 / 75
　　　　터툴리안과 오리겐 / 77
　　　　아리우스와 니케아 공의회 / 81
　　　　아타나시우스 / 84
　　　　아폴리나리우스 / 86
　　　　갑바도기아인들의 반응 / 89
　　　　안디옥 기독론 : 데오도르 / 91
　　전환점 : 칼케돈 위기 ··· 94
　　　　네스토리우스 / 94
　　　　알렉산드리아의 키릴 / 98
　　　　에베소에서 유티케스까지 / 100
　　　　레오 1세 / 102
　　　　칼케돈 신조 / 104
　　칼케돈 이후 ··· 106

제3장 교회론 논쟁: 교회란 무엇인가? 109

성경적 기초 ··· 112
초기의 교회론 ··· 116
 사도적 교부들 / 117
 이레니우스 / 119
 터툴리안 / 120
 오리겐 / 122
전환점 1: 배교자들의 문제 ··· 123
 키프리안과 노바티안 / 126
전환점 2: 신비한 몸 ··· 130
 도나투스파 / 131
 어거스틴 / 133
어거스틴 이후 ··· 139

제4장 인간론 논쟁: 인간은 무엇인가? 141

성경적 기초 ··· 144
 구약 성경의 시각들 / 144
 신약 성경의 시각들 / 147

동방과 서방의 인간론 ⋯ 151
　초기의 인간론 / 151
　이레니우스 / 153
　터툴리안 / 154
　클레멘트와 오리겐 / 156
　4세기와 5세기의 인간론 / 157
　아타나시우스와 동방 신학자들 / 159
　암브로즈와 서방 신학자들 / 161
전환점: 펠라기우스와 어거스틴 ⋯ 161
인간은 무엇인가? ⋯ 167

제5장 구원론 논쟁: 우리는 어떻게 구원받는가? ⋯⋯⋯⋯⋯⋯ *169*

성경적 기초 ⋯ 173
초대 교회에서의 구원 ⋯ 179
　교화로서의 구원: 사도적 교부들과 변증가들 / 180
　회복으로서의 구원: 이레니우스 / 182
　배상으로서의 구원: 터툴리안 / 184
　승리로서의 구원: 오리겐 / 186
　신격화로서의 구원: 아타나시우스와 동방 신학자들 / 188

전환점 1: 어거스틴과 펠라기우스 … 191
　칭의로서의 구원 / 191
　오렌지 종교회의 / 198
전환점 2: 루터와 트렌트 공의회 … 200
　루터와 구원 / 201
　트렌트 공의회와 구원 / 206
차이점과 공통점 … 210

제6장 권위론 논쟁: 권위는 어디에 있는가? …………………… *213*

　성경적 기초 … 216
　초대 교회에서 권위의 근거들 … 219
　　정경: 구약과 신약 성경 / 219
　　신조들과 공의회들 / 224
　　교회 지도자 / 226
　중세 시대의 권위 … 229
　　교황직의 성장 / 229
　　성경과 전통 / 233
　전환점: 칼빈과 가톨릭주의 … 238
　　칼빈과 권위 / 240

가톨릭 교회와 권위 / 244
    이후의 발전 상황 … 247

  제7장 성례론 논쟁 I: 세례란 무엇인가? ························· ***249***

    성례의 본질 … 252
      성경적 기초 / 252
      성례의 용어 / 254
      성례의 수 / 256
      성례의 정의 / 257
    세례 … 269
      성경적 기초 / 269
      초대 교회에서의 세례 / 271
      중세 시대의 세례 / 277
      종교개혁기의 세례 / 280

  제8장 성례론 논쟁 2: 성찬은 무엇인가? ························ ***287***

    성경적 기초 … 289

초대 교회의 성찬 … 291
중세 시대의 성찬 … 299
종교개혁기의 성찬 … 305
  루터 / 306
  쯔빙글리 / 310
  칼빈 / 314

제9장 종말론 논쟁 : 하나님 나라란 무엇인가? ………………… *321*

성경적 기초 … 325
초기 종말론 … 330
  천년 왕국 / 330
  어거스틴의 천년 왕국 / 334
  어거스틴 이후의 하나님 나라 / 337
종교개혁기의 종말론 … 338
  루터 / 338
  칼빈 / 342
그 후의 종말론 … 345

제10장 오늘날의 신학적 전환점들 ··· *349*

  오늘날 하나님은 누구인가? ··· 351
  오늘날 예수 그리스도는 누구인가? ··· 354
  오늘날 교회는 무엇인가? ··· 356
  오늘날 인간은 무엇인가? ··· 358
  오늘날 구원은 무엇인가? ··· 360
  오늘날 권위는 어디에 있는가? ··· 362
  오늘날 성례는 무엇인가? ··· 365
  오늘날 하나님 나라는 무엇인가? ··· 367
  오늘날의 전환점 ··· 369

• 약어표 / 371
• 주(Notes) / 374
• 참고도서 목록 / 416

서론

이어지는 장(章)들은 교회가 여러 세기에 걸쳐 직면했던 몇 가지 중요한 신학적 쟁점들에 초점을 맞춘다. 그 쟁점들은 역사신학의 연구 대상인 기독교 교리의 발전 과정 및 기독교 사상의 역사다. 이 책에 실린 9가지의 소위 '논쟁들'은 기독교 신학자들 사이에 있었던 심각한 분쟁의 원천들을 보여 주기 때문에 특별히 채택되었다. 분명히 말하지만, 이 책은 기독교 교리의 완전한 역사가 아니다— 여기에서 논의되는 교리들에 대해서조차 그러하다. 오히려 이 책은 교회가 그것에 대해 여러 가지 견해를 갖고 있는 분야들에 대한 기초적인 — 때로는 약간 협소한 초점을 지닌 — 토론일 뿐이다.

이 논쟁들에서 눈여겨보아야 할 주요 항목은 '전환점'(turning point)이다. 몇몇 경우에 — 예를 들어, 아타나시우스가 아리우스에게 반대할 때나 어거스틴이 펠라기우스와 맞붙었을 때처럼 — 그 전환점들은 아주 날카롭다. 그러나 보다 넓은 의미에서 본다면, 교리는 교회 안에서 그 모습을 취하기 때문에, 각각의 신학자들의 견해는 그 자체가 하나의 전환점이다. 새로운 제안이 이루어질 때 낡은 제안들은 포기되거나 수정되거나 혹은 다른 맥락에서 다시 강조된다. 어떤 신학적 쟁점에 대한 각각의 새로운 진술은 새로운 문제와 관심을 불러일으키고, 또한 새로운 결론들을 가져온다. 그러므로 각각의 제안은 하나의 새로운 전환점이다. 교회가 연구하고, 대화하고, 토론하고, 어떤 경우 공의회를 통해서 특정한 견해를 규범적이거나 구속력이 있는 것으로 선포할 때, 기독교 교리의 역사는 변화와 발전을 초래한다. 다른 경우에 교회는 공식적인 선언을 하지 않은 채 다양한 신학적 선택사항들과 더불어 살아간다.

본서는 초대교회 시기의 교리의 발전 과정에 집중한다. 이 시기는 가장 기본적이고 중요한 교회의 이해들이 신학적 기초로 발전했던 시기였다. 이 책의 각 장은 해당 쟁점에 대한 성경적 기초로부터 시작한다. 그리고 해당 교리의 발전 과정을 혹은 그 교리의 한두 가지 측면을 초대교회 시기에서 시작해서 (아주 상세한 논의를 하면서) 중세를 거쳐서 종교개혁기와 반(反)-종교개혁기까지 추적해 나간다. 이것은 교회의 초기에 큰 무게를 두는 반면, 어떤 경우에는 새롭게 제기되는 다른 중요한 견해들을 명백하게 경시하는 결과를 낳는다.

종교개혁기와 종교개혁 직후의 시기는 몇 가지 논의들에 대해 없어서는 안 될 '정지점'(stopping point)을 제공한다. 물론 아주 중요한 그 이후의 전환점들도 있으며, 그것들 중 일부는 본서의 마지막 장에서 간략하게 언급된다. 그러나 이런 정지점은 16세기 말경에 여러 가지 고전적 쟁점들이 일단락되었으며, 이후의 논의들이 그 논의의 원천을 — 긍정적인 것이든 부정적인 것이든 — 과거의 통찰에서 발견하게 되리라는 것을 인정하는 것이다. 그러므로 이어지는 장들은 그 논의에 있어서 포괄적이기보다는 중요한 방향들에 초점을 맞출 것이고, 또한 각각의 다양한 견해들이 어떻게 발전했는지를 대략적으로 묘사하게 될 것이다.

교리들이 어떻게 발전하는가 하는 것은 매우 복잡한 문제다. 예를 들어, 교회는 그 믿음들 중 일부가 온전하게 진술되기 이전에 지나가버린 시간들을 어떻게 설명하는가? 종교개혁기까지 그 질문에 대한 일반적인 대답은 이전 세대들은 성경의 자료, 교회의 가르침, 그리고 특정한 쟁점들을 모두 논리적으로 연관시킬 필요성을 발견하지 못했다는 것이었다. 만약 어떤 논쟁이 쟁점을 일으키지 않았다면, 교회는 무엇이 곤란한 문제인지를 충분하게 인식하지 못했다는 것이다.[1]

이와 관련된 한 가지 문제는 교리의 변화의 문제다. 기독교의 불변의 진리가 어떻게 발전하고 성장할 수 있는가? "우리는 모든 곳에서, 항상, 모든 사람이 믿어 온 것을 믿기 위해서 최대한 조심해야 한다"는 레린스의 성 빈센트(St. Vincent of Lérins)의 유명한 격언이 의미하는 것은, 신학적 진리는 변하지 않으며 시간과 문화와 지역에 상관없이 교회의 어느 곳에서든 바뀌지 않는다는 것이다.[2] 그러나 교리의 역사는 사정이 다르다.

교리가 과연 발전하는 것인지 그리고 발전한다면 어떻게 발전하는지에 대한 질문들은 실제로는 다양한 견해들이 어떻게 출현하게 되었는가를 설명하려는 모든 시도들과 관련되어 있다. 1845년에 존 헨리 뉴만(John Henry Newman)이 쓴 『기독교 교리의 발전에 관한 에세이』(*Essay on the Development of Christian Doctrine*)를 필두로 수많은 교리사가들이 그 문제와 씨름해 왔다. 그리고 이런 복잡한 싸움에 대한 이야기는 아주 매력적이다.

머리말에서 나는 교회의 교리들 속에는 수 세기에 걸친 실제적인 발전과 진보가 있었다는 제임스 오르의 견해에 대해 언급한 바 있다. 오르는 그 안에서 기독교 교리가 논의되고 명료해지는 역사적 순서는 또한 가장 논리적인 순서이기도 하다고 믿었다. "발전은 임의적으로 이루어지는 게 아니라, 각 경우의 내적 이유와 필요성을 따라 이루어진다. 단순한 것이 보다 복잡한 것보다 앞선다. 기본적인 교리들이 앞선 교리를 자신들의 기초로서 요구하는 교리들보다 앞선다."[3]

오르의 견해는 신학적으로 또한 역사적으로 비판을 받아 왔다. 그리고 기독교 교리를 다루는 가장 논리적인 방법에 대해서는 다양한 주장들이 있었다. 신학자들과 기독교의 신앙고백들이 교리들을 다양한 순서로 다룬다는 사실은 교리의 발전 과정에 대한 그 어떤 논리적인 순서도 합의되지 않았음을 보여 준다. 역사적으로, 오르의 주장에는 "도그마가 나타나는 방식에 대한 선택적 읽기와 순서 매김"[4]이 필요하다는 주장이 제기되어 왔다. 예를 들어, 그의 책은 교회와 사역 혹은 성례에 관한 교리들을 다루지 않는다.[5] 이런 비판에도 불구하고, 넓은 의미에서 어떤 내적 논리를 인정하는 역사적 접근법을 주장하는 것은 여전히 가능하다. 그러나 그것은 과도하게 주장되어서는 안 된다. 모든 교리가 그런 식으로 나타나는 것은 아니기 때문이다.

어떤 교리들은 신앙과 관련해 다른 것들보다 더 중요하다. 그리고 그것들은 다음 장들에서 다뤄지게 될 것이다. 삼위일체론에서 기독론, 구원론, 그리고 권위론 논쟁 등으로 이동하는 것은 역사적 발전의 일반적 행로처럼 보인다. 이 과정 속에 교회론과 인간론이 삽입되었다. 그리고 권위론 다음에는 성례와 하나님 나라에 대한 논쟁이 이어진다. 나는 구원론의 일부인

속죄론이나 기독교 윤리 또는 사역론을 포함시키지 않았다.[6] 또한 어떤 교리들은 그 여러 가지 측면들 중 오직 하나의 측면에서만 고찰되었다. 나는 역사와 논리를 깔끔하게 결합시키는 어떤 발전적 이론을 제안하기보다는, 나의 역량과 지면이 허락하는 한도 내에서, 여러 가지 중요한 신학적 전환점들이 어떤 일반적인 패턴을 따르고 있음을 보여 주고자 했을 뿐이다. 즉 신학적 문제들은, 보다 기본적인 문제에 대한 얼마간의 답이 주어지면, 그 다음 문제로 이동했다. 중요한 것은 교회 안에는 어떤 확실한 사상의 궤도가 있었으며, 그것은 아무렇게나 나타나지 않았다는 사실이다.

제1장
삼위일체론 논쟁

Trinitarian Controversy

Who is God?

1. 하나님은 누구인가?

초대 교회는 유대교적 환경에서 시작되었다. 처음 신자들 대부분은 그들이 태어나서 자란 유대교에서 개종한 자들이었다. 또한 새로 태동하던 교회는 자신의 경전인 구약 성경을 유대교에서 취했다. 사실 기독교는 2세기 중반에 자신의 정체성을 확고하게 정립하기 전까지 유대교의 한 분파로 간주되었다.

그러나 교회에 대해 유대교 신앙 못지않게 영향을 끼친 것은 점증하던 헬라적 사고였다. 주후 1세기 동안 지중해 유역에는 강한 정치적·문화적 단일성이 나타났다. 이 단일성은 B.C. 334-323년 사이에 있었던 알렉산더 대왕의 광대한 영토 정복에 의해 가능했다. 그 후 그 지역에는 플라톤과 아리스토텔레스 같은 위대한 헬라 철학자들의 가르침이 널리 유입되었다. 철학과 논리적 사고를 강조하는 헬라 문화는, 교회가 그리스도 이후 처음 몇 세기 동안 로마 제국 전역으로 퍼져나갈 무렵, 초대 교인들이 그 안에서 살고, 일하고, 생각했던 큰 환경이었다.

성경적 기초

　　초대 교회는 바로 이런 환경 속에서 자신의 신앙을 표현하고 하나님을 이해하고자 했다. 기독교 신자들은 자기들이 예배하는 하나님께 말과 행위를 통해 순종하고자 했다. 그러나 하나님이 어떤 분이시고 무엇과 같은지를 정확하게 정의하기란 쉬운 일이 아니었다. 교회는 그 당시 사람들에게 자신의 메시지를 이해시키기 위해서 훗날 결국 신·구약 성경이 된 교회의 거룩한 문서들에 기초하여 자신의 신앙을 분명하게 고백하고 정확하게 설명할 필요가 있었다.

　　교회는 그 당시 사람들에게 종교적 충성을 요구하는 여러 집단 혹은 종파들과 맞서야 했다. 플라톤 철학이나 스토아 철학 같은 다양한 철학적 체계뿐 아니라 고대의 풍요 숭배 의식에 기원을 둔 여러 신비종교들 역시 추종자를 끌기 위해 서로 경쟁하고 있었다. 이런 상황에서 교회는 자신의 신앙을 분명하게 정립할 필요가 있었다. 교회는 자신의 신앙의 필수요소라고 여기는 것들을 명확하게 정의할 필요를 느꼈다. 그런 가장 중요한 쟁점들 가운데 바로 "하나님은 누구인가?" 하는 질문이 있었다.

하나님은 한 분이시다

　　유대교와 마찬가지로 초대 교회 역시 한 분이신 하나님에 대한 신앙을 고백했다. 그 신앙은 구약 성경 전반에 걸쳐 자주 언급된다. 유대교의 신앙고백이 된 '쉐마'(*Shema*)는 "이스라엘아 들으라. 우리 하나님 여호와는 오직 하나인 여호와시니…"(신 6:4)라고 하는 확언이다. 여호와는 인류 역사에 계시된 유일무이한 하나님이다. 성경은 이스라엘 백성에게 그리고 그들 주변의 다신교 신앙에 맞서서 여호와가 하나님이시고, 그 외에 다른 신은 없다고 선포한다(신 4:35; 4:32-39). 이사야서는 여러 곳에서 지혜와 위엄과 능력에 있어 비길 자가 없으며, 인류 역사의 주인이시며, 하늘과 땅을 지으신 유일하신 한 분 하나님에 대한 신앙을 확증한다(41:28-29; 42:17; 43:10-11; 44:7-8; 45:5-6, 14-17, 21-22; 46:1-2, 8-11). 초대 교회 역시 하나님의 유일성에 대한 이런 주장들을 고백했다.

구약 성경은 모든 신들보다 뛰어나 예배를 받으시기에 합당하신 이스라엘의 하나님에 대해 매우 다양하게 묘사하고 있다. 하나님은 '여호와'(출 34:5; 33:19)나 '엘로힘'(창 1:26; 출 22:9) 같은 여러 가지 명칭으로 불리며, 여러 가지 형상과 활동을 통해 묘사된다. 하나님은 숨어 계시며, 따라서 계시되어야 한다(삼상 3:21). 하나님은 인격적인 분이며, 아브라함이나 이삭이나 야곱 같은 사람들에게 나타나셨다(창 12:1; 26:24; 28:13). 하나님은 처음에는 아브라함(창 12장)과 그리고 나중에는 이스라엘과 언약을 맺고 한 민족을 자기의 백성으로 택하셨다(출 6:7; 렘 31:33; 겔 37:27; 호 2:23. cf. 사 40:1). 하나님은 다음과 같이 다양한 방식으로 자기 백성과 함께하시고 그들에게 자기를 나타내셨다— 현현(출 19; 20:18-22), 법궤와 회막(출 33:7-11), 여호와의 사자(창 21:17; 출 3:2-5), 여호와의 얼굴(출 23:15, 17; 시 24:6; 사 1:12), 여호와의 영광(시 29:9; 사 6:3; 겔 28:22), 그리고 여호와의 이름(신 12:5; 왕상 11:36) 등.

하나님에 대한 이런 묘사들 외에도, 구약 성경은 그분이 어떤 분이시고 어떤 일을 하시는지에 대해 말하는 다른 중요한 방법들을 갖고 있다. 그

방법들은 대개 하나님의 성품과 그분의 활동의 인격적 방식을 보여 주는 용어와 서술들이다. 하나님은 이스라엘 백성과 부자(父子) 관계를 맺으셨다(출 4:22; 사 49:15; 렘 31:9). 하나님은 하나님의 말씀(dābār)을 통해서 세상에서 역사하신다(창 1:3; 사 55:11). 구약 성경에 나오는 하나님의 영('바람 혹은 '호흡'을 의미하는 히브리어 ruah)은 하나님이 그것을 통해 세상에서 활동하시는 수단(삿 6:34; 삼상 10:10)으로서 창조하시는 능력(욥 33:4), 구원하시는 능력(슥 4:6), 그리고 편재하시는 능력(시 139:7)이다. 하나님은 또 창조의 대리자이자 세상을 위한 안내자인 지혜를 통해 역사하신다(욥 28장; 잠 8:22-31). 구약 성경에서 하나님은 또한 마지막 때에 평화와 축복으로 상징되는 하나님의 영광의 통치를 실현하실 메시아(기름 부음 받은 자)를 통해 지상에 하나님 나라를 세우러 오시는 분으로 예언된다(사 11:6-9; 렘 23:5-6; 미 5:4).

구약 성경은 이런 모든 언급을 통해 세상의 창조주로 우뚝 서시고 세상의 모든 신들을 제거하시지만, 또한 인격적인 분으로서 인간과의 관계 속으로 들어오시는 '한 분 하나님'을 묘사한다. 비록 이 하나님은 한 분이시지만, 종종 하나님이 어떻게 그리고 무슨 일을 하시는지를 보여 주기 위해 그분의 말씀·영·지혜가 의인화되어 표현된다(창 1:2; 시 33:6; 104:24; 잠 3:19; 8:22-31; 사 40:13). 초대 교회가 구약을 자신들의 성경으로 받아들였을 때, 그들은 또한 한 분이시지만 이와 같은 특별한 방법을 통해 세상에서 역사하시는 하나님을 받아들였다.

하나님은 세 분이시다

교회가 발전하고 신약 성경의 정경화가 이루어지면서 "하나님은 누구인가?" 하는 질문의 다른 차원들이 부각되었다. 신약 성경의 여러 기자들에 의해 묘사된 내용들은 그들이 특별히 예수 그리스도를 통해서 추가적으로 알게 된 하나님의 속성들이었다.

교회가 성경을 연구해 나감에 따라 살아 계신 하나님에 대한 다양한 증언들이 분명하게 드러나게 되었다. 교회는 유대교와 한 분 하나님에 대한 유일신 신앙을 공유하는 반면, 또한 구체적이고도 생생한 방식으로 일하시는 하나님의 영의 활동뿐 아니라, 예수 그리스도 안에 계신 하나님의 실체를 인정했다. 교회는 신약 성경 전반에 대한 연구를 통해 하나님과 예수 그리스도와 성령의 관계에 대한 점증하는 이해를 얻게 되었다. 이 세 존재가 서로 어떤 관계를 이루고 있는가 하는 물음은 오랫동안 토론과 논쟁의 중요한 원천이 되었다. 교회는 신약 성경을 통해, 만약 기독교인들이 하나님이 어떤 분인지에 대해 답하고자 한다면, 하나님을 한 분으로뿐 아니라 또한 세 분으로도 고백해야 한다는 분명한 의식을 얻게 되었다.

신약 성경의 초점은 하나님과 예수 그리스도와 성령의 활동에 맞춰진다. 신약 성경의 여러 책들에서 이 세 존재는 다양하게 강조되면서 묘사된다. 사도행전은 물론 공관복음서인 마태·마가·누가복음도 구약 성경과 마찬가지로 하나님을 한 분으로(막 12:29) 또한 아버지의 사랑을 지닌 분으로 분명하게 묘사한다(마 6:9). 그러나 복음서 저자들은 또한 예수 그리스도 안에서 하나님과의 이런 관계가 특별하게 나타났다는 점에 동의한다. 이것은 예수 그리스도에게 붙여진 '하나님의 아들'(눅 10:22; 마 3:17), '인자'(마

9:6; 막 10:45), '주'(행 10:36; 7:59-60)와 같은 호칭들을 통해 드러난다. 바울은 그의 서신에서 그리스도에 대해 '하나님의 아들'(롬 1:4; 갈 2:20; 엡 4:13)과 '주'(고전 11:23; 고후 4:5; 빌 2:9)라는 호칭을 자주 사용한다. 반면에 요한은 그리스도에 대해서는 '말씀'(*Logos*. 요 1 참고)과 '하나님의 아들'(요 3:16; 20:31)이라는 호칭을, 그리고 하나님에 대해서는 '하나님 아버지'라는 호칭을 자주 사용한다(요 1:14; 10:38; 14:7).

이런 작품들에서는 성령 또한 중요한 역할을 수행하며, 성령 역시 하나의 인격적 존재라는 암시가 강하게 나타난다. 특히 이것은 성령을 '말씀하시고'(1:16; 8:29), '보내시고'(13:4), '증거하시고'(5:32), '허락하지 않으시고'(16:7), '지명하시는'(20:28) 분으로 묘사하는 사도행전에서 분명하게 드러난다. 요한복음에서 성령은 자주 그리스도와 직접 결부된다(1:32; 3:5; 7:39). 또한 복음서 기자는 성령에 관한 구절들에서 성령이 성부 및 성자와 구별되는 인격체임을 분명히 한다(14:16, 17, 26; 15:26; 16:7-15). 바울서신에서 성령은 특별히 기독교인의 일상적인 삶 가운데서 활동하시는 분으로 묘사된다(롬 8:29; 엡 1:17; 갈 6:1). 또한 바울서신의 많은 구절들은 성령의 인격성을 지적한다(롬 8:14, 16; 갈 4:6; 엡 4:30; 고전 2:11).

성부・성자・성령에 대한 이런 묘사 외에도, 초기 기독교 신학자들은

> **한 분 또는 세 분?**
>
> "하나님은 누구인가?" 하는 질문에 대해 초대교인들은 신・구약 성경에 기초하여 하나님은 아버지와 아들과 성령으로 존재하시지만, 아무튼 한 분 하나님이시라고 대답할 수밖에 없었다. 하지만 이런 신앙고백에는 훨씬 더 상세한 설명이 필요했고, 그것은 다음 수 세기 동안 기독교 신학자들의 과제가 되었다.

신약 성경 안에서 성부·성자·성령이 함께 나타나는 '삼위 한 조'(triadic) 형식을 보여 주는 여러 구절들을 지적한다. 이런 형식은 하나님이 천사를 통해 마리아에게 그녀가 장차 성령의 능력으로 아이를 갖게 될 것이라고 선포하시는 사건에서 나타난다. "천사가 대답하여 가로되 성령이 네게 임하시고 지극히 높으신 이의 능력이 너를 덮으시리니 이러므로 나실 바 거룩한 자는 하나님의 아들이라 일컬으리라"(눅 1:35). 그와 비슷하게, 예수께서 세례를 받으신 사건에 대한 누가의 이야기에서 하나님은 성령과 함께 말씀하시는 분으로 묘사된다. "성령이 형체로 비둘기 같이 그의 위에 강림하시더니 하늘로서 소리가 나기를 너는 내 사랑하는 아들이라 내가 너를 기뻐하노라 하시니라"(3:22). 예수님이 시험을 받은 사건에 관한 이야기에서도 그분은 "성령의 충만함을 입으시고"(4:1), "주 너의 하나님을 시험치 말라"(4:12)는 말씀을 인용하시는 것으로 묘사된다. 사도행전의 첫 장에서는 성부와 성자와 성령이 함께 언급된다(1:1-6). 이런 '삼위 한 조' 형식의 흔적들은 사도행전의 다른 곳에서도 발견된다(2:33, 38-39; 9:17-20; 10:38).

바울 서신에서도 '삼위 한 조' 형식의 신앙고백문들이 자주 나타난다. 그 고백문들은 아버지와 아들과 성령의 이름을 함께 부르는데, 그렇게 함으로써 바울이 심중에 그런 관계를 염두에 두고 있었음을 시사한다. 그 대표적인 경우가 고린도후서 13:14에 나오는 축도 문구다. "주 예수 그리스도의 은혜와 하나님의 사랑과 성령의 교제가 너희 모두와 함께 있을지어다"(갈 4:4-6; 딛 3:4-6; 고전 12:4-6 참조). 에베소서 4:4-6은 성령과 성자와 성부에 대해 언급하지만, 강조되는 것은 '한 분되심'(oneness)에 있다. "성령이 하나이니 … 주도 하나이요 … 하나님도 하나이시니 곧 만유의 아버지시라." 바울은 또 구원 사역에서 하나님과 그리스도와 성령의 일치를 보았다. 즉 하나님은 "우리로 하여금 믿음으로 말미암아 성령의 약속을 받게"(갈 3:14; 비교 4:4-6) 하시기 위해 그리스도를 보내어 십자가에 달려 죽으셨다가 부활하여 하늘로 올라가게 하셨다.[1]

초대 교회의 신학자들에게 이런 구절들은 아버지 하나님과 아들 예수 그리스도 사이의 특별한 관계를 보여 주었고, 성령 역시 — 비록 하나님의 권능과 능력으로 보일 수도 있지만 — 하나의 구별된 인격적 존재임을 암시했다. 그러므로 "하나님은 누구인가?" 하는 질문에 대해 초기 기독교인들은 신·구약 성경에 기초하여 하나님은 아버지와 아들과 성령으로 존재하시지만, 아무튼 한 분 하나님이시라고 대답할 수밖에 없었다. 하지만 이런 신앙고백에는 훨씬 더 상세한 설명이 필요했고, 그것은 다음 수 세기 동안 기독교 신학자들의 과제가 되었다.

니케아 공의회의 배경

하나님의 정체성과 관련된 이처럼 복잡하고 중요한 신학적인 문제에는 조심스러운 사유와 표현이 요구되었다. 따라서 교회가 아버지와 아들과 성령으로서의 하나님에 대한 자신의 이해를 분명히 표현하는 일에 오랜 시간이 걸린 것은 놀랄 일이 아니다. 바른 길을 찾는 동안 때로는 잘못된 길을 걷기도 했고 과거의 전철을 되밟기도 했다. 때로는 이런 질문에 답하는 것이 불가능해 보이기도 했다. 그러나 다음과 같은 몇 가지 기본적인 교리들은 처음부터 수용되었다. (1) 하나님은 한 분이시며, 이방 종교들에서처럼 둘이나 셋이 아니다. (2) 하나님은 아버지와 아들과 성령이라는 세 가지 방식으로 계시되신다. (3) 아버지인 성부와 아들인 성자는 서로 다르며, 따라서 그들을 동일하게 취급함으로써 그들 사이에 존재하는 차이를 훼손해서는 안 된다. 그러나 이런 과업에 적합한 개념들을 발견함과 동시에 그런 교리들을 고수하고 그것들을 분명하면서도 명료하게 표현할 방법을 발견하는 것은 실로 어려운 과제였다.

이 문제는 2세기의 교회가 점차 자신의 믿음을 헬라적 사고방식에 호소할 수 있는 표현 형식으로 해석할 필요를 느끼면서 보다 더 어려워졌다. 교회가 팔레스타인과 그 지역의 유대적 배경이라는 한계를 벗어나 헬라적 사고방식에 물든 지역으로 들어가자, 기독교의 메시지 역시 헬레니즘 문화가 퍼져 있는 로마 세계 전역으로 확산되었다 이것은 신앙을 견고한 성경적 표현 형식 이외에 철학적 개념으로 표현할 필요를 낳았다. 성경이 역사 속에서의 하나님의 활동에 대해 말하는 반면, 헬라 철학의 주된 관심은 '형이상학적 존재'(metaphysical being) ─ 실재하는 것 ─ 에 대한 질문이었다. 사유의 방식과 표현에 있어서 이와 같은 근본적인 변화로 인해, 교회는 "하나님은 누구인가?" 하는 질문에 답하는 일에 있어서 보다 명확해져야 하는 도전을 받게 되었다.

사도적 교부들과 변증가들

'사도적 교부들'로 불리는 1, 2세기의 기독교 저술가들은 후기 성경 저자들의 가르침을 대부분 그대로 반복했다. 「바나바서」나 「디오그네투스에게 보낸 편지」, 「제2클레멘트」 그리고 「디다케」 같은 작품들은 물론이고, 로마의 클레멘트(Clement of Rome), 안디옥의 이그나티우스(Ignatius of Antioch), 헤르마스(Hermas), 폴리캅(Polycarp), 파피아스(Papias) 같은 이들의 작품에서도 창조주이신 한 분 하나님에 대한 언급과 함께 그리스도가 '우리의 하나님'으로 언급된다. 성령은 예언자들에게 영감을 주시는 분이다 (제1클레멘트 45:2; 13:1; 16:2). 또한 '삼위 한 조' 형식의 예들이 나타난다. 예를 들어, 이그나티우스는 다음과 같이 쓴다. "성부 하나님이라는 건물에서 떨어져 나온 벽돌과 같은 여러분은 십자가라는 예수 그리스도의 기중기와 성령의 밧줄을 통해 높은 곳으로 들림을 받았습니다"(에베소인에게 보낸 편지 9:1). 그러나 여기에서는 하나님이 누구인지에 대한 진일보한 답변을 찾아볼 수가 없다.

    2세기 후반 헬라어를 사용하는 세상과 소통하기 위해 진지하게 노력했던 자들을 가리켜 '변증가들'이라고 한다. 이들은 기독교의 정당성을 입증하고 기독교인과 철학자들 사이에 접촉점을 만듦으로써 기독교의 영향력을 확장하고자 노력했다. 그들의 목적은 기독교 신앙이 지혜의 한 형태이기는 하나 헬라의 철학적 사유보다 우월하다는 것을 보여 주는 데 있었다. 이런 신학자 군에 속한 자들로는 순교자 저스틴, 타티안, 아테나고라스, 그리고 안디옥의 데오빌루스 등이 있다.

    순교자 저스틴(Justin Martyr, d. 165)은 하나님을 성경적 용어와 철학적 용어 모두를 사용해 묘사했다. 그는 하나님과 인간 사이의 큰 간격에 다리가 놓이게 된 것을 설명하기 위해 '로고스'(*logos*, 사고·말씀·이성)라는 헬라적 개념을 택했다. 저스틴은 헬라적 사고와의 조화를 꾀하면서 인간은 이성에 의해 하나님과 하나가 되고, 이성을 통해 하나님을 안다고 말했다. 그리스도가 오기 전, 인간은 '로고스의 씨앗'(logos spermakitos)을 갖고 있었고 그로 인해 부분적으로나마 하나님에 대한 진리를 알 수 있었다. 실제로 그들은 '그리스도 이전의 기독교인들'이었다. 그러나 하나님의 로고스는 예수 그리스도 안에서 형체를 입어 인간이 되셨고 그 안에서 완전하게 구체화되셨다. 로고스로서의 예수님은 단지 명칭에서뿐만 아니라 서열에서도 아버지와 구별된다. 로고스의 기능은 아버지의 대리자가 되어 우주를 창조하고 다스리며, 인간에게 진리를 계시하는 것이다.[2]

저스틴에게 다음으로 중요했던 질문은 로고스와 성령이 성부 하나님과 어떤 관계에 있느냐 하는 것이었다. 로고스는 영원히 구별되는 하나님의 한 '위'(person, 位)인가, 아니면 창조 사역 직전에 하나님의 위를 얻게 된 하나님 안에 있는 어떤 능력인가? 이런 질문은 반복해서 제기되었고, 이에 대한 저스틴의 답변은 분명하지가 않다. 그에게 성령은 예언자들에게 영감을 주는 분이고, 아들과 더불어 예배의 대상이 되어야 하는 하나님의 능력이다. 그러나 저스틴은 또한 성자를 성부 다음의 제2위에, 그리고 성령은 제3위에 놓으면서 세 위 사이에 순위를 매긴다.[3] 이것은 세 위 중 두 위의 종속성을 보여 주는 반면, 재래의 유일신 신앙을 옹호한다.

저스틴의 제자 타티안(Tatian)은 로고스의 두 가지 상태에 대해 분명하게 말했다. 하나님이 홀로 창조의 일을 하셨을 때는 '내재된'(immanent) 로고스가 존재했다. 그러나 천지가 창조되는 순간, '표현된'(expressed) 로고스가 하나님으로부터 분리되어 존재하게 되었다. 창조는 말씀이 인격적으로 존재하는 것의 시발점이 되었다.[4]

제1장 삼위일체론 논쟁

안디옥의 데오빌루스(Theophilus of Antioch)는 '내재된'(immanent) 로고스와 '공표된'(uttered) 로고스를 구분했다. "하나님은 당신 안에 품고 계셨던 말씀(Word)을 우주로 내보내시면서 그에게 지혜를 제공하셨다. 하나님은 창조 사역에서 이 말씀을 조력자로 사용하셨고, 그를 통해 모든 것을 지으셨다. 이 말씀은 그로 인해 창조된 모든 피조물의 원리이자 주님이시기 때문에 '제1원리'(First Principle)라고 불린다."[5]

변증가들은 하나님에 대해 말하면서 이처럼 성부와 성자와 성령의 차이를 인정했다. 기술적인 용어가 부족했던 그들은 그 이상으로 나가지는 못했고, 대신 로고스와 성부의 관계의 문제에 집중했다. 데오빌루스는 하나님 안에는 세 위들의 일치뿐 아니라 능력과 통치의 일치도 있다고 기술한다.[6] 저스틴과 아테나고라스(Athenagoras)는 성령의 지위에 대해서는 거의 관심을 기울이지 않은 가운데 '삼위 한 조' 형식을 사용한다.[7] 이런 저자들은 앞으로 "하나님은 누구인가?" 하는 질문에 답하기 위해서 고려해야 할 기본적인 틀을 제공했으며, 기독교 신학이 헬라 철학과 자신의 관계를 진지하게 다루도록 도왔다.

이레니우스

2세기 말 리용의 감독이었던 이레니우스(Irenaeus of Lyon)는 하나님에 대한 사유와 관련해 동방 교회와 서방 교회를 연결하는 다리 역할을 했다. 이레니우스는 확고한 창조론을 갖고 있었다. 그는 오직 하나님 한 분에 대해서만 '아버지'와 '창조자'와 '주'라는 표현을 사용했다. 그는 로고스에 대해서도 언급하는데, 그것을 성자와 동일시했다. 그러나 이레니우스는 로고스가 어떻게 존재하게 되었는지에 대해서는 추론하지 않는다. 다만 로고스를 창조 사역 이전부터 성자와 동일한 존재로 간주한다. 이레니우스는 먼저 하나님으로 홀로 계실 때의 하나님에 대해 말한 후에 인간에게 계시되셨을 때의 하나님에 대해 말하는 방식을 취했다. 이것은 하나님의 경륜, 즉 하나님이 역사 가운데 자신을 계시하시는 정연한 과정이다. 이레니우스에게 성자는 하나님과 영원히 함께 있었고 창조 후에도 계속 그러하다.[8] 하나님은 말씀과 지혜 모두와 더불어 영원히 존재하시는 한 분이시다. 로고스와 성령은 창조 과정에서 서로 연계되며, 이레니우스는 그 둘을 '하나님의 손들'이라고 부른다. 그에게 "성부는 하나님이고, 성자도 하나님이다. 왜냐하면 하나님이 낳으신 것은 무엇이든 하나님이기 때문이다." 로고스는 하나님의 참된 형상을 보여 주고, 성령은 하나님에 대한 이런 지식을 수용하는 것을 가능하게 해 준다. 따라서 성자와 성령은 모두 온전히 하나님이시다.[9]

이렇게 이레니우스는 성령에 대해 자기의 선배들보다 큰 의미를 부여한다. 그는 하나님은 한 분이시라고 굳게 단언하지만, 또한 성부와 성자와 성령의 차이를 시인한다. 하나님은 성자와 성령을 통해 역사 안에서 알려진다. 그러나 이런 차이는 영원히 계속되어 왔다. 이레니우스는 성부는 모든 것 위에 계시는 분, 말씀은 모든 것을 관통하시는 분, 그리고 성령은 모든 것 안에 내재하시는 분이라고 강조함으로써, 후기 신학자들로 하여금 성자와 성령은 종속적이며 아버지보다 열등하다는 결론을 내리게 했다. 그러나 이레니우스가 이룬 가장 큰 공헌은 하나님이 역사 안에서 어떻게 계시되었는지 그리고 하나님의 세 위가 어떻게 각기 구별되면서도 동등하게 신성을 지니는지를 설명하는 그의 '경륜적 삼위일체론'(economic trinitarianism)이라고 할 수 있다.

터툴리안

3세기에 접어들면서 서방 교회는 변증가들의 로고스 교리와 이레니우스의 경륜적 삼위일체론에 대한 반발을 경험하기 시작했다. 문제는 이런 설명들 모두가 단일성, 곧 하나님의 '한 분되심'을 위태롭게 한다는 것이었다. 일부 신학자들은 성경 — 특히 구약 — 의 가르침에 충실하려면 하나님을 자신의 단일성 안에 아무런 구별도 없는 '거룩한 단일자'로 보아야 한다고 주장하기 시작했다. 이 운동은 '단일신론'(Monarchianism)으로 알려지게 되었는데, 그것은 그들의 주장이 모든 것에 대해 하나의 신적 요소 내지 '원리'(*monarchia*)를 강조했기 때문이다. 반면에, 동방 교회에서는 하나님의 삼위의 실재성을 강조하는 운동이 일어났다. 동방 교회의 신학자들은 하나님의 단일성을 훼손할 의도는 없었지만, 성부는 물론 성자와 성령의 온전한 신성에 대해서도 충실하고자 했다.[10]

이런 상황 속에서 서방 교회의 중요한 신학자들 중 하나였던 터툴리안(Tertullian, d. 220)은 교회가 하나님이 누구인지를 분명하게 표현하는 데 일조했다. '라틴 신학의 아버지'라고 불렸던 터툴리안은 하나님의 '세 분되심'(threeness)은 하나님의 본질적인 한 분되심 및 단일성과 모순되지 않는다는 것을 보여 주려 했다.

터툴리안은 말씀 및 성령과 함께 거룩한 '삼위 한 조'의 한 부분이 되시는 성부로부터 시작했다. 그는 이레니우스의 '경륜'이라는 개념을 사용해 역사 속에서 하나님의 창조 사역과 구원 사역을 설명했다. 그러나 터툴리안의 가르침의 핵심은 그가 '서브스텐시아'(*substantia*, 본질)와 '페르조나'(*persona*, 위)라는 라틴어를 사용한 데 있었다.

터툴리안에게 삼위일체(Trinity)의 각 위는— 터툴리안은 *trinitas*라는 라틴어를 사용한 최초의 사람이다— '수적으로' 서로 별개다. 하나님의 경륜 안에서 세 위는 각자 다른 역할을 한다. 그러나 동시에 삼위는 '본질적으로' 연합되어 있다. 다시 말해, 삼위는 그들의 본질에 있어서 연합되어 있다. 삼위는 근원적 실재, 동일한 활동 능력, 동일한 본질(substance)— 이것은 문자 그대로 "~의 밑에 서 있는 것"(that which stands under)을 의미한다 — 을 공유한다. 이런 식으로 하나님 안에는 삼위일체뿐 아니라 단일성이 존재한다. 하나님의 삼위는 서로 구별될 수는 있으나 본질적으로 서로 독립되거나 분할될 수 없다. 터툴리안은 이런 단일성을 뿌리와 줄기, 강의 근원과 하류, 그리고 태양과 광선에 대한 유비를 통해 묘사했다. "광선은 태양으로부터 나오지만, 그것은 여전히 그 모체의 일부일 뿐이다. 태양이 빛 안에 있는 것은, 그 빛이 태양의 빛이기 때문이다— 거기에 본질의 '분열'은 없다. 다만 '확장'이 있을 뿐이다. 그런 식으로 그리스도도, 마치 빛의 빛이 불타오르는 것처럼, 성령의 영이시며 하나님의 하나님이시다."[11] 터툴리안의 특유한 표현대로 하자면, 신성은 하나의 본질과 세 가지 위로 이루어진다.

본질의 단일성과 위의 구별됨에 대한 이와 같은 강조는 교회가 하나님이 누구인지를 보다 잘 설명할 수 있게 하는 유용한 방법이 되었다. 터툴리안에게 문제가 되었던 것은, 하나님의 구원의 역사를 한 분 하나님이 아닌 삼위의

터툴리안의 삼위일체론

터툴리안에게 삼위일체의 각 위는 수적으로 서로 별개다. 하나님의 경륜 안에서 세 위는 각자 다른 역할을 한다. 그러나 동시에 삼위는 본질적으로 연합되어 있다. 다시 말해, 삼위는 그들의 본질에 있어서 연합되어 있다.

사역이라고 주장하는 것이었다. 이것은 성부·성자·성령의 차이를 모호하게 했던 단일신론자들의 주장과 달랐다. 또한 터툴리안은 성부·성자·성령이 동일한 신성 내지 본질을 공유하는 것을 강조했다. 신성은 분할될 수 없으며 동일한 본질적 존재를 공유한다. 터툴리안은 '위'라는 용어를 관계적 의미에서 사용한다. 아들이 없는 아버지는 있을 수 없고, 아버지가 없는 아들도 있을 수 없다. 그 둘은 비록 구별은 되지만 분리될 수는 없다. 마찬가지로 성령도 이런 핵심 내지 본질을 공유한다.[12] 따라서 하나님의 삼위는 상호관계성과 독립성 모두를 공유한다.

오리겐

터툴리안이 세워놓은 틀은 오늘날까지도 서방 교회가 삼위일체 교리를 이해하는 데 지대한 영향을 주고 있다. 하지만 동방 교회에서 가장 영향력 있는 신학자는 오리겐(Origen, d. 254?)이었다. 그 당시에 유행하던 플라톤 철학의 영향을 크게 받은[13] 오리겐은 하나님 한 분만이 우주의 창조자요, 보존자요, 통치자라고 강조한다. 오리겐은 예수께서도 아버지를 "유일하신 참 하나님"(요 17:3)으로 표현했다고 말한다. 성부의 형상이신 성자는 하나님과 우주 안에 있는 모든 피조물 사이의 중개자이시다. 오리겐은, 성부와 성자의 이런 관계가 영원하다는 점에서, 변증가들의 2단계 과정설을 거부한다.[14] 오리겐은 성부로부터 성자가 출현하는 것은 마음에서 의지가 출현하는 것과 같으며, 그런 출현은 '지속적인 발생'(continuing generation)이라고 말한다. 성자의 발생에 대한 그의 유비들 중에는 거울의 반사와 남편과 아내의 연합에 관한 것들이 있다.[15] 오리겐은 성부와 성자의 연합을 사랑과 행위의 연합으로 본다. 또한 그는 성부와 성자의 관계를 '동일한 본질의' 또는 '하나의 본질의'라는 뜻을 가진 헬라어 '호모우시우스'(*homoousios*)라는 용어로 묘사했다.[16] 이 용어는 다음 세기에 중요한 신학적 전환점이 되었다. 그러나 오리겐은 자신이 그 말로써 무엇을 의미하는지에 대해서는 구체적으로 설명하지 않았다. 그는 아버지와 아들의 관계는 영원하기 때문에 "성자가 존재하지 않았던 때가 있었다"고 말하는 것은 불가능하다고 주장했다. 이런 주장 역시 다음 세기의 아리우스 논쟁에서 쟁점이 되었다.

그러나 성령에 대한 오리겐의 진술은 분명하지 않았다. 그는 성부·성자·성령을 '삼위'(혹은 '세 실체' *treis hypostaseis*)라고 표현했다. 그러나 그는 종종 성자와 성령에 대해 말하면서 성부가 그들보다 우월하며, 성령은 성자에 비해 열등하다고 말했다. 그런 의미에서 오리겐은 성부의 신성에서 시작하여, 거기에서 성자와 성령의 신성을 이끌어냈다. 그러므로, 그 셋은 서로 다른 위 혹은 실체이지만, 오리겐이 '동일 본질'(*homoousios*)라고 부르는 의지의 단일성 혹은 조화를 공유한다.[17]

오리겐의 주장이 지닌 모호성은 보다 어려운 문제들을 야기했다. 그는 삼위들 간의 차이를 지적한 반면, 그들이 어떻게 결합하는지에 대해서는 구체적으로 언급하지 않았다. 오리겐은 성부와 성자가 동일한 본질을 갖고 있다고 말하는 반면, 동시에 성자는 성부의 피조물이며 성부에 종속된다고 말할 수 있었다. 그들의 단일성에도 불구하고, 성자는 신적 존재의 서열에서 하위에 속한다. 그는 기도의 대상이 될 수 없는 '제2위의 하나님'으로 묘사된다. 왜냐하면 그는 절대적 선과 진리가 아니며, 다만 아버지의 선과 진리를 반영할 뿐이기 때문이다.[18] 오리겐은 매우 광범하게 기술했지만 자신의 통찰을 완전하게 밝히지 않았다. 따라서 어떤 신학자들은 그가 성자와 성부의 영원히 동일한 속성을 강조했던 것에 호소했고, 다른 신학자들은 그가 말한 성부에 대한 성자의 종속에 대해 주목했다. 그의 사상 가운데 많은 것들이 훗날 교회가 자신의 교리를 보다 완벽하게 전개하는 과정에서 거부되었다. 그로 인해 그의 신학은 553년 제2차 콘스탄티노플 공의회에서 이단으로 정죄되었다.

요약

초대 교회는 처음 3세기 동안 "하나님은 누구인가?" 하는 질문과 진지하게 씨름했다. 이 기간 동안 나타난 수많은 종교적 견해들은 신학자들에게 교회가 그런 견해들 중 무엇을 믿어야 하는지에 대해 자신의 생각을 말하도록 강요했다. 로마 제국 안에서 이런 신학자들 — 변증가들, 이레니우스, 터툴리안, 오리겐을 포함하여 — 은 세상을 향해 기독교 신앙이 믿을 만하고 지적으로도 만족할 만한 길이며, 로마 제국에 아무런 위협이 되지 않는다는 것을 입증하려 했다.

하나님의 정체성에 대한 질문에 답하는 과정에서, 교회는 자신의 대답을 성경의 가르침에 기초하고 이해와 소통이 가능한 사유의 형식을 빌려 체계화하는 것이 필요했다. 교회가 확장되는 과정에서, 또한 서방 교회의 기독교 신자들은 라틴어를 사용하고 반면에 동방 교회의 교인들 중에서는 헬라어를 쓰는 사람들이 늘어나는 상황 속에서, 교회는 의사소통의 문제에 직면하게 되었다. 그 중에서도 '위'(person)와 '본질'(substance)이라는 용어들이 특별히 문제가 되었다.

그러나 그 이상의 문제가 있었다. 교회가 성장함에 따라 교회마다 서로 다른 것을 강조하기 시작했던 것이다. 서방 교회는 하나님의 주권과 유일한 통치를 강조했다. 이것은 서방 교회의 신학자들에게 하나님의 단일성에 우선적으로 관심을 기울이게 했다. 그들은 각 위들의 차이를 인정했지만, 역사 속에서 활동하시는 하나님이 본질적으로 한 분이심을 견지하고자 했다. 반면 동방 교회의 신학자들은 하나님의 다원적 본질을 강조하고, 하나님의 구별된 위들에 관심을 두었다. 그들은 하나님의 단일성을 인정했지만, 성부 하나님과의 관계에 있어서 다른 위들의 지위도 보존하고자 했다.

300년경에 이르자 보다 진전된 사상이 필요하다는 것이 분명해졌다. "하나님은 누구인가?" 하는 질문은 하나님의 본질과 특성뿐 아니라, 하나님의 각 위가 서로 어떤 연관되는지와도 관계되어 있었다. 교회는 자신의 이해를 분명히 하고, 그것을 동시대 인물들에게 호소할 수 있는 방식으로 전달할 필요가 있었다.

전환점 : 니케아 위기

아리우스

하나님에 대한 이해와 관련해 4세기의 교회가 직면한 중대한 위기는 아리우스와 아타나시우스라는 두 신학자로 인해 야기되었다. 이 논쟁은 교리의 발전의 새로운 국면을 낳았고, 325년 니케아 공의회와 삼위일체 교리에 대한 교회의 첫번째 공식 진술로 이어졌다.

하나님에 대한 오리겐의 주장 안에 내포된 긴장은, 알렉산드리아의 장로인 아리우스(Arius)의 주장을 통해 보다 더 분명해졌다. 아리우스는 교회에 대하여 성자의 신적 본성에 대한 이해를 명확히 정의하고, 성자와 성부가 어떤 관계에 있는지에 대해 설명할 것을 요구했다. 아리우스의 기본 원칙은 하나님은 결코 창조되지 않았고, 출생하지 않았고, 시작이 없는 분으로 이해되어야 한다는 것이었다. 하나님은 오직 한 분이시고 자신의 신적 존재 내지 본질을 다른 존재나 인격체와 공유할 수 없다. 만약 그럴 수 있다면, 그것은 하나님이 분할될 수 있으며 변화에 종속된다는 것을 의미한다.

318년 경 아리우스는 이 영원하신 하나님이 먼저 다른 피조물보다 우월한 한 존재를 창조하심으로써 세상을 창조하시기로 결심했다고 설교하기 시작했다. 이 존재가 바로 무(nothing)에서 창조되었지만 시작을 갖고 있는 하나님의 아들 로고스(Logos)였다. 아들은 세상의 창조에 있어서 하나님의 조력자 혹은 대리자였으며, 따라서 성부 하나님과 창조 질서 사이의 중간에 위치했다. 아들은 하나님의 일부도 아니고 세계 질서의 일부도 아니었다. 로고스는 모든 피조물보다 앞서 창조의 수단으로 존재했다. 하지만 아들은 영원하지 않으며 아버지와 신적 본질을 공유하지도 않았다. 로고스를 피조된 존재로 보았던 아리우스가 내세운 모토는 "그가 존재하지 않은 때가 있었다"였다.[19]

> "그가 존재하지 않은 때가 있었다."
> – 아리우스

아리우스는 자신의 입장을 정당화하기 위해 성경과 초대 교회 신학자들의 작품으로 돌아갔다. 그는 신명기 6:4과 32:39, 요한복음 17:3, 그리고 고린도전서 8:6 같은 성경 본문들을 하나님의 단일성에 대해 말하는 것으로 보았고, 반면에 요한복음 14:28과 고린도전서 15:28을 아들의 종속설을 뒷받침하는 것으로, 그리고 마가복음 13:32을 아들의 지식의 한계성을 암시하는 것으로 간주했다. 아리우스는 하나님의 삼위를 인정했지만, 그들이 공통된 속성 내지 본질을 공유하지 않는 각기 다른 세 존재라고 믿었다. 각 위는 제 각기 '다른 본질'(*heteroousios*)를 갖고 있다. 또한 그는 성령을 성자의 피조물이라고 보았다.[20]

비록 아리우스의 견해는 정죄되었지만, 그는 "하나님은 누구인가?" 하는 물음에 대한 토론을 전개시킴으로써 교회에 영향을 주었다. 그는 하나의 중요한 쟁점을 제기했다. 그것은 성자가 성부와 어떤 관계에 있느냐 하는 것이었다. 아리우스는 이것에 대한 자신의 대답을 철학적 용어와 존재론적 범주를 사용해 전개했다. 그는 성자와 성부의 관계를 '존재'(being)와 '본질'(substance)이라는 철학적 용어로 또한 '창조자'(Creator)와 '피조물'(creature)이라는 히브리적 범주를 사용해 이야기했다. 문제는 성자가 하나님이냐 아니냐 하는 것이었다. 성자는 창조 사역에 하나님으로서 참여했던 것인가, 아니면 하나님이 아닌 분으로서 창조 질서에 속했던 분인가? 아리우스의 답변은 "성자는 하나님이 아니다"였다. 성자는 피조물이었다.

니케아 공의회

아리우스의 가르침은 그의 감독이었던 알렉산드리아의 알렉산더 (Alexander of Alexandria)의 반대를 불러왔다. 알렉산더는 아리우스의 공격에 맞서 자신의 입장을 지키고자 교회의 감독들에게 서한을 보냈다.[21] 그러나 아리우스의 주장은 교회 안에서 지지를 얻어 논쟁을 일으켰고, 심지어 거리에서는 폭동이 발생하기도 했다. 당시 선술집에서 불리던 노래는 그의 견해를 옹호했다.

> 알렉산드리아의 아리우스여,
> 나는 온 도시의 말이외다.
> 지식과 명망이 가득한 성자들의 친구요,
> 하늘이 택한 거룩한 자여,
> 만약 당신이 로고스 교리를 원한다면,
> 나는 그것을 열렬히, 열렬히 섬길 수 있습니다.
> 하나님은 그를 낳으셨습니다.
> 그리고 그가 출생하기 전,
> 그는 존재하지 않았습니다.[22]

콘스탄틴(Constantine)은 그 당시 로마 제국의 유일한 황제였다. 이런 상황 속에서 그는 자신이 이해하기 힘든 신학적 논쟁으로 인해 기독교가 양분될지도 모른다는 위기감을 느꼈다. 따라서 그는 이런 논쟁을 진정시키고자 교회 전체의 공의회를 소집했다. 325년 6월, 콘스탄틴은 약 300명의 감독들이 참석한 가운데 소아시아의 니케아에서 회의를 개최했다. 참석자 대부분은 동방 교회에서 왔다. 아리우스도 그의 신학 고문인 가이사랴의 유세비우스(Eusebius of Caesarea)와 함께 참석했다. 그리고 알렉산드리아의 알렉산더 역시 차기 알렉산드리아의 감독이 될 아타나시우스와 함께 참석했다. 니케아 회의에서는 다음과 같은 내용의 신조가 채택되었다.

> 우리는 전능한 아버지이시며 모든 보이는 것과 보이지 않는 것들의 창조자이신 한 분 하나님을 믿습니다. 또한 우리는 하나님의 독생자이신 한 분의 주 예수 그리스도를 믿습니다. 그는 성부의 본질에서 나오셨고, 하나님에게서 나오신 하나님이시며, 빛에서 나오신 빛이시며, 참 하나님에게서 나오신 참 하나님이시며, 창조되지 않고 출생하셨으며, 성부와 동일한 본질을 갖고 계시며, 그분을 통해 만물, 즉 하늘에 있는 것과 땅에 있는 것들이 존재하게 되었습니다. 그는 우리를 위해서 그리고 우리의 구원을 위해서 이 땅에 오셔서 육신을 받아 인간이 되셨고, 고난 받으시고, 사흘 만에 살아나셔서, 하늘에 오르셨으며, 산 자와 죽은 자를 심판하러 오실 것입니다. 또한 우리는 성령을 믿습니다. "'그가 계시지 않았던 때가 있었다'고 말하거나, 하나님의 아들이 하나님과 다른 본체나 본질을 갖고 있다거나, 혹은 하나님의 아들이 피조물이라거나 변화에 굴복할 수 있다고 말하는 자들은, 하나인 사도적 교회로부터 저주를 받아 교회로부터 끊어질 것입니다.[23]

이 신조가 강조하는 것은 성자이며, 또한 성부와의 관계에서 성자가 차지하는 위치다. 이 신조는 '로고스'(Logos) 대신에 보다 인격적인 '성자(Son)라는 단어를 사용한다. 그리고 성자가 피조된 존재가 아니라 성부에게서 출생했고, 양자 사이에는 실질적이고 본질적인 관계가 있으며, 성자는 무(無)에서 창조된 존재가 아니라는 것을 암시한다. 콘스탄틴 황제 자신이 직접 '동일 본질'(*homoousios*)이라는 말의 사용을 제안했다— 아마 이것은 그의 신학 고문인 코르도바의 호시우스(Hosius of Cordova)의 권유에 의한 것이었을 것이다. 이것은 성자를 피조물로 보는 아리우스의 견해를 정면으로 반박하기 위해서였다. 당시 그 단어가 무엇을 의미했는지는 분명치 않다. 그러나 그것은 분명히 동일한 신적 성품을 공유하는 성부와 성자의 참된 관계를 정립해 주었다. 성자는 성부와는 다른 위지만 역시 하나님이시다. 니케아에서는 아리우스파와 성자의 성부 종속설을 반대하는 견해가 압도적이었다. 니케아 신조에서 성령은 성부 및 성자와 함께 언급되기는 했으나 더 이상의 주목을 받지 못했다. 그러나 니케아 공의회는 성자의 성부와의 영원한 공존이라는 문제를 해결했다. 이것은 아주 중요했다. 하지만 그 공의회는 "하나님은 누구인가?" 하는 질문에 대해 충분히 답변하지는 못했다.

니케아 이후의 발전 상황

니케아 공의회는 니케아의 위기를 완전히 해결하지 못했다. 아리우스주의는 교회에서 사라지지 않고 잠복했다가 다음 반세기 동안 계속해서 그 모습을 나타냈다. 325년 니케아 공의회로부터 361년 콘스탄틴 황제가 죽을 때까지, 그리고 그 후 다시 20년 동안, 교회는 하나님의 정체성에 대한 이해와 표현의 문제를 놓고 힘든 싸움을 계속했다.

반(反)-니케아 운동 초기인 325-337년 사이, 아리우스파인 가이사랴의 유세비우스를 추종하는 자들은 328년 이후 알렉산드리아의 총대주교였던 아타나시우스 같은 찬(親)-니케아파 지도자들을 자리에서 밀어낼 수 있었다. 아리우스파는 '동일 본질'은 비성서적이며 삼위일체의 세 위에 대한 이해를 위협한다고 주장했다. 주후 337년 이후, 다양한 중도적 신조들이 341년 안디옥에서, 342년 필립폴리스에서, 그리고 344년 다시 안디옥에서 각각 공포되었다. 이런 신조들은 '동일 본질'이라는 용어를 삭제했지만, 대개 아리우스주의에 대해 비판적이었다.

아리우스파는 357년 제3차 시미엄 공의회, 359년 니스 총회, 그리고 360년 콘스탄티노플 총회에서 역공을 시도했고, 결국 아리우스 신조를 통과시켰다. 이로 인해 제롬(Jerome)은 다음과 같이 한탄했다. "온 세상이 자신이 아리우스주의자가 된 것을 발견하고는 슬퍼하고 놀랐다."[24] 그러나 이것을 계기로 중도적 입장의 신학자들은 안키라의 바실(Basil of Ancyra)이 제안한 '유사 본질'(*homoiousios*)이라는 용어의 사용을 지지했다. 이 말은 여러 가지 방식으로 해석될 수 있었으므로, 교묘한 모호함이 일치의 방법을 가져올지도 모른다는 희망이 나타났다.

361-381년은 아리우스파의 패배가 두드러진 시기였다. 이 기간 동안 알렉산드리아의 아타나시우스나 갑바도기아의 교부들 같은 훌륭한 신학자들은 니케아적 견해를 보다 분명히 하고자 노력했다. 381년 콘스탄티노플 공의회는 니케아 신조의 신앙고백을 재확인하고 공고히 했으며, 모든 아리우스파와 아리우스적 분파들을 파문했다.[25]

아타나시우스

니케아 신앙을 변호한 대표적인 인물은 328년에 알렉산드리아의 감독이 되었다가 373년에 사망한 아타나시우스(Athanasius)였다. 그의 중요한 저서인 『아리우스파에 대한 반론』(*Orations Against the Arians*)은 아리우스의 교리를 요약하고(따라서 이것은 아리우스의 가르침에 대한 중요한 자료를 제공한다), 니케아적 입장을 옹호하면서 강하게 논의를 전개한다.[26]

아타나시우스는 삼위일체에 대해 어느 정도 완벽한 교리를 전개했다. 그는 아리우스 못지않게 한 분 하나님께 대한 신앙을 확증한다. "우리는 하나님께서 '삼위 한 조'를 통해 한 분이 되심을 고백하고 … '삼위 한 조'로 계시는 한 분 하나님에 대한 믿음을 받아들인다. … 왜냐하면 한 가지 형태의 신성만이 존재하기 때문이다."[27] 그러나 아타나시우스는 아리우스와 달리 말씀은 하나님이시지 피조물이 아니라고 주장했다. "성자는, 마치 사람이 사람에게서 태어나듯이, 성부에게서 출생해서 성부보다 나중이 되지 않는다. 하지만 그는 하나님의 자손이다. 그는 항상 계시는 하나님의 특별한 아들이므로 영원히 존재하신다."[28] 성자가 성부에게서 발생하는 방식은 신비로운 과정이지만, 아타나시우스는 본질의 엄격한 동일성을 주장한다. 즉 성자는 "참 하나님이시며, 참 아버지와 동일 본질이시다."[29]

아타나시우스는 또한 성령에 대해서도 강력한 교리를 발전시켰다. 아타나시우스는 성령을 천사들 중 큰 자로 보는(딤전 5:21; 히 1:14) 트로피키(Tropici)라는 집단에 맞서서 성령은 피조물이 아니라 분리될 수 없는 거룩한 삼위 한 조에 속한다고 주장한다. 왜냐하면 "온전한 삼위 한 조는 한 분 하나님이시기 때문이다." 아타나시우스는 성령이 온전한 신성을 지니고 있으며, 성부와 성자와 동일한 본질을 갖고 있다고 보았다. 성경은 성령이 "삼위 한 조로 존재하는 하나님에게 속해 있고 그 하나님과 하나"라고 가르친다.[30]

따라서 성령과 성자는 가장 가까운 관계이며, 성령과 성자는 성자와 성부처럼 동일한 본질을 공유한다. 그는, 만약 성령이 개인들을 하나님의 아들과 연합시키려 한다면, 그 성령은 반드시 신적인 존재여야 한다고 주장했다.

아타나시우스는 사변적인 신학자가 아니었다. 그렇기에 그는 삼위일체의 신비를 존중할 것을 촉구했다. 그는 자기의 사상을 언제나 논리적으로 정확하고 충분하게 표현하는 편이 아니었다. 따라서 그는 여러 가지 의문들을 답하지 않은 채 남겨 놓았다. 하지만 그는 하나님의 단일성 그리고 신적 본질에 대한 성부와 성자와 성령의 완전한 참여를 굳게 강조했다. "거룩하고 복된 삼위 한 조는 분리될 수 없으며 본질적으로 하나다. 성부를 말할 때, 거기에는 말씀이 포함되며, 성자 안에 계신 성령도 포함된다. 성자를 언급할 때, 거기에는 성부가 포함되며, 성령 역시 말씀 밖에 존재하지 않는다. 왜냐하면 성령 안에서 성자를 통해 성부에 의해 실현되는 오직 하나의 은혜가 존재하기 때문이다."[31]

> "그는 항상 계시는 하나님의 특별한 아들이므로 영원히 존재하신다."
> — 아타나시우스

갑바도기아 교부들

갑바도기아 출신인 세 명의 신학자들은 아타나시우스가 답하지 않고 남겨둔 질문들을 붙들고 늘어졌다. 대 바실(Basil the Great, d. 379)과 그의 형제인 닛사의 그레고리(Gregory of Nyssa, d. 394) 그리고 나지안주스의 그레고리(Gregory of Nazianzus, d. 390)는 성경과 철학적 지식을 사용해 아리우스의 잘못을 논박했던 세 명의 감독이었다. 그들의 주장의 토대는 '유사 본질'(*homoiousios*) 전통에 있었다. 그들의 사상은 381년 콘스탄티노플 공의회로 나아가는 길을 준비했는데, 이 공의회는 "하나님은 누구인가?" 하는 질문에 대한 교회의 반응을 확정하는 데 기여했다.[32]

아타나시우스가 하나님의 단일성을 강조한 반면, 갑바도기아의 신학자들은 성자와 성령을 발생한 성부의 우월성을 강조하면서 동시에 삼위의 일치를 주장했다. 아타나시우스는 하나님의 각 위의 차이를 주장했지만, 그것을 표현할 만한 만족스러운 단어를 찾지 못했다. 하나의 본질이 어떻게 동시에 세 위로 나타날 수 있는지를 설명해 준 것은 갑바도기아 신학자들의 중요한 공헌이었다.

아타나시우스와 니케아 공의회의 가르침에는 '본질'(*ousia*)과 '실체'(*hypostasis*)에 대한 구별이 없었는데, 바실은 그 차이를 주장했다. 그는 삼위일체와 관련된 가장 타당하고 수용할 만한 공식은 "세 위로 존재하는 하나의 본질"(one substance in three persons)라고 주장했다. 양자 간의 차이는 '보편적인 것'과 '특별한 것' 사이의 차이와 같다. 각 사람이 자기 나름대로의 개성을 갖고 있으면서도 보편적인 인간을 대표하듯이, 신성의 각 위들 역시 자신만의 독자적인 특징을 갖고 있지만, 그들은 여전히 신성 전체의 일부다. 오리겐은 그런 용어들을 사용해 신성 안에 있는 세 가지 실체들에 대해 말했던 반면, 성자와 성령은 성부처럼 온전하게 신적이지 않은 열등한 하나님으로 보는 경향이 있었다. 그러나 갑바도기아 신학자들은 아타나시우스처럼 성자와 성령의 완전한 신성을 인정했다. 나지안주스의 그레고리는 다음과 같이 기술했다. "하나님은 셋으로 존재하는 한 분이시며, 그 셋은 그 안에 하나님이 계시는, 혹은 보다 정확히 말하자면, 하나님이신 하나이시다."33 하나님의 삼위는 각기 구별되는 특성을 지니고 있다. 바실은 이런 특성들을 각각 '부성'(성부)과 '아들됨'(성자)과 '성화의 능력'(성령)으로 정의했다.

갑바도기아의 신학자들은 세 실체 안에 있는 하나의 본질을 강조하면서 하나님의 삼위일체를 가리켰다. 그 세 실체는 한 분 하나님이시지만 세 위들이시다. 아타나시우스는 하나님의 '한 분되심'으로부터 시작했다. 그러나 갑바도기아 신학자들은 위들의 '세 분되심'으로부터 시작했다. 니케아 공의회 이전에는 중요한 과제가 하나님의 단일성으로부터 세 위의 일체성을 이끌어내는 것이었으나, 니케아 회의 이후에는 세 위의 일체성으로부터 하나님의 단일성을 설명하는 것이 중요한 과제가 되었다.

갑바도기아 신학자들의 공헌들 중 하나는 성령의 온전한 신성을 확언한 것이다. 또한 그들은 삼위들 사이에서 본질의 동일성을 강조함으로써 성자와 성령이 성부에 종속된다는 개념을 추방했다.

콘스탄티노플 공의회

니케아 공의회가 개최된 지 56년이 지난 후에도, 여러 이단 종파와 교회에서 떨어져 나간 분파들이 여전히 교회와 국가를 어지럽히고 있었다. 381년 로마 황제 데오도시우스 1세(Theodosius I)는 이런 문제를 완전히 해결하기 위해 콘스탄티노플 공의회를 소집했다. 이 회의에는 교황과 서방 교회의 감독들은 참석하지 않았다. 그 당시 참석한 186명의 감독들 중 36명은 소위 '영적 투사들'(*pneumatomachi*)로서, 갑바도기아 신학자들은 성령의 완전한 신성을 부인하는 그들에 대해 반대하는 글을 쓴 바 있었다. 그런데 그

36명의 감독들은 니케아 신조를 받아들이라는 요구를 받자 모두 자리를 떴다.

이 공의회에서 작성된 문서들 중 하나가 오늘날 보통 '니케아 신조'라고 불리는 '니케아 - 콘스탄티노플 신조'(Niceno-Constantinopolitan Creed)였다. 그것은 동방 교회에서 세례 받을 때 고백하는 유일한 신앙고백문이자 성찬식의 신조가 되었다. 325년에 작성된 니케아 신조의 확대판인 이 신조는 성자에 대한 진술을 추가했고, 성령에 대해서도 다음과 같이 긴 내용을 포함시켰다. "주님이시요 생명을 주시는 성령을 믿사오니, 성령께서는 성부에게서 나오시고 성부 및 성자와 더불어 존귀와 영광을 받으시기에 합당하며, 예언자들을 통해 말씀하시는 분이십니다." 여기에서 성령은 믿음과 예배에 있어서 그 신성과 지위를 분명히 확인하면서 성부 및 성자와 동일한 위치에 놓인다.[34]

어거스틴

동방 교회는 갑바도기아 신학자들의 작품들을 통해서, 그리고 서방 교회는 어거스틴의 가르침을 통해서 "하나님은 누구인가?" 하는 질문에 대해 가장 진전된 답변을 얻게 되었다. 어거스틴(Augustine, 354-430)은 수많은 신학 서적을 저술했다. 하지만 399-419년 사이에 쓰인 『삼위일체론』(On the trinity)이야말로 그의 가장 중요한 작품들 가운데 하나다. 어거스틴은 이 작품에서 하나님은 각 위에 있어서는 다르지만 본질에서는 하나라는 삼위일체의 기본 개념을 받아들인다. 어거스틴의 작품에서 주목할 만한 내용은 다음과 같다.[35]

1. 삼위일체에는 절대적인 단일성이 있다. 어거스틴에 의하면, 성자와 성령의 종속설은 완전히 배제되어야 한다. 다시 말해, 하나님에 대한 모든 주장은 세 위 각각에 대해서도 동일하게 적용된다. 왜냐하면 "성부는 그 신성에 있어 성자보다 우월하지 않을 뿐 아니라, 성부와 성자를 합친 것이 성령보다 우월하지도 않고, 세 위들 중 한 위는 삼위일체 자체보다 열등하지도 않기 때문이다." 어거스틴의 이런 주장의 자연스러운 결론은, 하나님의 세 위는 세 명의 사람처럼 서로 분리된 개체가 아니며, 각 위의 본질은 다른 위들의 본질 및 신적 본질 그 자체와 동일하다는 것이다. 어거스틴은 신학자 빅토리누스(Victorinus)가 하나님을 묘사하기 위해 사용했던 '삼중적'(*triplex*) ― 어거스틴에게 이 용어는 세 가지 개체의 결합을 의미했다 ― 이라는 용어를 거부하기 위해 이런 주장을 했다. 어거스틴에 의하면, 오히려 삼위일체의 각 위들은 서로 안에 내재한다. 이것은 또한 신적 속성에 대한 모든 언급들은 단수로 표현되어야 한다는 것을 의미한다. 왜냐하면 신적 속성은 여럿이 아니며 오직 하나일 뿐이기 때문이다.[36]

2. 각 위의 차이는 신성 안에서의 그들의 상호관계에 기초를 두고 있다. 세 위들은 그 본질에 있어서는 동일하지만, 각자가 맺는 관계에 의해 구별된다. 성부는 성자를 낳았고, 성령은 성부와 성자 모두에 의해 증여된다. 이런 주장을 통해 어거스틴은 오직 하나님이 세 가지 형식 혹은 양태(modes)로 나타나실 뿐이라는 양태론적 개념을 피하고, 삼위일체 안에는 각기 다른 위들이 존재한다고 말했다. 어거스틴은 신성 안에 단일성과 다원성이 서로 모순됨 없이 존재한다고 주장하고자 했다.

3. 성령은 성부와 성자 모두의 영이다. 어거스틴이 요한복음에 대한

주석에서 기술하듯이 "성령은 그 둘 중 어느 하나의 영이 아니라, 둘 모두의 영이다." 이런 견해는 '이중 발출'(double procession)이라는 용어로 알려지게 되었다. 이 견해에 의하면, 성령은 "성부 그리고 성자로부터" 발출하는 것으로 간주된다. 이 '그리고 성자로부터'라는 구절은 '필리오케'(filioque)라는 용어로 알려졌고, 이것은 1054년에 동방 교회와 서방 교회가 갈라지는 원인들 중 하나가 되었다. 동방 교회는 589년 제3차 톨레도 공의회에서 니케아-콘스탄티노플 신조에 삽입된 이 표현을 거부했다. 동방 교회의 신학자들은 그것이 비성경적이고— 신약 성경과 초대 교회의 전승에 기초하지 않았다는 의미에서— 교리적으로도 근거가 없으며 아주 위험한 결과를 초래할 수 있다고 주장했다. 어거스틴은 성부와 성자는 모든 것을 공유하기 때문에 성령의 발출 역시 공유한다고 믿었다. 만약 성자와 성령이 성부로부터 나온다면 두 명의 성자가 있어야 하는 것이 아니냐는 물음에 대해, 어거스틴은 성령은 '발출하고'(proceeds) 성자는 '출생한다'(begotten)고 구별한다. 성령은 성부와 성자 사이의 사랑을 연결하는 공동의 끈이다.[37]

> "성부는 그 신성에 있어 성자보다 우월하지 않다."
> — 어거스틴

4. 삼위일체 문제에 대한 어거스틴의 가장 독창적인 공헌은, 그가 삼위일체를 묘사하기 위해 인간의 영혼으로부터 끌어낸 유비들을 사용한다는 점이다. 그는 이런 유비들이 삼위일체를 설명해 준다고는 믿지 않았다. 하지만 그는 그런 것들이 하나님이 절대적으로 한 분이시면서 또한 여전히 각기 다른 삼위가 되시는 방식의 신비를 더욱 깊게 해 준다고 믿었다. 이것은

어거스틴이 3이란 수를 접하는 모든 곳에서 삼위일체에 대한 유비를 발견했음을 의미한다. 그는 하나님이 "우리의 형상을 따라 우리의 모양대로"라고 말씀하시는 창세기 1:26에서 삼위일체를 발견한다. 인간에게는 "삼위일체와 닮은 데"[38]가 있다. 사랑의 경험은 사랑하는 자와 사랑 받는 자 그리고 그 둘 사이의 유대 — 그 둘을 하나로 묶어 주는 사랑 — 를 드러낸다. 이것은 성부와 성자와 성령 — 여기에서 성령은 성부와 성자를 묶어 주는 존재다 — 의 관계와 비슷하다. 이런 유비는 인간의 존재와 지성과 의지에도 적용된다. 이 외에도 우리는 인간의 여러 가지 다른 삼위일체성을 찾아 볼 수 있다. 예를 들어, 마음·(자기)인식·(자기)사랑의 관계나, 기억·이해·의지의 관계, 그리고 하나님에 대한 기억과 이해와 사랑의 관계가 그렇다.[39] 어거스틴은 이들 각자는 서로 조화를 이루면서도 그 본질에 있어 하나이며, 거룩한 위들 사이의 상호관계에 대해 빛을 비춰 준다고 말했다.

서방 교회에서 어거스틴의 신학은 430-500년 사이에 작성된 소위 '아타나시우스 신조'(Athanasian Creed)를 통해 구체화되었다. 이 신조는 다음과 같이 시작되는 처음 문장을 따라서 '보편 신조'(Quicunque vult)라고도 불렸다. "누구든지 구원을 받기 원하는 자는 무엇보다 먼저 보편적 신앙을 지녀야 한다." 이 신조는 하나님의 단일성과 삼위일체성을 말하기 위해 '본질'(substance)과 '위'(persons)이라는 단어를 사용한다. "우리는 삼위로 계신 한 분 하나님과 단일성 안에 계신 삼위일체 하나님을 예배하며, 각 위를 구별하지만, 본질을 나누지 않는다." 또한 '그리고 성자로부터'(filioque)라는 구절이나 성부와 성자로부터의 성령의 발출 역시 확증된다. 전에는 아타나시우스에게서 유래된 것으로 간주되었으나 지금은 프랑스 남부의 어느 곳에서 유래된 것으로 알려지고 있는 이 신조를 통해, 교회는 삼위일체 신앙에 대한 명확한 표현뿐 아니라, 또한 "하나님은 누구인가?" 하는 질문에 대해 교회가 할 수 있는 최선의 대답을 제공했다.

제2장
기독론 논쟁

Christological Controversy

Who is Jesus Christ?

2. 예수 그리스도는 누구인가?

교회는 신론을 놓고 씨름하는 동안 또한 "예수 그리스도는 누구인가?" 하는 또 하나의 근본적인—그리고 신론과 밀접하게 관련된—질문에 대답해야 했다. 삼위일체 신앙에 대한 시술과 고백문들에는 언제나 로고스·성자·예수 그리스도의 위(位)가 포함되어야 했다. 그러므로 교회는, 삼위일체에 대한 이해가 보다 분명해짐에 따라서, 예수 그리스도의 위에 관한 구체적이고 결정적인 질문들을 고려하지 않을 수 없었다. "예수님은 누구인가?" 하는 질문에 관한 모든 진술은 삼위일체 교리에 대한 일정한 이해를 포함한다. 반대로 삼위일체에 대한 모든 주장은 예수 그리스도에 관해 무언가를 말한다. 예수님에 관한 질문들 대부분은 그분의 '인성'과 '신성'의 문제에 집중됐다. 어떻게 예수 그리스도는 인간이면서 동시에 하나님으로 간주될 수 있는가? 이 문제는 오랫동안 교회의 사유의 대상이 되었고 또 하나의 중요한 신학적 전환점으로 이어질 수밖에 없었다. 넓게 보아 "예수 그리스도는 누구인가?" 하는 질문은 기독론에 관한 질문이었고, 교회는 그 질문에 대해 성육신 교리로 대답하려 했다.

성경적 기초

신약 성경은 예수님이 누구인지에 대해 일치된 서술이나 지적으로 발전된 진술을 제공하지 않는다. 그러나 신약 성경에는 삼위일체론 교리보다는 발전 과정에 있는 기독론과 관련해 도움이 되는 보다 명쾌한 진술들이 나온다. 부분적으로 이것은 저자들이 예수님을 직접 대면했었다는 사실에 기인할 것이다. 삼위일체 교리를 발전시키기 위해서는 철학적이고 신학적인 개념들이 필요했다. 그러나 성경 저자들이 예수님에 관해 기록했을 때, 그들은 이미 자기들에게 익숙한 호칭과 개념들을 취했으며, 예수님과 자신들의 관계 속에서 의미를 찾으려 했다.

예수님에 대한 다양한 경험은 성경 저자들의 다양한 관점들에서 나타난다. 신약 성경에는 기독론의 다양한 흐름이 존재한다. 초대 교회가 예수님이 누구인지에 대한 자신의 이해를 발전시키고자 했을 때, 그것은 신약 성경에 있는 그 다양한 요소들에 호소했고, 또한 그 모든 다양한 요소들이 어떻게 보다 크고 통일된 패턴과 조화를 이루는지 알고자 했다. 신양 성경에는 신학적 진술들뿐만 아니라, 예수님의 생애와 말씀에 관한 구체적인 기술, 예수님이 누구인지에 대한 초기 추종자들의 해석들, 그리고 그분에게 주어진 다양한 호칭들이 포함되어 있었다.

예수님에 대한 성경의 가르침을 제한된 지면에 요약하는 것은 불가능하다. 상세한 학문적 연구물들은 쉽게 얻을 수 있다. 하지만 여기에서 우리는 신약 성경의 증언이 갖고 있는 몇 가지 중요한 차원들에 대해 언급해 볼 수 있을 것이다.

예수님의 제자들은 예수님이 자기들과 똑같은 인간이라는 것을 의심하지 않았다. 모든 복음서에서 예수님은 다른 사람들처럼 갈릴리 사람들 사이에서 걷고 말하고 생활했다. 허기와 갈증, 피로와 피곤, 고뇌와 고통 등 삶의 현실들은 그에게도 전적으로 현실이었다. 예수님은 십자가형을 받고 매장되었을 때 다른 사람들과 똑같이 죽었다(마 8:24; 21:8; 요 4:6; 11:35; 19:28).

예수님은 또한 다른 사람들과의 관계에서 기쁨과 슬픔을 맛보았다(눅 10:21; 막 10:21; 마 9:36; 26:37-40). 그는 연민으로부터(막 1:41) 분노에(막 3:5; 11:15ff.) 이르기까지 인간의 감정을 표현할 수 있었다. 그는 자신의 인간적인 마음을 드러내 보이면서 정보를 얻기 원했다(눅 8.45, 요 11:34; 막 6:35; 9:21). 그는 기도했고(마 6:9; 요 17), 시험받았다(마 4:1-11).

그러나 제자들은 예수님이 단순히 하나님으로부터 보내심을 받은 또 한 명의 선지자 이상이라고 확신했다. 예수님의 추종자들은 그의 인격 안에서 독특하고 비길 데 없는 방식으로 하나님을 만났다. 그리고 그들의 믿음은 그분이 죽음에서 부활하심을 통해서 굳건해지고 확증되었다. 예수님의 추종자들에게 부활 사건은 기독교의 선포와 교훈의 핵심적 특징이 된 확고한 신앙을 낳았다(행 3:15; 고전 15; 골 1:18).

부활의 관점에서 볼 때, 예수님의 말씀과 행위는 초대 교회를 위해 보다 깊은 의미를 지니게 되었다. 예수님의 세례(마 3:13-4:11), 변모(막 9:2-8), 사탄과의 대면(막 3:23-27), 수많은 이적들(막 5:35-43; 눅 18:40-43),

유대교 율법과의 관계(마 5:21-48) 및 자신의 수난과 죽음에 관한 그분 자신의 견해(마 16:21; 막 10:45; 요 10:17, 18) 등도 마찬가지였다. 부활 사건은 또한 예수님이 기도 중에 하나님께 사용했던 친숙한 용어인 '아빠'(Abba) (막 14:36; 마 6:9; 눅 23:34) 같은 단어나 말씀들, 그리고 그가 사역을 시작하면서 최초로 선포했던 하나님 나라(막 1:15; 참조. 눅 4:43; 마 4;23, 9:35) 등에 새로운 의미를 부여했다. 요한복음에 등장하는 "나는 ~이다" 하는 구절들 (6:35; 8:12; 10:7, 11; 11:25; 14:6; 15:1)과 자기를 보내신 아버지 및 성령과 자신의 관계에 대한 그 자신의 진술들(3:17; 9:39; 10:36) 역시 부활 후에 그 의미가 더 깊어졌다.

신약 성경에서 "예수님은 누구인가?" 하는 질문은 종종 초기 기독교의 '케리그마'(kerygma) 설교자들에 의해 선포된바 하나님의 계획안에서 그의 역할에 부여된 호칭들을 통해 답을 얻는다. 참으로 신약 성경은 예수님이 행한 일들에 대해 말하지 않고는 예수님이 누구인가에 대해 말하지 않는다. 즉 그의 인격과 그의 사역은 연관되어 있다.

신약 성경은 예수님에 대해 여러 가지 호칭을 사용한다. (1) '메시아' 또는 '그리스도'(막 8:27-33; 14:61; 15:2)는 구약 성경의 소망의 성취다. 오리라던 하나님 나라가 그로 인해 지상에 도래한다. (2) '다윗의 아들'(막 10:47, 48; 12:35-32; 마 9:27; 15:22; 참조, 막 11:9-10)은 도래하는 지도자 의 왕적 역할을 가리킨다. (3) '하나님의 아들'(마 4:3, 6; 14:33; 16:16; 막 12:6; 15:39)은 예수님과 하나님 사이의 특별하고 독특한 관계를 의미한다. (4) '하나님의 종'에 대한 여러 암시들은 예수님의 사역을 이사야서에 나오는 '종의 노래'(사 42:1-4; 49:1-7; 50:4-11; 52:13-53:12)에 등장하는 '여호와의 종'의 사역과 연결시킨다(눅 22:37; 막 19:45; 요 1:29ff.). (5) '주'(kyrios : 행 2:36; 빌 2:9; 막 11:3; 롬 1:4)는 예수님의 높임 받으심과 능력을 모든 피조물을 다스리는 통치자이신 하나님과 연결시킨다.[1] (6) '인자'(막 2:27; 10:45; 14:62; 눅 12:10; 17:22ff.; 마 24:27, 37ff.)는 구약의 문구들(단 7:13ff.; 겔 2:1; 시 8:4)에서 끌어온 개념으로, 인간인 동시에 영원한 권세와 나라를 받으러 오는 통치자를 의미한다. (7) 예수님은 종말에 모든 예언을 성취할 마지막 '선지자'다(눅 7:16; 막 6:14ff., 8:27; 행 3:22, 7:37; 요 6:14). (8) '말씀'(Logos : 요 1:1-14; 참조, 고전 8:6; 계 19:13)은 하나님의 최상의 계시이며, 성부와 함께 선재하며, 하나님의 마음과 뜻의 완전한 표현이다(히 1:1ff.). (9) 예수님은 몇 가지 본문에서 직접적으로(히 1:8-9; 요 1:1; 20:28) 그리고 다른 문구들에서는 암시적으로 하나님과 동일시된다. 성경 저자들과 초대 교회에게 이런 호칭들 하나하나는 예수님의 본질의 일면을 보여 준다.[2]

예수님에게 주어진 이런 호칭들 외에도, 신약 성경의 어떤 구절들은 예수님에게 직접 초점을 맞추고 그분을 직접 찬양하는 '기독론적 찬미'(Christological hymns)로 이루어져 있다. 이런 구절들에 영향을 준 배경은 유대적이며 동시에 헬라적이다. 빌립보서 2:6-11, 골로새서 1:15-20, 디모데전서 3:16, 베드로전서 3:18-22, 히브리서 1:1-4, 그리고 요한복음 1:1-14 등은 이런 기독론적 찬미에 속한다. 이런 문구들이 한데 모아져서 예수님이 누구인지에 대한 초대 교회의 인식이 그 구체적인 모습을 드러낸다.[3]

예수님에 대한 교회의 성경적 이해의 또 다른 중요한 차원은 사도 바울의 저작들에서 드러난다. 바울은 예수님의 선재(先在)를 전제한다(갈 4:4; 롬 8:3, 32; 고후 8:9; 빌 2:6ff.; 골 1:15). 그리스도는 '하나님의 지혜'다

(고전 1:18-2:16; 골 1:15-20). 이 개념은 지혜가 세상보다 앞서 존재했고, 세상이 창조될 때 하나님과 동역했다는 구약 성경적 개념을 반영한다(욥 28:20-28; 잠 8:22-31. 참조. 바룩 3:32-38; 집회서 1:4, 9; 24:3-22; 지혜서 7:25-26; 9:9-10). 바울은 자주 그리고 규칙적으로 그리스도를 '하나님의 아들'이라고 부른다(롬 1:3, 4, 9; 5:10; 8:3, 29, 32; 고전 1:9, 고후 1:19; 갈 1:16; 2:20; 4:4, 6; 엡 4:13; 골 1:14; 살전 1:10). 이 호칭은 바울로 하여금 예수님의 인격과 그분이 세상의 구원을 위해 하신 일 모두를 떠올리게 한다(롬 8:3; 갈 4:4). 그리스도는 하나님의 모든 충만하심과 영광이 그 안에 있는 '하나님의 형상'이다(고후 4:4; 골 1:15; 빌 2:6 참조). 바울이 예수님에게 사용한 모든 호칭들 중 가장 자주 쓰이는 것은 '주(主, kyrios)'다. 바울은 이 호칭을 통해 — 초대 교회도 그렇게 믿었듯이 — 예수님은 그분의 부활과 승천과 재림(고전 2:8; 고후 1:14; 갈 6:17; 빌 2:11; 살전 2:15)에 의해 우주에 대해 최상의 권세를 행사함에 있어서 성부 하나님과 직접 관련된다고 주장한다. 바울은 많은 문구들에서 예수님을 하나님과 동일시한다. 신약의 다른 책들도 각각 고유한 방법을 따라 예수님이 누구인지에 대해 비슷하게 서술한다.

성경의 자료들 속에는 초대 교회가 끌어와야 할 많은 것들이 있었다. 예수 그리스도는 그의 인간적 특성이라는 측면에서는 다른 사람들과 같았다.

> **예수의 인격의 두 차원**
>
> 예수 그리스도는 그의 인간적 특성이라는 측면에서는 다른 사람들과 같았다. 하지만 또한 그는 그 안에서 특별하고 독특한 방식으로 하나님이 인식되고 알려지는 자로 간주된다. 예수님의 이런 이중적 차원은 다양한 용어와 표상들로 묘사된다.

하지만 또한 그는 그 안에서 하나님이 특별하고 독특한 방식으로 인식되고 알려지는 자로 간주된다. 예수님의 이런 이중적 차원은 다양한 용어와 표상들로 묘사된다. 자기들이 그와 같은 성경적 자료를 어떻게 이해하는지를 보다 충분하고 정확하게, 그리고 자신들의 역사적이고 문화적인 정황들에 적합한 용어들을 사용해 표현하는 것은, 다음 세대 기독교인들의 몫으로 남게 되었다. 왜냐하면 교회가 모든 시대와 장소에서 예수님이 누구인지를 명확하게 말하는 것은 중요하기 때문이다.

칼케돈 회의의 배경

초기 동향

교회의 처음 3세기 동안에는 예수님의 정체성에 대한 진술들이 명확하지 않았다. 삼위일체 교리의 경우와 마찬가지로, 그것에 대한 분명한 이해와 표현을 얻기 위해 수십 년이 걸렸다. 그러나 이 시기에 훗날의 관점에서 볼 때 교회의 가르침의 주류에서 벗어난 것으로 판단되는 어떤 흐름들이 발생했다. 또한 기독론은, 삼위일체 교리가 그랬던 것처럼, 일직선으로 발전하지 않았다. 그 교리는 이리저리 갈지자를 그으며 발전해 나갔다. 만약 기독론의 과제가 그리스도의 위격을 인성과 신성의 차원이라는 관점에서 기술하는 것이라면, 이런 초기의 동향들은 기독론의 문제에 대한 '일면적인 해결책들'로 보일 것이다.

그런 흐름들 중 하나가 '에비오니즘'(Ebionism)이었다. 이 사상의 추종자들은 유대교적 기독교에 그 뿌리를 두고 있었으며, 교회의 주류에서 점차 멀어져 자신들의 길을 갔다. 에비온주의자들(이 이름은 초대 예루살렘 교회에 주어졌던 호칭을 따라 '가난한 자들'을 의미한다- 갈 2:10; 롬 15:26을 보라)은 사도 바울과 세례 요한을 격렬하게 배척했다. 기독론과 관련해 그들은 예수님을 '하나님이 택하신 자'요 '참 선지자'로 여겼지만, 그가 신성을 가졌다는 것은 부인했다. 그들은 예수님의 동정녀 탄생, 아들됨, 그리고 선재를 부인했기 때문에, 자기들의 복음서에서 예수님의 초기 역사(마 1-2)를 삭제해 버렸다. 예수님은 세례시에 성령이 내려 와서 그 안으로 들어갔던 한 인간으로 인식되었다. 이런 견해는 후에 '양자론'(Adoptionism)으로 알려지게 되었다. 에비온주의자들은 예수님의 사명이 유대교적 희생제사를 폐지하고 구약의 율법을 성취함으로써 구약의 제사장직에 종지부를 찍는 것이었다고 믿었다. 왜냐하면 예수님은 율법을 성취함으로써 그리스도라는 이름을 얻었기 때문이다.[4]

두 번째 흐름은 '가현설'(Docetism)이었다. 이 사상의 추종자들은 예수님의 인성을 제거함으로써 에비오니즘과는 정반대로 나아갔다. 이 명칭은 '~처럼 보이다'라는 뜻을 가진 헬라어 '도케인'(dokein)에서 온 것이다. 이 견해에 의하면, 예수님의 인성과 고난은 실제가 아니라 '환영'에 불과했다. 순교자 저스틴(Justin Martyr)은 가현적 견해에 대해 "예수 그리스도가 육체가 아니라 다만 영으로 와서 육체의 '모양'(phantasian)을 드러냈을 뿐이라고 주장하는 사람들이 있다"고 기록한다.[5] 이 견해의 초기 흔적들은 신약 성경 자체에서- 특히 요한1서에서(2:18, 19; 4:2, 3; 5:5, 6, 9)- 발견된다. 이그나티우스는 가현주의자들을 그리스도가 그저 외양적으로만 고난을 받았다고 말하는 믿음 없는 자들로 정의했다. 외경 「베드로 복음」은 예수님이 십자가 위에서 "아무런 고통도 느끼지 않는 것처럼 침묵했다"고 말한다.[6] 가현주의 자들에게 예수님의 육체적 외양은 '환영'에 불과했다. 가현주의자들이 했던 유명한 말 중 하나는, 예수님이 갈릴리 호숫가를 걸었을 때 발자국을 남기지 않았다는 것이다! 가현주의는 그 자체로 하나의 운동이자 또한 다른 견해들에서도 발견되는 태도였다.

세 번째 흐름이자 초대 교회에서 발견되는 아주 복잡한 경향이 바로 '영지주의'(Gnosticism)였다. 영지주의는 우주적 사변에 관한 정교하고도 서술적인 철학이었으며, 그 세부 사항들은 각 체계마다 다 달랐다. 이 사상의 주된 강조점은 '지식'(*gnosis*)을 얻는 방법에 있었다. 생명과 우주의 열쇠인 비밀스런 지식은 '선택된 자들'이라고 불리는 계몽된 인간들에게 주어진다. 누군가에게 신비로운 방식으로 그 지식이 주어지면, 그 사람 안에 있는 신적 요소가 해방된다. 기독론과 관련해, 영지주의는 어떤 영적 세계를 가정하고 신적인 그리스도가 그곳에서 내려와 잠시 동안— 세례에서부터 죽음까지 — 역사 속에서 자신을 나사렛 예수라는 사람과 결합시켰다고 주장한다. 예수님의 몸은 '육체'가 아니라 '영체'로 이루어졌으므로 그는 그 안에서 천상적 그리스도와 지상적 인간이 일시적인 병치를 이룬 존재로 인식되었다. 영지주의적 기독론의 핵심에는 이런 가현주의적 요소가 들어 있었다. 하나의 철학으로서 또는 다양한 철학들의 체계로서 영지주의는 기독교를 철저하게 영화(靈化)시켰고, '물질'과 '물질적 몸'이라는 개념을 혐오했다. 영지주의자들은 물질은 악하고 영은 선하다고 생각했기 때문이다.[7]

변증가들과 2세기 신학자들

　　기독교와 헬라 철학을 연결하는 다리를 놓으려 했던 변증가들은 헬라인들에게 기독교야말로 진정한 철학임을 보여 주려고 했다. 이들은 '로고스(Logos) 개념에 집중함으로써 예수님이 누구인지에 대한 자신들의 이해를 발전시키기 시작했다. 그들은 헬라 철학에서 '로고스'라는 용어를 차용하면서(제1장을 보라) 예수 그리스도의 성부와의 관계에 관한 질문을 파고들기 시작했다.

순교자 저스틴

　　순교자 저스틴(Justin Martyr)은 말씀(Logos)이 처녀 마리아에게서 태어남으로써 인간이 되었다고 생각했다. "이전에 로고스였으며 때로는 불 모양으로 또 다른 때에는 무형으로 나타났던 그가 마침내 하나님의 뜻에 따라 인류를 위해 인간이 되셨다. 그는 하나님으로서 선재했고 처녀의 몸에서 육체를 입어 인간으로 태어나셨다." 구약시대의 사람들에게 하나님을 알게 했던 로고스는 이제 몸과 혼과 영을 가진 인간이 되었다.[8] 신적 이성으로서의 로고스는 그를 통해 세상이 창조되고 다스려지는 존재였다. 이런 의미에서 로고스로서의 예수 그리스도(요 1:1-14)는 하나님의 본성과 활동에 대한 완전한 표현이었다. 그러나 로고스는 하나님으로부터 태어나거나 발출했기 때문에, 성자는 하나님보다 열등하다. 로고스는 또한 하나님과 피조물 사이의 중보자다.

　　저스틴에게 성육신, 즉 하나님이 인간이 되신 것은 예수님이 실제적인 몸과 피를 취하고 실제적인 신체적 고난을 당하는 것을 포함했다. 예수님은 지상에 있었을 때에도 말씀(Word)으로서 존재했으며 하나님인 동시에 인간이었다. 저스틴은 그리스도의 두 본성의 실재성을 보여 주는 반면에, 어떻게 그 두 본성이 한 인격 안에 공존할 수 있는지에 대해서는 논의하지 않는다. 예수님인 로고스(the Logos)는 모든 인간들 속에 있는 로고스(logos, 이성)와 같은 종류이지만, 예수님은 가장 충만한 로고스다. 저스틴은 "우리를 위해 세상에 오신 그리스도는 로고스 원리를 완전하게 나타낸다. 즉 그는 육체이며 로고스이며 혼이다"라고 썼다.[9]

멜리토와 이레니우스

초대 기독교 역사가들 중 하나였던 유세비우스는, 사르디스의 멜리토(Melito of Sardis)가 '아시아의 위대한 별들' 중 하나였고 그리스도의 신성과 인성에 대한 가장 중요한 옹호자였다는 진술을 인용한 바 있다. 멜리토는 그리스도를 아담 때문에 세상에 들어온 고난과 죽음으로부터 인간을 구원하기 위해 인간이 된 신적이고 거룩한 인물로 보았다. 그리스도는 모세와 더불어 시작된 하나님의 모든 역사의 완성, 즉 그 자체가 그리스도 안에서 이루어진 하나님의 완전한 구원 사역의 전형(典型) 또는 예고(豫告)였던 사역이었다. 교회는 그리스도의 죽음에서 새로운 유월절의 신비를 얻는다. 멜리토에 의하면, 그리스도는 "본질적으로 하나님인 동시에 인간이기 때문에, 하나님으로서 죽은 자들 가운데서 살아났다." 이런 멜리토의 주장은 영지주의와 가현주의의 주장에 반대되는 것이었다. 그는 예수님의 성육신은 환영이 아니라 실제였다고 말했다. 또한 그는 예수님은 완전한 인간이었다고 말했다.[10]

리용의 이레니우스(Irenaeus of Lyons) 역시 기독론을 가르치면서 멜리토처럼 반-영지주의적이고 반-가현주의적인 입장을 취했다. 그는 예수에 대해 '둘째 아담'이라는 장엄한 비전을 제시함으로써 기독론적 사고에 새로운 방향을 제시했다. 예수 그리스도는 새로운 그리고 구원받은 인류의 시조가 되었다. "둘째 아담이 그 인종을 구원하기 위해서 왔다." 이레니우스는 '신-인'(the God-man)의 단일성을 강조함으로써 지상의 예수님과 천상의 그리스도를 분리했던 영지주의적 사변을 거부했다.

이레니우스는 영원한 말씀이 예수 그리스도 안에서 육신이 되었다고 생각했다. 영지주의적 사상의 근본적인 문제점은 그것이 세상을 창조한 존재의 참된 신성을 부인했다는 것이었다. 구원은 오직 하나님의 말씀이 인간의 삶 속으로 완전히 들어올 수 있을 때만 일어날 수 있다. 이레니우스는 가현주의자들에게 맞서서 예수 그리스도는 '참 하나님'이며 '참 인간'이었다고 주장했다. 만약 그리스도의 육체가 어떤 의미로든 인간의 육체와 다르다면 — 죄가 없다는 것은 제외하고 — 그 안에서 참 하나님과 참 인간의 병행은 불완전하고, 첫 아담의 죄는 극복될 수 없고, 하나님과 인간 사이의 화해는 일어날 수 없다.[11]

> "그리스도는 우리가 그와 같은 존재가 되게 하기 위해서 우리와 같은 존재가 되셨다." — 이레니우스

이레니우스는 우주의 최고의 신은 창조주 하나님이며, 그 하나님이 적극적으로 창조에 개입하신다고 주장했다(영지주의자들은 우주의 최고의 신은 따로 있고, 열등한 물질적 세계를 창조한 신은 그보다 하위의 신인 데미우르고스[demiurgos]였다

고 주장했다- 역자 주). 선재하는 로고스— 그는 천지창조에서 또한 구약에서의 하나님의 현현을 통해서 계시되었다— 는 성육신 사건을 통해 실제로 인간이 되었다. 이레니우스에게 예수 그리스도는 하나님이 역사 속에서, 특별히 이스라엘의 역사 속에서 이루신 일들을 '총괄갱신하거나'(recapitulate) '요약한다'(sums up). 그리스도는 또한 인간이 하나님을 향해 어떤 존재이며 어떤 존재가 되어야 하는지를 총괄갱신한다. 그는 그리스도에 대해 다음과 같은 유명한 말을 남겼다. "그리스도는 우리가 그와 같은 존재가 되게 하기 위해서 우리와 같은 존재가 되셨다." 예수 그리스도는 역사의 절정이다. 그는 아담을 통해 들어 온 죄 때문에 멸망한 전 인류를 새롭게 하고 구원한다. 저스틴이 로고스와 성부의 차이를 강조하는 반면, 이레니우스는 예수님이 그를 통해서 신성이 인간의 역사에 계시되는 하나님의 형상이라는 것을 강조한다. 예수 그리스도 안에는 하나님과 피조물의 연합이 존재한다.[12]

터툴리안과 오리겐

기독론과 관련해서 3세기 교회가 마주했던 도전들은, 삼위일체론에서와 마찬가지로, '단일신론'(Monarchianism)과 영지주의 안에 있는 영과 물질의 '이원론'(Dualism)으로부터 왔다. 이 시기에 기독론에 결정적 방향을 제시해 준 인물들은 서방에서는 카르타고의 터툴리안이었고, 동방에서는 알렉산드리아의 오리겐이었다.

터툴리안(Tertullian)은 두 가지 유형의 단일신론과 대면했다. '역동적 단일신론'(Dynamic Monarchianism) — 흔히 '양자론'(Adoptionism)으로도 불린다— 은 예수님이 단지 그 위에 성령이 임했던 인간에 불과하다고 주장했다. 예수님은 자라면서 점차 신성을 얻게 되었다. 단순히 '단일신론'(Monarchianism)이라고 불리는 두 번째 유형은 또한 '양태론'(Modalism)이라고도 불린다. 왜냐하면 이 유형은 하나님의 단일성과 그리스도의 완전한 신성을 견지하는 반면, 성부·성자·성령 사이의 모든 차이를 제거했기 때문이다. 이 두 가지 유형 모두 우주의 신적 군주로서 또한 다른 모든 것이 그로부터 유출되는 근원으로서 하나님의 지배와 통치를 견지하려고 노력했다. 그러나 그렇게 함으로써 단일신론주의자들은 신론과 기독론의 핵심적인 차원들을 희생시켰다.

터툴리안은 법률가와 수사학자로 훈련받은 라틴어를 사용하는 북아프리카인이었다. 그는 몇 가지 측면에서 교회의 신학을 발전시켰으나, 나중에는 성령의 사역을 크게 강조하면서 교회의 주류에서 벗어나 있던 '몬타니즘'(Montanism) 운동에 합류했다. 그의 주요 저작들 중 두 권은 단일신론주의자들을 겨냥했던 『프락세아스를 논박함』(*Against Praxeas*)과 이원론적 영지주의자들을 겨냥했던 『그리스도의 육체에 관하여』(*On the Flesh of Christ*)이다.

터툴리안은 그의 기독론에서 '본질'(substance)이라는 라틴어를 사용하면서 그리스도의 '두 본성'(two natures)을 옹호했다. 성부와 함께 선재했던 말씀은 성부와는 구별되는 위지만 같은 본질이다. 말씀이 구원이라는 목적을 위해 인간이 되었다. 오직 인간만이 인류 전체를 위한 구원 사역을 성취할 수 있기 때문이었다. 말씀이 하나님의 아들로서 처녀에게서 태어났다. 터툴리안은 말씀이 '처녀를 통해서'가 아니라 '처녀에게서' 탄생하셨다는 것을 강조하는 것이 중요하다고 말한다— 영지주의자들은 마리아는 단지 예수님이 지나갔던 통로에 불과했다고 생각했기 때문이다. 예수님의 인성은 모든 점에서 실제였다. 그리스도는 혼을 취했지만, 그분을 지배하는 원리는 언제나 로고스였다.[13]

터툴리안은 그리스도와 관련하여 '두 본질'(two substances)의 문제를 다룬 최초의 신학자였다. 그는 그리스도가 '얼마간' 인간의 몸으로 변화 혹은 변형되었던 것인지, 아니면 그분이 '참으로' 인간의 몸을 입었던 것인지 하는 문제와 관련해 후자의 손을 들어 준다. 하나님과 로고스 안에서 어떤 변형이 발생할 수도 있다는 주장은 상상할 수도 없는 일이다. 그분들은 본질적으로 불변하기 때문이다. 두 분의 변형은 그분들의 멸망을 의미할 수 있다. 그의 결론은, 신성과 인성이라는 두 본질이 그리스도 안에서 연합되었을 때, 그 두 본질 특유의 속성과 기능이 유지되었다는 것이다. 예수님의 인성이 고난을 견디는 동안, 그의 신성은 이적을 행했다. 그러나 그 양성은 동일한 위에 속했다. 하나님의 아들과 인자는 동일한 위(persona)였다. 그러나 터툴리안의 삼위일체 이해에서 성부·성자·성령은 각자 말하고 행동하는 서로 구별된 삼위다. 터툴리안은 한편으로는 단일신론자들에 맞서서 그리고 다른 한편으로는 영지주의자들에 맞서서 예수님의 단일성을 강조한다. 즉 예수 그리스도는 혼동이나 분리됨 없이 자신 안에서 신성과 인성을 연합시킨다는 것이다.

알렉산드리아의 오리겐(Origen of Alexandria)은 최초의 조직신학자였다. 그것은 그의 『제일 원리에 관하여』(*On First Principles*)라는 저서에 의해 입증되는데, 그 책에서 그는 성경의 가르침들을 체계적으로 다룬다. 또한 이 책에서 그는 로고스에 대해 그리고 로고스가 예수 그리스도 안에서 어떻게

제2장 기독론 논쟁 79

표현되었는지에 대해 자신의 견해를 펼쳐나간다. "우리는 성부의 로고스, 곧 하나님의 지혜가 유대에 나타났던 그 사람의 한계 안에 둘러싸였다고 믿는다. 아니, 그 보다도 더하게, 하나님의 지혜가 여자의 태속으로 들어갔고, 아기로 태어났고, 어린아이처럼 울었다고 믿는다."[14] 오리겐은 계속해서 이것이 어떻게 일어났는지를 설명해 나간다. 그리고 그의 설명은 그 자신이 배웠던 '신플라톤주의'(Neoplatonism)의 영향을 받고 있다.

오리겐은 선재하는 영적 존재들의 세계를 믿었다. 그 세계는 출생 이전의 인간의 영혼들을 포함하고 있었다. 그 영혼들 중 하나가 예수님이 될 것으로 정해져 있었다. 그 영혼은 모든 면에서 다른 영혼들과 같았지만, 처음부터 어떤 신비한 애정을 갖고서 로고스와 결합되어 있었다. 그 영혼은 사랑과 정의에 대한 갈망으로 불탔다. 다른 모든 영혼들은 자유의지를 잘못 사용하여 그들이 결합해야 할 로고스로부터 떨어져 나갔다. 하지만 한 진기한 영혼이 영원히 로고스와 연합했다. 오리겐은 이 연합이 한 무더기의 쇳조각들이 불 속에서 벌겋게 녹았을 때 그런 것처럼 완전한 연합이었다고 말한다. 오리겐은 누구든지 "주와 합하는 자는 한 영이니라"고 말하는 고린도전서 6:17을 인용했다. 오리겐에 의하면, 이 진기한 영혼은 '무한한 로고스'와 '유한한 인성'이 만나는 장소가 되었다.

성육신한 로고스는 인간으로의 탄생을 통해 형태를 얻었다. 오리겐에게 예수님은 (그 몸에 영혼이 거하는) 인간이자 또한 하나님이었다. 즉 그는 신성과 인성을 갖고 있었다. 각 본성은 그 고유한 속성을 유지하면서도 여전히 단일성을 형성했다. 그러나 오리겐은 하나님과 피조물 사이의 중보자로서의 로고스를 강조했다. 따라서 그가 그려낸 예수님은 그 몸이 (가현주의에 반대하여) 실제적이었지만, 의지에 따라 바뀔 수 있는 것이었으며, 따라서 다른 몸들보다 더 신적이었다. 오리겐에 의하면, 예수님의 몸은 천상적이고 하나님 같은 특질을 갖고 있었다. 왜냐하면 하나님과 피조물 사이의 중보자로서 가장 중요한 본질은 몸 안에 로고스가 실재하는 것이기 때문이었다.

아리우스와 니케아 공의회

오리겐이 사망한 254년부터 318년까지 교회의 기독론 사상 안에는 여러 가지 주장들이 있었으나 중요한 발전은 없었다. 때는 바야흐로 신학적 여명기였다.[15] 그러나 그 여명기는 318년부터 325년까지 아리우스를 둘러싸고 벌어졌던 논쟁으로 인해 변화를 맞게 되었다.

제1장에서 간단하게 언급했던 것처럼, 아리우스(Arius)는 하나님의 절대적인 유일성과 초월성을 전제하고 시작한다. 하나님은 영원하며 모든 실재의 근원이다. 무엇이든 존재하는 것들은 틀림없이 하나님으로부터 왔을 것이며 무로부터 창조되었을 것이다. 하나님의 존재 또는 본질은 나뉠 수 없고 교류될 수 없다. 그럴 경우 하나님은 변하지 않을 수 없기 때문이다. 하나님의 존재를 함께 나누는 다른 신적 존재가 있다면, 하나님은 한 분이 아니라 여러 분일 것이다.

이 전제들로부터 몇 가지 결론이 나온다. 첫째, 로고스는 성부에 의해 무로부터 형성된 피조물임에 틀림없다. 성부가 성자를 '낳았다'(beget)고 말하는 것은 성부가 성자를 '만들었다'(made)고 말하기 위한 상징적인 방법임에 틀림없다. 그러므로 성자는 그의 존재를 전적으로 성부의 뜻에 의존한다.

둘째, 이 성자(또는 말씀[Word] – 아리우스는 이 호칭이 부정확하다고 생각했다)는 피조물이므로 틀림없이 '시작'을 갖고 있을 것이다. 이것은 아리우스로 하여금 "성자가 존재하지 않았던 때가 있었다"는 슬로건을 내걸게 했다. 이런 견해는 그의 작품 『탈레이아』(*Thaleia*)에 요약되어 있다. 그는 다음과 같이 썼다.

> 성부는 존재에 있어서 성자와 다르며, 기원을 갖지 않는다. '일자'(monad)는 존재했으나, '이자'(dyad)는 존재하기 전에는 존재하지 않았다는 것을 알아야 한다.[16]

두 가지 영원한 위가 존재할 수 있다는 생각은 아리우스에게는 두 가지의 자존하는 원리들, 그리고 그로 인해 두 신들이 존재한다는 것을 의미했다.

셋째, 성자는 성부 하나님과 아무것도 교류할 수 없고, 그분에 대한 직접적인 지식도 가질 수 없다. 아리우스에 따르면, 로고스와 성부 하나님은 '다른 본질'(*heteroousios*)이다. 성자는 다른 모든 피조물들처럼 "성부의 본질과는 성질이 다르고 전혀 유사하지 않다."[17]

마지막으로, 성자는 변화될 수 있고 심지어 죄를 범할 수도 있다. 성자는 피조물이었기에 죄를 지을 가능성을 갖고 있었다. 그러나 하나님은 자신의 섭리 안에서 성자가 계속 자신에게 순종할 것이며, 따라서 죄를 짓지 않을 것을 예견하셨다. 하나님은 성자에게 미리 이런 순종의 은혜를 주셨다.

아리우스의 견해에 의하면, 말씀이 하나님이라고 혹은 예수님이 하나님의 아들이라고 말하는 것은 '예의상의 호칭'일 따름이다. "비록 그가 하나님이라고 불릴지라도, 그는 참으로 하나님인 것이 아니라 단지 은혜에 참여함으로써 하나님인 것이다. … 그는 또한 오직 이름만으로 그렇게 불릴 뿐이다."[18] 로고스는 피조물인 예수에게 들어감으로써 '육신'이 된 것이지 '인간'이 된 것은 아니었다. 로고스는 인간의 영혼을 취하지 않았으므로, 진정으로 다른 모든 인간들과 같은 인간이 된 것이 아니었다. 예수님은 다른 모든 피조물보다 탁월하기는 하지만, 그들과 똑같은 피조물일 뿐이다.

325년에 열린 니케아 공의회는 아리우스를 두 가지 기독론적 관점에서 정죄했다. (1) 성자는 출생한 것이지 피조된 것이 아니다. 공의회는 성부가 성자보다 먼저 존재했으며, 성자는 무로부터 만들어진 피조물이며, 성자는 변화와 발전에 종속된다고 주장하는 모든 사람을 정죄했다. (2) 성자는 성부의 본질로부터 나왔고, 따라서 성부와 '동일 본질'(*homoousios*)을 갖고 있다. 이것은 성자는 성부와 동일한 신성을 공유하는 완전한 하나님이며, 성부와 영원히 공존한다는 것을 — 아리우스파는 이것도 부인한다 — 의미한다. 공의회에서 제안된 다양한 절충안들에도 불구하고, '동일 본질'은 성자의 위에 대한 교회의 지속적인 이해를 표현하는 말이 되었고, 이것은 381년에 열린 콘스탄티노플 공의회에서, 그리고 또다시 451년 칼케돈 공의회에서 재천명되었다.[19]

> "비록 그가 하나님이라고 불릴지라도 … 그는 오직 이름만으로 그렇게 불릴 뿐이다."   – 아리우스

아타나시우스

아타나시우스(Athanasius)의 기독론은 그가 「하나님의 로고스의 성육신에 관하여」(*On the Incarnation of the Logos of God*)라는 논문과 『아리우스파 반박』(*Against the Arians*)이라는 책에서 아리우스파에게 준 대답에서 발견된다. 전자에서 아타나시우스는 성육신이 왜 일어났는지에 대해 답하려고 한다. 기본적으로 그는 로고스가 참으로 인간이 된 것은 인간이 하나님과 화해를 이루고 처음부터 그렇게 의도되었던 하나님과의 관계를 회복할 수 있게 하기 위함이라고 주장한다. 인간은 영혼과 육체로 구성된다. 그리고 참 구세주는 다른 인간들이 갖고 있는 그 두 요소를 모두 다 갖고 있어야 한다.

아타나시우스는 "말씀이 육신이 되어 우리 가운데 거하시니…"라는 요한복음 1:14로부터 시작한다. 그는 로고스에 대하여 "그는 인간이 되셨지 인간 안으로 들어가신 것이 아니다"라고 쓴다.[20] 타락한 인류를 구원할 수 있는 자는 오직 하나님뿐이다. 그리고 그 구원은 하나님이 인간이 되심으로써 성취된다. 예수님의 성육신은 그리스도의 초월적 신분을 바꾸지 않았다. 왜냐하면 그는 "육신을 취하고서도 달라지지 않고 동일한 존재로 남아 있었고" 또한 "인간의 육신을 입고 있는 동안에도 여전히 온 세계 위에 주권을 행사하기" 때문이다. 그러나 그리스도는 인성을 자기 것으로 삼으면서 인간의 몸을 취하고 육신을 얻었다. 그는 다른 누군가의 몸을 취하지 않고, 그 자신의 몸을 가졌다. 아타나시우스는 구원은 오직 이 방법으로만 실행될 수 있다고 말했다. 그러므로 로고스의 참된 성육신, 즉 참된 인간됨이 있었다. 아타나시우스에 의하면, 로고스는 "육신이 되셨지 인간 안으로 들어가신 것이 아니다."²¹ 성육신은 참으로 그리고 온전히 하나님이며 동시에 참으로 그리고 온전히 인간인 자에 의해서 성취되며 또한 성취되어야 한다.

아타나시우스는 '자신의 영원한 존재 안에 있는 로고스'와 '성육신한 로고스'를 신중하게 구별한다. 신성과 인성의 완전한 연합은 있었지만, 그 두 본성의 혼합은 결코 없었다. 아타나시우스는 그리스도가 육신의 고난을 받으신 것을 언급하는 베드로전서 4:1을 주석하면서 "이런 일들은 말씀으로서의 말씀의 본성에는 적합하지 않았다. 그러나 말씀은 … 그런 일들을 겪은 육신의 주체였다"라고 말한다.

> 그런 이유로 이 육신에 특유한 것들이 그분에게 속한다고 말해지는데, 왜냐하면 그분이 그 안에 계셨기 때문이다. 가령 배고픔·목마름·고통·피곤 같은 것들인데, 육신은 쉽게 그런 것들의 영향을 받는다. 그러나 로고스는 죽은 자를 살리고 맹인을 보게 하고 혈우병 앓는 여인을 고쳐 주는 등 로고스 자신에게 특유한 일들을 자신의 육신을 도구로 삼아 이루었다. 더 나아가 로고스는 육신의 연약함을 그 자신의 것으로서 견뎌냈다. 반면에 육신은, 신성이 와서 그 안에 거하시므로, 하나님이 하시는 일을 돕는다. 육신은 '하나님의 몸'이기 때문이다.²²

예수님의 정서적 경험과 한계들에 대한 성경의 표현들은 그의 육체적 요소들에 의해 설명된다. 아타나시우스는 복음서에 기록된 어떤 일들에 관한 예수님의 '무지'는 꾸며진 것이었다고 말한다. 왜냐하면 로고스로서 예수님은 모든 것을 다 알고 있었을 것이 틀림없기 때문이다.

예수님 안에서의 신성과 인성의 관계에 대한 이런 질문들은 아타나시우스의 사상과 관련된 한 가지 중요한 쟁점으로 이어진다. 예수님의 인성은 이성적인 인간의 정신, 즉 지각이 있는 인간의 자아를 포함했는가? 아니면 로고스가 예수님 안에 있는 인간의 자아를 대신했는가? 아타나시우스는, 비록 어디에서도 예수님의 인간적 영혼을 부인하지는 않지만, 그 영혼을 예수님이 참 인간이었음을 가리키는 중요한 특징으로 강조하지는 않는다.

> "그는 인간이 되셨지 인간 안으로 들어가신 것이 아니다."
> — 아타나시우스

아타나시우스는 예수님의 무지의 문제를 다루면서 로고스가 자신을 억제하고 마치 인간인 것처럼 행동했다고 말했는데, 이것은 심각한 문제가 된다. 분명히 아타나시우스는 그의 사상 속에 예수님의 인간적 영혼을 위한 그 어떤 실제적인 자리도 포함시키지 않았다. 그러나, 비록 이 문제를 해결하지는 못했을지라도, 그가 이룬 성취는 교회가 예수 그리스도가 누구인지에 관한 문제와 관련해 아리우스주의자들에게 답하는 데 중요한 도움을 주었다.

아폴리나리우스

라오디게아의 아폴리나리우스(Apollinarius of Laodicea, c. 310-90)는 아타나시우스의 친구였다. 그는 자신이 예수님이 인간의 영혼을 가졌는지에 대한 대답을 갖고 있다고 생각했다. 그 문제에 대한 그의 대답은 '아니오!'였다. 아폴리나리우스는 하나님의 로고스(이성)가 인간의 영혼을 대신했다고

생각했다. 예수님은 요한복음 1:14이 말씀하는 것처럼 말씀과 육체의 결합이었다.[23]

아폴리나리우스는 예수님이 하나님이자 인간이라고 단언한다. 예수 그리스도가 세상의 구원자가 되려면 이것은 필수적이다. 아폴리나리우스는 동일한 인격 안에서 어떻게 인성과 신성이 함께 유지될 수 있는가 하는 질문에 대해 "만약 완전한 하나님이 완전한 인간과 연합한다면, 그때에는 두 아들, 즉 '본래의 하나님의 아들'과 '입양된 하나님의 아들'이 있게 될 것이다"라고 주장했다.[24] 그는 그리스도의 위의 단일성을 강조하면서 "신적 로고스의 하나의 구체화된 본성"이라는 문구를 끌어냈다.

이 문구는 로고스로부터 시작하여 로고스가 육체가 된다고 보는 기독론의 한 극단적인 해석을 대표한다. 아폴리나리우스의 이런 '로고스-육체 기독론'(Logos-flesh Christology)은 인성에 대한 이해를 인간의 영·혼·육에 대해 말하는 데살로니가전서 5:23로부터 이끌어낸다. 그리스도 안에서 신적 로고스가 인간의 정신을 대체했다(요 1:14; 롬 8:3). 신적 말씀이 예수님의 정상적인 인간의 마음 또는 혼을 대체했다. 아폴리나리우스에게 '인간'이란 '육체와 결합된 영'을 의미한다. 신이면서 동시에 인간인 그리스도 안에서는 "신적 에너지가 생기를 주는 영의 역할과 인간의 마음의 역할을 수행한다."[25] 신적 로고스는 다른 인간의 기질을 공유했다는 의미에서 '인간이 되었다'고 말할 수 있다. 그러나 예수 그리스도를 위해 지적이고 정신적인 에너지를 일으키는 것은 바로 로고스다.

아폴리나리우스에게 이런 견해는 타당해 보였다. 왜냐하면 '인간으로 이해되는' 또는 '인간의 모양을 입은' 그리스도에 대해 말하는 성경 본문들이 있기 때문이었다. 아폴리나리우스에게 동정녀 탄생이 지닌 신학적 중요성은, 그 사건을 통해 신적 로고스가 인간의 정액을 대신해 생명의 근원이 되었다는 점이다. 그는 예수님에게서 인간적 심리 상태와 영혼을 제거하는 것은, 비록 그것이 예수님을 다른 인간들과 다르게 만들기는 하지만, 그리스도 안에 하나는 '신적'이고 또 다른 하나는 '인간적'인 두 가지의 상반된 의지 또는 지성이 존재했을 가능성을 배제하는 장점을 갖는다고 주장한다. 또한 그것은 구주의 무죄함에 대한 보증이 된다. 왜냐하면 인간의 마음은 온갖 악한 생각들에 사로잡혀 있지만,

아폴리나리우스의 단성론

아폴리나리우스는 예수님에게서 인간적 심리 상태와 영혼을 제거하는 것은, 비록 그것이 예수님을 다른 인간들과 다르게 만들기는 하지만, 그리스도 안에 하나는 신적이고 또 다른 하나는 인간적인 두 가지의 상반된 의지 또는 지성이 존재했을 가능성을 배제하는 장점을 갖는다고 주장한다.

말씀은 불변하시고 따라서 모든 부정한 열정들의 영향을 받지 않기 때문이다. 이것은 말씀에게 죄와 사망을 정복하는 능력 및 말씀과 연합하는 모든 인간에게 '생명을 주는 영'을 전달하는 능력을 부여한다.

그러므로 아폴리나리우스는, 다른 사람들이 영·혼·육으로 이루어진 단일체인 것처럼, 예수 그리스도 역시 하나의 유기적이고 활기 있는 단일체라고 주장한다. 예수님은 그 안에서 신적인 지성과 인간의 육체가 동일한 생명을 공유하는 유일한 복합적인 본성이다. 이와 같은 연합은 그 육신이 신적인 것으로, 또한 로고스가 인간이라고 불리는 것이 정당할 수 있다는 것을 의미한다. 이런 특성들의 교환을 묘사하기 위해 사용된 최초의 문구가 '속성의 교류'(communicatio idiomata)였다. 이것은 그리스도의 한 본성이 다른

본성과 그 속성들을 공유하는 것을 의미한다.

아폴리나리우스에게 그리스도는 육체를 입은 신적 로고스였다. 이 점에서 그는 아타나시우스를 따른다. 그러나 그는 더 나아가 그리스도의 위에 대한 '로고스-육체' 모델의 함의를 분명하게 묘사한다. 아폴리나리우스에게서 '생명'과 '의식'이라는 인간의 중추(中樞)는, 아타나시우스에게서처럼 잊히는 게 아니라, 간단하게 부정된다. 이런 이유로 아폴리나리우스의 추종자들은 하나의 본성을 의미하는 '단성론자들'(Monophysites)이라고 불렸다. 왜냐하면 그들은 그리스도가 오직 하나의 본성만 갖고 있는 것으로 보았기 때문이다. 아폴리나리우스의 이런 가르침들은 로마(377), 안디옥(378), 콘스탄티노플(381), 로마(382), 칼케돈(451) 공의회에서 정죄되었다.

갑바도기아인들의 반응

갑바도기아 신학자들이 보기에 아폴리나리우스의 그런 진술은 가현설과 다름없었다. 그것은 예수 그리스도를 단지 참 인간처럼 '보이게 만들었다. 갑바도기아인들은 이에 대해 반발하면서 그리스도의 참 인성을 강조하기 시작했다. 나지안주스의 그레고리(Gregory of Nazianzus)는 다음과 같이 쓴다. "(로고스는) 그분 자신의 형상이 되시고, 나의 육신을 위해 육신을 입으시고, 나의 영혼을 위해 하나의 지적인 영혼과 결합하시고 … 죄를 제외하고는 모든 점에서 인간이 되신다."[26]

갑바도기아 신학자들은 그리스도의 두 본성을 강조했는데, 그것은 '신-안' 안에 있는 "단일성 안에서 협력하는 두 본성들"(two natures concurring in unity)이라는 그들의 표어로 귀결되었다. 그들은 "그리스도는 이중적이다.

그분은 둘이 아니며, 둘로 이루어진 하나다"라고 말했다. 그리스도는 '두 명의 아들들'이 아니다. 그레고리가 지적하듯이, 그 두 가지 본성은 생각 속에서 구별될 수 있고 '이것'과 '저것'으로 불릴 수 있다. 두 가지의 위가 존재하는 것이 아니라, "인간이 되신 하나님과 하나님이 된 인간의 혼합"에 의해 형성된 단일성이 존재하는 것이다. 그레고리는 그 두 본성이 "실체적으로 결합되고 접합되어 있다"고 말한다. 이것은, 하나님이 선지자들 혹은 성도들과 연합된다고 말할 때처럼, 단순한 '은총의 연합'이 아니다. 오리겐처럼 그레고리 역시 로고스의 이성적 영혼이 그 결합을 위한 만남의 장소를 제공했다고 말함으로써 이것을 설명한다.[27]

그레고리는 그리스도의 위의 단일성을 너무나 강조했기 때문에 '속성의 교류'라는 개념을 온전하게 사용할 수 있었다. 즉 하나의 본성에 대해 참된 것은 다른 본성에 대해 말하는 데 사용될 수 있다는 것이다. 그러므로 그는 하나님을 '처녀에게서 나신 분' 또는 '못 박히신 하나님'으로, 그리고 마리아를 '하나님을 낳은 자'(God bearer) 또는 '하나님의 어머니'(*theotokos*)로 묘사한다.

그러나 갑바도기아 신학자들은, 비록 그리스도의 정신의 참된 인성을 인정하기는 했지만, 그것을 그의 지식의 성장, 종말에 대한 무지, 겟세마네 동산에서의 고뇌, 십자가 위에서의 유기에 대한 절규 등을 설명하는 데 충분하게 사용하지는 않았다. 그러므로 갑바도기아 신학자들은, 비록 아폴리나리우스를 넘어서기는 했지만, 그리스도의 인성과 신성의 관계라는 문제를 만족스럽게 해결하지는 못했다.

안디옥 기독론: 데오도르

　교회가 예수님의 정체성을 이해함에 있어서 이 단계에서 가장 크게 필요했던 것은 그의 실제 삶과 경험 그리고 그의 인간적 영혼의 중요성을 정직하게 시인하는 것이었다. 4세기와 5세기의 안디옥 학파는 이 요구를 충족시키는 데 도움을 주었다.

　그때까지의 기독론의 지배적인 틀은 '로고스-육체'(Logos-flesh) 모델이었다. 그것은 로고스로부터 시작해서 계속해서 로고스의 성육신 혹은 육신이 됨에 대해 말하는 것이었다. 그것은 예수님의 마음·몸·영혼 사이의 관계에 대한 다양한 질문들을 일으켰다. 그 질문들의 한 가운데서 한 가지 중요한 변화가 일어났다. 새로운 틀 하나가 개발되었는데, 그것은 당시 유행하던 플라톤 철학보다는 아리스토텔레스 철학에 더 많은 영향을 받았다. 오리겐에서 유래한 '로고스-육체' 모델은 알렉산드리아로부터 시작되었으나, 이 새로운 학파는 안디옥에서 시작되었다. 이 학파의 틀은 '말씀-인간'(Word-human) 모델이었다. 그 두 학파는 각각 예수 그리스도의 정체성에 관한 교회의 견해의 한 측면씩을 대표하게 되었다. 그렇지만 각 학파가 자신의 방향으로 더 움직여갔을 때 교회의 가르침 속으로 오류들이 스며들었다. 이것은 그리스도의 두 가지 본성의 '혼동' 또는 그 둘의 완전한 '분리'로 이어졌다. 교회는 두 가지 오류 모두를 받아들이지 않으면서 그와 동시에 각각에서 유래한 진리를 고백했다.[28]

　기독론에 관해 글을 썼던 안디옥 학파의 중요한 두 인물은 타르수스의 디오도르(Diodore of Tarsus, d. c. 394)와 그의 제자인 몹수에스티아의 데오도르(Theodore of Mopsuestia)였다. 둘 다 중요한 감독이었을 뿐 아니라 성경학자들이었다. 데오도르가 발전시킨 '말씀-인간' 틀은 예수님의 완전하고 독립적인 인성을 전제한다. 이것은 예수님이 육체적 성장뿐만 아니라, 선악에 대한 지식을 포함하는 지식의 차원에서도 실제로 성장을 겪었다는 것을 의미한다. 예수님은 실제적인 유혹과 싸워야 했다. 데오도르는 '가장한 인간(the man assumed)으로서의 인성을 말한다. "자, 그 두 본성의 특징을 구분해 보자. 가장한 분(He Who assumed)은 하나님이며 독생자시다. 그러나 종의 형상, 즉 가장된 자(he who was assumed)는 인간이다."[29] 그러므로 하나의 위와 하나의 본성을 주장했던 아폴리나리우스의 가르침과는 달리, 그리스도 안에는 두 가지 위와 두 가지 본성이 존재했다.

데오도르는, 비록 신성과 인성을 이렇게 날카롭게 구별했음에도 불구하고, 마치 예수 안에 두 가지의 개별적이고 객관적인 실체가 있는 것처럼, "두 아들이 있다"고 말하지 않는다. 그는 "본성들의 구별은 그들이 하나가 되는 것을 막지 않는다"고 주장한다.[30] 데오도르는 이런 '실체적 연합(hypostatic union) 또는 '위의 연합'(union of the person)을 설명하기 위해 '내주'(indwelling)라는 은유를 사용한다. 성육신은 특별한 종류의 내주를 보여주는데, 그 안에서 예수님은 그 어떤 선지자나 사도나 성자와도 다른 독특한 방법으로 로고스의 본성을 공유하고 있는 인간이다. 그 인성은 그리스도의 몸을 감싸고 있는 일종의 '의복'이다. 그것은 그 안에 신성이 거하는 성소 혹은 성전이다. 그러므로 그리스도의 두 본성 사이에는 '윤리적 연합'(ethical union)이 존재한다. 로고스는 예수님이 수태되던 때로부터 그와 연합되었다. 예수님이 자라고, 성숙해지고, 악과 싸우는 동안, 하나님과의 이런 연합은 점점 더 실제적인 것이 되었다. 그 연합은 인간과 로고스가 그들의 현존하는 실제 안에서 동일한 존재 혹은 인격으로 보이는 부활에서 가장 극적으로 표현되었다.

인간 예수 안에는 그런 식으로 신적인 것과 인간적인 것의 일치가 존재한다. 데오도르에 의하면, 하나의 본성에 대해 말해진 것은 다른 본성에 대해서도 말해질 수 있다. 그러나 "신적 의지에 의해 초래된 본성들의 완전한 결합으로 인해 성자는 특별하다." "그 두 본성은 그들의 결합으로 인해 하나의 실재로 이해된다."[31]

그러므로 안디옥 학파의 기독론에는 '본질의 연합'보다는 '의지의 연합'이 존재한다. 은혜롭게도 하나님은 주도적으로 실제 인간이 되심으로써 인간과 완전히 연계하셨다. 로고스와 인간의 이와 같은 연합에서 하나의 위가 나온다. 데오도르의 표현에 의하면, "그 본성들은 연합을 통해서 하나의 위(prosopon)를 야기했다."[32]

데오도르가 대표하는 안디옥 학파는 예수 그리스도의 완전한 인성을 정당하게 다루려고 노력했다. 그러나 안디옥 학파 역시 예수님의 인격 안에서의 하나님과 인간의 연합의 성격을 정의하는 데 어려움을 겪었다. 그 학파는 양자론(adoptionism)으로 기울어졌고, 따라서 완전한 성육신에 미치지 못했다. 데오도르의 가르침은 553년 제5차 콘스탄티노플 공의회에서 정죄되었다. 그 공의회에서 하나님과 인간의 연합에 대한 그의 견해는 이단으로 판정되었다.

전환점: 칼케돈 위기

428년의 네스토리우스 논쟁과 451년의 칼케돈 공의회 사이의 기간은 기독론의 발전을 위해 중요한 시기였다. 그것은 위기의 시간이었다. 보다 초기의 진술들이 시험을 받고 그 약점들에 대해 검증을 받는 동안, 더 만족스러운 다른 견해들이 모색되었다. 그 무렵에는 다음과 같은 두 가지의 중요한 기독론 유형이 존재했다. (1) '말씀-육체'(the Word-flesh) 유형: 로고스에 집중했고, 인간의 몸과 연합된 말씀에 대해 말했다. 그러나 인간의 영혼 또는 로고스의 인격에 대해서는 관심을 덜 가졌었다. (2) '말씀-인간(the Word-human) 유형: 예수님의 인성을 강조했으나, 예수님의 신적 차원으로서의 로고스의 본질에 대해서는 명쾌하게 말하지 못했다. 이런 견해들 각각은 긍정적인 면과 부정적인 면을 갖고 있었다. 그러나 신적 로고스와 인간 예수 모두를 공평하게 다루는 진술의 필요성이 더욱 커졌다. 교회의 기독론적 이해는 451년 칼케돈 공의회에서 공식화되었다. 그러나 칼케돈에 이르기 위해서는 여러 정치 세력 및 개인들의 위기와 충돌의 시기를 통과해야 했다.

네스토리우스

네스토리우스(Nestorius)는 안디옥의 수도사였고, 428년에 콘스탄티노플의 감독이 된 몹수에스티아의 데오도르의 추종자였다. 네스토리우스는 마리아에 대한 서술로서 '데오토코스'(*theotokos*, 하나님의 어머니)라는 용어를 사용하는 것이 적절한지에 대해 논평해 달라는 요청을 받았을 때 알렉산드리아의 감독 키릴과의 논쟁에 휘말리게 되었다. 사실상 이 질문에는 한 가지 시험거리가 숨어 있었다. '데오토코스'를 지지하는 것은 예수님 안에서의 신성과 인성의 연합을 지지하는 것이 될 것이다. 그러나 그것을 부인하는 것은 예수님이 어느 일정한 시점에 — 양자론에서처럼 — 하나님이 되어야 했다는 것을 의미하는 것이 될 것이다. 그렇다면 과연 우리는 어떤 의미에서 신성과 인성이 그분 안에서 연합되었다고 말할 수 있는가?

네스토리우스는 '데오토코스'라는 말이 '안드로포토코스'(*anthropotokos*, 인간의 어머니)라는 말과 결합되지 않는 이상 그것이 타당하다는 주장은 의심스럽다고 말했다. 네스토리우스는 '크리스토토코스'(*Christotokos*, 그리스도의 어머니)라는 용어가 더 좋을 것이고, 마리아는 '데오도코스'(*theodochos*), 즉 '하나님의 그릇'(the recipient of God)이라고 불려야 한다고 말했다.[33] 키릴은 네스토리우스의 이런 진술이 마음에 들지 않았다. 키릴은 마리아에게 '하나님을 낳은 자'라는 말을

> "나는 본성들을 구별한다. 하지만 그 존엄함은 통합한다."   - 네스토리우스

사용하도록 허락했던 알렉산드리아 학파 출신이었다. 알렉산드리아 학파 사람은 '속성의 교류', 즉 그리스도의 한 본성에 대해 말해진 것은 그의 다른 본성에 대해서도 말해질 수 있다고 믿었다. 키릴에게 그 문제는 기독론적인 것이었다.

그럼에도 불구하고, 네스토리우스는 '데오토코스'에 반대하는 그의 작품들을 통해 무모하게 논쟁의 불을 지폈다. 그는 하나님은 어머니를 가질 수 없으며, 인간은 아무도 하나님을 낳을 수 없다고 주장했다. 마리아는 한 인간을 낳았고, 그 인간은 신성의 매체이지 하나님이 아니었다. 네스토리

우스는 그 어떤 신성도 아홉 달 동안 어머니의 태속에 있거나, 갓난아기의 옷에 싸이거나, 고난당하거나, 죽거나, 장사될 수 없다고 주장했다. 그는 그런 주장의 배후에는 성자는 단지 피조물에 불과하다는 아리우스적인 믿음이나 예수님의 참된 인성은 불완전했다는 아폴리나리우스적인 견해가 있다고 말했다.

키릴은 교황 켈레스틴(Celestine)에게 서둘러 편지를 보내 네스토리우스를 비난했다. 그리고 네스토리우스에게는 그의 견해를 철회할 것을 강력히 촉구했다. 그의 편지에서 키릴은 (그가 아타나시우스가 했다고 믿었으나 실제로는 아폴로나리우스가 했던) "예수 그리스도는 신적 로고스의 하나의 구체화된 본성이다"라는 문구를 채택했다. 키릴은 네스토리우스가 예수님을 단지 윤리적 연합에 의해 서로 연결된 '두 아들들'로 변질시켰다고 말했다. 다른 사람들은 네스토리우스의 견해가 양자론 쪽으로 기우는 경향을 보였다고 말했다. 네스토리우스를 반대하는 자들이 묘사한 바에 따르면, 그는 '신-인'을 서로 구별할 수 있는 두 가지 위로 나눠버렸던 것이다.

네스토리우스는 자신의 기독론에 대한 그런 묘사를 거부했고, 성육신한 그리스도의 두 가지 본성은 변하지 않고 구별된 채 지속되어야 한다고 주장했다. "나는 본성들을 구별한다. 하지만 그 존엄함은 통합한다." 그는 그 두 본성을 혼합이나 혼동 없이 굳게 지키기를 원했다.[34] 네스토리우스는 성육신한 말씀이 어떤 고뇌나 고통을 겪었다고 말하는 것을 피하고 싶었다. 그래서 그는 예수님에 대한 "태어나고 죽으시는 하나님" 또는 "하나님의 말씀을 낳은 마리아"라는 알렉산드리아 학파의 서술들을 거부했다. 네스토리우스는 그런 서술들은 성경과 신조에 대립된다고 말했다. 그는 또한 그리스도의 삶은 성장·시험·고난을 포함해 모든 면에서 진정으로 인간적이었다는 주장을 보호하고자 했다. 왜냐하면, 인류의 구속이 일어나려면, '둘째 아담은 진정한 인간이어야 하기 때문이다. 신성과 인성의 그 어떤 융합도 있을 수 없다. 신성과 인성은 각각 자신의 속성과 기능을 유지하는 방식으로 나란히 존재해야 한다. 각각은 하나의 본성(*physis*)이고, 각 본성은 개별적인 그 자신의 형식(*prosopon*)과 그 자신의 구체적인 실체(*hypostasis*)를 지닌다. 그는 이 말을 통해 각 본성의 실재성을 강조하기 원했다.

이런 서술은 네스토리우스가 예수 그리스도는 인위적으로 연결 혹은 접합된 두 가지 위라고 믿었다는 인상을 준다. 그러나 네스토리우스는 그리스도가 단일한 위(*prosopon*)라고 말하기를 원했다. "그리스도는 그가 그리스도가 됨에 있어서는 나뉠 수 없지만, 하나님과 인간이 됨에 있어서는 이중적이다."[35] 자기 안에 하나님과 인간이라는 두 요소를 각각에 고유한 특성들을 유지하면서 결합시킨 하나의 위가 존재했다. 이 단일성의 특성이 무엇인가 하는 질문과 관련해 네스토리우스는 위들의 연합을 의도했던 키릴의 경우처럼 '실체적 연합'(hypostatic union)에 대해 말하기를 좋아하지 않았다. 네스토리우스는 '동시 발생'(conjunction)이라는 용어를 선호했고, 각 본성간의 '상호 침투'를 의미하는 본성들의 '완전한,' '엄밀한,' 혹은 '연속적인' 동시 발생에 대해 말했다.

그런 식으로 네스토리우스는 그리스도는 (외적으로 볼 때) 단일한 위이지만, 그 단일한 위는 두 가지의 구별되는 본성들의 동시 발생 혹은 연합의 결과라고 가르쳤다. (갑바도기아 신학자들의 주장과는 달리) 신성이 인성으로 변화되지도 않았고, 그리스도의 인성이 신격화되지도 않았다. 각 본성은 다른 본성의 형상을 취했다. 따라서 그리스도는 단일한 위였지만, 본성으로는 이중적으로 남아 있었다. 두 본성에 대한 이와 같은 강한 강조는, 네스토리우스가 그 두 본성을 따로 보존하면서 그리스도의 신적 특성은 그의 신성에 돌리고 반면에 그리스도의 인간적 차원들, 즉 그의 행위와 경험은 그의 인성에 돌리기 원했다는 것을 의미했다.

키릴뿐만 아니라 교회 전체도 네스토리우스의 가르침을 거부했다. 그들은 그리스도의 두 본성과 그 연합에 대한 네스토리우스의 설명이 예수 그리스도 안에 어떻게 신성과 인성이 존재하는지를 적절하게 설명하지 못했다고 느꼈다. 그의 기독론은 그리스도의 위의 실체적 연합을 충분하고도 강력하게 설명하지 못하고, 그 연합을 단지 도덕적 혹은 윤리적인 것으로 말하는 것처럼 보였다.

알렉산드리아의 키릴

알렉산드리아의 키릴(Cyril of Alexandria) 감독은 네스토리우스의 기독론이 성육신을 하나의 환영(幻影)으로 전락시키고 신적 로고스가 참 인간이 되었다는 사실을 부인했다고 주장했다. 키릴에게 필요한 것은 예수 그리스도의 위 안에서 영원한 말씀과 인간의 친밀한 연합에 대한 보다 강한 진술이었다. 알렉산드리아 학파와 아타나시우스의 충실한 추종자였던 키릴은 그런 식으로 '말씀-육신'(Word-fresh) 모델을 지지했다.

이것은 키릴이 로고스의 두 단계 과정설 — 성육신 이전과 이후 — 을 믿었다는 것을 의미했다. 성육신에서 로고스는 계속해서 하나님의 형상으로 존재했으나, 이제 또한 종이라는 지상적 존재를 더했다(요 1:14; 빌 2:5-11).

키릴에게 이것은 하나님의 아들이 변화를 겪었다는 것을 의미하지 않았다 (네스토리우스는 이것이 그것을 의미할 수밖에 없다고 주장했다). 오히려 이것은 성자가 성육신 이전에는 '육체 밖에' 존재하다가 성육신 이후에 육체를 부여받았다는 것을 의미했다. 말씀의 본성이 육체를 입게 되었다. 그렇게 해서 말씀이 육신을 갖게 되었다. 키릴의 신앙고백문은 "하나님의 말씀의 하나의 그리고 구체화된 본성"이었다. 성육신에는 신성과 인성의 완전한 융합이 있었다.[36]

키릴에게는 '성육하신 분' 안에는 그 어떤 분할도 없었다. 그리스도의 인성은 (아폴리나리우스의 주장과는 반대로) 하나의 실제적이고 이성적인 영혼을 포함했다. 그리스도의 인성은 실제적이고 참된 것이었다. 그리스도의 존재의 두 국면 혹은 두 본성이 존재했던 반면, 그리스도는 완전히 한 분, 즉 "두 가지 다른 본성에서 온 단일하고도 유일무이한 그리스도"였다.[37] 그리스도 안에서 신성과 인성의 연합은 절대적이고 완전했다. 키릴은 그것을 '자연적' 혹은 '실체적' 연합, 즉 그리스도의 위의 완전한 연합이라고 서술한다. 그리스도의 인성은 (안디옥 학파의 입장에서처럼) 결코 독립하여 존재하지 않았다. 그 인성은 수태 단계에서부터 계속 말씀에 속해 있었다. 예수님은 이중적인 위가 아니었다. 키릴은 그리스도 안에는 합치된 두 본성의 그 어떤 혼합이나 혼동도 없었다고 주장한다. 말씀과 그리스도의 인성 사이의 그 어떤 혼합도 없었다. 왜냐하면 그 두 본성은 본질에 있어서 전혀 다를 뿐 아니라 각자 그 고유한 속성들을 유지했기

> "두 가지 다른 본성에서 온 단일하고도 유일무이한 그리스도" —키릴

때문이다. 키릴의 설명은 한 위 안에서 몸과 영혼이 연합한다는 것이다. 몸과 영혼은 개별적으로 기술될 수 있다. 그러나 그것들은 한 위 안에서 서로 분할할 수 없이 결합되어 있다. 그러므로 위의 연합은 키릴에게는 절대적이다. 두 본성 사이의 차이는 항상 인식되는 반면, 분리되지 않는다. 이것은 키릴이 '속성의 교류' 라는 말을 온전하게 사용할 수 있고, "하나님의 말씀이 육신 안에서 고난을 당하고 죽음에서 처음 난 자가 되었다" 같은 말을 할 수 있다는 것을 의미한다.[38] 그리스도의 위의 연합에 대한 이처럼 강한 열정을 가졌던 키릴은 그리스도의 두 본성에 관한 네스토리우스의 설명에 대해 극도의 반감을 갖게 되었다. 왜냐하면 키릴에게 그것은 구속과 구원의 전 과정을 위태롭게 하는 것으로 보였기 때문이다.

에베소에서 유티케스까지

네스토리우스와 키릴의 싸움은 네스토리우스가 황제 데오도시우스(Theodosius)에게 요청해서 431년에 열린 에베소 공의회에서 집중적인 조명을 받게 되었다. 양측 대표가 모두 참석했지만 서로에 대한 반감이 너무 컸기 때문에, 양측은 각각 개별적으로 회의를 열었다. 그리고 그 회의에서 양측은 서로를 파문했다. 당국이 마침내 키릴이 사회를 맡았던 회의를 적법한 공의회로 인정하자, 네스토리우스는 정죄된 후 유배되었다. 그는 복권되지 않은 채 451년에 사망했다. 이 공의회는 니케아 신조를 기독교의 정통교리로 채택했고, 네스토리우스에게 보낸 키릴의 두 번째 편지를 그 신조에 대한 권위 있는 해석으로 인정했다.[39]

에베소 공의회 이후 기독론에 대한 안디옥 학파와 알렉산드리아 학파의 견해를 절충하려는 다양한 노력이 있었다. 433년에는 '연합의 상징'(Symbol of Union)이라는 문서가 작성되었다. 이 문서는 안디옥 학파 사람들에 대해서는 마리아에 대해 '데오토코스'라는 용어를 사용하는 것의 타당함을 (보호조항과 함께) 인정하도록 권유했고, 키릴의 추종자들에게는 그리스도의 인성과 신성에 특유한 속성들을 구별하는 서술과 함께 '두 본성들'에 대해 말하도록 이끌었다.

그러나 그 후 15년 동안 그 어느 쪽도 완전히 만족하지 못했고, 결국 448년에 또 하나의 위기가 일어났다. 그와 같은 연합을 싫어했던 모든 사람들을 대표하는 상징적 인물은 유티케스(Eutyches)였다. 그는 예수님의 인성은 그의 신성에 완전히 흡수되어 예수님에게는 오직 하나의 본성만 남게 되었다고 주장하는 '단성론'(Monophysitism)의 창시자로 여겨지는 인물이었다. 성육신 이후의 그리스도의 몸은 다른 인간들의 몸과 동일한 물질로 이루어신 것이 아니었다. 유티케스는 "우리 주 예수 그리스도의 탄생 후 나는 하나의 본성, 즉 육신을 입고 인간이 되신 하나님의 본성을 예배한다"고 선언했다.[40] 그리스도는 인성과 연합하기 전에만 두 가지 본성을 갖고 있었다. "연합 후에 나는 한 본성을 고백한다." 이 점에서 유티케스는 자신을 알렉산드리아 학파 전통의 계승자로 보았다.

448년에 열린 콘스탄티노플 총회에서 유티케스는 이단으로 선포되었다. 그러나 정치적인 문제들이 발생했다. 디오스코루스(Dioscorus) — 키릴의 조카이며 그의 알렉산드리아의 감독직을 승계한 인물이다 — 는 유티케스의 파문을 인정하지 않으려 했다. 449년 에베소 공의회에서 유티케스는 복권되었고, 콘스탄티노플의 감독이자 유티케스를 정죄한 총회의 사회자였던 플라비안(Flavian)은 면직되었다. '연합의 상징'은 431년에 열렸던 에베소 공의회의 한계를 넘어선 것으로 간주되었고, 그것이 주장하는 두 본성에 대한 고백은 정죄되었다. 이 판결로 인해 그 공의회는 '에베소의 강도 총회라고 알려지게 되었다.

레오 1세

당시 로마 교회의 교황은 레오 1세(Leo I)였다. 그는 황제에게 유티케스를 정죄하고 콘스탄티노플 총회의 판결을 받아들이라는 편지를 썼다. '레오의 서한'(Leo's Tome)이라고 알려진 이 문서는 서방 교회가 예수님에 관해 서술해 왔던 내용들을 정연하게 제시한다. 그의 글은, 비록 독창적인 것은 아니지만, 서방 기독론의 최상의 내용들을 끌어 모으고 있다. 다음과 같은 몇 가지 점들이 두드러진다.[41]

1. '신-안'으로서 예수 그리스도의 위는 하나님의 말씀 혹은 로고스의 위와 일치한다. "하나님의 형상으로 남아 있으면서 인간이 되신 그분은 종의 형상으로 인간이 되신 분과 동일한 존재다." 말씀은 성육신에 의해 감소되지 않았다. 오히려 "그는 계속 시간을 초월하면서도, 시간 속의 어느 한 순간부터 존재하기 시작한다."

2. 신성과 인성은 이 동일한 위 안에서 공존하며 (갑바도기아 사람들에 반대하여) 혼합되거나 혹은 (키릴에 반대하여) 혼동되지 않는다. 각 본성은 고유의 속성들을 결함 없이 유지한다. 그리고 '하나님의 형상'이 '종의 형상'을 제거하지 않는 것처럼, '종의 형상' 역시 '하나님의 형상'을 감소시키지 않는다."

3. 비록 그 본성들은 각자 활동하지만, 그것들은 언제나 서로 제휴하여 활동한다. 레오는 "각 형상은 서로 교제하면서 각각의 특유한 활동을 계속한다. 말씀은 자신에게 속한 것을, 그리고 육체도 자신에게 속한 일을 수행한다"고 주장했다. 이것은 예수님이 분할된 위로 보이는 것을 막는다.

4. 그리스도의 위의 하나됨은 예수 그리스도에 대해 말할 때 '속성의 교류'라는 용어를 사용하는 것이 적합하다는 것을 의미한다. 레오는 다음과 같이 말한다.

> 우리는 인자가 하늘에서 내려왔다고 판단하며(하나님의 아들이 자기를 태어나게 한 처녀에게서 육신을 취했으므로), 반대로 하나님의 아들이 못 박히고 장사지내졌다고 말한다(비록 그가 그것에 의해 독생자로서 아버지와 영원히 공존하며 동질 본체가 되는 신성에서가 아니라 그의 인성의 연약함에서 그런 일들을 견뎌내야 했던 것이지만).

'레오의 서한은 안디옥 학파와 알렉산드리아 학파 양측 모두의 관심사를 담아내고 있다. 안디옥 학파를 위해서는 두 본성의 실재와 독립이라는 그리스도 안에 있는 이중성을 확언한다. 알렉산드리아 학파를 위해서는 그리스도의 위와 성육하신 영원한 말씀의 동일성을 확언한다. 레오가 어느 성탄절 설교에서 말했던 것처럼, "자신의 것을 잃지 않고 우리의 것을 자신의 것으로 취하면서도 두 가지 본성으로 존재하는 분은 한 분의 동일하신 하나님의 아들이시다."[42]

칼케돈 신조

에베소의 강도 총회의 견해를 옹호했던 로마 황제 테오도시우스는 450년에 말에서 떨어져 사망했다. 그의 계승자는 마르키안(Marcian)이었다. 그는 두 본성 이론에 호의를 가졌다. 마르키안은 레오와 다른 이들의 압력을 받아 기독론 문제들을 다루기 위해 새로운 회의를 소집했다. 그 공의회는 451년 칼케돈에서 열렸고, 500명 이상의 감독들이 참석했다.

그 회의의 목적은 교회와 국가 양측 모두를 위해 제국 전체에 걸쳐 통합된 신앙을 수립하는 것이었다. 필요한 것은 양측 모두가 예수 그리스도의 정체성에 대한 자신들의 견해를 충실하게 표현하고 있다고 인정할 수 있는 단일한 기독론적 신앙고백문이었다. 결정적인 문제는 어떻게 한 분의 그리스도에 대한 고백이 "신성에서 완전하고, 인성에서 완전한" "참 하나님이자 참 인간"으로서의 그리스도에 대한 신앙과 함께 이해될 수 있느냐는 것이었다.[43]

칼케돈 공의회의 문서들은 전문, 기독교 정통의 표준인 325년의 니케아 신조에 대한 재확언, 그리고 니케아 공의회 이래로 일어났던 이단들에 대한 논박인 381년의 니케아-콘스탄티노플 신조에 대한 승인 등을 포함하고 있다. 그 공의회는 또한 네스토리우스를 비난하는 키릴의 편지 두 편을 그 신조에 대한 건전한 해석으로, 그리고 '레오의 서한'을 유티케스에 대한 대답이자 참된 기독교 신앙에 대한 확증으로 인정했다. 그 공의회의 공식적인 신앙고백은 다음과 같다.

그러므로 경건한 교부들을 따라서 우리는 우리 주 예수 그리스도이신

한 분의 동일한 아들을 고백한다. 그리고 우리 모두는 다음과 같이 가르치기로 동의한다. 즉 이 동일한 아들은 신성에 있어서 완전하고, 인성에 있어서도 똑같이 완전하며, 참 하나님이고 참 인간이며, 이성적인 영혼과 몸으로 구성되어 있으며, 신성에 있어서는 성부와 동일 본질(*homoousios*)이시며, 인성에 있어서는 죄를 제외하고는 모든 면에서 우리와 같으면서 우리와 동일 본질이시다. 그분은 신성에 있어서 시간 이전에 성부에게서 나셨고, 인성에 있어서는 이 마지막 날에 우리를 위해 그리고 우리의 구원을 위해 동정녀 마리아, 즉 하나님의 어머니(*Theotokos*)에게서 출생하셨다. 그분은 연합에 의해 그 본성의 차이가 파괴되지 않으므로 두 본성이 혼동되거나, 변경되거나, 분할되거나, 나누어질 수 없다. 오히려 그분은 각 본성의 속성이 한 위(*prosopon*)와 한 실체(*hypostasis*) 안에서 함께 보전되고 화해를 이루는 단일하고 동일한 그리스도요, 성자요, 주님이요, 독생자이시다. 그분은, 예전에 선지자들과 주 예수 그리스도께서 친히 우리에게 가르치신 것처럼, 그리고 교부들의 신조가 우리에게 전해 주는 것처럼, 분할되거나 두 가지 위(*prosopa*)로 분열되지 않는 단일하고 동일한 아들이시요, 독생하신 하나님이시요, 로고스이시요, 주 예수 그리스도이시다.[44]

이 칼케돈 신조는 예수 그리스도 안에 있는 단일성과 이중성 두 가지 모두를 동등하게 인정한다. 그것은 분할되거나 분열되지 않는 '한 위와 한 실체'에 대해 말했다. 두 가지 본성에도 불구하고 그리스도는 분할이나 분리됨 없이 남아 있다. 하나님의 말씀은 두 가지 본성으로 존재하는 단일성이며,

각 본성은 완전하며 또한 고유한 속성과 기능을 보유한다.[45] 성육신한 그리스도는 참되고 완전하게 신적이며 인간적인 유일한 하나님의 아들이다. 칼케돈 신조는 하나님인 동시에 인간인 예수 그리스도의 비범성과 완전성 모두를 확언했다.

칼케돈 이후

칼케돈 공의회의 결정은 "예수 그리스도는 누구인가?" 하는 질문을 둘러싼 기독론적 쟁점들에 대해 결정적인 답을 주었다. 그것은 여러 세기 동안 교회의 신앙에 대한 권위 있는 표현이 되어 온 그리스도에 관한 서술을 채택했다는 점에서 하나의 중요한 전환점이었다. 그러나 그것은 모든 질문들에 답을 주지는 못했고, 궁극적인 평화를 주지도 못했다. 그것은 동방 교회에서 적대적인 반발을 불러 일으켰다. 그곳에서 단성론적 성향을 가진 자들은 그런 결정에 맞서서 싸웠다. 6세기에 와서 제2차 콘스탄티노플 공의회(553)는 그 신조를 키릴의 입장에서 해석했다. 그리스도는 두 본성을 가진 한 위였기 때문에, 그가 하나의 의지를 가졌는지 아니면 두 개의 의지를 가졌는지에 관한 의문이 일어났다. 제3차 콘스탄티노플 공의회(680-81)는 다음과 같은 말로 '단의론'(*monothelit*) 논쟁을 해결했다. "우리 주 예수 그리스도 안에는, 경건한 교부들이 가르쳐 왔던 것처럼, 두 가지 선천적인 의지와 두 가지 선천적 기능이 분할할 수 없이, 교환할 수 없이, 분리할 수 없이, 어떤 융합도 없이 존재한다. 그리고 그 두 선천적 의지는 사악한 이단자들이 말해 왔던 것처럼 서로 모순되지 않는다." 이와 같은 입장을 취함으로써 교회는 칼케돈적 균형을 회복하고, 성경으로부터 이해된 예수 그리스도의 성육신의 완전한 실체를 표현하려 했다.[46]

제3장
교회론 논쟁

Ecclesiological Controversy
What is the Church?

3. 교회란 무엇인가?

처음 몇 세기 동안 교회의 중요한 신학적 관심사는 "하나님은 누구인가?" 그리고 "예수 그리스도는 누구인가?" 하는 매우 중요한 질문들이었다. 그러나 그런 질문들에 답하기 시작하면서 교회는 다른 문제와 교리들에도 관심을 갖게 되었다. 그 교리들 역시 같은 시기에 나타났지만, 삼위일체론이나 기독론만큼 빨리 혹은 절박성을 갖고서 발전하지는 못했다.

어느 시기에 이르러 교회는 자신이 무엇이고, 하나님이 바라는 자신의 본질이 무엇인지에 대해 진지하게 반성할 필요가 있게 되었다. 교회론의 발전을 위해서는 일관된 신학적 노력이 요구되었다. 초대 교회는 고대 근동 세계에서 자신의 길을 모색하는 동안 자신의 생존과 관련된 수많은 도전과 위협에 직면했다. 여러 지역에서 교회의 가장 시급한 문제는 생존에 관한 것이었다. 따라서 초대 교회가 무엇보다 먼저 자신의 권위의 일차적 근원들, 즉 지도력(공의회들)・신앙 규정(신조)・경전(정경) 등에 기초를 두고 형성되고 있던 조직과 동일시된 것은 놀랄 일이 아니다. 신앙 공동체의 본질에 관한 지속적인 신학적 반성은 절박한 요구가 아니었다.

넓은 의미에서 초대 교회는 참으로 자신이 무엇인지에 관해 어떤 관점을 얻을 수 있을 만큼 충분한 경험을 갖지 못했다. 초대 교회는 하나님이 자기에게 어떤 존재가 되기를 요구하시는지 알기 위해 노력했다. 그러나 교회의 형성기에 그런 이해는 아주 천천히 이루어졌다. 그것은 교회의 지식의 보고 안으로 완전히 무르익은 채 전달되지 않았다.

교회는 항상 자신을 알고자 애썼지만, 자기 마음대로 사용할 수 있는 충분한 자원을 갖고 있지 못했다. 또한 동료 신앙인들에 둘러싸여 예수 그리스도와의 친교 속에서 살아가는 매일의 삶이라는 현실은 교회에 관한 상세한 신학적 해석들을 여러 가지 방식으로 뒤로 미루게 했다. 그럼에도 불구하고, 교리적 논쟁, 박해, 그리고 기독교인들끼리 또는 자기들의 신앙의 원천들과의 지속적인 상호작용 등은 모두 다 "교회란 무엇인가?" 하는 질문과의 진지한 씨름을 위한 길을 준비하는 데 도움을 주었다.

성경적 기초

신약 성경에서 헬라어 '에클레시아'(*ekklēsia*)는 보통 '교회'로 번역된다. 그 단어는 신약 성경의 여러 책들에서 발견된다. 그러나 그 개념은 또한 그 단어를 분명하게 사용하지 않는 책들에서도 나타난다.[1]

'에클레시아'라는 단어는 동사 '칼레인'(*kalein*, 부르다)과 그것의 복합형 '에칼레인'(*ekkalein*, 불러내다)에서 파생된 것이다. 헬라 고전문학에서 한 도시의 시민들은 그들을 함께 모이도록 소집하는 포고자에 의해 밖으로 불려 나온다. 그 용어는 공적 의미를 갖고 있다. 왜냐하면 시민들은 공적으로 승인된 목적들을 위해서 모였기 때문이다.

'70인역'(LXX, B.C. 285-132년 사이에 알렉산드리아에 거주하는 헬라어를 말하는 유대인들을 위해 히브리 성경을 헬라어로 번역한 성경 본문-역주)이 '에클레시아'라는 단어를 사용한 것은, 그것의 신약 성경적 용례를 위해 보다 큰 의미를 갖는다. 이 역본에서 '에클레시아'는 약 100회 정도 나타나는데, 그 대부분은 백성들의 모임을 의미하는 통속적인 히브리 용어들(에다흐 *ēdhāh*와 카할 *qāhāl*: 신 9:10; 수 8:35; 렘 26:17을 보라)을 번역하기 위한 것이었다.²

더 중요한 것은, 구약 성경이 이 모임을 '여호와의 총회'(신 23:2ff.; 대상 28:8; 느 13:1; 미 2:5을 보라)라고 적시함으로써 그 모임에 소집된 자들이 누구이고 누가 그 모임을 소집했는지를 자주 강조한다는 점이다. 이런 의미에서 그 단어는 이스라엘 백성을 — 특별히 하나님 앞에 모였을 경우에 — 지칭하기 위한 기술적이고 신학적인 의미를 갖는다. 율법의 수령 (신 5:22), 솔로몬의 성전 봉헌(왕상 8:14ff.), 에스라의 율법 낭독(느 8:2) 같은 중요한 사건들은 그때 함께 모였던 총회와 더불어 일어났다.

신약 성경에서 '에클레시아'는 그들의 관계에 의해 예수 그리스도와 연합한 기독교인들의 회중을 말한다. 바울은 그 단어를 예배(고전 11:18; 14:19), 기도, 교육, 토의(행 11:26; 12:5; 고전 14:4-5, 28, 34-35) 같은 목적을 위해 집 같은(몬 2; 골 4:15) 특별한 장소에 모인 기독교인들뿐만 아니라, 도시와 같은 보다 넓은 지역 안에 있는 모든 기독교인들을 지칭하기 위해 사용한다. 그래서 바울은 '데살로니가인들의 교회'(살전 1:1; 살후 1:1)에 관해 말했다. 그 단어가 복수로 사용될 경우, 그것은 한 지방(갈라디아- 갈 1:1; 유대: 갈 1:22) 혹은 넓은 지역(아시아- 고전 16:19; 참조, 계 1:4, 11) 안에 있는 기독교인들을 지칭한다. 바울은 가장 넓은 의미에서 '그리스도의 모든 교회들'(롬 16:16)에 관해 말할 수 있었다.

'에클레시아'의 성격은 무엇보다도 교회가 '하나님의 교회'로 언급될 때 나타난다. '하나님의' 라는 말은 때로는 교회의 단수형(고전 1:2; 10:32; 11:22; 15:9; 갈 1:13; 딤전 3:5, 15)에, 그리고 때로는 복수형(고전 11:16; 살전 2:14; 살후 1:4)에 덧붙여진다. '하나님의'라는 문구가 부연되지 않을 때조차 그것은 그 문구들의 맥락 안에 함축되어 있다. 신학적으로 이것은 교회가 자신의 정체성과 목적을 하나님의 부르심을 받은 백성이라는 사실에서 얻는다는 것을 나타낸다. 하나님은 교회를 소집하고 모으시는 분이다. 교회 안에서 그리고 교회와 함께 일하시는 분은 바로 하나님이다. 또한 교회는 때로 "그리스도의 교회들"(롬 16:16; 갈 1:22) 혹은 "그리스도 예수 안에 있는 하나님의 교회들"(살전 2:14; 참조, 1:1; 살후 1:1)로 언급된다. 이런 문구들의 상호 교환은 하나님 백성으로서의 교회(참조, 히 4:9; 벧전 2:9-10)와 그리스도의 몸으로서의 교회(고전 12:12-27)의 가장 긴밀한 관계를 가리킨다.

> **그리스도와 교회**
>
> 교회는 예수 그리스도가 교회의 머리라는 것과 그 이미지들이 가리키는 실재가 그 진정한 표현을 그리스도 안에서 발견한다는 사실을 계속 옹호해 왔다. 그러므로 교회는 그 자신이 참 이스라엘 사람이었던 예수 그리스도 안에 있는 하나님의 참 이스라엘로 간주될 수 있다.

비록 신약 성경에서 교회가 공식적으로 '에클레시아'라는 단어와 동일시된다 할지라도, 교회라는 개념 속에는 그 이상의 것이 존재한다. 신약 성경에는 교회를 의미하는 거의 1백여 종류에 이르는 서로 다른 이미지와 서술들이 존재한다.[3] 그것들은 세상의 소금, 방주, 한 덩어리의 빵, 포도나무 가지, 하나님의 집, 시민, 유랑자 같은 보다 작은 이미지들로부터 하나님의 백성, 새로운 피조물, 믿음 안에서의 교제, 그리스도의 몸 등과 같이 그 주변에 다른 이미지들을 거느린 보다 큰 이미지들에 이르기까지 다양하다. 그리고 이런 이미지들은 성도들과 거룩함을 얻은 자들, 신자들과 신실한 자들, 노예와 종들, 하나님의 백성, 나라와 성전, 온 집안과 가족, 새 출애굽, 포도원과 양떼, 그리스도 안의 한 몸, 새로운 인류 등과 같은 주제들을 포함한다.

교회가 자신의 교회론 또는 교회에 관한 교리를 발전시키는 과정에서 이런 다양한 이미지들이 여러 가지 방법으로 사용되었다. 오랜 세월에 걸친 투쟁과 실패에도 불구하고, 교회는 예수 그리스도가 교회의 머리라는 것(골 2:10; 엡 1:22ff; 5:25)과 그 이미지들이 가리키는 실재가 그 진정한 표현을 그리스도 안에서 발견한다는 사실을 계속 옹호해 왔다. 그러므로 교회는 그 자신이 참 이스라엘 사람이었던 예수 그리스도 안에 있는 하나님의 참 이스라엘로 간주될 수 있을 것이다.

교회는 하나님의 참 아들인 그리스도 안에 있는 하나님의 가족이다. 교회는 그 자신이 참 포도나무요 밀의 알곡인 그리스도 안에 있는 하나님의 농작물이다. 그리스도의 충만하심이 어느 한 가지 서술만으로 표현될 수 없는 것처럼, 교회에 대한 서술에도 다양하고 풍성한 성경적 이미지들이 필요했다. 그러나 교회는 또한 자신의 진정한 실제는 자기 안에서가 아니라 바로 그리스도 안에서 이해되어야 한다는 것을 인식했다.

초기의 교회론

교회가 자신의 본질에 관한 최초의 신학적 논설을 갖게 된 것은 그리스도의 탄생 후 약 250년경이었다. 그 첫 논설은 카르타고의 감독 키프리안(Cyprian, 248-58)이 쓴 『교회의 일치에 관하여』(*On the Unity of the Church*) 였다. 처음 수 세기 동안에는 교회의 본질에 관한 그 어떤 포괄적인 신학적 진술도 나오지 않았다. 하지만 그 시기에 훗날 그런 진술들의 토대가 되고 더욱 발전하게 될 기초들이 놓여졌다.

교회는 삼위일체 및 그리스도의 위에 관한 질문들과 씨름하는 동안 신앙에 대한 그런 논설들이 교회 자신에 대한 이해와도 밀접한 관계를 갖고 있음을 알게 되었다. 그러므로 어떤 의미에서 그 시기의 신학자들은, 비록 그것을 신학적인 문제로서 충분히 다룬 것은 아니지만, 교회에 관해 자기들이 믿는 것을 묘사했던 셈이었다.

교회론에는 교회의 직제, 정치 체제, 조직, 권징, 권위, 직무, 그리고 국가와의 관계 등을 포함하는 여러 가지 차원이 있다. 초대 교회 신자들은, 비록 철저하게는 아니지만, 이 모든 논점들을 다뤘다.

사도적 교부들

교회 초기의 사도적 교부들은, 삼위일체론 및 기독론의 경우에서처럼, 교회에 대한 논의를 전개함에 있어서 신약 성경에 나오는 주제와 이미지들 대부분을 받아들였다. 초기 기독교인들은 자신들을 지중해 지역에 산재한 지역별 회중의 구성원들로 인식하고 있었다. 각 회중은 그들만의 고유한 조직·의식·생활을 갖고 있었다. 그러나 거기에는 동시에 예수 그리스도를 주로 고백하는 모든 사람들을 연결시키는 일체감이 있었다.

안디옥의 이그나티우스(Ignatius of Antioch)는 '보편적'이라는 의미를 가진 '카토리코스'(*katholikos*)라는 단어를 사용해 교회의 보편성을 표현한 최초의 사람이었다. 그는 "예수 그리스도가 계신 모든 곳에 보편 교회가 존재한다"고 말했다.[4] '보편 교회'는 한 명의 감독이 관장하는 지역에 있는 '개 교회'와 대조를 이루며 존재한다. 폴리갑(Polycarp)은 죽음에 직면했을 때 전 세계의 보편 교회를 위해 기도했다.[5] 「헤르마스의 목자」에서 교회는 전 세계에 있는 그 구성원들을 모아 그들을 이해·마음·신앙·사랑에 있어서 연합된 한 몸으로 만드는 것으로 묘사된다.[6] 순교자 저스틴(Justin Martyr)은 "한 영혼, 한 회당, 그리고 그리스도의 이름을 통해 존재하고 그의 이름을 함께 나누는 한 교회 안에서" 연합된 그리스도를 믿는 모든 사람들에 대해 말했다.[7] 이런 초기 신학자들에게서 발견되는 교회에 관한 다른 성경적 이미지들은 새로운 이스라엘, 그리스도의 몸, 그리스도의 신부, 하나님의 집, 성령의 전 등이다.

그 초기를 관통하는 한 가지 중요한 교회론적 주제는 세상에서 하나님의 대리자와 종이 되도록 부르심을 받은 '새로운 백성'으로서의 교회다. 그것은 신약 성경에서 이미 발견된 주제, 즉 예수 그리스도는 '마지막 아담'이고, '첫 아담'의 죄와 사망을 파기하며, 믿음으로 자기와 연합한 새 인류에게 새로운 생명을 가져오는 자라는 주제를 취한다(롬 5; 고전 15:45; 참조, 약 1:18; 계 14:4).「바나바서」는 하나님께 부르심을 받은 '새 백성'에 대해 언급한다. 또한 아리스티데스(Aristides)는 이교도·유대인·기독교인이라는 세 종류의 인간에 대해 말하는데, 특히「베드로의 설교」에서 기독교인들은 '제3의 인종'이라고 불린다.[8]

2세기에「디오그네투스에게 보내는 편지」를 쓴 사람은 이 주제에 관해 상세하게 설명했다. 그는 기독교인의 진정한 시민권은 하늘에 있다는 바울의 사상(빌 3:20)을 발전시켰고, 또한 어떻게 교회가 보편적인지를 설명했다. 그는 자기가 '이 새로운 인종'이라고 불렀던 기독교인들을 다음과 같이 묘사한다.

> 기독교인들과 다른 사람들의 차이는 지역이나 언어나 관습에 있는 것이 아니다. … 기독교인들은 각자의 운명에 따라 헬라나 이방 도시에서 살아가고 또한 의식주 문제에 있어서 각 지역의 관습들을 따라가지만, 그들은 자신들의 시민권의 본질과 관련해 놀라운 그리고 명백히 다른 특성을 드러낸다. 그들은 자기들의 조국에서 살지만, 그곳에서 마치 나그네처럼 산다. 그들은 시민으로서 모든 것을 공유하지만, 모든 일을 외국인으로서 경험한다. 모든 외국이 그들의 조국이고, 모든 조국이 그들의 외국이다. … 그들은 지상에서 지내지만, 하늘의 시민권을 갖고 있다. 그들은 지정된 법에 복종하면서도 삶 속에서 그 법을 초월한다.

그들은 모든 사람들을 사랑하며 모든 사람들에 의해 박해를 받는다.[9]

이 서신의 저자는, 비록 육신을 영혼의 감옥으로 여기는 플라톤적 관념의 영향을 받아 기독교인들은 세상에 의해 갇혀 있다는 생각에 심하게 물들어 있기는 하나, 기독교인의 삶과 교회의 삶의 독특함을 잘 지적하고 있다. 이 독특함은 기독교인들이 거주하는 어느 곳에서든 발견되는 교회의 특성, 즉 "세상 안에 존재하지만, 세상에 속하지 않는" 것으로 나타난다.

이레니우스

이레니우스(Irenaeus)의 교회관은 영지주의에 의해 야기된 위협이라는 정황 속에서 발전했다. 영지주의자들은 자기들이 사도들로부터 전해 내려온 어떤 신비한 전통을 갖고 있다고 주장했다. 그들과 맞서서 이레니우스는 그들이 아니라 교회가 진정한 사도적 전통을 갖고 있으며, 그 전통은 비밀스러운 것이 아니라 모든 사람들이 성경에서 얻을 수 있는 것이라고 주장했다. 이 전통은 교회를 통해 그리스도를 따르고자 하는 모든 사람들에게 공개적으로 선포된 진리의 정경 안에서 발견된다.[10] 교회는 비록 흩어져 있지만 이런 정경 또는 진리의 규칙을 세상에 두루 선포함으로써 실제로 하나가 된다. 교회는 새 이스라엘, 그리스도의 영광스러운 몸, 기독교인들의 어머니다. 하나님의 영은 교회 안에서 공개적으로 일하신다. "교회가 있는 곳에는 하나님의 영이 계신다. 그리고 하나님의 영이 계신 곳에는 교회와 모든 은총이 존재한다. 그리고 성령은 진리이시다."[11]

이레니우스에게 교회의 사도적 교훈의 연속성을 보증하는 것은 지역 교회들에서 진리의 정경의 공식적인 수호자들(*episkopoi*, 감독들)이 단절 없이 계승되는 것이다. "그것은 진리를 알고자 하는 그리고 온 세상에 드러난 사도들의 전통에 대해 분명하게 고찰하고자 하는 … 모든 사람들의 힘 속에 있다. 그리고 우리는 교회 안에서 사도들에 의해 감독으로 임명된 사람들의 수를 헤아리고 우리 시대에까지 이르는 그 사람들의 계승을 증명할 수 있는 위치에 있다."[12] 이레니우스는 그런 사도적 계승의 증거로서 로마의 모든 감독들의 이름을 열거한다. 그는 지역 교회에서 감독직이나 교사직을 맡고 있는 사람들의 수를 헤아린다. 왜냐하면 그들은 사도들의 교훈과 교리를 충성스럽게 전할 책임을 맡고 있기 때문이다. 그렇게 공인되고 질서가 잡힌 감독직은 필연적으로 교회의 참된 본질과 관련된다. 감독은 기독교 복음의 순전함을 전달하고 보존하는 자다.

터툴리안

서방 교회에서 터툴리안(Tertullian)의 가르침은 몇 가지 점에서 이레니우스의 가르침과 아주 유사하다. 그 역시 교회를 하나님의 성령이 활동하는 유일한 장소이자, 감독들의 중단 없는 계승을 통해서 전해지는 사도들의 교훈이 존재하는 유일한 장소로 본다. "우리는 경건의 띠, 수련의 연합, 그리고 소망의 계약에 의해 결합된 한 몸이다."[13]

그런데 207년에 터툴리안은 몬타누스주의자들과 합류했다. 그 주창자의 이름을 따라 명명된 '몬타누스주의'(Montanism)는 2세기 중반에 프리기아에서 발생했다. 몬타누스는 프리스카(Prisca)와 막시밀라(Maximilla)라는 두 여자와 함께 자기들이 성령에 의해 영감을 받았고, 무아지경 상태에서 하나님의 계시를 받았다고 주장했다. 그 계시들은 경구의 성격을 지닌 신탁들을 통해 전해졌는데, 몬타누스의 추종자들은 그 계시들을 성경보다 더 권위 있는 것으로 간주했다.[14] 게다가 몬타누스주의자들은 계율에 대해 엄격한 입장을 취했다. 세례 이후에 범한 죄들에 대해서는 용서가 있을 수 없고, 고행은 마땅히 수행되어야 하며, 결혼은 피해야 하며, 순교는 가장 진실하게 그리스도께 영광을 돌리는 죽음의 방식이다.

터툴리안이 몬타누스주의와 관계를 맺은 것은 그의 교회에 대한 인식에도 영향을 끼쳤다. 그는 삶의 후반에 와서 교회를 무엇보다도 성령과의 관계 속에서 보았다. 영감을 받은 선지자의 활동이 감독의 활동보다 더 중요하다. 그리고 만약 교회가 근본적으로 영적인 것이라면, 교회는 순전하고 정결한 인간들로 구성되어야 한

> "교회는 그리스도의 신부이며 점도 흠도 없어야 한다." — 터툴리안

다. 터툴리안은 『겸손』(Modesty)이라는 그의 저서에서 교회는 "그리스도의 신부"이며 "점도 흠도 없어야" 하기 때문에, 그 회중 안에 그리고 특별히 그 지도자의 위치에 불결하고 불순하며 귀신의 영을 지닌 죄인들이 들어서도록 용납해서는 안 된다고 주장한다. 터툴리안의 주장은 교회의 본질에 관한 이후의 논쟁에서 다시 되풀이 되었다. 왜냐하면, 교회의 가르침의 진실성 혹은 사도성에 관한 질문들에 더하여, 당시 일어나고 있던 교회론 안에는 또 다른 중요한 질문이 들어 있었기 때문이다. 그것은 바로 "무엇이 교회의 순결 또는 성결을 이루는가?" 하는 것이었다.

오리겐

알렉산드리아의 오리겐(Origen of Alexandria)은 203년에 알렉산드리아 교리문답 학교의 교장이 되었다. 기독교 신앙 훈련과 관련해 폭넓은 영향력을 지녔던 이 학교는 그 전까지는 자신의 헬라 철학에 관한 지식을 성경에 관한 자신의 지식과 결합하려고 했던 클레멘트(Clement, c. 150-215)의 지도하에 있었다. 그 전임자처럼 오리겐 역시 플라톤 철학의 영향을 크게 받았다. 특별히 교회에 관한 이해와 관련해서 그러했다.

오리겐은 또한 클레멘트처럼 '지상의 교회'와 '천상의 교회', 즉 역사적·경험적·가견적 교회와 신비적·영적 그리스도의 몸을 구별한다. 오리겐은 역사 속에서 발견되는 교회와 대조되는 '참된 교회'에 대해 말한다. 가견적 교회는 사역을 위해 조직되는데, 그 사역은 사도적 계승을 통해 교회에 의해 보존된 사도적 교훈들의 기초 위에서 수행된다.[15] 교회는 "그리스도의 사람들의 모임" 혹은 "신자들의 총회"다.[16] 그러나 오리겐은 이 지상 교회가 흠이나 티가 없이 존재하는 것은 아니라고 말한다. "나는 주님의 보물은 그분의 교회라고 분명하게 말할 수 있다. 그리고 그 보물 안에는 … 종종 진노의 그릇들인 천벌을 받을 인간들 … 알곡과 함께 있는 쭉정이, 그리고 좋은 물고기와 함께 한 그물에 걸렸으나 버려지고 멸망 당할 물고기들이 숨어 있다."[17] 오리겐에 의하면, 참된 교회는 창세전부터 존재했으며, 지상에서 완전에 이르고 로고스와 연합한 모든 사람들로 구성된다. 지상 교회는 사람을 그리스도를 통해 천상 교회의 일부가 되도록 준비시킨다. 천상 교회는 "모든 성도들" 그리고 "완전을 이룬 모든 영혼들의 총회"다.[18]

클레멘트와 오리겐은 둘 다 만인구원론자들이었다. 그들은 궁극적으로 모든 피조물이 구원을 받을 것이라고 믿었다. 지옥의 꺼지지 않는 불이라는 성경적 이미지는 문자적으로 해석되어서는 안 된다. 왜냐하면 인류는 자신의 최종 목적인 구원을 위해 교육을 받고 준비를 하고 있기 때문이다. 어떤 영혼들은 도중에서 벌을 받기도 하지만, 결국에는 모든 인간에게 구원이 임한다. 그러므로 역사 안에 있는 교회와 천상의 교회는 서로 상반되는 실체라기보다는 서로 연속되어 있다.

전환점 1 : 배교자들의 문제

교회는 처음 몇 세기 동안 여러 번 박해의 시기를 맞았다. 2세기 후반부의 몇 년은 교회에게는 가장 평화로운 시기였다. 그것은 그 무렵의 로마 제국이 내전과 이동하는 야만인들에 맞서서 국경을 지키기 위한 싸움에 개입해야 했었기 때문이다. 그러나 3세기는 로마 관리들에 의한 보다 격렬한 박해의 시기였다. 202년에 황제 셉티미우스 세베루스(Septimius Severus)는 특별히 새로운 개종자들과 그들을 가르치는 자들을 겨냥한 칙령을 내렸다. 그 시기의 유명한 두 명의 순교자는 퍼페투아(Perpetua)와 펠리시타스(Felicitas)였는데, 그들의 순교 이야기를 기록한 사람은 터툴리안이었다.[19] 이레니우스도 이 시기에 죽임을 당했을 것이다.

다음 반세기 동안 박해는 가라앉고 교회는 지속적으로 성장했다. 그러다가 249년에 데시우스(Decius)가 황제가 되었다. 그는 로마를 고대의 영광의 자리에 되돌려 놓고 싶어 했다. 그리고 그의 계획에는 로마의 고대 종교를 회복시키는 것이 포함되어 있었다. 데시우스는 단순히 황제를 예배하지 않는 사람을 벌했던 그의 전임자들보다 더 나아갔다. 그는 모든 반대자들을 조직적으로 박멸함으로써 고대 종교를 재건하려 했다. 그는 그것에 제국 자체의 생존이 걸려 있다고 보았다.

일찍이 터툴리안은 "순교자의 피가 교회의 씨앗이다"라고 말한 바 있다. 그러나 데시우스의 박해는 순교자가 아니라 배교자를 만들기 위해 계획되었다. 데시우스는 제국 전역에서 로마의 신들에 대한 예배를 의무화하였다. 모든 사람은 로마의 신들에게 제물을 바치고, 황제의 신상 앞에 분향하고, 제사의 고기를 먹어야 했다. 불복종에 대한 형벌은 죽음이었다.

많은 기독교인들이 서둘러서 황제의 칙령을 따랐다. 당시의 알렉산드리아의 상황에 대한 가장 생생한 묘사가 디오니시우스(Dionysius)를 통해서 전해 오고 있다.

게다가 칙령이 도착했다. 그리고 그 내용은 너무나 무시무시해서, 우리 주님이 예언하셨던 것처럼, 택함을 받은 자들까지도 걸려 넘어질 정도였다. 그래서 모두가 공포로 위축되었다. 저명한 인사들 중 어떤 이들은 두려워서 즉각 앞으로 나섰고, 공직에 있던 사람들은 그들의 직책 때문에 어쩔 수 없이 그렇게 했고, 다른 사람들은 주변의 사람들에 의해 끌려나왔다. 이름이 불리면 그들은 불결하고 부정한 제물들 앞으로 나아갔다. 어떤 사람들은 창백해져 벌벌 떨었다. 마치 그들은 제물을 바치고 있다기보다는 오히려 자신들이 그 우상들에게 바쳐지는 희생제물인 것처럼 보였다. 그래서 주변에 있던 큰 무리들이 그들을 조롱했다.

확실히 그들은 천성적으로 모든 일에서, 즉 죽는 것과 제물을 바치는 것 모두에서 겁쟁이들이었다. 그러나 다른 이들은 신속한 행동을 통해 자기들이 전부터도 기독교인이 아니었음을 확언하려는 듯 제단을 향해 열심히 달려 나갔다. 주님은 그런 자들에 대해 그들이 결코 구원받지 못할 것이라고 아주 정확하게 예언하신바 있다. 나머지 사람들 중 어떤 이들은 전자나 후자의 행태를 따랐고, 다른 이들은 도망쳤다. 그리고 어떤 이들은 잡혔고, 그들 중 어떤 이들은 구속되고 투옥되었다. 그리고 어떤 이들은 여러 날 동안 갇혀 있다가 재판정에 가기도 전에 스스로 믿음을 부인했다. 반면에 어떤 이들은 고문을 받으면서도 얼마동안 흔들리지 않다가도, 결국에는 굴복하고 말았다.[20]

그 결과 교회는 거의 붕괴되었다. 데시우스의 박해 아래서 실제로 죽임을 당한 사람은 그렇게 많지 않았다. 순교하지 않고 갇혀 있던 자들은 모종의 약속을 받거나, 위협을 당하거나, 고문을 통해서 결국 배교자가 되었다. 그러나 극심한 고문 가운데서도 믿음을 지켰던 기독교인들은 '고백자들'(confessors)이라고 불렸으며 다른 기독교인들에게 크게 존경받았다.

251년 6월 데시우스가 전장에서 죽자 그의 박해도 끝났다. 그러나 교회에는 그 박해 기간에 당국에 항복했던 '배교자들'(the lapsed)을 처리하는 문제가 남게 되었다. 그리고 교회는 그 문제로 인해 하나님의 백성으로서의 자신의 본질을 숙고하고 교회가 무엇인가 하는 중요한 질문에 직면해야 했다.

키프리안과 노바티안

배교자들이라는 중요한 문제는 또한 어려운 문제이기도 했다. 왜냐하면 모든 배교자들이 자신들의 믿음을 같은 방법으로 혹은 같은 정도로 손상시키지는 않았기 때문이다. 어떤 이들은 즉시 황제에게 제물을 바쳤다. 다른 이들은 자기들이 제물을 바쳤다고 진술하는 거짓 증명서를 매입했다. 또 다른 이들은 한 때 신앙을 포기했지만 박해가 여전히 계속되고 있는 동안 다시 자신들의 신앙을 고백할 힘을 얻고 교회에 재입교할 방법을 모색했다. 어떤 교인들은 누구를 재입교시킬 것인지를 '고백자들'이 결정해야 한다고 주장했다. 그러나 많은 감독들은 오직 교회의 성직자들만이 배교자들을 회복시킬 권한을 갖는다고 주장했다. 다른 사람들은 더 나아갔다. 그들은 그 모든 문제에서 아주 엄격해야 하고 어떤 관용도 베풀지 말아야 한다고 주장했다.

뒤이어 일어난 논쟁에서 핵심적 역할을 한 이들은 카르타고의 감독 키프리안(Cyprian, 248-58)과 엄격주의자들의 지도자 노바티안(Novatian)이었다. 키프리안은 박해가 시작되기 직전에 감독이 되었다. 그는 터툴리안의 추종자였고, 그의 스승처럼 수사학을 공부했다. 박해가 일어났을 때, 그는 안전한 곳으로 피신하여 서신을 통해 감독직을 계속 수행하는 것이 자신의 의무라고 믿었다. 어떤 사람들은 그것을 비겁한 것으로 해석했다. 박해가 끝났을 때, 많은 이들은 카르타고의 '고백자들'이 그 감독보다 더 권위를 가져야 한다고 믿었다. 특별히 배교자들을 다루는 문제에 있어서 그러했다.

키프리안은 카르타고에 돌아와서는 교회가 혼란에 빠져 있음을 알게 되었다. 그 도시와 다른 도시들의 많은 사람들이 로마의 신들을 모신 사원에서 제물을 바치고는 다음 주에는 교회의 성찬식에 참여하고 있었다. 그러나 키프리안이 도착한 후 교회는 빠르게 회복되기 시작했다. 교회 안에는 배교자들을 아주 가벼운 징벌이나 징계를 주고 다시 받아들여야 한다고 주장하는 사람들이 있었다. 그러나 교회의 오랜 규칙을 적용해서 배교자들을 영원히 출교시켜야 한다고 주장하는 사람들도 있었다. 키프리안은 북 아프리카 감독회의가 규칙을 정해야 한다고 믿었다. 251년 부활절 직후 그는 회의를 소집했고, 그 회의는 아무도 전적으로 또는 영원히 참회의 기회를 박탈당해서는 안 된다고 결정했다. 배교자들에 대한 징계는 각자의 죄질에 따라 성직자들에 의해 결정되어야 했다. 배교한 성직자는 다시 그들의 직분을 맡을 수 없었다. 그러나 다른 사람들은 적절한 징벌 후에 교회 안으로 수용될 수 있었다.

로마에서도 유사한 문제가 제기되었다. 251년 6월 4일 코르넬리우스(Cornelius)는 교황 파비안(Fabian)의 후계자로 선출되었다. 배교자 문제에 관해 코르넬리우스는 키프리안의 정책과 유사한 정책을 선호했다. 그러나 코르넬리우스는 장로 노바티안의 반대에 직

> "감독이 없으면, 교회도 없다."
> ─키프리안

면했다. 노바티안은 이 문제로 로마 교회를 분열시켰다. 노바티안파는 배교자들을 포함하고 있는 교회는 더 이상 교회로 간주될 수 없다고 주장했다. 배교자들을 다시 받아들이는 것은 교회의 거룩성을 잃는 것이었다. 노바티안파들 자신은 교리적으로 정통이었다. 그들은 '신앙의 표준'과 '사도적 교훈들'을 받아들였다. 따라서 교회는 더 이상 교회의 일치의 기초가 사도적 교훈뿐이

라고 주장할 수가 없게 되었다. 교회는 역사 속에서 교회의 일치를 표현하고 보증하기 위한 어떤 새로운 길을 찾아야 했다.

감독 키프리안은 251년경에 쓴 그의 책 『교회 일치에 관하여』(*On the Unity of the Church*)에서 이 도전에 대처했다. 이 책에서 그는 교회의 일치는 교회의 감독직(episcopate) 안에서 발견된다고 강력하게 주장한다. 노바티안파는, 자기네 감독들이 정당하게 임명된 다른 감독들에 의해 임명되었으므로, 자신들에게도 감독들이 있다고 주장했다. 그러나 키프리안은 진정한 감독이 되기 위해서는 비어 있는 관구를 계승해야 하기 때문에 그들은 진정한 감독들이 아니라고 주장했다. 분파적인 노바티안파 감독들은 키프리안의 경쟁자로서 카르타고에 취임했던 막시무스(Maximus)의 경우에도 또는 로마에서 취임한 노바티안 자신의 경우에도 그와 같이 비어 있는 관구를 계승한 것이 아니었다. 키프리안에게 중요한 것은 감독의 직무이지 누가 그를 임명했느냐가 아니었다.

이것은 키프리안의 기본 원리인 "감독이 없으면, 교회도 없다"(No bishop, no church)라는 명제로 이어졌다. 교회의 일치를 확보하는 것은 바로 교회의 지도자다. "여러분은, 감독은 교회 안에 있고 교회는 감독 안에 있다는 것을 알아야 합니다. 누구든 감독과 함께 있지 않으면, 그는 교회 안에 있는 것이 아닙니다. … 보편적이고 단일한 교회는 단절되거나 나뉘지 않고 서로 결합하는 성직자들의 유대에 의해 참으로 서로 연결되고 결합되는 것입니다."[21] 각 감독은 자신의 견해에 따라 자신의 교구를 관리할 권한을 지니며, 감독들 간에는 상호 존경이 있어야 한다. 교회는 사도들의 계승자인 감독들에 의해 다스려진다. 그러므로 감독들에게 순종하는 것은 절대적으로 필요하다.

키프리안에 의하면, 하나님은 한 분이므로 교회도 하나여야 한다. 각 공동체는 감독처럼 교회들의 평화와 일치를 유지하는 한 사람의 지도자에 의해 인도되어야 한다. 교회는 감독들 안에서 발견되고 감독들은 교회 안에서 발견되므로, 키프리안의 견해에 의하면, 노바티안파는 영속적인 아무것도 갖고 있지 않았다. 그들의 감독들은 합당한 감독들이 아니므로, 그들은 안수하거나, 세례를 주거나, 죄를 용서하거나, 또는 성찬식을 수행할 권리를 갖고 있지 않았다. 노바티안파 사람들이 보편 교회에 다시 수용되기를 요청했을 때, 키프리안은 그들에게 세례 받기를 명령했다. 그에게 참된 성례와 구원의 수단은 참된 교회를 통해서만 올 수 있었다. "교회 밖에는 구원이 없다." 그리고 "교회를 어머니로 모시지 않는 자는 더 이상 하나님을 아버지로 모실 수 없다."[22]

교회의 일치에 대한 키프리안의 강경한 입장은 마태복음 16:18-19, 요한복음 20:20-23, 그리고 에베소서 4:46 같은 성경 구절에 근거를 둔다. 예수에 의해 베드로와 다른 사도들에게 최초로 주어진 그 일치는 지금은 구원의 방주인 교회의 지도적 권위를 구성하는 '감독단'(the college of bishops) 안에서 발견된다.[23] 키프리안은 교리에 대한 일반적인 합의에 의한 교회의 일치를 충분하게 여기지 않았다. 대신 그는 '감독제'(episcopacy)를 주목했다. 그는, 보편 교회는 그 안에서 교회의 신학·조직·성례가 하나가 되는 감독들을 통해서 일치된다고 주장함으로써, 교회의 성결이 배교자들과 관계를 맺지 않은 구성원들의 순수성에 의존한다고 말했던 노바티안파에게 응수했다.

전환점 2 : 신비한 몸

키프리안은 황제 발레리안(Valerian)이 일으킨 박해가 진행되던 258년 9월 14일 저녁에 아프리카의 첫번째 감독 순교자가 되었다. 그 후 수십 년 동안 교회는 모든 계급과 집단들 사이에서 수적으로 또한 영향력 측면에서 성장했다. 그런데 대개 북아프리카 교회들의 규율은 공식적으로는 여전히 엄격했지만 실제로는 아주 느슨했다.

50년이 못되어 다른 극심한 박해가 터졌다. 황제 디오클레티안(Diocletian)이 시작하고 훗날 '대박해'(Great Persecution, 303-12)라고 알려지게 된 그 박해는 기독교인들에게 로마의 신들을 인정하는 것이 그들의 의무임을 상기시키고자 계획되었다.

디오클레티안은 교회가 더 이상 순교자들로부터 힘을 얻지 못하게 하기 위해서는 피를 흘리지 말아야 한다고 생각했다. 그 대신 그는 제국 전역에서 기독교 교회들을 파괴하고, 성경책들을 불사르고, 모든 기독교인들을 공직에서 해임했다. 기독교인이었던 상류층 시민들은 그들의 모든 특권, 특히 법정에 소송을 제기하는 권리를 상실해야 했다. 게다가 기독교인 노예들은 자유롭게 될 수 없었다. 다음 몇 해 동안 후속 칙령들이 내려 왔다. 그로 인해 성직자들이 투옥되었다.

304년에 디오클레티안의 계승자인 갈레리우스(Galerius)는 성직자들이 참석해야 할 '강요된 제사'와 모든 기독교인들이 참석해야 할 '일반 제사'를 수행하라고 명령했다. 거의 10여 년간 제국을 분할하는 정치적 분쟁들뿐 아니라 폭력과 침묵의 시기가 이어졌다. 교회는 가장 난폭하고 극심한 박해를 경험했고, 그 박해는 콘스탄틴(Constantine)이 황제가 되어 313년에 기독교에 완전한 자유와 합법성을 부여하는 밀라노 칙령을 내릴 때까지 계속되었다.

키프리안 시대와 마찬가지로, 그 박해의 시기는 교회에게 자신을 살펴보고 교회가 과연 무엇인지에 대해 질문하도록 강요했다. 키프리안은 교회를, 그것을 통해 성례가 수행되는 구조와 성직제도 안에 안착시켰다. 그의 견해는 여러 해 동안 매우 영향력이 있었다. 그러나 대박해 이후에 교회가 자신을 바라보는 또 다른 관점을 형성하게 된 다른 문제들이 발생했다. 특히 교회는 도나투스파에 의해 제기된 문제들을 다뤄야 했다.

도나투스파

노바티안 논쟁의 경우처럼, 도나투스 논쟁도 박해 기간에 배교했던 사람들과 관계가 있었다. 박해는 특히 북 아프리카에서 심했다. 감독들과 성경을 맡은 기독교인들은 성경책을 로마 당국에 넘기지 않으면 죽임을 당할 것이라는 위협을 받았다. 위협에 못 이겨 성경을 넘겨 준 사람들은 '배반자들'(traditores)이라고 불렸다.

초기 박해들의 경우에서처럼, 모든 사람들이 똑같은 방식으로 굴복하지는 않았다. 어떤 감독들은 로마 관리들에게 이단 서적들을 넘겨주고는 그것들을 성경책이라고 믿게 했다. 다른 감독들은 진짜 성경책을 넘겨주었다. 그리고 자기들은 유혈참사를 피하고자 했으며 그것이 자기들의 목회적 의무였다고 주장했다. 그러나 교회의 많은 지도자들과 신도들은 이방신들을 예배했다. 어떤 보고에 따르면, 당시 이방 신전들은 기독교인들로 차고 넘쳤다.[24]

그러나 초기의 박해 때처럼 이번에도 자기들의 신앙을 굳게 지킴으로써 투옥되고, 고문당하고, 죽임을 당한 기독교인들이 있었다. 생존한 고백자들은 이번에는 배교자들을 다시 받아들이는 데 있어서 매우 엄격한 경향을 보였다. 그들은 이방신들을 예배한 사람들뿐만 아니라, 성경을 넘겨주었던 '배반자들' 역시 교회에서 제명되어야 한다고 주장했다. 그 배반자들은 불결하며, 심지어 그들과 교제하는 사람들까지도 거룩함을 잃고 교회 구성원이 될 수 없었다. 그런 사람들에 의해 수행된 성례와 기타 모든 교회적 행위들은 무효였다.

카이실리안(Caecilian)을 카르타고 감독에 임명하는 일과 관련해 특별한 논쟁이 벌어졌다. 엄격주의자들은 카이실리안을 임명했던 사람들 중 하나인 압퉁가의 펠릭스(Felix of Aptunga)가 '배반자'이며, 따라서 그의 성직 수임은 무효라고 주장했다. 그들은 대신에 마조리누스(Majorinus)를 선출했으나, 그는 라이벌 감독이 된 직후 사망했다. 313년에 도나투스(Donatus)가 그 자리에 선출되었고, 그는 이후 50년 동안 그 파에 대해 지도력을 행사했다. 도나투스 논쟁은 곧 아프리카 교회의 분열을 의미했다. 카이실리안과 그의 추종자들은 자기들이 전 세계의 교회들과 교제한다는 이유로 스스로 '가톨릭'이라고 불렀다. 반면에 도나투스는 자신을 '순교자들의 교회'를 이끄는 자로, 타락한 세상 가운데서 정의를 지탱하는 자로 보았다.

로마의 감독과 다른 주요한 도시들의 지도자들은 카이실리안을 카르타고의 진정한 감독으로, 그리고 마조리누스와 도나투스파들을 '강탈자들'로 선포했다. 압퉁가의 펠릭스가 실제로 배반자였는지에 대한 조사와 황제에 대한 호소가 있은 이후에 열린 아를레스 공의회(314)는 카이실리안에게 유리한 판결을 내렸다. 하나로 통일된 교회를 갖는 것을 자신의 통일 제국의 핵심 요소로 삼기로 한 콘스탄틴은 그 공의회의 판결을 따랐다. 그는 북 아프리카에 있는 관리들에게 카이실리안과 그의 동료들만 상대하라고 명령했다. 콘스탄틴이 교회에 준 선물들 중 하나가 성직자들에 대한 세금 면제였기 때문에, 이 결정은 중요했고 가장 실제적이었다. 도나투스파에 대한 짧은 제지와 박해(317-21) 이후, 콘스탄틴은 이 정책이 아프리카에 종교적 통일을 가져다주지 못하리라는 것을 알게 되었다. 왜냐하면 도나투스파는 순교나 수난을 해로운 것으로 여기지 않았기 때문이다. 321년 5월 5일 그는 도나투스파에게 관용을 베풀었다. 그리고 그는 337년에 사망할 때까지 그의 관심의 대부분을 니케아 공의회의 쟁점들에 쏟았다.

도나투스파는 로마제국의 후원을 받는 그 어떤 기관에도 반대했던 베르베르 원주민들의 민족주의적 정서에 의해 생존을 위한 연료를 공급받으면서 4세기 내내 존속했다. 북 아프리카 여러 교회들이 도나투스파가 되었고, 스스로 참된 교회임을 주장하면서 자신들의 감독들과 교회 행정체계를 세웠다. 여러 경우에 도나투스파 감독들은 지지자들의 도움을 통해 공석이 된 감독직에 오르기까지 했다. 그들은 카르타고의 감독이었던 키프리안의 권위를 사도들의 계승자로서의 자기들의 지위를 보장하는 것으로 주장할 수 있었다.

어거스틴

도나투스파에 의해 발생한 신학 논쟁은 교회에게는 매우 중요했다. 도나투스와 그의 추종자들은 어떤 성례의 정당성은 집행자의 개인적 덕망과 성결에 의존한다고 주장했다. 덕망이 없는 감독에 의해 집행된 수임 또는 서품이 정당한 것인가 하는 문제가 이와 관련되어 있었다. 도나투스는 하나님이 한 분인 것처럼 교회도 하나지만 교회의 최상의 표식은 '순결'이라고 믿었다. 기독교인들은 죄가 가득한 세상에서 자신들의 신앙을 입증해야 하기 때문에 순교자의 죽음을 동경한다. 그들은 세례를 통하여 성령의 능력과 기쁨을 얻는데, 그들은 이로써 순교자와 고백자로서 믿음의 승리를 거둘 수 있다. "교회는 어디에 있는가?" 하는 질문에 대한 대답은 "아프리카에"—보다 정확하게는 "도나투스 공동체 안에"였다. 도나투스의 추종자들이 카이실리안의 추종자들과 갈라선 것은 적절했다. 왜냐하면 그들이 생각하는 진정한 거룩함은 배교자와 그 어떤 접촉도 하지 않는 것이었기 때문이다.

> "당신들은 거룩한 것을 파괴함으로써 일치의 끈을 잘라버린다."
> – 페틸리안

만약 카이실리안파의 일원이 도나투스파가 되기를 바란다면, 그는 다시 세례를 받아야 한다. 왜냐하면 도나투스파는 자기들이 베푸는 세례와 다른 그 어떤 세례의 정당성도 인정하지 않기 때문이다. 어느 도나투스파 감독이 진술한 것처럼 "오직 하나의 세례가 있는데, 그것은 교회에 속한다. 그리고 교회가 없는 곳에는 어떠한 세례도 있을 수 없다."[25] 도나투스파에게 교회의 일치와 보편성은 그것보다 우선하는 거룩함에 달려 있다. 도나투스파인 페틸리안(Petilian)은 "당신들은 거룩한 것을 파괴함으로써 일치의 끈을 잘라버린다"라고 썼다.[26] 그에게 성도들간의 교제는 완전하게 된 성도들의 교제를 의미했다.

도나투스파는 북 아프리카 밀레비스의 감독 옵타투스(Optatus)에 의해,

그리고 보다 철저하게는 카르타고 서방 100마일 지역인 힙포 레기우스의 감독 어거스틴(Augustine, 354-430)에 의해 신학적으로 도전을 받았다. 옵타투스가 그의 저서 『도나투스 분파』(Schism of the Donatists)에서 주장한 주요한 내용은, 교회의 거룩함의 뿌리가 하나님의 역사에 있는 것이지 교회 구성원들의 경건함에 있는 것이 아닌 것처럼, 기독교 성례의 정당성 역시 그것을 집행하는 사람의 훌륭함이 아니라 하나님의 역사에 의존한다는 것이다. "교회는 하나이며, 그것의 거룩함은 성례에 의해 발생된다. 교회의 거룩함은 개인들의 공덕이라는 기초 위에서 고려되어서는 안 된다."[27] 옵타투스에 의하면, 교회의 보편성은 교회가 그 범위에 있어서 세계적이며, 베드로가 그 첫번째 감독을 맡았던 로마 교구의 감독과 교제하는 것을 의미한다. 그러나 도나투스파는 북 아프리카에 한정되었고, 로마의 감독과는 아무런 관계도 갖지 않았다. 그러므로 도나투스파는 참된 교회로부터 단절되어 있는 셈이었다.

옵타투스의 사상은 그 후 여러 세기 동안 서방 교회의 신학적 거목이었던 어거스틴에 의해 보다 더 발전되었다. 어거스틴이 396년에 감독직에 올랐을 때, 도나투스파는 이미 오랫동안 교회의 삶의 일부가 되어 있었다. 어거스틴은 그 분파가 일으켰던 문제들에 대해 몇 편의 글을 썼다.

아를레스 총회(314)에서 교회는 도나투스파의 성례와 그들의 교리적 정통성을 인정한 바 있었다. 보편주의자들은, 옵타투스와 나중에 어거스틴이 그랬던 것처럼, 성례의 정당성은 집행자의 도덕적 상태에 의존하지 않는다고 주장했다. 그러나 어거스틴은 도나투스파가 진정으로 교회를 대표한다는 것을 부인했다. 그는 그들을 '잘못된' 교회로, 보편 교회를 분열로 이끌었던

'이단들'로 여겼다. 실제로 어거스틴은, 만약 도나투스파가 보편 교회로 되돌아오지 않는다면, 자신이 최후 심판 때 개인적으로 책임을 지게 될 것이라고 믿었다.[28]

"교회란 무엇인가?" 하는 질문에 대해 어거스틴은 교회는 '그리스도의 신비한 몸,' '그리스도의 신부,' '기독교인들의 어머니'라고 대답했다. 그는 키프리안의 말을 되풀이하면서 교회 밖에는 구원이 없다고 단언했다.[29] 도나투스파는 (키프리안의 견해와는 달리) 정통 신앙과 심지어 성례까지도 가질 수 있을 것이다. 하지만 그런 것들은 "죄의 용서를 위해서는 전혀 쓸모가 없고" 따라서 무익하다. 왜냐하면 성령은 오직 참된 교회 안에서만 주어지기 때문이다.[30] 어거스틴은 보편 교회는 사도들의 참된 신앙과 성례와 사역을 갖고 있다고 주장한다. 로마 중심의 성직제도를 갖춘 교회는 진리의 일부가 아니라 전체를 가르친다는 의미에서 보편적이고, 또한 한정된 지역들 안에서만 나타나는 분파들과 달리 일반적이다.[31]

그러나 어거스틴은 또한 교회는 혼합된 무리라는 것을 인정했다. 교회 안에는 참된 기독교인들만 있는 것이 아니라, 진정으로 믿지 않는 사람들도 있다. 교회의 순결에 관해 언급하는 성경 구절들 — 예를 들어, 엡 5:25-27 — 은 교회의 미래 상태를 언급하는 것이다. 어거스틴에 의하면, 지금 여기에 존재하는 교회의 특징은 정결하고 부정한 짐승들이 함께 존재했던 노아의 방주나 밀과 가라지가 최후 심판 때까지 나란히 존재하는 가라지 비유(마 13:24-30) 같은 성경 이야기들에 의해 적절하게 드러난다. 그러므로 어거스틴은 겉으로 드러난 교회와 성도들의 교제로서의 교회 사이에는 신학적인 차이가 있을 수밖에 없다고 생각했다.[32]

교회의 머리는 예수 그리스도다. 그리고 교회는 그리스도와 함께 하는 유기적 연합 안에 존재한다. 그리스도와 기독교인을 묶어주는 띠는 사랑이고, 사랑은 성령 안에서 인격화된다.[33] 사랑은 교회의 본질이고, 그 안에는 믿음과 소망도 존재한다. 교회는 사랑의 교제, 성령의 교제다. 교회의 일치는 예수 그리스도의 복음에 대한 믿음의 일치일 뿐만 아니라, 또한 사랑의 일치다. 그것은 교인들을 그들이 살아가면서 경험하는 가장 깊은 성실함인 예수 그리스도 안에 있는 하나님의 사랑을 중심으로 한데 묶는다. 하나님과 이웃을 사랑하지 않는 사람은 교회에 속할 수 없다.[34] 어거스틴에 의하면, 도나투스파는 사랑에 대한 그와 같은 경시로 인해 교회가 되지 못한다. "모든 것들(가령 성례들)이 참으로 그들의 것이었지만, 그것들은 그들에게 유익이 되지 못했다. 왜냐하면 그들은 자비를 베풀지

"많은 양들이 밖에 있고, 많은 늑대들이 안에 있다." ─어거스틴

못했기 때문이다. 기독교인의 일치를 수용하지 않는 사람이 고백하는 기독교인의 자비 안에 뭐가 들어 있겠는가?"[35] 사랑의 반대는 분파이고, 분파는 신성 모독이다.

어거스틴이 외면적 혹은 가견적 교회와 천상적 혹은 불가견적 교회를 구별하는 것은 성경에 그 근거를 두고 있다. 또한 그런 구별은 교회 안의 어떤 사람들은 '불가견적인 사랑의 연합 ─ 그것은 기독교인들이 그리스도와 이웃들과 맺는 관계의 참된 본성이다 ─ 과 아무 관계가 없는 것처럼 보인다는 관찰에 근거를 둔다. '선택된 자들'(the elect)은 이런 관계를 나누도록 예정된 사람들이다. 그리고 가장 엄격한 의미에서 그들이 참된 혹은

본질적인 교회인 성도들의 회중과 모임을 형성한다.[36] 그러나 어거스틴은 또한 교회 안에 있는 것처럼 보이는 사람들이나 '불가견적 사랑의 교제'를 나누고 있는 듯 보이는 사람들도 사실은 진정한 기독교인이 아닐 수도 있다고 믿었다. 그래서 어거스틴은 교회에 대해 "많은 양들이 밖에 있고, 그리고 많은 늑대들이 안에 있다"고 말할 수 있었다.[37]

어거스틴에게 교회는 하나님의 참된 백성, 믿음과 사랑으로 그리스도와 연합한 사람들의 '신비한 몸'(mystical body)이다. 교회는 그것이 범세계적이고 다른 교회들뿐만 아니라 로마의 감독과 교제하는 교회들을 포함한다는 의미에서 보편적이다.[38] 교회는 또한 그것이 역사의 시작부터 종말까지 하나님과의 참된 교제 안에 있는 모든 사람들(선택된 자들)을 포함하기 때문에 시간과 관련하여 보편적이다.

교회는 그 구성원의 개인적 덕망으로 인해 거룩한 것이 아니라, 교회를 통해 — 특별히 성례를 통해 — 전해지는 하나님의 거룩한 은총 안에서 거룩하다. 이것은, 도나투스파의 견해와는 달리, 세례는 "누가 그것을 집행하는가와 상관없이 그리스도에게 속한다"는 것을 의미한다.[39] 왜냐하면 "성례의 진정성과 거룩함은 성례를 받는 사람이 무엇을 믿는지 그리고 그가 어떤 믿음을 갖고 있는지에 의존하지 않기" 때문이다.[40] 교회의 거룩함의 근거는 그 구성원들이 아니라 하나님의 은총에 있다.

또한 어거스틴에게 교회는 '하나'이며 '사도적'이다. 왜냐하면 교회는 사도적 교훈들의 전통 속에 서 있기 때문이다. 그리고 교회는 이 믿음 안에서 그리고 그리스도와 기독교인들 사이의 사랑의 유대 안에서 연합된다. 교회는 하나님의 은총을 얻을 때 일치를 얻는다. 어거스틴은 인간은 보편 교회

안에서 "평화의 띠와 연합의 교제 안에 있는 자비의 뿌리"를 얻는다고 말한다.[41]

어거스틴 이후

어거스틴의 교회론은 중세와 그 이후에 발전된 교회 이해를 위한 기초를 형성했다. 교회의 일치가 로마 감독과의 교제에 의해 표현된다는 그의 견해는 로마 교회의 지배권의 성장과 교황제도의 발전을 촉진시켰다. 도나투스파에 대한 그의 논박은, 인간 자신의 힘으로 고결해지는 능력을 넘어서 교회의 삶의 근원으로서의 객관적인 하나님의 은총을 강조하는 '교회의 거룩성'에 대한 이해를 형성했다. 하나님의 선택에 근거한 가견적 교회와 불가견적 교회에 대한 어거스틴의 가르침은 칼빈에 의해 다시 상기되어 그의 교회론의 기초가 되었다.

이렇듯 교회가 처음 4세기 동안 자신의 본질에 대해 생각해야 했던 것은, 교회가 박해 문제와 믿음을 저버렸던 자들을 처리하는 문제에 직면했었기 때문이다. 즉 교회의 자기 이해는 실제적이고 목회적인 상황에서 발생했던 것이다. 그런 상황에서 중요한 신학적 전환점들이 제기되었고, 역사 속의 그리고 역사 너머의 '에클레시아'의 본질과 목적을 어떻게 이해할 것인가에 대한 신학적 제안들이 나타났다. 그 초기에 나타난 형성적 개념들은 그 후 수 세기 동안의 교회론을 위한 기본 방향을 설정했다. 물론 그런 개념들은 모든 문제를 해결하지도 않았고, 모든 질문에 대답하지도 않았다. 그러나 그 개념들은 그 후로부터 오늘에 이르기까지 계속된 더 많은 반성들을 위한 틀과 기초를 제공했다. 그때와는 아주 다른 문화와 배경 속에서 자신의 삶과 사역을 이해하기 위해 분투하는 현대 교회들은 여전히 그 초기의 갈등들을 통해서 정보를 얻고 있다. 또한 현대 교회들은 그 당시의 기독교인들이 예수 그리스도의 추종자로서 자신들이 누구인가 하는 질문과 씨름하면서 발전시켰던 통찰들을 통해 안내를 받고 있다. 어떤 의미에서 그 질문은 결코 완전한 대답을 얻을 수 없다. 왜냐하면 교회론적 논쟁과 반성은 각 교회가 맞이하는 각각의 새로운 정황과 상황 속에서 발생하기 때문이다. 그런 의미에서 기독교인들은 "교회는 무엇인가?" 하는 질문을 언제나 계속해서 던져야 할 것이다.

제4장
인간론 논쟁

Anthropological Controversy

What is Humanity?

4. 인간은 무엇인가?

5세기에 들어와서 교회는 교회 자신의 본질에 관한 질문뿐 아니라, 또한 교회를 형성하는 인간의 본질에 관한 질문들에도 직면했다. 심위일체론, 기독론, 그리고 교회론은 끊임없이 교회의 관심을 요구했다. 그러나 교회는 또한 인간의 본질과 운명에 대한 자신의 이해에 대해 고찰하기 시작했다. 교회의 안팎에 있는 교회 구성원들은 누구인가? 교회가 자신의 '신비한 몸', 즉 '구원의 방주' 안에서 예수 그리스도와 연합한 인간들로 구성되는 것이라면, 이런 조건이 어째서 중요하다 못해 결정적이기까지 한 것인가? 인간의 본질은—그리스도를 떠난 상태와 그리스도와 연합한 상태 모두에서— 과연 무엇인가? 교회가 자신의 몸과 자신의 여러 지체들을 내적으로 성찰할 때(고전 12:12), 이 질문은 궁극적으로 죄와 은총에 관한 가르침으로 이어졌다(제 5장을 보라).

처음 수 세기 동안 삼위일체론과 기독론에 대해서는 광범한 논쟁들이 있었다. 하지만 5세기 이전에는 인간의 본성에 대한 그 어떤 확대된 논의도 없었다. 인간의 본성 혹은 상태에 관한 유일한 신조적인 언급은 '죄의 용서'의 문제를 포함하고 있다. 인간에 대한 관념들이 초기부터 형성된 것은 분명하지만, 그 문제에 관한 그 어떤 합의도 필요하지 않았다. 교회는 그 문제에 대한 다양한 견해들을 갖고 있었는데, 때로 그 견해들은 서로 상충되는 것처럼 보였다. 보다 긴 안목에서 교회는 다른 모든 견해들에 맞서는 하나의 인간론을 정설로 선포한 적이 없었다. 때로 인간에 관한 이런저런 정의들이 내려졌고, 어떤 견해들은 정죄되었다. 그러나 기독론이나 삼위일체론과 비교할 때, 인간론은 엄격하고 결정적인 취급을 받아 본 적이 없었다. 그러므로 "인간은 무엇인가?" 하는 질문은 지금도 여전히 남아 있다.

성경적 기초

인간이라는 쟁점 주위에는 여러 가지 질문들이 밀집해 있다. 그 질문들은 모두 다 중요하고, 각각 제 나름의 역사적 발전과정을 겪어 왔다.

구약 성경의 시각들

구약 성경에는 남성을 언급하는 단어들뿐만 아니라 일반적으로 인간을 칭하는 몇 가지 히브리 단어들이 나온다. 창세기의 처음 몇 장은 인간의 창조에 대한 두 가지 기사를 제공한다. 첫번째 기사(창 1:26-30)에서 인간은 피조 되어 살아 움직이는 것들 중 최후의 존재로 그리고 창조의 절정으로 묘사된다. 창세기 1:27은 하나님이 남자와 여자를 창조하셨다고 진술한다.

그들은 하나님의 '형상'과 '모양'을 따라 만들어졌으며(1:26), 세상과 그 생물들을 다스리는 '지배권'을 부여받는다(1:26, 28). 인간을 위한 이런 영예롭고 고귀한 지위는 시편에서도 특별히 강조된다(시 8).

두번째 기사(창 2:7-8; 18-22)는 인간을 창조 과정의 중심에서 묘사한다. 여기서 인간은 마치 토기장이가 그릇을 빚는 것처럼 빚어진다(욥 10:8-11; 시 139:13-16 참조). 인간은 하나님이 그들에게 생기를 불어넣으셨을 때 생명을 얻어 '생령'이 된다. 그 성경 기사에서 첫 사람들에게는 이름이 주어진다. 남자는 '인간' 혹은 '사람'을 의미하는 '아담'이라는 이름을, 그리고 여자는 '생명'을 의미하는 '하와'라는 이름을 받았다(참조, 창 3:20; 4:1).

신학적으로 그 두 창조 기사는 인간의 하나님에 대한 의존을 보여준다. 인간은 하나님에 의해 창조되었고 지속적인 생명과 존재를 얻기 위해 하나님에게 의시한다. 그들은 또한 하나님과 구별된다. 하나님은 창조주이며, 그들은 피조물이다. 인간이 하나님의 형상과 모양대로 창조된 것은
— 그것이 의미하는 것이 무엇이든— 적어도 피조물과 창조주 사이에는 어떤 관계가 존재한다는 것을 의미한다. 그러나 그 관계는 그 안에서 창조주와 피조물 각자의 특성이 인정되는 관계다. 하나님과 인간 사이의 현저한 차이는 구약 성경 전체에 걸쳐 분명하게 묘사된다(호 11:9; 민 23:19). 인간은 하나님의 피조물이라는 맥락에서 이해된다. 그들은 하나님에게 의존하지만, 그들의 삶에 의해 하나님과 구별된다(사 45:11; 욥 10:8-12을 보라).

하나님과 인간의 특별한 관계의 본질은 인간이 하나님의 '형상'과 '모양'대로 창조되었다는 서술과 밀접한 관계가 있다. 수 세기에 걸쳐 이 단어들에 관한 여러 가지 해석들이 존재해 왔다. 가장 중요한 해석들로는 하나님의

형상을 육체적 형상, 영, 육적·영적 존재, 주권, 남성과 여성, 이성적이고 도덕적인 인격, 그리고 자녀됨 등으로 이해하는 것 등이다. 그런 해석들은 인간의 파악된 본질뿐 아니라 하나님의 파악된 본질에 관해 무언가를 말한다. 신학적으로 '하나님의 형상'(*imago Dei*)의 본질에 관한 견해들은 죄와 구원의 본질에 관한 견해들과도 관련된다.

구약 성경에서 묘사된 것처럼, 인간의 본질은 여러 가지 다른 차원들과 관련되어 있다. 간·신장·심장 같은 개별적인 단어들이 인간의 구성 요소들을 묘사하는 데 사용되기는 하지만, 인간에 관한 구약 성경적 견해는 인간 본질을 여러 부분들로 나누지 않는다. 각 부분들의 이중성 혹은 다중성보다는 인간의 기본적인 통전성이 강조된다.

또한 구약 성경에서 인간은 본질적으로 사회적이고 집합적인 존재로 묘사된다. 사람들은 혼자 살 수 없다. 그래서 하나님과 타인에 대한 의무뿐만 아니라, 하나님과 타인에 대한 의존이 항상 존재한다. 그런 의미에서 사람들이 서로 그리고 하나님과 맺어질 때 인류 전체에 연대가 형성된다. 구약 성경에 실린 이스라엘에 관한 기사에서는 보다 큰 사회적 단위와 개인의 결합이 특별히 강조된다. 히브리적 사유체계에서 개인은 공동체 속에서 평가된다. 반면에 보다 큰 공동체는 또한 개인을 통해서 반영된다. 그 개념은 '공동 인격'(corporate personality)이라는 용어로 표현된다.[1] 예를 들어, 아간의 범죄의 경우 한 사람의 죄책은 공동체 전체에 전가된다(수 7:24-26; 참조, 삼하 14:7; 21:1-14; 왕하 9:26). 반대로, 다윗과 솔로몬은 개인으로서가 아니라 민족 전체의 대표로 행동한다.[2]

구약 성경은 또한 하나님과 인간의 관계가 죄 — 그것은 창세기 3장에서 아담과 하와의 이야기를 통해 소개되며 모든 사람들에게 영향을 미친다(왕상 8:46; 시 143:2; 잠 20:9; 전 7:20) — 에 의해 엄격하게 제한되었음을 분명하게 밝힌다. 구약 성경은 죄가 어떻게 인간 전체에 퍼지는지에 관해서 분명하게 말하지 않는다. 그러나 인간의 연대와 공동 인격에 대한 성경적 묘사들은 인간 세대의 연속성이야말로 인간의 죄가 그 안에서 퍼져나가는 정황임을 시사한다. 죄의 현존과 위력은 너무나 실제적이어서 어느 성경 기자는 그것을 자신의 출생에까지 추적할 정도다(시 51:5). 죄는 궁극적으로 하나님에 대한 거역이며(시 51:4), 하나님이 인간이 갖고서 누리기를 바랐던 관계의 단절을 가져온다.

신약 성경의 시각들

인간의 본질에 대한 신약 성경적 견해들은 구약 성경에서 계승된 유산의 일부다. 인간에 대한 연구는, 인간이 하나님과 친밀한 관계를 맺고 있는 것으로 또한 하나님에게 의존하고 있는 것으로 비춰진다는 의미에서, 언제나 '신학적 인간학(theological anthropology)'이다. 인간은 결코 자신의 창조자로부터 궁극적으로 분리된 것으로 묘사되지 않는다. 그러므로 그는 고립되거나 독립적인 존재로 간주되지 않는다. 인간은 항상 하나님과의 관계 속에서 이해되므로 인간에 관한 진술들은 언제나 하나님의 본성에 관한 견해들과 밀접하게 관련되어 있다.

인간의 지성·자유·책임 같은 차원들은 특별히 예수님의 교훈들 속에서 드러난다(눅 16:19-31; 마 25:1-13; 31-46). 예수님의 비유는 자신의 판단의 기초 위에서 자유롭게 결정을 내리고 자신의 결정의 결과와 책임을 대면하는 인간의 모습을 보여 준다. 동시에 예수님은 인간이 하나님에게 큰 관심의 대상이며, 또한 하나님에게 깊이 사랑을 받는다는 것을 보여 준다. 예수님은 개인이 모든 공중의 새와 들의 짐승들보다 더 가치 있다고 선포했다(눅 14:5; 마 10:31). 탕자의 비유(눅 15:11)와 잃어버림에 관한 다른 비유들(눅 15:3-7; 8-10)은 하나님이 인간에 대해 갖고 있는 사랑의 깊이와 죄로 인해 깨진 관계를 회복하려는 하나님의 계획과 목적을 보여 준다. 예수님 자신은 이것을 세리 마태(마 9:9), 삭개오(눅 19:1-10), 사마리아 여인(요 4:7-26), 간음 현장에서 붙잡혀온 여인(요 8:2-11) 등 사회적으로 버림받은 자들에 대한 용인과 사랑을 통해 강조한다. 인간들 중 가장 비천하고 무력한 어린아이조차도 멸시받지 않고(마 18:10) 오히려 하나님의 나라의 모범적 시민으로 존경받는다(마 18:4; 참조, 막 10:15; 눅 18:17). 예수님의 치유 이적들은 또한 하나님의 눈으로 볼 때 인간이 얼마나 고귀한 존재이며 사랑의 대상인지를 보여 준다.

> **바울의 인간론**
>
> 바울 서신에 나오는 인간에 관한 가장 놀랍고도 발전된 사상은, 예수 그리스도에 의해 구원받고 교회 공동체 안에서 기독교적 삶을 살아가는 인간에 관한 진술과 죄의 위력 아래 있는 인간에 관한 진술에서 발견된다.

인간의 본질과 하나님과의 관계는 사도 바울의 글에서 보다 상세하게 설명된다. 바울은 인간의 본질에 관한 자신의 이해를 표현하기 위해 육체·몸·영·심장·마음·양심·혼·속사람 같은 다양한 용어들을 사용한다.[3] 바울에게서 이런 용어들은 각기 고유한 의미와 용례를 얻는다. 하지만 보다 넓은 의미에서 그는 인간의 구성 요소들을 통합하는 구약 성경적 시각을 공유한다. 예를 들어, 바울이 "너희 몸을 하나님이 기뻐하시는 거룩한 산 제사로 드리라"(롬 12:1) 또는 "각 사람(*psychē*: 문자적으로 '혼')은 위에 있는 권세들에게 굴복하라"(롬 13:1)고 말할 때, 그 안에는 용어들의 상호교환이 존재한다. 이 경우에 '몸'과 '혼'은 개별적이고 배타적인 실체들을 가리키기보다는 '전인'(全人)에 적용되는 용어들이다.

바울 서신에 나오는 인간에 관한 가장 놀랍고도 발전된 사상은, 예수 그리스도에 의해 구원받고 교회 공동체 안에서 기독교적 삶을 살아가는 인간에 관한 진술과 죄의 위력 아래 있는 인간에 관한 진술에서 발견된다. 바울에게 죄는, 구약 성경에서처럼, 아담 안에 그 뿌리를 둔 인류의 삶의 실제이며(롬 5:12-14), 모든 인간의 삶에 극적으로 영향을 끼친다(롬 3:23). 죄는 사망을 낳는다(롬 6:23). 그리고 죄의 저주는 오직 믿음으로 인정되고 수용되는(롬 5:1 2) 예수 그리스도의 죽음과 부활에 의해서만 해소된다(롬 3:21-26). 인간의 하나님과의 관계는 회복되고, 그분과의 화목은 하나의 실재(고후 5:16-21), 즉 평화(엡 2:15ff.; 골 1:20)와 소망(롬 15:13)과 사랑(고전 13:13)을 낳는 새로운 삶이 된다.

바울은 인간 본질의 모델과 성취를 예수 그리스도 안에서 발견한다. 바울은 땅에서 온 흙의 사람인 '첫 사람' 아담과 하늘에서 온 '둘째 사람'인 예수 그리스도를 비교한다(고전 15:47). 첫 사람은 죄와 사망을 가져 왔고, 반면에 둘째 사람은 생명과 구원을 가져온다(롬 5:12-19; 고전 15:21-22, 44-49).

두 구절에서 바울은 예수 그리스도를 "하나님의 형상"(고후 4:4)과 "보이지 않는 하나님의 형상"(골 1:15; 참조- 빌 2:6에서 그리스도는 "하나님의 본체"로 일컬어진다)으로 언급한다. 그 두 가지 서술은 많은 점에서 창조 기사를 생각나게 한다(창세기 1:3이 고린도후서 4:6에서 인용된다). 또한 둘 다 예수 그리스도의 영광 안에서 그리고 그 영광을 통해서 하나님의 영광의 가시성과 광채를 다룬다. 창조 시에 하나님이 "빛이 있으라"고 하시자 빛이 비추었던 것처럼, 이제 그 빛은 예수 그리스도 안에서 세상에 비추인다. 하나님의 영광을 아는 빛이 그리스도의 얼굴에서 보인다(고후 4:6).

바울은 그리스도를 믿는 사람은 하나님의 명령에 의해 사망과 종노릇으로부터 해방되어 생명과 자유 안으로 옮겨가는 급격한 변화를 경험한다고 주장한다. 바울은 그 새로운 삶을 창조의 범주 안에서 말한다(갈 6:15; 고후 5:17; 엡 2:10, 15; 3:9; 4:24; 골 3:10; 딛 3:5). 옛 본성, 옛 사람, 또는 육신 안의 옛 삶(롬 6; 7; 갈 5:1ff.; 엡 2:3ff.; 4:22)은 이제 새로워졌다(엡 4:24; 골 3:10). 이 새로움은 예수 그리스도 안에서 발견된 참된 의와 거룩함 안에서 하나님의 모양을 따라 창조된다(엡 4:24; 참조, 고후 3:18).

신자들은 하나님의 아들의 형상을 본받아야 한다(롬 8:29; 참조, 고전 15:49). 기독교인들이 그리스도 안에서 지음을 받는 것처럼(엡 2:10), 그리스도는 신자들 안에서 그 형상을 이룬다(갈 4:19). 이렇게 하나님의 형상을 따라 새로워지는 것은 세례를 통해서 가능하다(갈 3:27; 롬 6:4). 인간은 세례를 통해 그리스도를 입는다. 또한 그렇게 함으로써 새로운 인격, 즉 그리스도 예수 안에 있는 새 사람의 일부가 된다.

동방과 서방의 인간론

신학적 인간론의 발전 과정이나 인간의 하나님과의 관계에 관한 논의에는 몇 가지 다른 교리들이 포함된다. 특별히 죄와 하나님의 은총에 관한 교리들이 반드시 고려되어야 한다. 교회 안에서 인간론적 이해가 발전되는 과정에서 죄의 본질, 그리스도의 사역, 하나님 은총에 관한 질문들이 모두 인간의 본질에 대한 견해들에 영향을 주거나 또는 영향을 받았다. 그 후 우선적인 관심은 인간이 어떻게 하나님의 은총에 응답할 수 있는지(혹은 없는지)에 주어지게 된다. 이 문제는 5세기에 와서 어거스틴과 펠라기우스의 논쟁에서 그 가장 첨예한 형태를 취했다. 그 질문은 인간의 본질에 대한 질문, 특별히 죄와 인간의 의지에 관한 질문과 직접 관련된다. 그것은 신학적 인간론이 보다 큰 그림의 일부에 지나지 않지만, 중요한 부분이다. 어거스틴과 펠라기우스 논쟁 — 그것은 "인간은 무엇인가?" 하는 질문에 집중되었다 — 은 또 다른 중요한 신학적 전환점이 되었다.

초기의 인간론

사도적 교부들의 저작은 인간에 대한 체계적인 이론을 제시하지 않는다. 기본적으로 실천적 성격을 지녔던 그들의 저작은 자신들이 사용하는 개념들에 관해 명쾌하게 설명하지 않는다. 그러나 이미 언급된 저자들처럼 그 교부들 역시 성경적 언어를 광범위하게 사용한다.

그러나 변증가들과 함께 인간 이해의 초기 단계가 나타나기 시작한다. 변증가들의 작품에서 인간은 몸과 영혼으로 양분된 존재로 인식된다. 변증가들은 인간이 하나님으로부터 오는 은총을 받아들이거나 거절할 수 있는 자유 의지를 갖고 있다고 계속 주장한다. 순교자 저스틴(Justin Martyr)은, 우리는 태어나는 것과 관련해서는 아무런 선택권도 없지만, 하나님을 기쁘게 하는 방식으로 살아가는 것과 관련해서는 선택권을 갖고 있다고 주장한다. 저스틴에게 이와 같은 선택 능력은 매우 중요하다. "하나님을 기쁘시게 하기로 선택하는 사람은 그 선택 때문에 부패하지 않고 하나님과 교제할 만한 가치가 있다고 간주될 것이다." 왜냐하면 그들은 "그분이 우리에게 주신 이성적 능력을 통해" 선택하기 때문이다. 결과적으로 인간은 그들의 선택에 관해 전적인 책임이 있고, 스스로 죄 또는 악을 행할 때 하나님 앞에서 변명의 여지가 없다. 저스틴의 견해들은 또한 아테나고라스(Athenagoras), 데오필루스(Theophilus), 그리고 타티안(Tatian)에 의해 되풀이된다.[4]

저스틴의 입장은 인간의 무력함에 대한 당대의 유력한 관념들과 상충하는 것이었다. 그런 동시대적 견해들 가운데 하나가 운명에 대한 스토아적 믿음이었다. 고대 철학 가운데 하나였던 '스토아주의'(Stoicism)는 우주는 세계의 구조 안에 주입된 보편 이성 또는 로고스의 지배를 받는다고 가르쳤다. 이것으로부터 만물은 보편적인 자연 질서를 갖고 있으며 그럼으로써 생명을 얻는다는 관념이 나타났다. 그 질서가 '자연법'(natural law)이다. 인간이 고결해지기 위해서는 자신을 이런 힘 혹은 각 사람의 행동들을 미리 결정하는 운명에 복종해야 한다. 반면에 대중적인 점성술은 만물이 천체에 의해 조종된다고 가르쳤다.[5] 또 하나의 널리 보급된 사상 체계였던 '영지주의'(Gnosticism)는 인간은 본질적으로 악을 피하거나 선을 택할 능력이 없다고 가르쳤다.

인간은 태어날 때부터 죄를 짓게 되어 있다. 저스틴은 그런 체계들에 맞서서 인간의 책임에 관한 자신의 견해를 발전시켰다. 그는 기독교인의 예언에 관한 믿음은 거기에 어떤 자유 의지도 있을 수 없다는 것을 의미한다는 반론들에 대답했다. 저스틴에 의하면, 하나님은 인간의 행위들을 예정하는 것이 아니라, 다만 인간이 그들의 자유를 통해 어떻게 행동할지를 미리 아실뿐이다. 그리고 이런 예지는 예언자들에게 알려진다.[6]

저스틴과 다른 변증가들은 인간 안에 있는 죄의 기원은 인간을 죄로 오염시키고 저주 아래 놓은 악한 귀신들에게 있다고 믿었다. 저스틴은 아담의 죄와 그 이후 사람들의 죄를 연결시키지 않았다. 그러나 그들은 "아담과 하와처럼 되어 죽음을 자초한다." "그래서 그들 각자는 아담과 하와처럼 홀로 심판을 받고 정죄를 당한다."[7] 타티안과 데오필루스의 좀더 충분하게 발전된 설명에 따르면, 아담의 죄는 죄가 세상에 들어오는 입구이기는 하나, 그것은 모든 인류가 선택하는 죄의 원형 또는 모형에 지나지 않는다.[8]

이레니우스

죄에 관한 사상의 대안적 흐름 가운데 하나가 이레니우스(Irenaeus)의 견해에서 관찰될 수 있다. 그는, 데오필루스와 마찬가지로, 아담과 하와는 창조시에 완전함이 아니라 완전함에까지 성장할 수 있는 가능성을 갖고 있었을 뿐이라고 가르쳤다. 이레니우스는 하나님이 그런 완전함을 주실 수도 있었으나 그렇게 하지 않았다고 믿었다. "예를 들어, 어머니는 어린아이에게 완전한 음식을 줄 수 있다. 하지만 그 시점에서 그 아이는 성숙한 사람에게나 적당한 음식을 소화시킬 수 없다. … 인간은 그것을 붙잡을 수 있을 만큼 성숙하지도 않았고 그럴 만한 능력도 없었다."[9] 하나님은 인간에게 불멸과 불후라는 선물들 외에도 "그들이 지성적으로 보다 나은 것들을 택하도록" 선과 악에 대한 지식을 주셨다. 이런 선택의 자유는 인간을 선하게 만들 수 있다. 인간은 선과 악의 차이를 앎으로써 선을 높이 평가하고 택할 수 있었다. 하지만 아담은 하나님에게 불순종했고, 그럼으로써 그가 부여받았던 형상과 모양을 잃었다. 각 개인 역시 아담을 따라 의도적인 불순종을 통해 죄를 범한다. "경작하지 않은 땅에서 첫번째로 만들어진 한 사람의 불순종을 통해 많은 사람들이 죄인이 되고 생명을 잃었다."[10] 이레니우스의 '총괄갱신론'(doctrine of recapitulation) — 예수 그리스도가 인류의 역사를 되풀이하거나 요약한다는 이론 — 은 죄와 사망이라는 인간의 상황이 어떻게 구속되는지 설명한다. 두 번째 아담인 그리스도가 첫번째 아담에 대한 판결을 번복하는 것이다.[11]

터툴리안

인간의 본질과 죄라는 주제는 터툴리안(Tertullian)의 저작들에서 반복해서 나타난다. "완전한 인간은 두 가지 실체, 즉 몸과 영혼으로 구성된다."[12] 그러나 이 연합에서 영혼이 우위를 차지한다. "영혼이 없다면 우리는 아무것도 아니다. 거기에는 인간이 아니라 시체의 이름만 남을 것이다."[13] 그러나 몸과 영혼은 너무 밀접하게 혼합되어 있기 때문에 "몸이 영혼을 품고 있는지 아니면 영혼이 몸을 품고 있는지가 불확실할 정도다."[14]

터툴리안은, 아담이 모든 영혼의 근원이기는 하지만,[15] 아담과 하와 이후에는 죄 있는 부모들이 그들의 자녀들에게 죄 있는 영혼을 전해 주었다고 믿었다. 비록 아담으로 하여금 하나님의 명령을 범하도록 유혹했던 존재는 사탄이었지만, "결과적으로 사망에 넘겨져서 그 이후의 전 인류를 그 근원에서부터 오염된 죄의 담지자로 만든 것은 인간이었다." 이것은 터툴리안으로 하여금 죄의 모반(母班)에 관해, 그리고 죄가 어떻게 인류에게 퍼지게 되었는지에 관해 말하도록 이끌었다. 모든 사람들은 아담의 죄를 공유한다. 왜냐하면 "우리는 범죄에 대한 참여와 사망 안에서의 교제와 죄에 대한 협력과 낙원으로부터의 추방으로 인해서 세상의 형상을 지니게 되었기 때문이다."[16] 인간의 이런 죄는 '우리의 잘못된 기원'(*ex originis vitio*) 이다. 그렇게 해서 터툴리안은 '원죄'라는 용어를 만들어낸다.[17] 그 영혼은 여전히 처음 창조될 당시의 선한 본성의 일부를 지니고 있다. 선이나 악을 택하는 능력인 인간의 자유 의지는 소멸되지 않는다. 인간의 본성은 "자기 결단이라고 불리는 선택 능력에 의해 형성된다. 이 능력은 우리의 본성에 속해 있고 변화가 가능하다. 따라서 그것이 어느 쪽으로 향하든 우리의 본성은 동일한 쪽으로 향한다."[18] 터툴리안은, 유아세례에 대한 반대를 통해서, 자신은 인간이 아담의 죄책— 유전된 죄 많은 영혼 때문에 악을 선택하는 경향— 을 물려받는다고 믿지 않고 있음을 보여준다.

터툴리안의 원죄론

모든 사람들은 아담의 죄를 공유한다. 왜냐하면 "우리는 범죄에 대한 참여와 사망 안에서의 교제와 죄에 대한 협력과 낙원으로부터의 추방으로 인해서 세상의 형상을 지니게 되었기 때문이다." 인간의 이런 죄는 '우리의 잘못된 기원'이다. 그렇게 해서 터툴리안은 '원죄'라는 용어를 만들어낸다.

클레멘트와 오리겐

　　동방 교회의 신학자들은 첫번째 부모들의 범죄가 후손들에게 전해진다는 원죄의 개념을 받아들이는 문제와 관련해 터툴리안을 따르지 않는다. 알렉산드리아의 클레멘트(Clement of Alexandria)는 불순종을 에덴동산에서의 첫번째 죄로 보지만, 그것이 자손에게까지 전달된다는 것은 인정하지 않는다. "본의가 아닌 행위는 무지 때문이든, 강제 때문이든 상관없이 심판받지 않으며", "자유 의지의 결과가 아닌 행위들은 전가되지 않는다."[19] 클레멘트가 인간이 자유롭게 선택할 수 있는 능력을 강조할지라도, 모든 인간은 죄가 있으며 모두 다 병들고, 눈멀고, 무지하다고 간주될 수 있다. 그들의 상황은 심지어 '죽음'이라고 불릴 수도 있을 것이다. 그러나 그것은 모든 인간이 아담의 죄책에 연루되었다는 의미가 아니다. 클레멘트는 영지주의자들에 맞서서 오직 자신이 지은 죄들만이 죄로 간주될 수 있다고 강력하게 주장한다. 죄는 인간을 혼란스럽게 하고, 또한 자신의 본성의 불합리한 요소들에 대해 저항할 수 없게 만든다. 죄에 대한 승리는 합리성이 본능과 죄로 가득한 정욕을 정복하는 것이다. 승리하는 사람은 하나님을 닮게 된다.

　　오리겐(Origen)의 창조론은 인간에 관한 그의 이해에도 영향을 준다. 신플라톤주의의 영향을 받은 오리겐은 일련의 이성적 실재들이 하나님에 의해 창조되었으며, 그 실재들은 모두 동등하고 유사하다고 주장한다. 선재하는 그 영혼들은, 영지주의자들의 주장과는 대조적으로, 자유 의지를 부여받았다. 각 영혼은 하나님을 본받음으로써 진보하거나, 하나님을 무시함으로써 몰락할 수 있다. 그리스도의 영혼을 제외하고 그 모든 영혼들은 하나님에게 불충하는 것을 선택할 수 있고, 그럼으로써 죄에 빠진다. 그 영혼들이 범죄할 때, 그것들은 사람들처럼 육신을 입는다.

오리겐은 자주 아담과 하와에 관한 기사를 풍유적으로 해석한다. 예를 들어, 그들의 가죽옷은 타락한 영혼에 대해 아첨하는 몸으로 이해될 수 있다.[20] 현세의 불공평은 어떤 이들이 그들의 선재하는 영혼이 지었던 죄로 인해 받는 형벌로 이해될 수 있다. 아담과 하와는 모든 인간을 대표한다. 창세기 3장에 나오는 범죄는 모든 인간의 이야기다. 오리겐이 옹호하는 유아 세례는 아담의 죄로부터의 정화가 아니라 단지 육체와의 접촉으로 인한 영혼의 오염으로부터의 정화를 위해 요청된다.[21]

'인간의 자유'라는 개념은 오리겐에게는 아주 중요하다. 교회는 "모든 이성적 영혼은 자유 의지와 결단력을 갖고 있다"고 믿는다. 인간은 그의 조상들의 죄의 길이나 하나님의 의로운 길 중 하나를 따를 수 있다. 하나님을 지속적으로 따르는 영혼들은 하나님의 천사가 될 수 있지만, 반면에 지속적으로 죄를 짓는 사람은 마귀의 천사들 중에 속하게 될 수도 있다. 죄와 악을 완전히 피하는 것은 불가능할지 모른다. 그러나 기독교인들은 그것들과 싸울 것을 요구받는다. 오리겐에 의하면, 인간의 의지만으로는 구원을 얻기에 충분하지 않다. 하지만 그것은 하나님의 은혜로운 도움을 받는다. "우리의 완전은 우리가 활동하지 않는 채로 남아 있는 것을 통해 발생하지 않는다. 그러나 또한 그것은 우리 자신의 활동에 의해 성취되는 것도 아니다. 우리의 완전을 이루는 일에서 보다 큰 역할을 하시는 분은 하나님이다."[22]

4세기와 5세기의 인간론

4세기와 5세기에 인간론은 교회의 신학적 논쟁들에서 중요한 자리를 차지하기 시작했다. 동방과 서방 양측 모두의 신학 작품들에서 발전하던 견해들 이외에, 인간의 삶의 또 다른 차원이 금욕적인 전통에서 발견된다.

초기부터 기독교 공동체들은 금식·자선·절제, 그리고 심지어 순결을 장려했다. 3세기에는 그런 관습들을 향한 흐름이 더 강력해졌다. 기독교인들은 혼란한 사회적 상황들, 불안정한 제국 정치, 추가되는 세금들, 그리고 박해의 발발 등에 직면했다. 그런 악한 사회적 환경은 일부 기독교인들을 독거와 고립의 삶속으로 몰아갔다. 그 금욕주의자들 중 다수는 세상에서 물러섬으로써 자신들을 순결하게 지킨 것에 대한 궁극적인 보상과 내세의 삶을 기대했다.

금욕주의자들은 선을 행할 수 있는 인간의 능력을 자주 강조했다. 하나님은 아담이 선을 행하기를 바랐지만, 그에게 악을 행할 수 있는 자유도 허락하셨다. 이것은 선을 향한 그의 선택을 고결하고 상 받을 만한 것으로 만들어 주었을 것이다. 이제 인간은 아담처럼 하나님을 등지고 악을 행할 수 있다. 그런 일이 일어나면, 어떤 한 가지 유형이 세워지고, 새로운 방향으로 돌아서는 것은 점차 어려워진다. 그런 선택을 하는 사회적 집단은 문화 전체를 죄로 향하게 할 수 있다. 아담의 죄는 환경이 인간으로 하여금 하나님께 순종하기보다는 죄를 짓게 만드는 과정을 출발시켰다. 인간은 여전히 자유로운 선택권을 갖고 있지만, 그런 유형을 뒤집고 하나님을 따르기는 아주 어렵다. 그러므로 기독교인의 삶은 위협적인 환경 속에서 하나님께 순종하기 위한 싸움이다. 오직 경건한 사람들로 이루어진 기독교 공동체만이 죄를 지으려는 성향을 뒤집는 순종의 모범을 제공할 수 있다. 하나님의 은총은 그것을 선택하는 사람들에게 유효하다. 그러나 인간 안에서 하나님의 형상을 만드는 것은 '선택하는 자유'다. 이집트의 안토니(Anthony of Egypt)와 투어스의 마틴(Martin of Tours) 같은 인물들에 의해 대표되는 이런 금욕주의적 견해들은 영국의 수도사 펠라기우스(Pelagius, 383-410)의 작품들에서 완벽하게 표현되게 된다.[23]

아타나시우스와 동방 신학자들

아타나시우스(Athanasius)는 주로 기독론을 수립하는 데 관심을 가졌다. 그러나 그는 또한 인간의 본질에 관해서도 언급했다. 인간은 하나님의 특별한 피조물이며, 하나님의 형상을 부여받았다. 그들은 그 형상으로 인해 불멸과 불후라는 선물을 받았다. 그러나, 아타나시우스에 따르면, 하나님은 인간의 의지가 어느 쪽으로든 기울어질 수

> "어떤 사람이 다른 사람 때문에 벌을 받는 것은 부당하다." – 크리소스톰

있다는 것을 아셨다. 자유로운 선택에 의해 인간은 죄를 짓기로 결정했고 "하나님에 관한 생각을 경멸하고 거부했다. 또한 스스로 악을 궁리하고 계획했다. … 그리고 임박한 사망에 대한 선고를 받았다." 그러나 아타나시우스는 인간이 육체의 불멸성을 상실한 것이 그에게서 하나님의 형상이 완전히 상실되었다거나, 그가 더 이상 자유 선택권을 갖지 못한다는 것을 의미하지는 않는다고 보았다.[24]

동방 신학자들인 가이샤라의 바실(Basil of Caesarea), 그의 형제인 닛사의 그레고리(Gregory of Nyssa), 그리고 나지안주스의 그레고리(Gregory of Nazianzus) 같은 갑바도기아 신학자들 역시 동일한 것을 강조했다. 인간은

원래 행복과 축복의 상태에서 창조되었다. 죄는 아담과 하와가 자유를 오용한 것에서 온 것이기는 하나, 동방 신학자들은 그 죄책이 그 이후의 인간에게 전달된다고 말하는 데까지 나아가지 않는다.

두 명의 그레고리들은 존 크리소스톰(John Chrysostom, c. 345-407)과 함께 신생아들은 죄로부터 면제된다고 가르친다. 크리소스톰은 "한 사람의 순종치 아니함으로 많은 사람이 죄인이 되었다"(롬 5:19)는 말씀은 그 이후 세대들이 형벌과 죽음을 면할 수 없게 되었다는 것을 의미할 뿐이라고 해석한다. "왜냐하면 어떤 사람이 자신의 책임으로 죄인이 되지 않는 한, 그는 형벌을 받아야 한다고 판정 받지 말아야 하기 때문이다. ... 어떤 사람이 다른 사람 때문에 벌을 받아야 한다는 것은 대부분의 사람들에게는 부당하게 보인다."[25]

그러므로 이 신학자들은, 비록 어떤 면에서 모든 인간은 아담의 타락에 참여하며 또한 그 결과로서 생기는 연약함과 함께 살아야 하기는 하지만, 인간 전체가 아담의 죄책을 공유한다고 말하지는 않는다. 그들에게 중요한 것은 인간의 의지가 자유롭게 남아 있으며 하나님을 기쁘게 하기 위한 결단을 할 수 있다는 사실이다. 크리소스톰의 말처럼 "하나님은 선과 악을 우리의 능력 안에 두셨다. 따라서 그분은 우리의 자유로운 선택으로 인한 결정을 인정하시고, 마땅치 않아 하는 마음을 제지하지 않으시며, 기꺼워하는 마음을 끌어안으신다." 왜냐하면 "주께서는 우리의 본성이 자유로운 선택을 하도록 만드셨기 때문이다."[26]

암브로즈와 서방 신학자들

4세기에 서방 신학자들은 동방 신학자들보다 아담의 죄의 결과에 더 많은 관심을 가졌다. 밀란의 암브로즈(Ambrose of Milan, c. 339-97) 같은 서방 신학자들은, 터툴리안을 따라서, 인간은 아담의 타락으로 인해 모든 것을 그 영향권 안에 포함시키는 죄에 빠지게 되었다고 강조한다. "우리 모두는 첫번째 아담 안에서 범죄했다. 또한 자연적인 상속에 의해 '죄책'이라는 유산이 한 사람에게서 모든 사람에게로 옮겨졌다. … 아담은 우리들 각자 안에 있었다. 왜냐하면 한 사람을 통해 죄가 모든 사람에게로 전달됨으로써 그 안에서 인간의 본성이 범죄했기 때문이다." "아담 안에서 나는 느낀다. 아담 안에서 나는 낙원으로부터 추방당했고, 또한 아담 안에서 죽었다."[27] 암브로즈는 "모친이 죄 중에 나를 잉태하였나이다"(시 51:5)라는 성경 구절을 자신의 견해의 기초로 삼는다. 그 타락은 모든 사람들에게 영향을 미친 우주적인 대재앙이었다. 원죄는 생식이라는 성적 행위를 통해 유전된다. 세례는 자범죄들을 제거하며, 세족식은 유전죄를 씻을 수 있다.[28] 그러나 암브로즈는 또한 '선택의 자유'라는 개념을 갖고 있다. "자유 의지에 의해 우리는 선을 향한 마음을 먹거나 악을 향해 기울어진다."[29]

전환점 : 펠라기우스와 어거스틴

"인간은 무엇인가?" 하는 질문을 둘러싼 쟁점들은 펠라기우스와 어거스틴 간의 논쟁에서 분명하게 드러났다. 펠라기우스는 4세기 중엽에 영국에서 태어나 380년 즈음에 법을 공부하기 위해 로마로 갔다. 거기에서 그는 기독교인이 되어 세례를 받았다. 펠라기우스는 기독교적 삶을 중요하게 여겼고, 하나님의 법에 따라 엄격하게 살아가기를 원했다. 펠라기우스는 그것을 자기가 법률가로서의 직업을 포기하고 완전을 얻기 위해 수도자가 되어야 한다는 것을 의미한다고 해석했다. 그는 자신의 견해를 전파하기 시작했고, 곧 켈레스티우스(Celestius)라는 유력한 법률가의 회심을 얻어냈다. 펠라기우스는 또한 일련의 공식적인 권고 편지들을 통해 자신의 견해를 다른 사람들에게 이해시키려 했다.[30]

410년에 알라릭 족이 로마를 정복하자 펠라기우스와 켈레스티우스는 로마를 떠났다. 그들은 북 아프리카의 힙포에서 감독 어거스틴을 만나고자 했다. 하지만 당시 어거스틴은 도나투스 논쟁을 다루기 위해 그 도시를 떠나 있었기 때문에, 펠라기우스와 어거스틴은 서로 만나지 못했다.

> "우리 안에는 죄에 저항할 수 있을 만큼 강하고 단호한 자유 의지가 있다."
>   - 펠라기우스

그 후 펠라기우스는 팔레스타인으로 갔고 거기에서 자신의 사상을 전파했다. 그러나 켈레스티우스는 카르타고로 갔다. 그는 그 곳에 있는 교회에서 안수를 받으려 했지만, 죄, 아담의 타락, 그리고 세례에 관한 그의 견해 때문에 이단으로 선고되었다. 한 종교회의가 펠라기우스의 사상을 따랐던 그의 가르침들을 정죄했다. 그리고 어거스틴의 사회로 412년에 카르타고에서 열렸던 북 아프리카 교회의 한 공의회는 켈레스티우스의 견해를 용인할 수 없는 것으로 선언했다. 그 해에 어거스틴은 『죄의 응보와 용서에 관하여』

(*On the Reward and Remission of Sins*)와 『영과 문자에 관하여』(*On the Spirit and the Letter*)를 저술했는데, 그는 그 작품들에서 그와 동일한 문제들을 다루었다.

펠라기우스의 견해는 2년 후 그가 수녀 디메트리아(Demetria)에게 보낸 편지로 인해 화를 초래했다. 이 편지에 대한 격한 반응은 제롬(Jerome)과 오로시우스(Orosius)라는 두 영향력 있는 서방 신학자들로부터 나왔다. 그들은 펠라기우스가 인간 의지의 자유를 강조하는 것에 반대했다. 결국 214명의 서방 감독들은 418년에 열린 카르타고 총회에서 펠라기우스주의를 정죄했고, 그 판결은 431년에 에베소에서 열린 에베소 공의회에 의해 다시 확인되었다. 그러나 펠라기우스의 견해는, 529년에 열린 오렌지 종교회의가 그 논쟁들을 종식시킬 때까지, '반(半)-펠라기우스주의'(semi-Pelagianism)라는 수정된 형태로 존속하면서 다음 세기 내내 교회 안에서 계속 논쟁을 유발했다.[31]

펠라기우스는 개인의 완전한 자유를 믿었다. 그러므로 개인은 자신이 선택한 모든 행위에 대해 책임이 있다. 모든 죄는 개인의 선택의 결과, 즉 하나님을 멸시하기 위한 의도적 행위의 결과다. "우리 안에는 죄에 저항할 수 있을 만큼 강하고 단호한 자유 의지가 있다. 그 자유 의지는 창조주가 인간 본성에 보편적으로 심어 놓은 것이다." 왜냐하면 "우리 안에는 '선천적인 악이 없으며, 우리는 흠 없이 태어나기 때문이다. 또한 인간이 자신의 의지를 실행하기 전에는, 하나님이 지으신 것을 제외하고는, 인간 안에 아무 것도 없기 때문이다."[32] 펠라기우스는 어거스틴이 『고백록』(*Confessions*)에서 "주님이 명령하신 것을 주십시오, 그리고 주님이 바라시는 것을 명령해 주십시오"라고 기도한 것에 반대했다. 왜냐하면 그 기도는 인간을 아무런

자유도 갖고 있지 않은 꼭두각시로 바꾸어 놓는 것처럼 보였기 때문이다.[33]

펠라기우스에 의하면, 인간은 "죄 없이 지낼 수 있고, 원하기만 한다면, 하나님의 명령을 지킬 수도 있다." 그는 누구든 실제 삶속에서 평생토록 죄 없이 남아 있을 수 있다고 주장한 것이 아니다. 다만 그는 인간은 자신의 노력과 하나님의 은총을 통해 죄로부터 돌아설 수 있다고 주장했던 것이다. 인간은 죄 때문에 "회심을 못하게 되지는 않는다."[34] 펠라기우스에게는, 선과 악이 어떤 의미를 지닐 수 있으려면, 개인들이 선을 택할 능력을 갖는 것이 중요했다. 사람들은 완전을 위해 일하거나 악을 위해 일하는 것 중 하나를 선택할 수 있어야 한다. 그래야 어느 선택이든 실제적인 가능성이 될 수 있다.

펠라기우스는 또한 그와 같은 자유는 하나님의 은총의 행위라고 믿었다. "내가 말하는 은총은, 우리가 하나님에 의해 자유 의지를 갖고서 창조된 바로 그 상태를 의미한다."[35] 아담의 죄는 후손에게 영향을 미치지 않았고 오직 아담과만 관련이 있었다. 비록 아담의 죄가 영혼과 육체의 죽음을 가져오고 인간에게 불순종의 습관을 제시하면서 창조 질서 안으로 죄를 끌어들인 것은 사실이지만, 그것이 다음 세대로 전가되는 것은 오직 '습관 또는 '전례'에 의해서일 뿐이다. "우리가 선을 행하기가 어려운 것은 오직 죄를 짓는 오랜 습관 때문이다. 그 습관은 어린 시절부터 우리를 오염시키기 시작한다. 해를 거듭하면서 그 습관은, 우리를 중독에 빠뜨리면서 또한 마치 본성 자체의 힘처럼 보이는 것으로 우리를 구속함으로써, 서서히 우리를 부패시킨다."[36] 하나님은 율법이라는 형식과 선을 행하는 사람에 대한 상급이라는 약속의 형식으로 인간을 인도하심으로써 인간이 죄에 저항하도록 도우신다. 율법에 순종하는 자유는 하나님의 은총을 통해 오며, 그 은총이 주어지는 것은 "하나님의 명령들을 보다 쉽게 완수하도록 하기 위해서다." 이것은 인간이 바라기만 한다면 "죄를 범하지 않고 하나님의 명령들을 지킬 수 있다"는 펠라기우스의 결론으로 이어진다.[37]

그러나 어거스틴은 '반(反)-펠라기우스적인'(anti-Pelagius) 일련의 저작들을 통해 그런 이해를 거부한다. 펠라기우스는 인간의 의지는 '선천적으로' 자유롭다고 믿은 반면, 어거스틴은 그것은 '하나님의 은총에 의해서만' 자유롭다고 주장한다. 펠라기우스는 인간의 의지의 자유는 인간의 선택하는 능력 안에 있다고 주장한다. 반면에 어거스틴은 참 자유는 오직 성취하려는 의지의 능력 안에만 있을 뿐이며, 그것은 하나님의 직접적인 도

> "한 사람의 그릇된 선택으로 인해 모든 사람이 그 안에서 범죄했다."
> — 어거스틴

움과 은총에 의해서만 성취될 수 있다고 주장한다. 펠라기우스에게 "인간은 무엇인가?" 하는 질문에 대한 대답은, 인간은 마치 자녀가 부모로부터 해방되는 것처럼 하나님으로부터 해방된다는 것이다. "이것은 가능한 가장 강력한 권고다. 왜냐하면 성경은 우리를 '하나님의 자녀'라고 부르기 때문이다."[38] 그러나 어거스틴은 인간과 하나님의 관계를, 비록 그 역시 펠라기우스처럼 자녀와 부모의 관계로 보기는 하지만, 보다 적절하게 갓난아이와 어머니의 관계로 이해한다. 갓난아이는 유일한 생명의 원천인 부모로부터 나오는 모든 선과 악에 전적으로 의존하고 또한 그것들에 밀접하게 연루된다.[39]

어거스틴은 아담이 완전하게, 거룩하게, 그리고 만약 그가 생명나무

열매만 먹었다면 죽지 않을 수 있게 창조되었다고 믿었다. 그 첫 사람은 "죄 짓지 않을 능력, 죽지 않을 능력, 선을 버리지 않을 능력" 그리고 그 완전한 자유의 상태에서 견디어 낼 능력도 갖고 있었다.[40] 인간은 하나님의 형상을 따라 창조되었고, 그 형상은 "이성적인 혹은 지성적인 영혼"에게서 발견된다. 그러므로 인간은 "하나님을 이해하고 그분을 바라보기 위해 이성과 지성을 사용할 수 있다."[41] 그러나 어거스틴이 '죄 짓지 않을 능력'(*posse non peccare*)으로 묘사한 아담의 지위는 그가 죄를 범했을 때 영원히 침해된다. 아담의 자유는 상실되었다. 왜냐하면 그는 죄에 빠짐으로써 '죄 짓지 않을 수 없게'(*non posse non peccare*) 되었고, 따라서 죽음의 지배를 받게 되었기 때문이다. 아담은 그를 불순종에 이르게 한 교만 때문에 죄를 범했다.[42]

이것이 원죄다. 그리고 어거스틴은 아담의 죄책이 그 이후 태어나는 모든 인간에게 영원히 유전된다고 믿었다.[43] 그 타락은 아담이 자유를 오용한 데서 유래했고, 그의 범죄는 전 인류를 타락시켰다. 왜냐하면 모든 인간은 아담의 자손이기 때문이다.[44] 어거스틴에 의하면, 죄책은 육체적인 생식 행위에 의해 유전된다. 그는 아담이 인류의 첫 조상이고 성경은 모든 사람이 그 안에서 범죄했다고 말함으로써 모든 인간이 아담의 죄에 연루된다고 주장했다. "그 한 사람의 그릇된 선택으로 인해 모든 사람이 그 안에서 범죄했다. 왜냐하면 모든 사람은 곧 그 한 사람, 즉 모두가 그로 인해 개별적으로 원죄를 얻게 된 바로 그 사람이기 때문이다."[45]

세대를 통해 유전된 원죄의 결과들 중 하나는 참된 자유의 상실이다. 어거스틴은 자유로운 선택의 능력이 모든 죄인들 속에 남아 있다고 주장한다. 인간은 여러 가지 행위의 방향들 사이에서 — 예를 들어 여행을 하거나 집에 머무는 것과 같은— 자기가 원하는 것을 택할 수 있다. 그러나 아담 이후의 모든 인간은 죄로부터의 자유, 의를 위한 자유, 그리고 하나님과의 올바른 관계를 상실했다. 죄를 피하고 선을 행할 '자유'는 죄의 힘에 대한 '속박'으로 대체되었다. 그러므로 이제 자신의 본성에 따라 행동하는 사람은 죄인으로서 행동하는 것이다. 사람들은 이제 필연적으로 죄를 범한다. 왜냐하면 "우리가 언제나 자유 의지를 즐긴다 할지라도," 그 의지가 "언제나 선한 것은 아니기 때문이다."[46] 선택권이 있기는 하나, 사람들은 언제나 악한 것을 택한다. 인간은 '죄 지을 자유'(posse peccare)를 갖고 있으나 '죄 짓지 않을 자유'(posse non peccare)는 갖고 있지 않다. 모든 인간은 어거스틴이 '욕정' 또는 하나님이 아니라 자아를 향하게 하는 '자아 중심적 욕구'라고 부른 것들에 의해 오염된다.[47] 어거스틴에게 인간은 '죄의 덩어리,' '파멸의 집단'이고, 오직 하나님의 은총과 예정에 의해서만 죄와 사망으로부터 구원받을 수 있다.[48] 의지의 참된 자유는, 하나님이 그리스도 안에서 인간을 새로운 삶에로 이끄셔서 죄가 변형시키고 손상시킨 하나님의 형상을 회복시켜 주실 때만 성취될 수 있을 것이다.

인간은 무엇인가?

펠라기우스와 어거스틴의 논쟁은 인간의 본성에 관한 두 가지 서로 다른 개념을 제공했다. 두 신학자 모두 인간은 하나님에 의해 하나님의 형상을 따라 창조되었다고 보았다. 인간은 하나님과는 다르지만 하나님과의 관계 속에 있다. 그리고 이 관계는 죄에 의해 깨졌다.

그러나 펠라기우스와 어거스틴은 발전 중에 있는 인간의 본성에 관해서는 합의에 이르지 못했다. 펠라기우스에 의하면, 인간은 죄를 지음으로써 첫 사람 아담을 모방하는 경향이 있다. 그러나 죄는 본질적으로 실제적이지 않다. 즉 죄는 인간의 자유로운 선택의 문제다. 선택은 번복될 수 있다. 죄를 향한 잘못된 선택은 그 후 하나님의 율법에서 발견되는 선을 향한 올바른 선택에 의해 뒤집힐 수 있다. 펠라기우스에 의하면, 순종은 기독교적 삶의 보증이며, 구원의 확신은 율법과 하나님에 의해 제공되는 다른 도움들에 대한 인간의 순종 속에서 발견된다.

그러나 어거스틴에 의하면 "인간은 무엇인가?" 하는 질문은 다르게 대답되어야 한다. 첫 사람 아담은 인류를 죄에 빠지게 했고, 모든 인간은 그 공통 조상으로부터 물려받은 죄책과 함께 태어난다. 어거스틴에 의하면, 하나님에 대한 순종을 선택하는 사람의 원래의 자유는 심각하게 그리고 영구히 손상되었다. 인간은, 그들의 기원으로부터 유전된 죄 많은 본성을 따라 행동한다는 점에서, 습관적으로 범죄한다. 오직 하나님만이 인간을 바른 관계로 회복시킬 수 있고, 그에게서 죄의 깊은 원인을 제거해 낼 수 있다. 하나님은 은총을 통해 그리스도 예수 안에서 새로운 인간을 창조함으로써 이 일을 이루어 오셨다.

제5장
구원론 논쟁

Soteriological Controversy

How Are We Saved?

5. 우리는 어떻게 구원받는가?

우리가 인간의 본성 특히 죄의 영향력과 능력을 어떻게 이해하느냐 하는 것은 여러 가지 신학적 결과를 낳는다. 기본적으로 죄는 인간과 하나님의 관계에서의 불화를 나타낸다. 그 관계가 회복되고 피조물과 조물주 사이의 조화가 복구되려면, 무언가가 일어나야 한다. 그 무언가를 교회는 '구원'으로 이해해 왔다. 그리고 구원에 관한 연구는 '구원론'(soteriology)이라고 불린다. "어떻게 구원이 일어나는가?" 그리고 "어떻게 구원이 설명되는가?" 하는 질문에는 그와 관련된 다수의 신학적 질문들, 즉 하나님의 은총, 그리스도의 사역, 그리고 그것들에 반응하는 인간의 능력 혹은 무능력 등에 관한 질문들이 포함되어 있다. 더 나아가 구원론 또는 구속론은 '성화'(기독교인의 삶은 어떻게 성장 또는 발전하는가) 뿐 아니라 '속죄'(그리스도의 죽음은 무엇을 이뤘는가)와 '칭의'(인간은 어떻게 하나님 앞에서 의롭게 되는가) 등의 문제들을 포함한다.

기독교 신학의 중요한 전환점들에 초점을 맞추기 위해서, 우리는 칭의에 관한 다양한 견해들 속에 표현된 구원론을 살펴볼 것이다. 펠라기우스와 어거스틴의 논쟁이 보여 주는 것처럼, 5세기의 교회는 인간과 죄의 위력에 관한 두 가지 상충하는 견해에 직면했다. 인간과 죄에 관한 이런 견해들이 분명해졌을 때, 교회는 그것들이 구원론에 대해 갖는 의미를 이해할 필요가 있었다. 펠라기우스주의와 어거스틴주의의 입장에는 — '반(半)-펠라기우스주의(semi-Pelagianism)로 알려진 변종에는 물론이고 — 각각 어떻게 죄가 극복되는지 그리고 어떻게 하나님과의 바른 관계가 수립될 수 있는지를 설명하는 나름의 구원론이 들어 있다.

구원론은 속죄론 및 칭의론과 얽혀 있다. 캔터베리의 안셀름(Anselm of Canterbury, 1033?-1109)이 『성육신』(*Cur Deus homo*, 1097-98)이라는 책을 쓰기 전에는, 교회 안에 속죄에 관한 그 어떤 체계적인 설명도 존재하지 않았다. 초대 교회 시대에도 그리스도의 사역을 설명하는 탁월한 논문들이 있었지만, 그것들 중 아무것도 충분하게 발전되지는 않았다. 안셀름의 견해는 피터 아벨라드(Peter Abelard, 1079-1142)에 의해 도전을 받았고, 이어서 그리스도의 죽음에 관한 다양한 신학적 설명이 등장했다.[1]

어거스틴 이후 구원론에 관한 중요한 전환점은 마틴 루터(Martin Luther, 1483-1546)가 로마 가톨릭 교회의 교리에 도전했던 16세기에 나타났다. 루터와 다른 프로테스탄트 교회 개혁자들은 중세 교회의 로마 가톨릭 신학자들이 가르쳤던 구원에 관한 견해들을 거부했다. 루터는 믿음을 통한 은총에 의한 칭의를 구원에 관한 성경적 가르침을 가장 잘 이해할 수 있는 방법으로 이해하고 주목했다. 로마 교회는 트렌트 공의회(1545-63)를 통해 자신의 가르침들을 진술했고, 그것들은 구원에 관한 로마 교회의 공식적인 견해로서 존속하게 되었다. 오늘날 프로테스탄트 교회와 로마 가톨릭 신학자들은 가능한 한 더 많은 일치와 수렴점을 찾고자 애쓰고 있다. 그러나 이런 일이 일어나려면, "우리는 어떻게 구원받는가?" 하는 중요한 질문에 관한 역사적 전환점들을 이해하는 것이 중요하다.

성경적 기초

구원의 문제를 짧게 개관하는 것은 불가능하다. 왜냐하면 그 개념은 구약과 신약 성경 모두에 널리 퍼져 있기 때문이다. 성경에는 가장 넓은 의미에서 구원의 양상들을 설명하는 여러 가지 용어와 이미지들이 존재한다. 신약 성경에서 묘사되는 이미지들 중 많은 것이 그 뿌리를 구약 성경에 두고 있다. 하지만 그 초점은 구약 성경의 그것과 약간 다르다. 신약 성경 저자들은 하나님이 어떻게 예수 그리스도 안에서 구원을 제공하셨는지를 설명하는 데 주의를 기울인다. 다음의 논의에서 일차적인 강조점은 신약 성경의 견해들에 주어진다. 하지만 그것들의 구약 성경의 뿌리들과의 연결 역시 무시되지 않는다.[2]

1. 구원과 구속. 신약 성경은 구원을 헬라어 '소테리아'(*sōtēria*, 눅 1:69, 71, 77; 행 4:12; 롬 1:16; 고후 7:10; 엡 1:13) 혹은 그 동사형 '소제인'(*sōzein*, 마 1:21; 요 3:17; 행 2:21; 롬 5:9; 고전 1:21; 엡 2:5)으로 표현한다. 그 용어들의 히브리 상당어들(야쉬, *yāshī*; 파라트, *pālat*)은 단순히 '도움' — 종종 법적 후원의 의미가 내포된다— 을 의미한다. 고난 가운데서의 도움을

위한 요청은 특히 시편들에서 발견된다(18:27; 72:4; 109:31). 그리고 하나님은 '도움'이시다(40:17; 79:9; 85:4). 바벨론 포로 이후에 기록된 성경 본문들에서 하나님의 도움은 미래에 나타난다(사 25:9; 60:16; 슥 8:7, 13).

신약 성경에서 '소제인'(sōzein)은 '구원하다'와 '치유하다'라는 의미를 갖는다. 예수님은 자기의 사명을 "잃어버린 자를 찾아 구원하려 함"(눅 19:10)으로 본다. 그 구원은 죄의 용서와 연결되고(막 5:34; 눅 17:19), 믿음과도 연결된다(눅 7:50; 15:11-32; 19:9). 구원과 도움을 가져오는 자인 예수님은 구원자다(눅 2:11; 요 4:42; 행 5:31; 엡 5:23; 빌 3:20; 벧후 1:1; 요일 4:14).

바울 서신에서 예수 그리스도의 삶·죽음·부활은 하나님의 구원 행위로 이해된다(롬 4:25; 5:10; 고후 4:10-11). 인간에 대한 죄의 용서는 지상에서의 그리스도의 사역을 통해, 특히 십자가 위에서의 그의 죽음을 통해서 이루어졌다(롬 3:25; 5:9; 엡 1:7; 골 1:20; 참조, 히 9:12; 13:12; 계 1:5). 신약 성경에 의하면, 하나님은 그리스도를 통해서 죄의 사악한 결과에 사로잡혀 있는 사람들을 구원하고 돕기 위해 행동해 오셨다. 예수 그리스도를 자기의 주와 구원자로 신뢰하는 사람들은, 믿음으로(행 16:30-31; 롬 5:6-11; 10:9; 고전 1:23-24) 예수 그리스도와 성령을 통해 하나님과의 새로운 친교에 참여한다(엡 1:19ff.; 롬 1:16; 고전 1:18; 빌 3:10; 살후 1:11; 딤후 1:7-8). 이 구원은 현재적 실제인 동시에(고후 6:2) 미래적 소망이다(롬 8:24; 갈 5:5). 현재와 미래의 기독교인의 삶의 특징은 믿음·소망·사랑이다(고전 13:13; 골 1:4ff.; 롬 15:13; 딤전 1:3; 엡 4:4).

2. 종노릇에서 자유. 구약 성경에서 하나님은 자기 백성을 위험으로부

터 이끌어냄으로써 그들을 구하시는 분으로 묘사된다(시 68:6; 107:14; 142:7을 보라). 이에 대한 가장 좋은 예는 하나님이 이스라엘 백성을 애굽의 종살이에서 해방시키시는 것이다. 따라서 그 단어는 또한 종 되었던 집으로부터 해방을 의미한다(출 13:3; 20:2; 신 5:6; 8:14; 렘 34:13).

신약 성경도 구원을 '구출'의 관점에서 나타낸다. "이는 장래 노하심에서 우리를 건지시는 예수시니라"(살전 1:10). 그리고 주기도문에서 예수님은 그의 제자들에게 악에서의 구출을 위해 기도하라고 가르친다(마 6:13). 하나님은 예수 그리스도 안에서 우리를 큰 사망에서(고후 1:10), 이 악한 세대에서, 그리고 율법의 저주(갈 3:13)에서 구하고 속량한다. 하나님은 "우리를 흑암의 권세에서 건져내사 그의 사랑의 아들의 나라로 옮기셨다"(골 1:13). 그러므로 예수님은 모든 종류의 굴종의 속박으로부터의 자유를 의미한다.

3. 대속물을 통한 해방. 대속물을 통한 구속에 대한 신약 성경의 서술은 종노릇에서의 자유와 관련되어 있다(눅 1:68; 롬 3:24; 8:23; 엡 1:7; 히 9:12; 벧전 1:18을 보라). 이것의 히브리적 배경은 몸값을 지불함으로써 노예를 석방시키는 것(출 21:7-11)과 빚을 갚을 수 없는 가난한 사람을 빚에서 벗어나게 해 주는 것이다(욥 6:23). 신명기에서는 애굽에서의 해방 역시 그런 구속의 개념을 지닌다(신 13:5; 15:15; 24:18). 구속자는 바로 하나님이시다(욥 19:25; 시 72:13-14; 119:154; 애 3:58). 구속자는 약자들을 보호하고(렘 50:34), 잃어버린 이스라엘 나라를 되찾는다(출 6:6; 시 74:2; 사 63:9).

신약 성경에서 속전을 통한 획득과 잃어버렸던 물건을 되찾는 것 사이의 차이는 실제로는 존재하지 않는다(눅 24:21; 롬 3:24; 고전 1:30; 히 11:35).

하지만 계속해서 그 이미지는 해방을 이루는 수단으로서의 예수의 죽음과 연결된다(막 10:45; 벧전 1:18-19; 엡 1:7).

4. 화해. 바울이 구원과 관련해 사용했던 중요한 이미지들 중 하나는 화해다. 전에 원수였던 자가 친구로 바뀐다는 이미지에서처럼, 인간은 예수 그리스도를 통해 하나님과 화해된다(롬 5:10; 엡 2:14; 골 1:21-22). 하나님이 인간으로부터 화해를 얻는 것이 아니라, 전에 죄 때문에 하나님으로부터 멀어졌던 인간이 하나님으로부터 화해를 얻는다(고후 5:20). 하나님은 "우리를 자신과 화목하게 하셨고"(고후 5:18-21; 참조, 골 1:22; 엡 2:16), 다른 사람들과도 화해하게 하셨다. 이 화해를 일으킨 이는 바로 예수님이다(골 1:22; 엡 2:16). 화해는 하나님과 인간 사이의 그리고 인간과 인간 사이의 변화된 관계로 이어진다. 인간은 더 이상 원수, 경건치 않은 자, 무력한 죄인일 필요가 없다(롬 5:6-8). 이제 인간은 새로운 피조물이다(고후 5:17). 그의 죄가 용서되었고 하나님의 사랑이 그의 마음속에 있기 때문이다(롬 5:5). 예수 그리스도를 통한 화해는 우리를 하나님의 심판 앞에서 흠이 없게 만든다(골 1:22). 그러므로 우리는 다시 하나님의 친구이며 평화의 사람들이 된다(엡 2:15).[3]

5. 하나님과의 평화. 평화(히. *shālōm*, 헬 *eirēnē*)로서의 구원은 평화의 계약을 세우시는 분인 하나님과의 화해와 밀접하게 관련되어 있다. 예수 그리스도는 "우리의 화평"이고(엡 2:14), 그 자신이 "평안의 복음"의 내용이다(엡 6:15). 많은 신약 서신들은 "하나님 우리 아버지와 주 예수 그리스도로좇아 은혜와 평강이 너희에게 있기를 원하노라" 하는 인사로 시작한다(롬 1:7; 고전 1:3; 고후 1:2; 갈 1:3; 엡 1:2; 빌 1:2; 골 1:2). 예수 그리스도를 통해

우리는 "하나님과 더불어 화평"을 누린다(롬 5:1). 그 화평은 예수님의 탄생 시에 천사들이 발한 포고에 약속되어 있었다(눅 2:14). 예수 그리스도로 말미암은 화평이라는 좋은 소식은 초대 교회와 예수 자신에 의해 유대인과 이방인 모두에게(엡 2:17) 복음으로 선포된다(행 10:36).[4]

 6. 죄의 용서. 신약 성경은 자주 죄의 용서를 예수 그리스도의 사망과 부활에 관련시킨다(눅 1:77; 행 5:31; 롬 4:5; 5:6; 갈 3:22; 엡 1:7; 2:5; 골 1:14). 구약 성경에서 히브리어 '살라흐'(sālaḥ)는, 비록 그것이 종종 제사장의 사역에 의해 수행되기는 하지만(레 4:5; 민 15:25-26, 28), 여호와만이 할 수 있는 용서를 베푸는 행위를 의미한다(시 86:5; 130:4; 단 9:9; 느 9:17). 보다 정확하게 말하자면, 그 단어는 죄를 '덮음', '등 뒤로 던짐'(사 38:17), '깊은 바다에 빠뜨림'(미 7:19) 등을 의미한다. 하나님은 언제나 용서하려고 준비하고 계시는(레 26:40-41) 용서의 하나님이다(느 9:17). 때로 이런 용서는 죄의 이력을 지우는 것으로(사 43:25; 시 51:2), 짐을 벗겨주는 것으로(미 7:18; 시 32:1; 85:3), 죄책을 간과하는 것으로(암 7:8; 8:2), 관용으로써 죄를 무시하는 것으로(암 7:2; 렘 5:1; 신 29:19; 시 103:3) 묘사된다. 때로 죄는 제사장이 바치는 속죄 제물을 통해 용서된다(레 4:26, 31; 5:6, 18; 14:18). 신약 성경에서 예수 그리스도는 죄의 결과들을 떠안고 간다는 의미에서 "세상 죄를 지고 가는" 자다(요 1:29; 요일 3:5). 예수는 제사장인 동시에 구원을 보증하는 희생제물로서 완전한 제물로 묘사된다(히 1:17; 9:11ff.; 10:10ff.를 보라).

 7. 칭의로서의 구원. 칭의로서의 구원이라는 이미지는 사도 바울의 글들에서 가장 완전하게 발전된다. 다른 신약 성경적 이미지들에서와 마찬가

지로, 구약 성경적 배경이 그 개념을 해석하기 위한 포괄적인 맥락을 제공한다. 이 경우 '의롭게 하다'에 해당하는 신약 성경 헬라어는 '디카이오'(*dikaioō*) 및 그것과 관련된 단어들이다. 이 단어는 히브리 어근 '짜다크'(*ṣdq*)에서 유래한다.[5] 영역본들은 '정의'(justice)와 '의'(righteousness) 같은 명사들, '정당한'(just)과 '의로운'(righteous) 같은 형용사들, 그리고 무엇보다도 '의롭게 하다'(justify) 같은 동사 등 '디카이오'(*dikaio*)를 어근으로 갖는 단어들을 만들어 왔다.

'칭의'라는 용어가 사용되는 곳은 법원이나 법과 관련된 곳이다. 그러나 몇 곳에서 바울은 원시적인 신앙고백을 분명하게 반복한다. 가령 "너희는 주 예수 그리스도의 이름으로 의롭다 하심을 얻었느니라"(고전 6:11), "예수는 우리 범죄 함을 위하여 내어줌이 되고 또한 우리를 의롭다 하심을 위하여 살아나셨느니라"(롬 4:24-25), 또한 로마서 3:24-26a(참조, 고전 1:30; 벧전 3:18; 딤전 3:16; 그리고 가능하다면 고후 5:21) 등이다.

> **바울의 구원관**
>
> 바울은 하나님이 예수 그리스도 안에서 인간을 위해 행하신 일을 누구보다도 분명하게 은총과 신앙에 관련시키면서 설명한다. 인간은 율법의 행위가 아니라 예수 그리스도에 대한 믿음으로 의롭다하심을 얻는다.

그러나 바울은 하나님이 예수 그리스도 안에서 인간을 위해 행하신 일을 누구보다도 분명하게 은총과 신앙에 관련시키면서 설명한다. 인간은 율법의 행위가 아니라 예수 그리스도에 대한 믿음으로 의롭다하심을 얻는다(갈 2:16). 이런 칭의는 율법이 아니라 믿음을 통한 하나님의 은혜로 이루어진다(갈 2:21; 롬 3:22, 24). 그리스도에 대한 믿음은 하나님의 선물이다(엡 2:8-9). 믿음은 선포되는 복음을 들음으로써 생기고(갈 3:2; 롬 10:17), 그 믿음은 순종이라는 새로운 삶으로 이어진다(롬 1:5; 참조, 16:26). 믿음은 사랑을 통해 표현된다(갈 5:6). 바울은 인간의 행위에 대한 하나님의 심판에 대해서도 말한다(고후 5:10; 참조, 롬 2:6-8). 그러나 칭의는 그리스도를 통해 단번에 성취되며, 과거뿐만 아니라 현재와 미래와도 관련된다. 칭의는 그리스도가 과거에 이룬 것에 근거하고(롬 5:6ff.), 현재에 그리스도를 통해 하나님과의 새로운 관계를 가져오며(롬 5:1), 동시에 미래를 위한 의의 소망이 된다(갈 5:5). 하나님의 구원 행위는 인간을 새로운 삶속에서 순종하며 살아야 하는 개인적인 책임에로 인도한다. 그래서 바울은 기독교인들에게 "너희 안에서 행하시는 이는 하나님이시니 자기의 기쁘신 뜻을 위하여 너희로 소원을 두고 행하게 하시나니" 하고 말하는 반면, 또한 "두렵고 떨림으로 너희 구원을 이루라"고 격려한다(빌 2:12-13). 신자들에 의해 행해지고 미래에 하나님께 바쳐질 그 어떤 선한 행위(살전 1:3; 참조, 롬 2:7)도 기독교인의 삶 속에 계신 하나님의 능력에 의해 행해지는 것이다.

초대 교회에서의 구원

구원을 이야기하는 성경의 다양한 방법들은 신학자들이 구원의 본질과 그것이 어떻게 성취되는지를 서술하기 위해 의존할 수 있는 여러 가지 신학적 요소들을 제공한다. 구원론이 체계적으로 발전하는 데는 오랜 세월이 필요했다. 구원이라는 개념에는 여러 가지 서로 다른 신학적 사상들이 포함되어 있기 때문이다. 심지어 구원에 관한 어떤 견해들이 굳어졌을 때조차—펠라기우스와 어거스틴의 경우에서처럼—그것들은 추가적인 정련 과정을 거쳤을 뿐 아니라 지금도 여전히 계속 발전하고 있다. 인간이 예수 그리스도의 삶과 죽음과 부활 덕분에 무엇을 어떻게 얻는지를 설명하는 것은 여전히 계속되는 도전이다. 몇 가지 중요하고 중복되는 주제들은 초대 교회에서 이미 그 발전이 시작되었다. 여기에서는 그 시대의 대표자들의 견해를 통해서 그 모습을 살펴 볼 것이다.

교화로서의 구원 : 사도적 교부들과 변증가들

초기 사도적 교부들은 예수 그리스도로부터 오는 수많은 유익들에 관해 말했다. 그러나 그들이 강조한 것은 예수가 인간에게 나누어 준 것들, 즉 새로운 지식, 새로운 삶, 믿음, 불멸 등에 있었다. 따라서 예수는 무엇보다도 교사로 이해되며, 구원은 영생을 가져오시는 하나님에 관한 지식(*gnōsis*)에서 나온다.[6] 로마의 클레멘트(Clement of Rome)가 그리스도에 관해 말한 것처럼 "하나님께서 우리를 '어두움에서 빛으로'(행 26:18), 무지에서 그분의 영광의 이름을 아는 것에로 부르신 것은 바로 그리스도를 통해서였다." 또한 "주께서는 우리가 그분을 통해 불멸의 지식을 맛보기를 바라신다." 클레멘트에 의하면, 우리는 "우리의 말이 아니라 행위로 의롭다 하심" 받는다. "친구들이여, 우리는 행복합니다. 우리가 하나님의 명령을 사랑의 조화 속에서 지킨다면, 사랑에 의해 우리의 죄가 용서될 수 있을 것입니다."[7] 그러므로 구원을 위한 믿음은 율법을 준수하는 것과, 또한 자신의 명령을 행하고 그럴 만한 가치가 있는 자들에게 은혜를 베푸시는 하나님 앞에서의 경건과 결합된다.[8]

예수님은 기독교인의 모범이고 교화(敎化)의 근원이므로, 클레멘트는 독자들에게 그 모범을 따르고 "지체 없이 우리 자신을 그분의 뜻에 드리고, 우리의 모든 노력을 바르게 행동하는 데 쏟을 것"을 권고한다.[9]

변증가들 역시 그리스도가 가져다 준 무지와 오류와 귀신들림으로부터의 교화를 강조했다. 하나님의 로고스(Logos)인 그리스도는 모든 민족들이 갈망해 온 것의 실현이자 헬라 철학자들의 성찰에 대한 대답이다. 성육하신 하나님의 이성(logos)은 인간에게 구원을 얻게 하는 지식을 전해 주는 인류의 교사이자 '새 율법 수여자'인 예수 그리스도 안에서 충분히 계시되었다. 저스틴은 오직 소수의 선택된 자들에게만 구원을 얻게 하는 지식이 주어진다고 강조했던 영지주의에 맞서서 그리스도의 지식은 값없이 주어지며 모든 사람에게 열려 있다고 주장했다. 왜냐하면 그리스도는 "전 인류가 각각 그 일부분을 갖고 있는 말씀(Word, *logos*)"이기 때문이나.[10]

그러나 저스틴(Justin)에 의하면, 그리스도는 신적 지식을 나누어 주었을 뿐 아니라, 인간을 하나님으로부터 꾀어낸 마귀의 권세를 정복했다. 성육신의 목적은 그 뱀을 정복하는 것이었다. 예수는 자신의 전 생애와 사역을 통해 모든 악한 영들에게 자신의 권능을 보여 주었고 '능력의 주로 인정되었다.[11]

초기 기독교 신학자들은 교화로서의 구원을 강조하면서 그리스도를 그를 통해 세상에 새로운 삶, 즉 무지와 불신과 사망으로부터의 자유가 올 수 있었던 교화와 모범의 근원으로 보았다. 예수님은 인간의 자유의 가장 위대한 모범이고, 구원은 그의 모범을 따름으로써 보장된다. 인간은 그의 모범을 자유롭게 따르거나 따르지 않을 수 있다. 복음의 메시지는 마귀의 권능과 무지를 쫓아내고 예수 그리스도의 삶과 교훈으로 계몽되어

도덕적으로 책임 있는 삶을 살 가능성을 제공한다.[12]

회복으로서의 구원 : 이레니우스

그리스도를 닮는다는 개념은 3세기에 이레니우스(Irenaeus)의 작품에서 가장 심오한 표현을 얻는다. 기독교인이 그리스도를 닮는 것은 하나님의 구원 계획의 일부이며, 그리스도가 아담을 모방하는 것과 함께 시작되었다. 이레니우스의 '총괄 갱신'(recapitulation, 엡 1:10; 롬 13:9) 이론은 "우리 주님이 자신 안에서 전 인류를 끝까지, 죽음에 이르기까지 총괄 갱신하신다" 는 것을 의미한다.[13] 아담의 불순종으로 인해 인간에게 가해진 상처를 그리스도가 회복하는 것, 바로 그것이 성육신의 목적이었다. 그리스도는 인간의 성장의 모든 단계들을 거쳤고, 모든 사람을 위해 경건과 의와 순종의 모범이 되심으로써 각 사람을 구속했다.[14] 그분은 그렇게 자신을 인간과 완전하게 동일시했다. 동시에 그리스도는 인간을 자신의 순종에 통합시킴으로써 아담의 타락을 통해 잃어버렸던 하나님의 형상을 회복시켰다. 예수 그리스도는 "그가 육신을 입고 인간이 되셨을 때 … 자기 안에서 인류의 긴 역사를 총괄 갱신했다. 또한 그는 우리가 아담 안에서 잃어버린 것 — 하나님의 형상과 모양을 추구하는 것 — 을 예수 그리스도 안에서 회복할 수 있도록 간략하고 요약적인 방법으로 우리에게 구원을 제공했다."[15]

구언을 이해함에 있어서 이레니우스는 사도 바울이 묘사한 첫째 아담과 둘째 아담(아담과 그리스도) 사이의 대비(롬 5:14-17; 고전 15:20-22, 45-49를 보라)를 따른다. 인간을 회복시키는 일에서 하나님은 "우리를 자신과 같이 만들기 위해 우리와 같이" 되심으로써 하나님의 본성에 적합한 방법으로, 즉 강압보다는 온유함으로 행동하셨다.[16] 그리스도는 아담에 의해 초래된 사망 선고를 파기함으로써 인간을 회복시킨다. 이와 관련해 이레니우스는 '옛 아담'과 '새 아담'에 대한 몇 가지 상징과 그들 사이의 대비에 호소했다. 예를 들어, 죄에 대한 우리의 속박은 한 나무의 열매에 기인한다. 반면에 그리스도 안에서 우리는 다른 나무, 즉 십자가의 열매에 의해 구속된다. 아담은 처녀 하와로 인해 불순종할 마음을 먹은 반면, 그리스도 안에서 우리는 동정녀 마리아의 순종을 통해 구원을 얻는다. 인간의 타락은 첫 아담의 불순종에 기인한 반면, 인간의 회복과 구원은 둘째 아담의 순종을 통해 온다.[17] 예수 그리스도는 인간 존재의 모든 측면에서 자신과 인간의 완전한 동일시를 통해 "하나님의 형상과 모양에 따라 인간을 완전하게 함"으로써 하나님과의 교제를 회복시킨다. 인간과 하나님의 이런 연합은 하나님의 성령을 통해 발생한다. "주님은 … 하나님과 인간을 연합시키기 위해 아버지의 성령을 부어 주신다. 또한 성령을 통해 하나님을 인간에게 내려 보내심으로써 그리고 반대로 자신의 성육신을 통해 인간을 하나님께 올려 보내심으로써 하나님과 인간을 친교 속으로 이끄신다."[18]

그 이전의 신학자들처럼 이레니우스 역시 그리스도를 교사와 모범으로 제시한다. 그러나 그는 또한 아담의 타락을 통해 만연된 인간의 불순종 대신 그리스도의 순종이 하나님께 드려졌다고 지적함으로써 그들을 뛰어넘는다. 인간이 본래 그렇게 되기로 의도되었던 존재로의 회복으로서의 구원은 바로 그리스도의 전 생애, 즉 성육신을 통해서 온다.

배상으로서의 구원 : 터툴리안

서방 신학자 터툴리안(Tertullian)은 구원의 의미 안에 그 후 여러 세기에 걸쳐 다양한 방식으로 발전될 개념 하나를 도입했다. 그는 죄인이 하나님과 화해해야 할 필요를 설명하기 위해 '배상'(satisfaction)이라는 법률 용어를 사용한다. 선한 행위는 하나님의 상을 얻지만, 악한 행위에는 배상이 필요하다. 세례 후에 하나님께 범한 죄에서 벗어나기를 바라며 참회하는 죄인은 죄를 깊이 뉘우치고 고백해야 할 뿐 아니라 죄에 대한 배상을 해야 한다. 이 배상은 부당한 일을 당한 사람이 동의할 만한 방법으로 채무를 변제하는 것이다. 기독교인의 '두 번째 참회'에서 하나님은 그 사람의 슬픔을 보고서 그것을 그 죄에 대한 형벌을 폐기하는 근거로 삼으신다.[19]

터툴리안은 하나님을 "사람이 그에 대해 배상할 수 있는 대상"으로 여긴다. 회개하는 사람은 "주께 배상하기 시작한 것이다." 그리고 참회 후에 타락하는 것은 "마귀에게 배상하는 셈이다." "내가 죄를 범함으로써 화나게 했던 나의 하나님과 화해할 수 있기" 위해서는 "감정이 상하신 주를 만족시켜야 할 필요가 있다." 죄인은 눈물·금식·기도·자선·속죄·봉헌을 통해 하나님에게 배상한다. 그리고 자신에 대한 징벌을 통해 영원한 형벌은 취소되고, 죄는 용서된다.[20]

터툴리안은, 그 이후의 신학자들과 달리, 배상에 관한 자신의 이해를 그리스도의 사역과 직접 관련시키지 않는다.[21] 그는 그리스도의 죽음을 이레니우스보다 더 강조하며 다음과 같이 말한다. "하나님의 아들 이외에 그 누가 자신의 사망으로 다른 사람의 사망을 구속한 적이 있었던가? … 죄인들을 위해 죽는 것, 그분이 오신 것은 바로 이 목적 때문이었다." 왜냐하면

"그분이 모든 민족들을 위해 희생되는 것과 자신을 우리 죄인들을 위해 내주는 것이 필요했기 때문이다."[22]

죄인들이 행하는 배상이라는 터툴리안의 견해는 또한 공로 교리와 고해성사 교리를 발생시켰다. 여기에서 구원의 과정은, 하나님이 인간의 죄 때문에 피해자가 되시고 인간이 그들의 화난 하나님을 달래드려야 하는, 법률적이고 윤리적인 것이 된다. 하나님의 호의를 얻는 것은 자기를 낮추는 행위를 통해 이루어진다. 만약 어떤 사람이 자기에게 요구되는 것 이상을 한다면, 그는 공로를 얻고 하나님을 채무자로 만든다. 터툴리안의 원리는 "선한 행위는 하나님을 채무자로 만든다"는 것이었다. 기독교인이 죄를 멀리하고 율법을 준수함으로써 하나님이 명령하시는 것 이상을 행한다면, 그는 "자신의 행위만큼 공로를 얻는다." 구원은 이런 식으로 성취될 수 있고, 하나님은 "그 다양한 공로를 따라" 각기 다르게 상을 주실 것이다.[23]

> "죄인들을 위해 죽는 것, 그분이 오신 것은 바로 그 목적 때문이었다."
> – 터툴리안

터툴리안이 도입한 배상의 개념과 죄로 인한 그리스도의 희생에 관한 그의 견해는 그 이후의 신학자들에 의해 그 속에서 그리스도가 죄인을 대신하고 하나님의 신적 명예(안셀름), 하나님의 공의(루터), 하나님의 진노(17세기 루터주의자들과 칼빈주의자들)를 충족시킴으로써 화해의 값을 치르는 속죄에 관한 다양한 법률적 견해들로 발전되었다. 터툴리안의 견해는 또한 중세 신학에서 두드러졌던 공로 교리와 고해성사 신학을 향한 운동을 일으켰다.

승리로서의 구원 : 오리겐

　　터툴리안과 서방 교회의 다른 신학자들이 하나님의 구원 사역의 중심으로 '예수님의 죽음'을 강조한 반면, 다수의 동방 신학자들은 '그리스도의 부활'을 하나님의 최고의 구원 사역으로 주목했다. 구원을 회복으로 이해했던 이레니우스의 — 또한 오리겐의 — 지배적인 견해는 구원은 곧 사단과 악한 세력에 대한 예수 그리스도의 위대한 승리라는 것이었다. 구원에 관한 이런 '승리자 그리스도'(Christus Victor) 식의 이해는 마귀와 모든 사악한 세력들에 대한 하나님의 우주적 승리를 생생하게 드러내 보인다. 그들은 그리스도의 사역으로 인해 패배하고, 하나님의 능력과 뜻에 굴복한다. 예수의 십자가 처형과 부활은, 악에 대항하는 최후의 전투이자 최후의 승리를 상징하면서, 이 싸움과 밀접하게 관련된다.[24]

　　오리겐(Origen)에게 그리스도는 위대한 의사·교사·입법자·모범이다. 그런데 신적 로고스인 그리스도는 또한 세상을 에워싸고 있는 적대적인 악한 세력들과의 일생에 걸친 싸움에 참여했다. 성육신한 그리스도는 세상을 에워 싼 귀신의 무리를 돌파했고, 삶의 굽이굽이에서마다 사단과 싸웠다. 골로새서 2:15에서 오리겐은 그리스도의 죽음 안에서 최상의 신적 모범뿐 아니라 사악한 정사와 권세들과 함께 십자가에 효과적으로 못 박힌 그리스도의 마귀에 대한 승리라는 전리품을 보았다. "부활을 통해 그리스도는 사망의 왕국을 파괴했다. 그로 인해 그분은 포로들을 해방시켰다."[25]

　　오리겐이 이 주제를 표현하기 위해 사용하는 중요한 이미지들 가운데 하나는 '대속물'이라는 이미지다. 오리겐은 예수님이 인간의 죄 때문에 마귀가 소유권을 주장했던 인간의 영혼들을 대신해 자신의 영혼을 사단에게 넘겨 주는 것에 관해 말한다. 사단은 이 교환을 수용한 후에 예수는 죄가 없기 때문에 그의 영혼이 붙들어 둘 수 없다는 사실을 발견했다. 그리스도의 죄 없는 영혼은 사단에게 극심한 고통을 가져왔다. 이렇게 마귀는 잘못된 거래를 했고 속았다. 마귀는 자기가 어떻게 하기에는 그리스도가 너무 선하다는 사실을 알게 되었다. 사단은 그런 존재를 자기의 왕국에 붙잡아둘 수 없었다. 오리겐은 다음과 같이 외치면서 결론을 짓는다. "사망은 자기 힘으로 그분을 붙잡았다고 생각했다. 그러나 사망은 죽은 자들 가운데서 자유로워지신 분에 대해 아무 힘도 쓸 수가 없었다. 그분은 사망의 권세자보다 더 강해지셨다. 너무나 강해지셨기 때문에, 그분을 따르고자 하는 모든

> "부활을 통해 그리스도는 사망의 왕국을 파괴했다. 그로 인해 그분은 포로들을 해방시켰다." – 오리겐

사람들 역시 그렇게 된다. 비록 모든 사람이 사망에게 정복당했을지라도, 이제 사망은 그들을 대하여 어떤 힘도 갖고 있지 않다. 왜냐하면 예수님과 함께 있는 자는 아무도 사망에 붙잡히지 않기 때문이다."[26]

마귀에 대한 그리스도의 승리라는 오리겐의 견해는 만유의 회복(행 3:21)이라는 그의 궁극적 견해와 밀접하게 묶여 있다. 오리겐은 죽음까지도 포함해 모든 원수들에 대한 하나님의 최후 승리 및 그리스도가 아버지 하나님께 나라를 바친다는 예언을 담고 있는 고린도전서 15:24-28의 영향을 크게 받았다. "하나님의 선하심은 그분의 그리스도를 통해 모든 피조물들을—정복되고 진압된 그분의 원수들까지도— 동일한 종국에로 소환하실 것이다." 이 원수들 중에는 마지막 원수인 사망과 죄악된 세상을 자신의 악한 힘으로

억류하고 있는 사단까지 포함되어 있다. "종말이 태초에로 회복되고 만물의 종결이 그 시초와 비교될 때 … 그리고 사망의 쏘는 것이 더 이상 어느 곳에도 존재하지 않을 때, 하나님은 참으로 모든 것 중의 모든 것이 되실 것이다."[27]

오리겐의 장엄한 비전과 '승리자 그리스도'라는 견해는 대체로 그리고 분명히 성경의 많은 진술들의 지지를 받는다. 그러나 그는 죄와 죄책에 관한 성경의 다른 진술들을 충분히 고려하지 않는 경향이 있다. '승리자 그리스도'라는 이미지가 구원의 의미를 이해하기 위한 틀과 맥락을 제공했던 반면, 그 후의 신학자들은 또한 구원 사역이 어떻게 하나님에 의해 개인의 삶 속에서 성취되는지에 대한 설명을 발전시킬 필요를 느꼈다.

신격화로서의 구원 : 아타나시우스와 동방 신학자들

초대 교회의 또 다른 중요한 주제는 '신격화'(神格化, deification)로서의 구원이었다. 신격화는 구원을 가져오는 하나님에 대한 지식, 죄의 용서, 그리고 그리스도가 죽음과 부활을 통해 성취한 사망으로부터 해방의 최종적인 결과로 이해되었다. 신격화는 동방 교회 신학자들 사이에서 구원에 관한 주된 진술 사항이 되었다. 서방 신학자들이 '칭의'(稱義, justification)로서의 구원이라는 주제를 발전시키고 있었을 때, 동방의 신학자들은 신자들의 그리스도의 신성과의 — 그로 인한 하나님과의 — 연합을 강조했다.[28] 이 시기의 신학자들 안에서 그 이미지들이 겹치는 경향이 있기는 하지만, 여러 다양한 작가들에게서 신격화로서의 구원과 관련된 흐름을 발견하는 것은 가능하다.

동방 교부들에게 '신성 부여'(divinization)와 '신격화'(deification)는 동의어다. 그 용어들은 이생에서 신자들이 어떻게 점진적으로 구원의 은총들인 불멸(不滅)과 불후(不朽)를 경험하게 되는지를 보여 준다. 신격화는 신자들이 하나님 및 하나님의 은총의 사역과 인격적으로 만나는 것을 묘사한다ㅡ 신자들은 그 만남에 의해 하나님의 성령을 통해 하나님과의 교제를 경험하고 하나님의 자녀로 인정된다. 알렉산드리아의 클레멘트(Clement of Alexandria)의 말대로 하면, "하나님의 로고스는 우리가 인간이 어떻게 하나님이 될 수 있는지를 인간으로부터 배우게 하시기 위해 인간이 되셨다."[29] 신성 부여의 완성은 오직 종말에 가서야 일어난다.

신격화로서의 구원에 대한 성경적 근거는 시편 82:6("너희는 신들이며 다 지존자의 아들들이라"), 베드로후서 1:4("신의 성품에 참예하는 자가 되게 하려 하셨으니"), 바울 서신의 여러 구절들(고전 15:49; 고후 8:9; 롬 8:11) 그리고 요한복음 10:34(예수님은 그곳에서 시편 82:6을 인용한다) 같은 구절들이다. 동방 신학자들은 신자들이 하나님의 아들 예수 그리스도의 모양대로 재창조될 것이라고 가르쳤다. 이런 재창조에는 '변형'과 '갱신' 두 가지 모두가 포함된다.[30]

안디옥의 이그나티우스(Ignatius of Antioch) 같은 초기 신학자들은 '불멸'과 영원한 삶의 일부가 되는 것에 관해서 말한다.[31] 이레니우스 역시 로고스의 신성과 연합함으로써 예수 그리스도 안에서 회복된 인간에 관해 말한다.[32] 알렉산드리아의 클레멘트에 의하면, 신격화는 교화와 로고스의 가르침을 통해 일어난다. 세례 시에 신자는 교화되고 하나님의 자녀가 된다. 또한 시편 82:6의 말씀처럼 온전하게 되고 불멸의 존재가 된다. 하나님에 관한 지식은 '불후'를 가져오는데, 그것이 곧 신성 부여다. 오리겐(Origen) 역시 하나님을 아는 것, 하나님의 모양으로 재형성되는 것, 그리고 결국 우리가 하나님과 같이 되기 위해 완전해지는 것을 묘사하는 신성 부여를 의미하기 위해서 그런 헬라 용어들을 사용한다.[33]

아타나시우스(Athanasius)는 신격화로서의 구원에 관한 완전한 설명을 제공한다. 그에게 그리스도의 사역의 목표는 인간 안에 하나님의 형상을 회복시키는 것이다. "우리가 신이 될 수 있게 하기 위해 말씀이 인간이 되셨다." 아리우스주의자들에게 맞서기 위해 아타나시우스는 "그분은 인간이 되심으로써 우리를 성부의 자녀들로 만드셨고, 몸소 인간이 되심으로써 인간을 신격화하셨다"고 썼다.[34] 아타나시우스의 유비는 손상된 초상화의 유비였다. 그 초상화를 원래 상태로 복원하시려면, 원래의 모델이 다시 한 번 자리에 앉아야 했다. 그러므로 아타나시우스에게 그리스도가 참 하나님인 것은 중대하다. 반드시 하나님이 그 모델이어야 하고, 구원의 대행자로서 그리스도는 반드시 참 하나님이어야 한다. 성육신과 구원의 궁극적인 결과는 하나님의 은총에 의한 신성 부여다. 아타나시우스에게 인간의 영혼(또는 존재)은 그의 인격이 하나님의 형상으로 회복될 때 신격화된다. 하나님은 "창조주로서 피조된 인간의 몸을 새롭게 하심으로써 그것을 자신 안에서 신격화하고, 우리를 하나님의 모양으로 천국에 데려가시기 위해 그 몸을 자기 것으로 취하셨다."[35]

신격화로서의 구원이라는 사상은 갑바도기아의 신학자들, 알렉산드리아의 키릴, 다마스커스의 요한, 그리고 기타 다른 사람들에 의해 동방 교회의 전통 속에서 계속되었다.[36] 명상과 기독교 신비주의를 강조했던 금욕적 전통은 인간과 하나님의 연합을 이생에서도 가능한 것으로 여긴다. 이 주제는 인간의 타락 대신 하나님과의 연합의 가능성을 강조한다. 이런 신격화는 세례에서 시작되고, 현재의 삶 속에서 순종과 책임을 통해 수행되며, 미래에 완성될 것이다.

전환점 1 : 어거스틴과 펠라기우스

칭의로서의 구원

서방 교회에서 구원을 설명하는 기본적인 형식은 5세기에 있었던 어거스틴과 펠라기우스의 논쟁에서 나왔다. 어거스틴은 동방 신학자들이 신격화로서의 구원을 강조했던 것보다 더 강력하게 칭의로서의 구원이라는 바울의 모델을 강조한다. 몇 곳에서 어거스틴은, 인간은 칭의를 통해 하나님의 자녀로 받아들여지기 때문에 칭의는 곧 신격화를 의미한다고 말한다.[37] 그러나 어거스틴이 우선적으로 강조하는 것은 칭의는 개인의 변화를 초래함으로써 인간을 의롭게 만든다는 것이다.[38] 이 변화는 하나님의 은총을 통해 일어난다. 어거스틴과 펠라기우스 그리고 펠라기우스주의자들과의 논쟁에서 쟁점이 된 것은 구원의 과정에서 하나님의 은총이 얼마나 필요하고 유효한가 하는 것이다.

어거스틴에게 구원의 과정은 예수 그리스도의 사역에 집중된다. 그러나 어거스틴은 그의 몇 가지 신학적 주제들을 초대 교회로부터 차용하고 발전시켰다. 그에게 성육신은 죄 및 죄의 구제와 관련된다. "만약 인간이 죄를 범하지 않았다면, 하나님의 아들은 오지 않으셨을 것이다." 인류가 구원받으려면, 하나님이 인간이 되는 것은 필수적이었다.³⁹

어거스틴은 예수 그리스도가 이룬 일을 설명하기 위해 몇 가지 이미지를 사용했다. 그 중 많은 것들이 그의 『라우렌티움을 위한 안내서』(*Enchiridion ad Laurentium*)에 나오는 한 문단 안에 들어 있다.

> 왜냐하면, 만약 그분이 또한 하나님이 아니라면, 우리는 "하나님과 사람 사이의 한 중보자, 즉 사람이신 그리스도 예수"(딤전 2:5)에 의해서도 해방되지 못할 것이다. 아담이 창조되었을 때, 그는 분명 의로웠고 중보자가 필요하지 않았다. 그러나 죄가 인간과 하나님 사이에 넓은 틈을 만들었을 때, 우리는 하나님과 화해를 이루고 출생과 삶과 죽음에 있어서 홀로 죄가 없으신 중보자에 의해 영생의 부활에로 소생되어야 할 필요가 있었다. 인간의 교만은 하나님의 낮아지심을 통해 폭로되고 고침을 받아야 했다. 또한 인간이 하나님으로부터 얼마나 멀리 떠났는지가 밝혀져야 했다. 왜냐하면 그가 소생하게 된 것은 하나님의 성육신을 통해서였고, 바로 그 신-인을 통해서 순종의 모범이 오만한 인간에게 제공되었기 때문이다. 그러므로 은총의 샘은 인간의 그 어떤 앞선 공로 때문이 아니라 독생자가 '종의 형체'(빌 2:7)를 취하심으로써 열린 것이다. 그리고 구원받은 자들에게 약속된 몸의 부활에 관한 증거는 구원자 자신의 인격 안에서 선취되었다. 마귀는 자신이 덫으로 잡았다고 생각해 기뻐했던 바로 그것에 의해 정복되었다.⁴⁰

여기서 어거스틴은 분명하게 그리스도를 하나님과 인간 사이의 중보자로,[41] 순종의 모범으로,[42] 또한 사단과 악한 영들의 정복자로 묘사한다.[43] 다른 곳에서 그는 그리스도가 사망에서 우리를 구하신 구원자이고,[44] 인간을 위해 하나님에게 드려진 제물인 동시에 대제사장이라는 것을 명확히 밝힌다.[45] 무엇보다도 예수 그리스도는 인간을 하나님과 화해시키고 죄의 위력과 죄책으로부터 구해내 자유롭게 함으로써 인간으로 하여금 자신의 모범을 따르고 마귀의 힘에 대한 자신의 승리를 공유할 수 있게 했다. 그렇게 해서 인간은 화해되고, 회복되고, 또한 앞에서 언급한 대로, 궁극적으로 신격화를 통한 신성에의 참여자가 된다.

펠라기우스와 어거스틴의 논쟁의 핵심은 구원이 어떻게 해서 개인의 것이 되는지 또한 하나님의 은총이 어떻게 개인의 삶에 적용되는지 하는 것이었다. 그 논쟁은 칭의에 그리고 한 개인이 어떻게 의롭게 되는지에 초점을 맞춘다. 어거스틴에게 그 문제들은 또한 은총과 예정의 문제를 포함한다.

펠라기우스는 인간은 죄를 범할 수도 있고 범하지 않을 수도 있는 진정한 자유 의지를 갖고 있다고 가르쳤다(본서의 제4장을 보라). 은총은 하나님의 특별한 사역이라기보다는 '자연의 은총' 또는 '창조의 은총'이다. 펠라기우스는 하나님이 그것을 통해 인간이 어떻게 살아야 하는지를 보여주시고 또한 그의 이성을 교화하심으로써 특히 하나님의 법을 통해 표현되는 하나님의 의지를 볼 수 있게 하는 '계시의 은총' 혹은 '교훈의 은총'을 믿었다. 펠라기우스에 의하면, 또한 인간이 자신의 죄를 회개하고 하나님이 바라시는 행동을 하기로 자유롭게 선택하는 회심과 세례 시에 하나님에 의해 값없이 주어지는 '용서의 은총' 혹은 '구원의 은총'도 있다. 펠라기우스에게 예정은 하나님을 따르기로 선택할 사람들에 관한 하나님의 예지(豫知)다. 그것은 주권적인 섭리 혹은 하나님 편에서의 선택이 아니다. 펠라기우스는 다음과 같이 간단하게 말했다. "예정은 예지와 동일하다."[46]

펠라기우스에게 은총은 하나님의 도움 또는 원조다. 그것은 하나님의 교훈, 하나님의 뜻의 계시, 그리고 바르게 행하는 사람들에게 약속된 상급에서 가장 분명하게 드러난다. 은총은 인간의 오성을 교화하고, 인간의 의지가 하나님께 순종하도록 동기를 부여한다. 은총은 예수 그리스도 안에서— 그는 자신의 모범과 교훈을 통해 인간이 범죄하고 잘못 행동하려는 유혹에 저항하는 데 필요한 은총 또는 도움을 제공했다— 가장 탁월

> "인간은 죄를 범할 수도 있고 범하지 않을 수도 있는 진정한 자유의지를 갖고 있다."
> – 펠라기우스

하게 제시된다. 펠라기우스에게 신앙은 전적으로 인간 자신의 자유로운 선택의 문제다. 믿음으로 인한 칭의 다음에는 의의 행위가 뒤따른다. 펠라기우스는 독자들에게 하늘의 상급을 얻을 만한 방식으로 행동할 것을 지속적으로 상기시킨다. 믿음으로 인한 칭의는 성인(成人)의 세례 시에 발생한다. 의는 세례 후에 나온다. 또한 의에는 하나님의 심판 날에 이생에서 수행된 '의의 행위'가 수반된다. 일생 동안 신자는, 복음에 순종하기 위해 또한 천국의 최후의 상급을 얻을 만 하게 되기 위해 선택의 자유를 사용하면서, 그리스도의 교훈과 모범의 은총을 전유한다. 요약하면, "신앙은 무엇보다도 이런 이유 때문에, 즉 [그 신앙을 지닌 사람이] 과거에 대하여 사면 받고,

현재에 대하여 의롭다 함을 받고, 미래에 행할 사역을 위하여 준비가 되기 때문에, 의로운 것으로 간주된다."⁴⁷

그러나 어거스틴의 설명은 그것과는 아주 다르다. 아담 안에서 전 인류를 죄의 위력에 종노릇하게 만든 원죄에 관한 그의 견해(제4장을 보라)는 구원에 있어서 하나님의 은총에 관한 그의 이해를 급진적으로 형성한다. 죄의 상태 안에 있는 인간의 의지는 하나님의 뜻을 따를 능력이 없고, 인간은 죄를 범하지 않을 능력이 없다(*non posse non peccare*). 그러므로 이와 같은 의지의 포로 상태 속에서는 "구원자의 은총에 의하지 않으면, 아무도 그 상태에서 자유롭게 된 적도, 자유롭지도, 자유롭게 되지도 못한다."⁴⁸ 의를 위한 모든 자유는 상실되었고, 하나님의 자녀의 진정한 자유는 오직 하나님의 은총에 의해서만 회복될 수 있다.

어거스틴에게 하나님의 은총은, 펠라기우스와는 대조적으로, 하나님이 우리가 선한 삶을 살게 하기 위해 제공하시는 상황이 아니다. 오히려 은총은 우리가 하나님이 의도하신 의로운 목적을 위해 우리의 의지를 자유롭게 사용하는 것을 가능하게 만드는 성령의 내적인 역사다. 하나님의 은총은 단순히 우리가 행할 일을 가르치지 않는다. 그것은 우리가 하나님이 바라시는 선, 즉 공의를 행하고, 제대로 살고, 하나님의 계명을 지키는 것을 가능하게 한다.

어거스틴의 관심은 하나님의 은총이 인간의 모든 노력보다 절대적으로 앞선다는 것과 죄인의 칭의라고 표현되는 구원 사역 전체가 하나님께 달려 있다는 것을 보여 주는 데 있었다. 하나님은 최고의 존재이시므로, 하나님의 은총 역시 최고다. 이것을 표현하기 위해 어거스틴은 하나님의 은총의 네

가지 서로 다른 측면들을 구별한다.

(1) '선행 은총'(prevenient grace)은 구원 사역의 주도권이 하나님에게 있음을 표현하는 어거스틴의 용어다. 하나님은 인간의 노력에 의지하지 않고 구원 행위를 시작하신다. 어거스틴은 이 개념을 시편 59:10에 대한 라틴어 번역, 즉 "그분의 자비가 나보다 앞서(praevenient) 갈 것입니다"(한글 개역에는 "나의 하나님이 그 인자하심으로 나를 영접하시며…"로 되어 있다 – 역주)에서 끌어냈다. 하나님은 인간이 생각하거나 바랄 수 있는 그 어떤 선이라도 일으키신다. 하나님은 죄를 뿌리 뽑고 용서하실 뿐 아니라 성령을 선물로 주신다. 하나님은 성령과 함께 하나님의 은총을 받기 위해 필요한 믿음과 죄의 위력과 싸우기 위해 필요한 새로운 의지를 주신다. 이 모든 것을 은혜로운 사랑의 완전한 선물로 제공하시는 분은 바로 하나님이시다. 어거스틴에 의하면, 은총은 "사람이 무언가를 바라기 전에, 그가 그것을 바라도록 미리 조치한다." 사람의 의지가 꺾이지 않는다면, 그 의지의 행위가 뒤따른다. 하나님은 인간의 의지를 무시하시지 않고, 내부에서 그것을 움직여 그것을 하나님의 의지의 도구로 만드신다.[49]

어거스틴에게 '칭의'라는 용어는 성령이 인간의 마음에 사랑의 영을 제공할 때 인간이 그것에 의해 의롭게 되는 과정을 의미한다. 그는 하나님이 바라시는 것을 바라는 새로운 의지를 받고, 그 의지를 사랑의 행위로 표현한다. 칭의는 세례 시에 발생하고, 신자 안에 있는 의의 내적 성장으로서 일생 동안 지속된다.[50]

어거스틴은 또한 (2) '협력하는 혹은 동반하는 은총'(cooperating or accompanying grace)에 대해 말한다. 그것은 신자의 삶 속에서 이루어지는 하나님의 지속적인 사역을 나타낸다. 죄는 이생에서 결코 완전하게 정복되지 않는다. 그러나 하나님은 계속되는 은총을 통해 신자의 삶 속에서 선한 사역을 행하신다. 하나님은 "그럴 의지를 제공하시고, 또한 협력을 통해 몸소 시행하심으로써 자신이 시작하신 일을 성취하신다. … 만약 그분이 우리로 하여금 의지를 갖게 하시거나 우리가 의지를 지닐 때 그분이 협력하시지 않는다면, 우리는 경건하고 선한 행위를 수행할 능력을 얻지 못한다."[51]

(3) '충분한 은총'(sufficient grace)은 아담이 낙원에서 소유했던 은혜다. 그것은 그로 하여금 죄를 범하지 않을 수 있게(*posse non peccare*), 또한 그가 원한다면 그런 상태를 지속할 수 있게 했던 은혜다. (4) '유효한 은총'(efficient grace)은 하나님이 택하신 자들— 기독교 신자들—이 하나님이 기대하시는 것을 수행할 수 있게 하기 위해 제공된다.[52] 어거스틴이 시종일관 강조하는 것은, 인간은 전적으로 죄의 권능에 사로잡혀 있어서 하나님의 눈으로 볼 때 그 어떤 선한 것도 행할 능력이 없기 때문에 인간의 행위로는 얻을 수 없는 하나님의 값없는 선물로서의 은총이다.

> "그분이 협력하시지 않는다면, 우리는 경건하고 선한 행위를 수행할 능력을 얻지 못한다." —어거스틴

죄와 은총에 관한 어거스틴의 견해는, 인간은 하나님의 은총에 저항할 수 없고 하나님은 누가 믿음을 갖게 될 것인지를 예정하신다는 결론으로 이어졌다. 모든 인간은 죄의 권능에 붙잡혀 있으므로 죄 외에는 다른 것을 행할 능력이 없다. 그들의 의지는 늘 악을 선택하고, 그런 상태를 변화시킬 수 있는 유일한 능력은 하나님의 은총뿐이다. 하나님의 은총이 인간의 마음에

들어갈 때, 그의 의지는 변화된다. 그리고 의롭게 된 인간은 자발적으로 선한 것을 원하기 시작한다. "하나님의 은총은 언제나 선하다. 그리고 이 은총을 통해 인간은, 비록 전에는 악한 의지를 지녔지만, 이제 선한 의지를 지닌 사람이 된다. 또한 그렇게 해서 존재하게 된 선한 의지는 이 은총을 통해서 증가되며, 만약 그것이 하나님의 명령을 수행하기를 간절히 그리고 한결같이 원한다면, 그 명령을 온전히 수행할 수 있을 만큼 강해진다. ... 은총은 그 의지를 건강하게 만들어서, 그 의지로써 조건 없이 의를 사랑하게 한다."[53] '견인'(perseverance)의 은혜가 신자들을 끝까지 지탱해 준다. 그러므로 구원은 전적으로 하나님의 은총의 사역이다.

또한 이것은, 구원은 오직 은총을 통해 오고 은총은 그 어떤 인간의 노력에도 의존하지 않으므로, 하나님이 선택하시는 자들에게 값없이 은총을 베푸는 분은 마땅히 하나님이시며 오직 하나님뿐이어야 한다는 것을 의미한다. 이것이 하나님의 '영원한 선택'(eternal election) 혹은 '예정'(predestination)이다. 이 예정 안에서 하나님은 '파멸의 집단,' 즉 나머지 인간들로부터 '선택된 자들'을 선택하신다. 하나님의 은총을 받지 못한 자들은 자신들의 죄 안에 남아 있다. 자신의 견해가 성경에 근거한 것이라고 믿었던 어거스틴은 그 무엇보다도 구원의 역사에 있어서 하나님의 절대적인 주도권을 지지하고자 애썼다.[54]

오렌지 종교회의

어거스틴의 예정론은 서방 교회에서 큰 반발을 일으켰다. 이집트에서 비타리스(Vitalis)라는 이름의 한 수도사는, 인간이 행하는 모든 선은 하나님의 은총에 기인하지만, 신앙의 시작은 하나님이 개입하시지 않는 인간의 행위라고 주장했다. 이에 대해 어거스틴은 427년에 공로 없는 은총의 본질을 강조하는 『은총과 자유의지에 관하여』(De gratia et libero arbitrio)와 『견책과 은총에 관하여』(De correptione et gratia)라는 책을 써서 응수했다.

크리소스톰의 제자이자 친구였던 존 카씨안(John Cassian)이 관장하는 마스실리아에 있는 한 수도원에서도 격렬한 반발이 일어났다. 그와 그의 동료들은, 어거스틴의 다른 가르침들은 따랐지만, 예정에 관한 그의 견해는 거부했다. 카씨안은, 412년과 418년의 카르타고 종교회의와 431년의 제3차 에베소 공의회가 그랬던 것처럼, 펠라기우스를 정죄했다. 그러나 어거스틴의 극단적인 주장들을 피하고자 했던 카씨안은 "하나님은 우리 안에서 선한 의지가 움직이는 것을 보시자마자 자신이 손수 씨를 뿌리신 혹은 '우리 자신의 노력'으로부터 싹이 트는 것처럼 보이는 것을 사라게 하시면서 그 의지를 교화하고, 자극하고, 격려하신다"라고 썼다.[55] 카씨안은 레린스의 빈센트(Vincent of Lérins), 리즈의 파우스투스(Faustus of Riez), 그리고 다른 사람들과 함께 '반(半)-펠라기우스주의자' — 비록 '반(半)-어거스틴주의자로 간주될 수도 있지만 — 라고 불렸다. 이런 논쟁들은 그 후로도 수십 년 동안 계속되었다.[56]

529년에 오렌지에서 모였던 종교회의는 어거스틴주의의 온건한 유형으로 간주될 수 있는 입장을 채택했다. 다른 것들과 함께 그 회의는 다음과 같은 교의(敎義)들을 확언했다. 아담의 타락은 전 인류를 부패시켰다; 은총은 칭의의 모든 부분(신앙의 태동을 포함하여)보다 우선한다; 죄 때문에 자유의지 그 자체는 인간을 세례에로 이끌어갈 수 없다; 은총은 공로에 근거하지

않는다 ; 악을 피하고 선한 그 무엇을 행하기 위해 은총이 전적으로 필요하다.[57]

오렌지 회의는 반(半)-펠라기우스적 입장의 주요 요소들을 거부한 반면, 예정, 불가항력적 은총, 그리고 선택 등과 같은 어거스틴주의적인 주요 요소들에 대해서 침묵했다. 그 대신 세례 시에 주어지는 은총과 세례 이후에 하나님을 기쁘게 해드리는 일들을 이행하기 위한 신자의 하나님과의 협력이 강조되었다.[58]

전환점 2: 루터와 트렌트 공의회

어거스틴과 펠라기우스의 논쟁은 그들이 죽은 후에도 여러 세기에 걸쳐 계속되었다. 펠라기우스는 기독교인의 신앙은 완전한 행위, 하나님과 이웃에 대한 사랑, 산상수훈을 통해 주어진 높은 기준에 가까이 다가가는 생활 방식 안에서 확인된다는 주장을 대표했다. 어거스틴의 관심은 죄에 빠짐으로써 심각하게 상처 입은 인간이 왜 반드시 자기들의 연약함을 인정하고 구원을 위해 오로지 하나님의 부르심과 은총만을 바라보아야 하는지를 보여 주는 것이었다. 이 두 전통의 기초를 이루는 신학적 질문들은 타락이 인간에게 가져온 결과(원죄)와 인간이 처음으로 (또한 그들의 기독교적 삶속에서) 하나님의 구원의 은총을 경험하는 방식의 문제에로 귀착되었다.

중세에는 사실상 모든 신학자들이 자신을 반(反)-펠라기우스주의자로 보았다. 그 시대 내내 펠라기우스주의에 대한 비난들이 빈번하게 쏟아져 나왔다. 중세 신학의 성장은 일련의 어거스틴주의적 종합으로 간주될 수 있다. 왜냐하면 로마 가톨릭 교회 안에서 대부분의 중세적 견해들은 어거스틴 사상의 어떤 요소가 특별히 강조되거나 다른 요소들과 결합되는 방식으로 이루어졌기 때문이다.[59]

16세기에 와서 칭의에 관한 논쟁은 프로테스탄트 교회 종교개혁의 핵심이 되었다. 마틴 루터와 다른 프로테스탄트 신자들의 작품에서 칭의의 초점은 하나님의 은총뿐 아니라 신앙과 의의 본질에도 맞춰졌다. 그들의 견해들은 기독교 신앙과 실천의 모든 차원들에 대해 광범한 의미를 지녔다.

루터와 구원

마틴 루터(Martin Luther, 1483-1546)는 어거스틴파 수도사였다. 그의 신학은 그가 비텐베르크 대학에서 가르치고 있을 때 그 형태를 갖추기 시작했다. 거기서 그는 성서학을 가르쳤고, 시편(1513-15), 로마서(1515-16), 갈라디아서(1516-17), 히브리서(1517-18) 등에 관해 강의했다. 1518년 이전 어느 때에 루터는 회심을 경험했다. 그 회심은 그의 성경 연구와 더불어 그를 프로테스탄트 종교개혁이라고 알려지게 될 일을 시작하도록 이끌었다.[60]

개인적으로 구원을 추구하는 과정에서 루터는 불안과 회의에 휩싸였다. 그는 그것을 '시험'과 '고난'이라고 불렀다. 그의 불안과 회의는 "내가 어떻게 은혜로우신 하나님을 발견할 것인가?" 하는 질문으로 드러났다.[61] 그의 성경 연구는 그로 하여금 '의'(righteousness)의 정확한 의미가 무엇인지 탐구하도록 이끌었다. 그는 의가 하나님께 속한 것인지, 따라서 피조물을 위한 그 어떤 의도 '이질적인 의'일 수밖에 없는 것인지, 또는 의가 피조물이 선행을 통해 성취할 수 있는 것인지에 대해 알고 싶었다. 인간은 과연 구원을 받을 수 있거나 혹은 구원 받을 만하게 살 수 있는가?[62]

루터의 씨름은 특히 로마서 1:17에 등장하는 "하나님의 의"에 집중되었다. 62세가 되던 1545년에 그는 자신이 발견한 의의 의미에 대해 다음과 같이 썼다.

나는 '하나님의 의'라는 말을 혐오했다. 그동안 나는 그것을, 모든 교사들의 용법과 관습에 따라, 소위 '형식적인 혹은 능동적인 의' ― 하나님이 그것으로 인해 의롭게 되시고 의롭지 못한 죄인들을 징벌하시는 ― 와 관련해 철학적으로 이해하도록 교육을 받아 왔다. …

마침내 나는 밤낮으로 명상하는 중에 하나님의 자비로 인해 그 말씀, 즉 "복음에는 하나님의 의가 나타나서 … 기록된바 오직 의인은 믿음으로 말미암아 살리라 함과 같으니라"(롬 1:17)라는 말씀의 맥락에 주목하게 되었다. 나는 하나님의 의는 의인이 그것에 의해 하나님의 선물인 믿음으로 사는 것임을 이해하기 시작했다. 그리고 이것은 하나님의 의는 복음에 의해 계시되는 의, 즉 자비하신 하나님께서 그것을 통해 우리를 믿음으로 의롭다고 여기시는 '수동적인 의'임을 의미한다. … 여기서 나는 내가 완전히 거듭나서 활짝 열린 문을 통해 낙원으로 들어갔다고 느꼈다.[63]

이렇게 루터는 초기에는 하나님의 의를 율법을 지키지 못한 죄인들을 벌하는 응보적인 것으로 보았지만, 나중에는 그것을 하나님이 여전히 죄 안에 있는 죄인들을 용납하시는 것으로 보게 되었다. '하나님의' 의란 오직 하나님께만 속한 의를 의미한다. 그러므로 그 어떤 '인간의' 의도 선행을 통해 '하나님의' 의를 얻을 수 없다. 하나님 앞에서의 의인 구원 혹은 칭의는 믿음으로 받아들이는 하나님의 은총의 선물로서 온다.[64]

루터에게 이것은 복음이다. 하나님은 죄인의 행위에 근거해서가 아니라 예수 그리스도의 의를 통해서 죄인을 의롭다고 선고하신다. 예수 그리스도가 죄로 인한 심판과 사망을 담당했기 때문에 하나님은 인간을 의롭다고 간주하고 선고하신다(*Justum reputare vel computare*). 하나님의 아들로서 완전히 의로우셨던 예수님의 의가 하나님에 의해 죄인에게 돌려지거나 또는 전가된다(*imputare*).[65] 하나님은 죄인을 그리스도와 하나로 보시고, 죄인을 용서하시며, 예수 그리스도 때문에 죄인을 의롭다고 간주하신다. 그러므로 루터는 "우리는 그리스도 때문에 의롭다고 간주된다"고 말한다.[66] 의는 인간의 자질이 아니라 그리스도 안에서 주어지는 하나님의 값없는 선물이다. 왜냐하면 "모든 사람들이 다른 한 사람의 의로써 의롭게 되기" 때문이다. 죄인은 하나님이 이루신 것을 받을 뿐이므로 이런 하나님의 행위 안에서 수동적이다.[67]

죄인은 믿음으로, 즉 예수 그리스도를 믿고 신뢰함으로써 이런 칭의를 얻는다. 믿는다는 것은 그리스도 안에서 하나님의 사랑이 인간에게 주어졌음을 인식하고 그 사실을 굳게 붙드는 것이다. 신앙은 전적으로 개인적인 것이다. 왜냐하면 우리는 그리스도가 '나를 위해' 죽었다는 것을 인식해야 하기 때문이다. "따라서 '나를 위해' 또는 '우리를 위해'라는 말은 — 만약 그런 사실이 믿어진다면 — 진정한 믿음을 만들어 내고, 그 믿음을 모든 다른 믿음, 즉 이루어진 일들에 대해 단순히 듣기만 하는 믿음과 구별시킨다. 바로 이것이 우리를 의롭게 하는 믿음이다." 믿음은 죄의 노예가 된 의지를 정복하기 위한 하나님의 행위이며 선물이다.[68] "믿음은 그것을 통해 칭의를 얻는 수단이다." 또한 "믿음이 우리를 의롭게 하는 것은, 그것이 이 보물, 즉 현존하는 그리스도를 붙잡고 소유하기 때문이다."[69] "인간으로 하여금 하나님을 향해서 행복해지고, 담대해지고, 즐거워지게 하는 하나님의 은총에 대한 활발하고 대담한 의존"인 믿음이라는 선물을 제공하는 분은 성령이다.[70]

루터에 의하면, 믿음으로 인한 칭의는 두 가지 결과를 낳는다. 첫째는 죄의 용서와 죄인에 대한 그리스도의 의의 전가다(칭의). 둘째는 그리스도의 의 때문에 의로워진 새로운 존재로서의 인격의 확립이다(성화). 루터에게 이 두 가지는 언제나 함께 간다. 우리 안에 있는 의는 새롭게 시작되지만 미래에 가서야 완성될 하나님의 행위다. 그래서 루터는 기독교인에 관해 다음과 같이 말한다. "우리의 칭의는 아직 완성되지 않았다. … 그것은 여전히 건설중이다. 그것은 죽은 자가 부활할 때 완성될 것이다."[71] 그런 의미에서 칭의는 이미 일어난 '사건'인 동시에 아직도 진행중인 '과정'이다.

이것은 또한, 루터의 유명한 표현대로 한다면, 기독교인은 "의인인 동시에 죄인"(*simul justus et peccator*)이라는 것을 의미한다.[72] 기독교인의 죄는 칭의로 말미암아 완전히 용서된다. 따라서 신자는 새로운 신분 및 하나님과의 새로운 관계를 얻는다. 그런 의미에서 기독교인은 의롭다. 하지만 그는 여전히 이생에서 악의 시험과 유혹에 맞서 끊임없이 싸워야 하는 죄인이다. 기독교인은 언제나 성도인 동시에 죄인이고, 일생 동안 그렇게 남아 있어야 할 것이다. "죄와 의는 모두 우리 속에 현존한다. … 신앙은 죄에 맞서 싸운다. … 죄는 신앙에 맞서 싸운다." 간단히 말하면, "우리는 하나님의 자녀이지만, 여전히 죄인들이다."[73]

루터에게 구원은 오직 그리스도(*sola Christi*) 안에서, 오직 믿음(*sola fide*)을 통해서, 오직 은혜(*sola gratia*)로 이루어진다. 그러나 루터는 또한, 비록 선행이 구원을 일으키거나 유지할 수는 없지만, 구원으로부터 선행이 나온다는 것을 분명히 밝힌다. "믿음은 우리를 변화시키고 우리를 새롭게 만드는 하나님으로부터 오는, 우리 안에서 일어나는 신적 행위다. … 믿음은 끊임없이 선행을 행하지 않는 것을 불가능하게 만드는 활기차고 부지런하고 능동적이며 강력한 그 무엇이다." 복음은 '믿음의 의'를 칭의의 결과 — 조건이 아니라 — 인 '사랑의 의'로 변화시킨다. 기독교인의 삶

> "노력과 공적이 어떻게 값없이 주어진 의와 조화를 이루겠는가?"
> – 루터

속에서 사랑은 죄인을 '자아 지향적'(*in curvatus in se*) 존재가 되는 대신 타인을 위한 헌신적인 사랑을 갖도록 새롭게 동기를 부여하는 힘이다. 수행된 선행은 믿음 때문에 수행되는 것이다. 루터의 말처럼, 선행은 인간을 선하게 만들지 못하지만, 선한 인간은 선한 일을 행한다.[74] "그러므로 우리는 믿음이 없는 곳에는 그 어떤 선행도 있을 수 없다고, 또한 반대로 선행이 없는 곳에는 믿음도 없다고 가장 분명하게 주장해야 한다. 그러므로 믿음과 선행은 서로 너무 밀접하게 연결되어 있어서, 모든 기독교적 삶의 본질이 그 두 가지로 이루어질 정도다."[75] 인간은 오직 믿음으로 의롭다 함을 얻지만,

믿음만으로 그것을 얻는 것은 아니다. 선행은 "편지에 찍힌 도장처럼 나에게 나의 믿음이 참된 것이라는 확신을 주는 어떤 징표다. 그 결과, 만약 내가 내 마음을 살펴보고 나의 행위가 사랑으로 수행된다는 것을 알게 되면, 나는 내 믿음이 참된 것이라고 확신하게 된다." 성령은 선행을 통해서 우리가 구원받았음을 증거한다.[76]

루터는 자주 믿음에 의한 칭의를 교회를 이루고 지탱하는 "기독교 교리의 총체" 혹은 "기독교의 가장 중요한 교훈"으로 언급하면서 그 중요성을 강조한다. "이 조항이 서면 교회도 서고, 이것이 넘어지면, 교회도 넘어진다."[77] 루터의 구원론은 죄로 인한 인간의 부패, 인간의 무력함, 하나님이 구원하려는 사람들에 대한 하나님의 은총의 우위를 강조하는 어거스틴의 인간론을 전제한다.[78] 루터는 자주 중세의 로마 가톨릭 교회 신학자들을 '펠라기우스주의자들'이라고 불렀다. 왜냐하면 그는 그들이 구원의 비공로적 성격과 하나님이 주신 신앙을 통한 은총을 부정한다고 믿었기 때문이다. 루터는 특히 면죄부 판매를 통해 표현된 중세 후기 가톨릭주의의 고해성사 교리와 공적론에 반발했다. 루터는 그 대신 칭의에서의 '신 독력설'(*monergism*)을 강조하고, 죄인을 위한 공로라는 그 어떤 개념도 거부하고자 했다. "노력과 공적이 어떻게 값없이 주어진 의와 조화를 이루겠는가?"[79]

트렌트 공의회와 구원

16세기와 17세기 초에 가톨릭 교회는 내부 개혁과 개선을 위한 광범한 운동을 경험했다. 스페인에서 그리고 로테르담의 에라스무스(Erasmus of Rotterdam)의 사역에서 시작된 이 개혁 운동은 당시 부상하던 루터의 프로테스탄트적 가르침에 대한 단순한 반발 이상이었다. 유럽 전역에 걸쳐 유포된 루터주의는 로마 가톨릭 교인들에게 행정·윤리·교리를 모두 포함하는 교회의 총체적 개혁에 대한 갈망을 일으켰다.

마침내 공의회 개최에 대한 요구가 수용되었다. 1542년, 몇 차례의 시도와 연기 끝에, 교황 바울 3세(Paul III)는 알프스 남부 트렌트에서 공의회를 열기로 결정하고 회의 소집을 공고했다. 그 공의회는 1545년 12월 13일에 첫 만남을 가졌으나 루터주의자들은 참석하지 않았다. 왜냐하면 그들은 그 공의회가 "자유롭고, 총체적이고, 교황 주도가 아닌 공의회"가 되기를 요구했기 때문이다. 이후 18년 동안 트렌트 공의회는 3명의 교황 아래서, 3차례의 주요 기간 동안 (1545-47, 1551-52, 1562-63), 25번의 회기를 가졌다. 이 공의회는 원죄·칭의·은총·공로를 포함하는 몇 가지 중요한 신학적 문제들을 다루었다.

> **트렌트 공의회**
>
> 교황 바울 3세는 알프스 남부 트렌트에서 공의회를 열기로 결정하고 회의 소집을 공고했다. ... 이후 18년 동안 트렌트 공의회는 3명의 교황 아래서, 3차례의 주요 기간 동안 25번의 회기를 가졌다. 이 공의회는 원죄·칭의·은총·공로를 포함하는 몇 가지 중요한 신학적 문제들을 다루었다.

구원과 칭의 문제와 관련해 프로테스탄트 교회와 로마 가톨릭의 공통의 입장을 찾기 위한 첫번째 시도는 1541년 봄 황제 찰스 5세(Charles V)가 개최한 레겐스부르크 회의에서 이루어졌다.[80] 거기에서 나온 신앙고백문은, 죄인의 의지가 그것을 통해 치유를 얻는 '고유의 의'와 그리스도의 공로를 근거로 신자들에게 주어지는 '전가된 의'를 모두 포함하는 '이중 칭의'(double justification)에 관해 말한다. 그러나 로마 가톨릭과 루터 양측 모두

제5장 구원론 논쟁

레겐스부르크 회담의 결과를 거부했다.

칭의에 관한 논쟁은 1546년 6월 22일에 열렸던 트렌트 공의회에서 시작되었다. 그리고 1547년 1월 13일에 칭의에 관한 교령(decree)이 공포되었다. 이 교령은 원죄가 전 인류에게 영향을 미친다는 트렌트 공의회의 가르침에 근거를 두고 있다. 세례의 은총을 통해 원죄와 그것에서 기인하는 형벌 두 가지 모두가 용서된다. 그러나 정욕의 죄는 세례를 받은 사람들 가운데 여전히 잔존한다.[81] 모두 16개의 장(章)으로 이루어진 칭의 교령은 가톨릭 교리를 설명하기 위해 적극적인 주장을 펼친다. 반면 37개의 규범 혹은 저주들은 공의회가 거부한 서술들로부터 결론을 이끌어 낸다. 이 교령의 중요한 장들에서 뽑아낸 칭의의 핵심은 다음과 같이 정리된다.

1. 본질. 칭의는 첫째 아담에서의 자연적 상태로부터 둘째 아담인 예수 그리스도 안에서의 은총의 상태로의 '이행'으로 정의된다. 그리스도는 모든 사람을 위해 죽었으며, 자신의 수난의 공로를 통해 자신 안에서 거듭난 사람들에게 은총을 베푼다. 중생 없이는 칭의도 없다(제3, 4장).

2. 준비. 성인(成人)들에게 칭의는 예수 그리스도를 통한 하나님의 '선행적 은총'과 함께 일어난다. 그들은 하나님의 자극하고 돕는 은총을 통해 그 은총에 자유롭게 동의하거나 협력함으로써 그들 자신의 칭의를 받아들일 수 있다. 하나님께서 성령의 교화를 통해 마음을 감동시키는 사람은 그 영감을 받는 동안 전혀 아무것도 하지 않을 수 없다 ― 왜냐하면 인간은 그것을 거부할 수는 있기 때문이다. 그러나 또한 그는 하나님의 은총 없이 자신의 자유 의지로 자신을 하나님의 눈에 의롭게 보이는 것을 향해 움직일 능력도 없다(제5장).

3. 과정. 칭의의 과정은 다음과 같이 정의된다. "그들은 하나님의 은총에 의해 부추김을 받고 도움을 받아 말씀을 듣고서 신앙을 받아들이면서(롬 10:7), 하나님에 의해 계시되고 약속된 것을 믿으면서 자유롭게 감동되어 하나님을 향한다"(제6장). 트렌트 공의회는 이 정의를 통해서 신앙은 인간이 아니라 하나님에게서 시작된다고 주장했다. 신앙은 선포된 복음을 통해 오고, (거부될 수도 있고 자유로 이어질 수도 있다는 점에서) 구속하지 않고, 하나님을 목표로 삼고, 계시된 진리와 약속을 받아들인다. 규범 1에서 그 공의회는 "예수 그리스도를 통한 하나님의 은총 없이 자신의 자연적 능력으로 또는 율법의 교훈을 통해" 수행된 인간의 행위가 칭의를 가져올 수 있다는 견해를 거부한다.[82]

4. 원인. 트렌트는 '인과율'(causality)이라는 스콜라적 범주를 사용하면서 칭의의 본질을 다음과 같이 설명했다. 1) 최종 원인: 하나님의 영광, 그리스도, 영생; 2) 효과적 원인: 값없이 씻어주고 거룩하게 하는 하나님의 자비; 3) 공훈이 있는 원인: 수난을 통해 우리의 칭의를 얻어낸 예수 그리스도; 4) 수단적 원인: 세례; 5) 형식적 원인: "그것으로써 자신이 의로워지는 것이 아니라 우리를 의롭게 만드시는" 하나님의 공의. 의롭다하심을 얻은 죄인은 단지 "의롭다고 여겨질 뿐 아니라 자기 안에 의를 받아들이면서 진실로 의롭다고 불린다"(제7장). 왜냐하면 칭의를 통해서는 단지 죄의 용서만 오는 것이 아니라 "함께 주입된 모든 것들, 즉 믿음과 소망과 사랑"도 오기 때문이다. 이렇게 주어진 은사들은 "각 사람의 성향과 협력에 따라서" 모든 사람들에게 주어진다(참조, 고전 12:4-11).

5. 증가. 칭의는 명령에 순종함으로써 또한 "선행으로 협력하는 신앙"

에 의해서 보존된다. 이것은 "그리스도의 은총을 통해 수용된 의가 수용되고" 인간이 "더욱 의롭게 된다"는 점에서 하나의 '증가'인 셈이다(제10, 11장: 참조, 전 18:22; 약 2:24). 설령 칭의가 치명적인 죄 때문에 상실될 수 있다 해도, 그것은 고해성사를 통해 회복될 수 있다(제14, 15장).

6. 결과. 트렌트는 그리스도 예수를 믿는 자들에게 "자비롭게 약속된 은총으로" 또한 "하나님께서 정확하게 그들의 선행과 공로에 따라 주시기로 약속하신 상급으로" 주어지는 '영생'에 관해서도 언급한다(롬 6:22). 그리스도는 "의롭다하심을 얻은 사람들에게 지속적으로 힘을 불어넣기 때문에" 의롭다 함을 얻은 사람들의 행위는 "이생의 상황에 따라서 하나님의 법을 충분히 만족시킨 것으로, 영생을 얻을 만한 것으로, 그리고 그들이 은혜 안에서 죽을 경우(계 14:13) 그들은 적절한 때에 영생을 얻으리라고 간주될 수 있다"(제16장). 기독교인들은 자신을 신뢰하거나 자랑하지 말아야 한다. 오히려 그들은 "모든 사람에게 너무 관대하셔서 자신의 은사들이 그들의 공로가 되기를 바라시는" 주님을 신뢰하고 그 안에서 자랑해야 한다.

차이점과 공통점

트렌트 공의회와 프로테스탄트 신자들의 추가적인 신학적 저작물들이 나온 이후, 로마 가톨릭 교회와 프로테스탄트 교회는 구원과 관련된 문제들로 인해 분열된 채 남아 있다. 많은 가톨릭 신학자들은 트렌트 공의회를 루터에 대한— 비록 그것이 발표한 교령에 그의 이름이 등장하지는 않지만— 정죄로 이해해 왔다.[83] 그리고 프로테스탄트 신자들은 그 공의회의 은총에 대한 정의, 공로와 선행의 지위, 신앙의 본질, 인간의 반응과 협력 같은 문제들에 대해 계속해서 불편함을 느꼈다.[84]

　제2차 바티칸 공의회가 칭의에 대해 분명한 관심을 보이지는 않았지만, 가톨릭 신자들과 프로테스탄트 신자들―특히 루터교회 신자들―양측 모두는 좀더 많은 공동의 이해에 이르기 위해서 또한 양자의 차이점보다는 공통점들을 강조하기 위해서 여러 가지 노력을 해왔다. 지난날의 난점들 중 많은 것은 다양한 전통 안에서의 서로 다른 관심과 서로 다른 사고방식에서 유래했다. 오늘날의 목표는 차이점들이 존재하기 이전에 있었던 상호성(相補性)의 원형을 발견할 수 있는 새로운 신학적 양식을 찾는 것이다. 여전히 차이가 존재하는 점들에서조차 우리는 그것들이 분열이 아니라 창조적인 긴장의 요소가 될 수 있기를 바린다.[85]

제6장
권위론 논쟁

Authority Controversy

Where is Authority?

6. 권위는 어디에 있는가?

구원에 관한 논쟁은 기독교 신앙의 중심과 핵심에 초점을 맞췄다. 그러나 다른 교리들과 관련된 논쟁들 및 그 논쟁과 연루된 신학적 전환점들의 기저에는 무엇보다도 '권위'의 문제가 있었다. 모든 논쟁에서 신학자들은 자신의 입장을 실증하기 위한 근거들을 찾았다. 그들은 자신의 주장을 확고히 하고 자신의 입장을 보강하기 위해 여러 가지 자료들에 호소했다.

대개 신학적 언급의 주된 대상은 '성경'(Scripture)이었다. 그러나 교회가 성장함에 따라서 권위의 다른 근거들 역시 자기들의 자리를 찾기 시작했다. 초대 교회에서 이런 권위들에는 '신앙 고백들'(confessions of faith)과 교회의 전통이라는 맥락 안에 있는 '교회 자체'(church itself)가 포함되었다. 중세에 이르러 로마 가톨릭 교회는 서방에서 기성 교회가 되었고, 로마의 감독인 '교황'(pope)을 그 머리로 삼는 성직계급 정치를 통해 지배되었다.

종교개혁기에 마틴 루터와 존 칼빈은 권위의 문제를 검토했다. 그들은 성경이 교회를 위한 권위의 유일한 근거이어야 하며, 교황의 직무와 권위는 성경에 정당하게 의거해 있지 않았다고 주장했다. 프로테스탄트 교회가 더욱 발전함에 따라 다른 신학자들과 교파는 다양하고 함축적인 해석 원리들 (해석학)을 사용하면서 다양한 방법으로 갖가지 권위의 경로들에 호소했다.

그러므로 권위의 문제는 다면적이고 때로는 아주 복잡하다. 다음에서 우리는 다양한 역사적 시기에 우세했던 중요한 운동과 경향들을 집중적으로 조명할 것이다. 특히 16세기에 로마 가톨릭 신학자들과 프로테스탄트 신학자들이 교회의 권위의 중심이라는 문제를 놓고 벌인 논쟁을 전환점으로 삼아 집중적으로 분석할 것이다.

성경적 기초

성경에서 권위는 '힘'(exousia)이라는 개념과 관련된다. 그 단어의 의미들 중에는 힘의 사용, 법적 혹은 도덕적 수단을 통해 힘을 행사하는 권리, 힘이 행사하는 지배력, 수행된 일을 정당화하기 위해 사용되는 사람 혹은 근거 등이 포함된다. 구약과 신약 성경 모두에서 궁극적인 권위는 만물의 창조자이시고 모든 생명이 그분에게 그 기원과 부양을 빚지고 있는 한 분 하나님이시다(창 1). 신약 성경은 예수 그리스도의 삶과 말씀과 사역에 표현된 것과 동일한 하나님의 능력을 증거한다. 초대 교회들은 그들이 예수를 주로 인정했을 때 이 권위를 시인했다(고전 1:2; 행 9:14, 21; 22:16; 딤후 2:22).

구약 성경에는 직접 '권위'라고 번역되는 히브리 단어는 나오지 않는다.

구약 성경의 헬라어 역인 '70인역'(LXX)에서 다수의 히브리 용어들이 '엑수시아(*exousia*)로 번역된다. 특히 그 용어는 절대적 권위를 지니신 하나님에 대해 사용된다(단 4:34-35). 이스라엘 사회의 구조는 권위의 경로들을 반영한다. 하나님은 최고의 주님이시지만, 인간의 조직과 대행자들이 하나님의 권위 행사를 돕는다. 그러므로 왕·선지자·재판관·제사장들은 하나님의 권위와 뜻을 실행하는 자들이다. 왕들은 의로움으로 다스려야 하고, 재판관들은 공의로 판단해야 하고, 제사장들은 죄를 위해 희생제물을 바쳐야 하고, 선지자들은—그들은 궁극적으로 오직 하나님에 대해서만 책임이 있다—하나님의 말씀을 전해야 한다.

신약 성경에서 '엑수시아'라는 단어는 완전히 자유롭게 행동하고 다른 모든 권위와 능력의 유일하고 진정한 근거이신 하나님과 관련해서 가장 중요하게 사용된다(눅 12:5; 유 25). 하나님은 우주의 창조주이며 통치자시다. 하나님은 거룩한 계획과 목적을 실행하시기 위해 자연과 역사 모두의 세력들을 지배하신다(눅 1:35; 롬 9:21; 계 19:1).

신약 성경은 또한 보조적인 권세와 권위들을 인정한다(고전 15:24; 벧전 3:22; 엡 1:21). 국가의 권위는 왕·행정관·제사장·청지기 등을 통해 실행될 수 있다(눅 7:8; 막 13:34; 행 9:14; 롬 13:1-3; 딛 3:1). 그러나 악한 천사나 권세자들(롬 8:38; cf. 요 19:10-11)을 포함하는 종속적인 권세들은 오직 하나님에 의해 그들에게 허용된 능력만을 갖는다(cf. 계 2:10; 요일 4:1-6). 궁극적인 권위는 언제나 하나님께 속한다(롬 13:1).

그러나 하나님의 권위에 대한 계시는 예수 그리스도 안에서 분명하게 드러난다. 예수님은 권위 있는 자처럼 가르쳤다(막 1:22). 그의 권위는 그 자신에게서 왔고(마 5), 귀신들을 내쫓고(막 3:15), 가르치고(마 7:29), 심판하고(요 5:27) 죄를 용서할 정도까지 확대되었다(막 2:10). 이 권위는 예수님에 의해 사용되도록 하나님에 의해 주어졌다(요 10:18; 계 12:10ff.). 사단의 패배로 인해 그리스도의 권능과 권위가 승인된다(눅 4:1-13, 특히 6절; 요일 5:19). 그리스도의 나라는 우주적이고 영원하다(벧후 1:11; cf. 마 28:18).

어떤 점에서 예수님은 자신의 권위를 제자들에게 넘겨주었다. 그것은 죄를 사하고(마 16:19; 18:18; 요 20:23), 병을 고치고(눅 9:1), 귀신을 쫓아내는(막 6:7) 권세를 포함한다. 그들은 또한 도래할 하나님의 나라를 선포하는 권한을 위임받았다(마 10:7-8; 막 3:15; 6:7). 예수님의 제자들의 말을 듣는 사람들은 곧 예수님의 말을 듣는 것이다(눅 10:16; cf. 마 10:40; 요 17:18; 20:21).

후에 사도들은 예수 그리스도의 복음을 선포하는 증인(행 1:8)으로서 자신들의 권위가 예수님 자신으로부터 온다는 것을 믿었다(고후 10:8; cf. 마 10:1; 막 3:15; 살후 3:9). 그런 사도적 권위는 절대적이거나 타고난 것이 아니라 파생된 권위다. 그 권위의 기원은 사도들 자신이 아니라 그리스도 안에 있다. 선포하고 가르치는 권리를 포함해 사도적 권위는 예수 그리스도를 통한 하나님의 계시에 근거한다(갈 1:11-16을 보라).

사도 바울은 가르침과 교사의 기능을 교회에 주어진 은사들 중의 하나로(롬 12:7; 고전 12:28), 또한 그렇기에 그 안에서 예수 그리스도의 지속적인 현존과 권위가 성령의 사역을 통해(고전 12:3; 요 15:26-27) 경험되는 방식들 중 하나로 인식한다.[1]

초대 교회에서 권위의 근거들

사도 시대가 끝나자 초대 교회에는 한 가지 심각한 문제가 남게 되었다. 그것은 바로 사도들을 통해서 전해져 온 하나님의 권위가 이제 어떻게 지속될 것인가 하는 문제였다. 초대 교회에서 권위의 다양한 근거들이 출현한 것은 그 질문에 대한 다양한 대답들만이 아니라 더 깊은 신학적 이해와 교리적 발전을 위한 기초를 제공했다. 다양한 시간과 장소에서 수 세기를 거쳐 복잡한 성장을 겪었던 그 각각의 근거들은 분쟁을 해결하고, 지식을 넓히고, 신학적 성장을 촉진시키기 위한 권위와 관련해 서로 다른 평가를 받아 왔다. 그 근거들 중 아무것도 다른 것들로부터 완전히 고립된 것으로 간주될 수 없다. 왜냐하면 그 각각의 근거들은 그 자체를 넘어 권위의 궁극적인 근원, 즉 교회의 머리이신 예수 그리스도 안에 계신 하나님을 가리키면서 교회의 총체적인 권위의 한 요소를 제공하기 때문이다.

정경: 구약과 신약 성경

초대 교회를 위한 권위의 한 가지 중요한 근거는 '정경'(the canon of Scripture)이었다. '카논'(헬. *kanōn*; 히. *qāneh*)이라는 용어는 문자적으로 '척도'를 의미했다. 그것은 나중에 신앙의 규칙 또는 규범이 되었고, 결국에는 읽어야 할 것들의 목록 혹은 일람표가 되었다. 유대교와 기독교 양쪽 모두에서 권위 있는 작품들의 목록이 나타났고, 그 목록은 신학적 이해를 전달하기 위한 하나의 방법을 제공했다.[2]

초기부터 기독교 교회는 유대교의 경전들을 자기의 거룩한 문서들의 일부로 삼았다. 이스라엘 백성은 자신들을 '신- 인 이야기'(the divine-human discourse)의 일부로 생각해 왔다. 이스라엘은 하나님이 자기들에게 말씀을 하셨다고 믿었다. 하나님이 사용하셨던 주된 방법은 인간을 통해서— 특히 하나님의 메시지의 담지자로서 하나님의 대변자였던 선지자들의 책무를 통해서— 왕에게, 나라 전체에게, 또는 다른 나라들에게 말씀하시는 것이었다.

기억되고 기록된 하나님의 사자들의 말은 이스라엘과 함께 '신-인 이야기'의 중요한 일부가 되었다. 마침내 다음과 같이 다양한 양식을 가진 상당한 분량의 본문들이 나타나게 되었다. (1) '토라' 혹은 '율법'은 백성들이 그것을 통해 자신들의 삶을 인도 받았던 중심 본문이었다. 모세를 통해 주어진 계명들은 하나님에 대한 충성을 판단하는 표준이 되었다(수 1:2-9; 왕상 2:2-9; 왕하 10:31; 대하 31:3-4를 보라). (2) '역사서들'은 모세의 죽음에서부터 여호수아·사사기·사무엘서·열왕기서에 나오는 사건들을 망라했다. (3) '선지서들'은 아모스·호세아·미가·이사야·예레미야·에스겔, 그리고 다른 선지자들의 말을 기록했다. (4) '시가서들'은 이스라엘의 제의적 축제와 예배에서 핵심 역할을 감당했다. (5) '지혜서들'은 사람들이 추종해야 할 삶의 길을 제시했다.[3]

> **성경의 형성**
>
> 기독교의 성경은 이레니우스 시대에 이르러 비로소 그 모양을 갖추기 시작했다. 점증하던 거룩한 책들의 총서는 70인역(LXX)을 '구약 성경'으로, 그리고 사복음서와 바울 서신들의 모음을 '신약 성경'으로 끌어들였다. 그는 또한 사도행전, 요한계시록, 베드로전서, 요한 1서와 2서 등을 인용했다.

유대교 전통에 따르면, 구약 성경은 세 단계를 거쳐 정경화되었다. 모세 오경은 B.C. 400년경에, 선지서들(역사서들을 포함한다)은 B.C. 200년경에 각각 '신성한(sacred) 것으로 선포되었다. 마침내 A.D. 90년에 얌니아에서 랍비들의 회의가 열렸고, 거기에서 소위 '거룩한 저작들'(Writings)이라고 불리던 문서 모음집에 대한 비준이 이루어졌다. 초대 교회는 그 유대교 문서들을 자기 것으로 삼았고, 그것들을 하나님의 메시아로서의 예수 그리스도에 대한 믿음의 빛 안에서 풍유법과 예표론이라는 해석학적 방법들을 사용해 해석했다.[4]

신약 성경은 예수에 관한 '구전'(oral tradition) — 그것은 나중에 복음서를 이루게 된다 — 으로부터 시작해서 오랜 과정을 거쳐 형성되었다. 시간이 지남에 따라, '전통'(tradition)이라는 단어는 초대 교회가 그 문서들을 통해 전해 받아서 기독교적인 진리를 언급하기에 이르게 된 것들을 기술하기 위한 전문 용어가 되었다(고전 11:1; 살후 2:15; 3:6을 보라. cf. 고전 11:23; 15:3). 기록된 말씀은 구전을 보호할 뿐 아니라 또한 그것을 제어하는 역할을 했다.[5]

기독교의 성경은 이레니우스(Irenaeus, c. 180) 시대에 이르러 비로소 그 모양을 갖추기 시작했다. 점증하던 거룩한 책들의 총서는 70인역(LXX)을 '구약 성경'으로, 사복음서와 바울 서신들의 모음을 '신약 성경'으로 끌어들였다. 이레니우스는 또한 사도행전, 요한계시록, 베드로전서, 요한 1서와 2서 등을 인용했다.[6]

최초의 신약 성경 목록은 2세기 말엽의 로마 교회의 전통을 대표하는 것으로 알려진 '무라토리안 단편'(Muratorian Fragment) 안에 있다. 그것은 사복음서, 사도행전, 바울서신, 유다서, 요한서신, 요한 계시록과 베드로 계시록, 지혜서 등을 성경으로 꼽는다. 또한 영지주의자들, 마르시온주의자들, 몬타니우스주의자들의 글들을 기독교적 지위를 갖지 못하는 것으로 비난한다. 많은 글들이 권위를 주장하고 있었기 때문에, 그것들을 판단하기 위한 기준을 마련하는 것이 아주 중요했다. 교회는 그 중요한 기준이 '사도성'(apostolicity)이어야 한다고 결정했다. 그리스도에 대한 사도들의 증거를 지닌 책들만이 권위를 주장할 수 있었다. 내적 증거 역시 기준이 되었다. 교회는 자신이 그 책에서 영적 능력을 경험하는지 여부를 물었고, 그렇게 함으로써 어떤 책의 권위는 궁극적으로 그 책의 내용에서 발생하게 되었다.[7]

신약 정경을 구성하는 책들은 3세기와 4세기에 와서 더욱 명확해졌다. 동방과 서방 교회들 모두에 의해 승인된 신약 정경 27권의 목록에 대한 첫번째 공식적인 기록은 감독 아타나시우스(Athanasius)의 367년도 부활절 서신이었다. 서방 교회에서 완전한 정경 목록은 393년 힙포 공의회와 397년 카르타고 공의회에서 승인되었다.[8]

일단 완전한 정경이 확립되자, 성경의 권위에 관한 다양한 신학적 진술들이 나타나기 시작했다. 교회는 구약과 신약 성경 사이의 기본적 통일성을 전제했다. 교회는 예수님의 삶·죽음·부활에서 구약 성경이 성취되는 것을 보았다. 교회는 또한 디모데후서 3:16과 베드로후서 1:21 같은 신약 본문들의 기초 위에서 성경을 하나님에 의해 영감을 받은 것으로 간주했다. 초대 교회는 이런 본문들의 의미를 성경 전체, 즉 구약과 신약 모두를 포함하는 데까지 확대했다.

초대 교회에서 정경이 권위의 근거로 성장함에 따라, '성경과 전통의 관계'라는 문제가 발생하게 되었다. 때로 이레니우스와 터툴리안(Tertullian)은 기독교의 전통을 성경을 통해 교회에 전해진 그리스도의 교훈들을 전달하는 것으로 언급한다. 두 신학자 모두 전통과 성경을 대립시키지 않는다.[9] 영지주의자들에 맞서서 이레니우스는 교회의 전통은 비밀스럽기보다는 공개되어 있다고 주장했다.[10] 터툴리안은 전통의 개념을 세례식 때 세 번 잠기는 것, 새벽에 성찬을 받는 것, 십자가 성호를 긋는 것 등 교회가 여러 세대를 거쳐 관습으로 실행해 오던 것을 포함하는 데까지 확대했다. 이 모든 것은 성경과 전통의 관계에 대해 지속적인 질문들을 야기했다.

4세기와 5세기에 이르러 성경은 확실하게 교회의 기본적인 교리적 규범과 권위가 되었다. 아나타시우스는 아리우스주의자들에 맞서서 "거룩하고 영감을 받은 성경은 진리를 선포하기 위해 완전히 충분하다"고 썼다.[11] 예루살렘의 키릴(Cyril of Jerusalem)은 "신앙의 신적이고 구원하는 신비들에 관한 그 어떤 교리도—그것이 아무리 사소할지라도—거룩한 성경의 뒷받침 없이 가르쳐서는 안 된다. … 왜냐하면 우리의 구원을 이루는 신앙은 그 힘을 변덕스러운 이성이 아니라 성경을 통해 입증될 수 있는 것에서 얻기 때문이다"라고 말했다.[12] 그러나 또한 성경 밖에도 사도적이고 성경과 조화되는 것으로 간주되는 전통들이 존재했다. 예식과 영적 헌신을 수행하는 것 역시 하나의 권위로서 중요한 역할을 수행했다. 왜냐하면 그것들은 성경을 이해하는 데 필수적인 열쇠를 제공하는 것으로 간주되었기 때문이다. 시간이 지남에 따라 교부들의 저작들 역시 상당한 신학적 권위를 갖기에 이르렀다.

5세기 중엽에는 모든 권위들이 그 중요성에서 동등하지 않으며 스스로 사도들의 반열에 서있다고 주장하는 모든 것들이 진정한 사도적 계승 안에 있는 것은 아니라는 사실이 명백해졌다. 이런 이유로 레린스의 빈센트 (Vincent of Lérins, d. 450)는 권위의 개념을 명확하게 설명하고자 애썼다. 그는 정통한 전통을 구성하는 것은 "어디에서나, 어느 때나, 모든 사람에 의해" 믿어져 왔던 것이고, 정통을 위한 척도는 "보편성·오래됨·합의"라고 말했다.[13] 이 시점에서 교회는 어떤 형식의 증언과 교훈들이 진정으로 사도적인 것으로 간주될 수 있는지를 식별하는 것이 중요했다.

신조들과 공의회들

처음부터 기독교 신앙은 일련의 가르침들과 관계가 있었다. 신약 성경에서는 사도적 가르침과 기독교 신앙의 요약된 신앙고백문을 찾아볼 수 있다. 안디옥의 이그나티우스와 순교자 저스틴 같은 초대 교회 신학자들 역시 예수 그리스도에 관해 고백하는 데 있어서 중요하게 부상하던 개념들을 가리키는 기독론적 신앙고백문들을 제공한다.[14]

교회가 성장하고 새로운 회심자들이 출현함에 따라 교회는 세례 지원자들을 교육하기 위한 진술들이 필요하게 되었다. 이런 초기 형태의 진술들은 신앙의 내용을 정확하게 기술하기가 어려웠다. 그것들은 충분히 발전된 신조가 아니라 새로운 기독교인들을 성례를 위해 준비시키기 위한 요약된 진술들이었다. 보통 그것들은 지원자에게 제시된 질문의 형태로 되어 있다. 순교자 저스틴의 신앙고백문에는 다음과 같은 질문들이 들어 있다. "당신은 성부시요 우주의 주 하나님을 믿습니까?" "당신은 본디오 빌라도에 의해 십자가에 못 박히신 우리 구주 예수 그리스도를 믿습니까?" "선지자들을 통해 말씀하셨던 성령을 믿습니까?"[15] 후기의 신앙고백문들은 예수 그리스도에 관한 질문을 확장시켰다.

가장 오래된 신조들 가운데 하나이며 사도 신조의 핵심을 이루는 신조는 '구 로마 신조'(the Old Roman Creed, c. 150)였다. 그것 역시 세 부분을 갖고 있었는데, 후대에 확장되었다. 5세기에 루피누스(Rufinus)는 사도 신조에 대한 주석을 썼는데, 그것은 그 신조의 가장 초기 형태로 알려진 것을 담고 있다. 6세기 말엽이나 7세기에 남부 고울에서 발생한 '사도 신조'(the Apostles' Creed)는 서방 교회의 유일한 세례 신조가 되었다.[16]

세례시의 선언적 신조들과 함께, '신앙의 규정들'(rules of faith, *regula fidei*) 역시 기독교의 가르침을 전달하기 위해 사용되었다. 그것들은 내용적으로는 신조를 닮았지만, 형식적으로는 보다 더 개방적이고 보다 덜 상투적이었다. 이레니우스와 터툴리안이 그런 규정들에 관해 언급한 적이 있다. 이레니우스는 '진리의 규정'(rule of truth)에 내해 말했고, 터툴리안은 기독교인의 윤리적 행위에 관해 언급하면서 종종 '신앙의 규정'들을 '디스키플리나'(*disciplina*, 가르침·교훈)라는 용어와 관련시켰다.[17] 오리겐은 "대부분의 교회들 가운데 널리 퍼진 규정"을 '카논'(*canon*)으로 언급했다.[18] 그는 이것을 교회의 교훈과 가르침을 전하고 교회의 근본 교리를 제공하는 일에 있어서 성경과 밀접하게 연결시켰다.[19] 키프리안, 노바티안, 알렉산드리아의 디오니시우스 같은 이들은 그런 신앙의 규정들에 관한 더 많은 예들을 제공한다. 그것들은 서로 다르게 보이지만, 넓게 보면 유사하다. 그것들은 세례 문답 교육을 위한 자료를 제공했고, 또한 성경의 가르침에서 벗어난 것들을 판단할 수 있는 표준의 역할을 했다. 이레니우스, 터툴리안, 오리겐 같은 신학자들에게 신앙의 규정의 내용은 성경으로부터 직접 나온 것으로 간주되었다.[20]

그것들은 성경에 기초를 두고 있는 것으로 인식되었다. 따라서 다양한 신앙의 규정들은 그것을 통해 이단과 맞서서 정통 신앙을 유지할 수 있는 표준의 역할을 했다. 이것은 325년 니케아 공의회 이전 시기에 특히 그랬다. 교회가 아리우스주의의 오류에 대해 한 목소리를 냈던 니케아 공의회 이후부터 공의회의 진술들이 지역 교회들에서 나온 신앙의 규정들을 대신해 표준의 역할을 하기 시작했다.[21] 이후의 역사가 보여 주는 것처럼, 교회 공의회들은 자신들의 선언문을 작성하기 위한 기초로서 성경에 호소했다. 그러나 역사는 또한 모든 기독교인들이 공의회의 결정들에 동의한 것은 아니었음을 보여 준다.

교회 지도자

초대 교회는 자신이 유지하고 있는 질서정연한 성직에서도 권위의 근거를 찾았다. 교회의 지도자들은 교회의 삶과 가르침과 관련해 교회의 진로를 결정하는 일에 있어서 다양한 정도의 권위를 갖고 있었다. 사도의 역할은 정경·신조·전통 모두가 자신들의 사도성을 주장할 정도로 교회 정치를 위해 매우 중요했다. 사도 바울은 그의 권위가 도전 받았을 때 자신의 사도적 지위에 호소했다(고전 9:1). 또한 다른 유형의 교회 지도자들, 즉 선지자·교사·감독·집사·장로·복음전도자들이 등장했다(고전 12:28; 빌 1:1; 딛 1:5). 사도직의 계승이라는 중요한 개념은 교리에서, 직무에서, 또는 그 두 가지 모두에서의 계승을 의미한다고 해석되었다.

교회 직무의 발전은 많은 변화를 겪었다. 그러나 교회의 권위를 위해 특별히 중요했던 것은 '감독'의 출현이었다. 신약 성경에서 '에피스코포스'(*episkopos*, 문자적으로 감독자・보호자)는 예수 그리스도에 대해 단 한 번 사용되었다(벧전 2:25). 바울 서신에서 그것은 '프레스비테로스'(*presbyteros*), 즉 '장로'에 대한 대체어였다(딛 1:5-7; 딤전 3:1; 4:14; 5:17, 19). 바울은 그의 모든 교회에 장로들을 세웠다(행 14:23). 그러나 그는 또한 빌립보서에서 '감독들'과 '집사들'을 언급한다(빌 1:1). '장로들'과 '집사들'은 아마도 감독과 보호의 기능을 수행했던 동일한 사람들을 언급하는 말일 것이다(행 1:20; 20-28).

2세기에 안디옥의 이그나티우스는 목회 직무에 대한 이해를 진전시키면서 감독・장로・집사 같은 교회 계급 내의 등급에 관해 언급했다. "모든 사람들은 집사들에게 경의를 표해야 합니다. 그들은, 마치 감독이 성부의 역할을 하는 것처럼, 예수 그리스도를 대리합니다. 그리고 장로들은 하나님의 보좌기관과 같으며 하나의 시도단입니다. 여러분은 이들 없이는 교회를 이룰 수 없습니다."[22]

그러나 영지주의의 위협으로 인해 감독직이 권위의 중요한 근원으로서 더욱 발전하게 되었다. 영지주의의 위협 앞에서 교회는 자신의 정경과 신조들을 견고히 할 뿐 아니라, 또한 감독들을 권위 있는 방식으로 정통 교회를 보호하는 자들로 간주하도록 떠밀렸다. 이레니우스와 터툴리안은 사도적 계승에 관한 자신들의 견해를 통해 신앙의 통일성을 지키려 했다. 기독교인들은 사도들이 시무했던 '어머니 교회들'(서머나, 에베소, 예루살렘, 고린도, 빌립보, 데살로니가, 그리고 특히 로마)에서 특별한 열심과 배려를 갖고서 사도적 전통의 순수함을 지켜냈다.[23] 모든 감독은 보편 교회의 중요한 일부였다. 왜냐하면 각 감독은 자신의 목회 지역에서 사도적 교리의 온전함을 지켜내는 직무를 맡고 있었기 때문이다.

여러 가지 이유로 어머니 교회들을 포함해 모든 교회들 가운데서 로마 교회가 두드러지게 되었다. 로마는 제국의 수도였고, 제국에서 가장 신자 수가 많고 부유한 기독교의 중심이었고, 베드로와 바울이 가르치다가 순교한 곳이었다. 전통에 따르면, 로마 교회는 수석 사도로 인정된 베드로에 의해 설립되었다. 3세기 중엽에 로마의 감독 스테픈 1세(Stephen I, 254-57)는 자신이 계승에 의해 '베드로의 주교좌'(*cathedra Petri*)를 맡고 있다고 주장했다. 그는 그러므로 자기가 로마의 감독으로서 또한 사도적 계승에 따라 베드로의 이름으로 말할 수 있다고 주장했다. 서방 교회의 많은 사람들이 — 비록 모두는 아니었지만 — 이 주장을 정당한 것으로 인정했다.[24]

> **권위의 세 가지 원천**
>
> 교회는 거룩한 책들, 즉 '정경'의 안내를 받았다. 교회는 '신조적 진술' 혹은 '신앙의 규정'의 발전을 통해 자신과 자신의 가르침을 이해했다. 또한 교회는 영적이고 예전적인 지도자로서 자기들에게 맡겨진 신앙이라는 예치물을 수호했던 '감독들'을 통해 치리되었다

그러므로 초대 교회에서는 권위의 세 가지 주요 원천이 가장 중요했다. 교회는 거룩한 책들, 즉 '정경'의 안내를 받았다. 교회는 '신조적 진술들' 혹은 '신앙의 규정들'의 발전을 통해 자신과 자신의 가르침을 이해했다. 또한 교회는 영적이고 예전적인 지도자로서 자기들에게 맡겨진 신앙이라는 예치물을 수호했던 '감독들'을 통해 치리되었다(딤전 6:20; cf. 딤후 1:12; 14). 그 후 수 세기 동안 교회의 계급 구조는 교회의 신학적 이해와 더불어 발전했다. 성직 구조가 형태를 갖추게 되자, 또한 교회의 권위의 다양한

요소들 사이의 관계에 관한 보다 많은 질문들이 나타나게 되었다.

중세 시대의 권위

교황직의 성장

로마의 감독은 초대 교회에서 권위의 한 근원으로서 상당한 지위를 차지하고 있었고, 이 지위는 로마 가톨릭의 교황권으로 발전했다. 로마 감독이 다른 감독들보다 우월하다는 주장은 베드로와 베드로의 역할과 관련된 신약 성경 본문들에 대한 해석에 근거한다. 그 주요 본문은 예수가 베드로에게 다음과 같이 말하는 마태복음 16:18이다. "또 내가 네게 이르노니 너는 베드로[Petrus]라 내가 이 반석[petra] 위에 내 교회를 세우리니 음부의 권세[문자적으로, '하데스의 문들']가 이기지 못하리라." 다른 중요한 본문들은 요한복음 21:17과 누가복음 22:31-32이다.

교황으로서 로마 감독의 수위권은 길고도 복잡한 역사적 발전과정을 겪었다. 신학자들 모두가 교황 그레고리 1세(Gregory I, d. 604)가 마태복음 16:18에 대해 내린 다음과 같은 해석에 동의하지는 않았다.

> 교회 전체를 돌보는 일이, 주님의 말씀에 의해, 거룩한 사도이며 모든 사도들의 왕자인 베드로에게 위임되었다는 것은 복음을 아는 모든 사람들에게 확실합니다. … 보십시오, 그는 천국의 열쇠를 받았고, 묶고 푸는 권세가 그에게 주어졌고, 전 교회에 대한 감독권과 주권이 그에게

맡겨졌습니다. … 나는 이 문제에 있어서 내 자신의 주장을 옹호하고 있는 것입니까? 나는 내 자신이 어떤 상처를 입지 않으려고 하는 것입니까? 오히려 이것은 전능하신 하나님의 주장이자 보편 교회의 주장이 아닙니까? … 분명히, 사도들의 왕자인 베드로의 명예를 위해서 '보편적'이라는 칭호는 숭엄한 칼케돈 공의회에 의해 로마 감독에게 바쳐졌습니다.[25]

마태복음 16:18에 대한 오리겐의 초기 해석은 '베드로'는 모든 기독교인을 언급한다는 것이었다. 키프리안은 베드로가 교회의 통일성의 상징이라고 말했다. 하지만 그는 감독에 대한 보다 집단적인 개념을 갖고 있어서 "다른 사도들 모두가 베드로와 마찬가지로 동일한 위엄과 권세를 받았지만, 출발은 오직 베드로로부터 나온다"고 썼다.[26] 그 구절을 해석하는 다른 방법은 '페트라'(반석)이라는 단어 대신에 '베드로'라는 이름을 넣었다는 것이었다. 교회의 터전이 되는 반석은, 베드로의 수위권을 옹호하는 자들이 주장하는 것처럼, 베드로의 인격일 수도 있다. 그러나 그것은 베드로일 수도 있고, 다른 사도들일 수도 있고, 또한 그들의 계승자들일 수 있다. 교회는 베드로가 고백했던 신앙 위에 세워질 수 있고, 그 반석은 신앙에 의해 파악된 그리스도 자신일 수 있다.[27]

로마 감독의 우월함에 대한 강력한 신학적 정당화는 3세기 중엽 이후에야 등장했다. 교황 다마스커스(Damascus, 366-84)는 다른 사도적 교회들 가운데서 로마 교회를 높이고자 했다. 그는 제국의 새로운 수도인 콘스탄티노플의 위상에 맞서 로마 교회를 높이기 위해 로마 교회에 대해 '사도적 교구'(apostolic see)라는 말을 사용하는 관례를 시작했다. 이것은 콘스탄티노플이 사도적 토대를 갖고 있다고 주장할 수 없었기 때문이다. 다마스커스는 또한 니케아 공의회(325)의 비길 바 없는 권위는 그 회의의 결정이 자신의 전임자들 중 하나인 교황 실베스터(Sylvester, 314-35)에 의해 승인되었기 때문이라고 주장했다. 교황의 수위권을 위한 신학적 기반은 이노센트 1세 (Innocent I, 402-17) 같은 5세기 교황들에 의해 놓여졌다. 그는 416년에 복음은 오직 로마로부터 다른 서방 지역들로 퍼져 나갔다고 주장했고, 로마 감독을 '감독단의 머리와 정점'이라고 불렀다.[28] 이 무렵에 로마 감독은 이미 공의회의 결정들을 비평할 권리를

> "교황은 … 땅과 우주 전체의 주인의 대리자다."
> – 요아네스 안드레아

갖고 있었고, 로마의 교황들은 자신들의 서신을 법령의 형식으로 반포하기 시작했으며, 그렇게 함으로써 교회 질서에 큰 균일성이 세워질 수 있었다.

대(大) 레오(Leo the Great)라고 불렸던 교황 레오 1세(Leo I, 440-61)는 교황 다마스커스 이래 60년 동안 이루어진 것을 보다 강화했다. 레오는 자신을 단순한 베드로의 역사적 계승자 이상으로 보았다. 레오는 자기가 베드로에게까지 소급되는 로마 감독직을 계승한 덕분에 베드로를 대변하여 말하고 쓸 수 있다고 믿었다. 또한 그는 자신의 직무는 베드로의 권세 전체를 포함하며, 그 권세는 그 범위에 있어서 우주적이라고 믿었다. 다른 감독들의 권세는 그리스도에게서 나오지만, 베드로를 통해, 또한 그 후로는 베드로의 살아 있는 화신인 로마 교황을 통해 전달된다. '레오의 서한'(Leo's Tome)이 칼케돈 공의회에서 정통 기독교 신앙으로 낭독되었을 때(제2장을 보라) 이런

외침이 일어났다. "베드로가 레오를 통해 말하였도다!"²⁹

동방 교회는 로마 감독을 위해 만들어진 그 뻔뻔한 주장들을 받아들이지 않았다. 칼케돈 공의회의 법령 28조에서 '새 로마' 콘스탄티노플은 '옛 로마와 나란히 특권과 권위를 부여받았다. 동방 신학자들은 베드로가 로마뿐 아니라 그 이전에 알렉산드리아와 안디옥에서도 감독이었다고 주장했다. 닐루스 독소파트레스(Nilus Doxopatres) 같은 신학자들은 콘스탄티노플의 총대주교(Patriarch)는 "로마의 특권과 대권을 인계 받아서 새 로마의 대주교"라고 불리기 때문에 최고의 권위자여야 한다고 주장했다.³⁰ 어느 날카로운 논쟁가는, 베드로의 형제 안드레가 베드로를 예수께 데려왔고, 전설에 따르면 안드레가 비잔티움(후에 콘스탄티노플)의 설립자였으며 예수의 제자들이라 불리게 된 첫번째 사람이었으므로, "만약 로마가 베드로 때문에 우월성을 얻고자 한다면, 비잔틴은 비록 태생으로는 둘째이지만, 첫째라고 불리는 안드레 때문에 최고다"라고 주장했다.³¹ 교황의 권위에 관한 논쟁은 계속되다가 결국 1054년에 교황과 콘스탄티노플의 총대주교가 서로를 파문함으로써 동방 교회와 서방 교회의 분열을 초래했다.

서방에서 교황의 권위는 계속 커졌다. 황제 발렌티니안 3세(Valentinian III, 423-55)는 영속적인 칙령을 통해 "고올이나 다른 지방의 감독들이 영원한 도성의 존귀한 교황의 권위 없이 어떤 것이든 행하는 것은 합법적이지 않다"고 천명했다.³² 주후 800년에 교황의 권력과 권위는 레오 3세(Leo III, 795-816)가 성탄일에 샤를마뉴(Charlemagne)에게 서방 황제의 관을 씌워줄 정도까지 증대되었다. 중세 초기(600-1050)를 통해 '그리스도의 대리자'였던 교황은 서방에서 교회의 머리로 인정되었던 반면, 동방 교회들은 그를 대수롭게 여기지 않았다. 중세 중엽(1050-1500)에 교황직은 서방 교회에 통일성과 연속성을 주었다. 교황권은 이노센트 3세(Innocent III, 1198-1216) 아래에서 그 절정에 도달했다. 그는 교회 개혁을 수행했고, 그것은 그를 정치적 싸움터로 이끌었다. 이노센트는 자신이 교황으로서 "사무엘이 다윗을 기름 부어 세웠던 권위"를 갖고 있으므로 "백성들과 왕국들 위에" 있다고 보았다. 따라서 그는 자신이 어느 통치자를 폐하고 다른 이에게 그 왕위를 줄 수 있는 권능을 갖고 있다고 믿었다. 교황 버나드(Bernard)와 보니페이스 8세(Boniface VIII)는 그 점을 계속 강조했다. 그 후 중세의 교황권은 세속 정부와의 수많은 위기와 긴장에 직면했다. 교회 회의들에 의한 개혁 시도들, 분열, 그리고 세 명의 경쟁하는 교황들의 시기('교회의 바벨론 포로')가 있었다. 프로테스탄트 종교개혁에 뒤이어 추가적인 개혁 운동들이 일어났다. 트렌트 공의회(1545-63)는 교황의 권위, 즉 교회의 권위 문제를 철저히 고찰했다.

성경과 전통

중세 로마 가톨릭 교회 안에서 일어난 다양한 개혁 운동들은 교회의 궁극적 권위가 어디에 기초해야 하는지에 대한 질문을 제기했다. 점점 증대하는 교황의 권위는 교황이 사도 베드로의 최고 권위의 상속자이며 주님께 속한 모든 권위를 행사하는 '그리스도의 대리자'라는 것을 의미했다. 요아네스 안드레아(Johannes Andreae, d. 1348) 같은 교회 법률가들은 다음과 같이 말할 수 있었다. "교황은 놀랍다. 왜냐하면 그가 지상에서 하나님의 권능을 갖고 있기 때문이다. 그는 땅과 우주 전체의 주인의 대리자다." 아미당스의 윌리암(William de Amidanis)은 "교황은 하나님 같다"고 말했다. 파노르미타누스(Panormitanus)는 "교황은 하나님이 하실 수 있는 것은 무엇이든지 할 수 있다. … 교황의 권위에 의해 수행되는 것은 무엇이든 하나님의 권위에 의해 수행된다"고 썼다.[33]

14세기에 프란시스 수도회에서 청빈에 관한 논쟁이 벌어지던 와중에 교황의 가르침의 권위 또는 교학권(敎學權, *magisterium*)이 처음으로 '무오하다(infallible)고 묘사되었다. 귀도 테레니(Guido Terreni)라는 이름의 갈멜 수도회 신학자는 신앙의 문제에 대해 말하면서 교황의 무오한 진리에 대해 다음과 같이 썼다. "교회는 신앙과 윤리에 관계되는 문제들에 대해 정의를 내릴 때마다 성령의 조언을 받았다. … 최고의 주교가 추기경단 혹은 공의회와 함께 주님의 이름으로 그리고 그분에 대한 신앙을 위해 함께 모이는 곳에는 오류 없는 진리이신 그리스도가 계신다." 여기서 테레니는 통상적인 가톨릭적 신념을 표현하고 있다. 그러나 그는 "신앙에 관련된 문제들을 결정함에 있어서 교황은 성령의 지시를 받고, 성령은 교황 안에서 말씀하신다"라고 선포하는 데까지 나아간다. 테레니는, 사도적 전승에 관한 교회의 충실함(무결성, indefectibility)에 대한 성경과 교부들의 진술들을 토대로, "가톨릭 교회의 불변하고 일정한 권위는 … 그리스도 이후 어떤 개인에게도 속하지 않고 오직 최고의 주교에게만 속한다"고 주장한다. 그 결론은 "신앙에 관한 진술들을 결정하고 선포하는 권한을 지닌 교황은 오류가 있을 수 없다"였다. 그렇게 해서 '무오성'(infallibility)이란 용어는 고도의 법률적 의미를 갖게 되었다.[34]

교황의 권위와 관련해 새롭게 등장하던 이런 견해들은 중세 신학자들과 성직자들에 의해 의문시되었다. 쟁점은 "교회를 위한 권위는 어디에 근거해야 하는가?"였다. 이것은 '성경'이라는 권위가 '교회 전통'이라는 권위와 어떻게 관련되는가에 대한 질문이었다. 중세에는 "권위가 어디에 있는가?" 하는 질문에 정반대로 대답하는 두 가지 흐름이 있었다. 그 두 가지 흐름은 모두 전통의 권위와 관련되어 있지만, 전통을 이해하는 그들의 방법은 아주 달랐다.[35]

'전통 I'(Tradition I)이라고 일컬어지는 하나의 흐름 안에서 성경은 정경으로 또한 계시된 진리의 표준으로 지지를 받고, 성경과 교회 전통은 양립된 것으로 이해되지 않는다. 복음의 메시지는 교회에 의해 선포되고, 그 전체 메시지는 정경의 책들 안에서 기록된 형태로 발견된다. 교회 전통은 복음에 대한 첨가물이 아니라 복음을 생생한 형태로 전해 주는 것이다. 복음은 성경에서 그리고 살아 있는 전통 안에서 발견된다. 그러므로 성경은 오직 교회 안에서만 이해될 수 있다. 교회 지도자들은 성경을 해석하는 사람들이었고, 교회의 전통은 성경에 대한 교회 자신의 충실한 해석이다. 이런 견해 안에서 성경과 교회는 전적으로 일치한다.[36]

'전통 II'(Tradition II)라고 일컬어지는 두번째 흐름은 보다 폭넓은 개념으로 발전되었다. 대 바실(the Great Bisil)과 그의 작품 『성령론』(*On the Holy Spirit*) 이후, 기독교인들은 기록되거나 기록되지 않은 교회 전통 모두에 ─ 성경 구절에서 발견되든 사도들이 그들의 계승자들을 통해 전달한 구전에서 발견되든 ─ 복종해야 한다는 견해가 출현했다. 거기에서는 사도들이 그리스도로부터 배웠던, 특히 성경이 침묵하고 있는 그리스도의 부활과 승천 사이의 40일 동안 배웠던 모든 것을 다 기록하지 않았다는 주장이 제기된다. 이 시기로부터 나온 '구전'은 교회가 이후에 받았던 성경을 보완하는 것으로 이해된다. 이런 견해 안에서 전통은 계시의 두번째 출처다.[37]

'전통 I'에서 묘사된 성경과 전통에 관한 견해는 토마스 브래드워딘(Thomas Bradwardine, 1290-1349), 존 위클리프(John Wycliffe, d. 1384), 웨셀 그랜스포트(Wessel Gransfort, d. 1489), 그리고 존 후스(John Huss, d. 1415) 등의 작품들에서 발견된다. 그들에게 성경은 배타적이며 최종적인 권위이다. 그들은 진리를 사수하는 것을 자신들의 신성한 직무로 여기는 교회 지도자들의 계승의 중요성이나 타당성을 부인하지는 않는다. 그러나 권위와 관련해 그들이 강조한 것은 성경을 충실하게 해석하고 그 신앙을 전해 주는 교회의 박사들의 계승이었지, 교회를 위해 성직의 연속성을 보장해 주는 감독들의 계승이 아니었다.

> **성경 vs 전통**
>
> 중세 후기에 핵심적 쟁점은 교회가 성경에서 명백하게 발견되거나 추론되지는 않지만 그 권위와 사도적 진정성에서 "사도들과 다른 사람들의 계승적 전달을 통해 정경과 동등한 것으로서 우리에게 전해 내려온" 것으로 추정되는 신념들을 선포할 수 있느냐는 것이었다.

반면에 '전통 II'는 교회의 박사들보다 감독들의 역할을 강조한다. 교회의 성직계급 제도는 그 사도적 기원과 함께 그 자신의 전통을 갖고 있다. 하지만 그것들은 정경 안에 있는 것에 제한되지 않는다. 14세기에 매우 강력해진 교회법의 전통을 포함해 교회의 전통들은 성경 자체와 동일한 사도적 권위를 부여받았다. 이런 입장을 주도적으로 주장했던 이들은 오캄의 윌리엄(William of Occam, 1347), 엘리의 삐에르(Pierre d'Ailly, d. 1420),

제르송의 쟝 샤를리에(Jean Charlier de Gerson, d. 1429), 가브리엘 비엘(Gabriel Biel, d. 1495), 그리고 스파이에르의 암브로시우스(Ambrosius of Speier, d. 1490) 등이다. 이런 사람들은 특히 "예수께서 제자들 앞에서 이 책에 기록되지 아니한 다른 표적도 많이 행하셨다"는 요한복음 20:30에 호소했다.[38]

이런 두 가지 견해 사이에서 쟁점이 되었던 것은, 15세기 신학자 브레비코사(John Brevicoxa, d. 1423)가 언급했듯이, 권위라는 근본적인 문제였다.

어떤 사람은 정경 안에 분명하게 언급되거나 오직 성경의 내용들로부터 추론될 수 있는 진리만을 보편적 진리이자 구원을 위한 조건으로 믿어야 한다고 말한다. 예를 들면, "그리스도는 참 하나님이고 참 사람이다"라는 주장은 곧 이 범주에 속한다. 왜냐하면 그것은 필연적으로 거룩한 책의 내용을 따르기 때문이다(전통 I). 다른 사람들은 성경에서 발견되지 않거나 필연적으로 그 내용에서만 추론될 수 없는 많은 진리들을 구원을 위한 조건으로 인정해야 한다고 말한다(전통 II).[39]

'전통 II'에 따르면, 가톨릭 신자들이 반드시 동의해야 하는 진리의 다섯 가지 범주가 있다: (1) 성경에서 발견되거나 추론되는 진리, (2) 사도들로부터 전해져 왔지만 성경에 없거나 그것으로부터 추론될 수 없는 진리, (3) 연대기들이나 역사서들에 나오는 믿음에 관한 진리, (4) 처음 두 가지 범주들 중 하나로부터 나온 진리와 조화를 이루면서 처음 세 가지 범주들 중 하나에서 추론될 수 있는 진리, (5) 하나님께서 사도들 이외의 사람들에게

계시하셨거나 최근에 계시하시거나 영감을 주신, 그리고 보편 교회에까지 퍼진 진리.⁴⁰

　이런 두 입장들은 모두 사도적 전통을 기독교인들이 반드시 고수해야 하는 것으로, 또한 성경을 그것에서 신앙의 조항들이 나오는 주된 근원으로 여긴다. 그 어느 쪽의 견해도, 어떤 이단들이 퍼뜨렸던 주장처럼, '오직 성경만이라는 입장'(a Scripture-alone position)을 지지하지 않는다. 중세 후기에 핵심적 쟁점은, 교회가 성경에서 명백하게 발견되거나 추론되지는 않지만 그 권위와 사도적 진정성에서 "사도들과 다른 사람들의 계승적 전달을 통해 정경과 동등한 것으로서 우리에게 전해 내려온" 것으로 추정되는 신념들을 선포할 수 있느냐는 것이었다.⁴¹

전환점 : 칼빈과 가톨릭주의

　"권위는 어디에 있는가?" 하는 질문을 둘러싼 문제들은 프로테스탄트 교회 종교개혁의 핵심적 사안이었다. 발아하고 있던 마틴 루터의 신학과 존 칼빈·울리히 쯔빙글리·하인리히 불링거 같은 다른 프로테스탄트 종교 개혁자들의 발전된 신학 안에서 권위의 문제는 중요한 관심사였다. 특별히 그 신학자들은 로마 가톨릭 교회가 전통을 정의하고 수행하던 때에 성경과 전통의 관계에 관한 질문에 초점을 맞추었다. 이것은 개혁자들로 하여금 성경의 본질에 대해서 또한 그 본질이 교회 안에서 어떻게 그리고 누구에 의해 해석되어야 하는지에 대해서 철저히 숙고하게 했다.

마틴 루터(Martin Luther)는 그의 작품들에서 로마 가톨릭 교회의 여러 신학적 견해들뿐만 아니라 "로마 교회가 다른 모든 교회들보다 우월하다"는 교황들의 주장들도 거부했다.[42] 그는 마태복음 16:18이 그리스도가 베드로를 통해 교황제도를 세웠음을 말한다는 해석을 거부한다. 그 대신 그는 교회는 하나님의 말씀, 즉 예수 그리스도의 복음 위에 세워졌다고 믿었다. 1517년에 루터는 "교회의 진정한 보물은 하나님의 영광과 은총에 관한 가장 거룩한 복음이다"라고 말한다.[43] 이것은 모든 순종이 교황이나 성직자들에게가 아니라 교회를 통치하시는 그리스도께 주어져야 한다는 것을 의미한다. 루터가 쓴 것처럼, "우리는 그들이 그분[그리스도]의 표를 갖고 있는 경우에만 사도들과 교회에 복종한다." 루터는 계속 써 내려간다. "만약 그들이 이 표를 갖고 있지 않다면, 우리는 사도 바울이 갈라디아서 2장에서 베드로에게 그랬던 것보다도 그들에게 관심을 갖지 않는다."[44] 1521년 보름스 회의에서 루터는 자신의 양심이 "하나님의 말씀에 사로잡혀 있다"고 주장함으로써 교회 안에서의 성경의 일차적 권위를 확증했다.[45] 이 말은 교황이나 공의회들이나 교부들은 그 자체만으로는 권위의 참된 기초가 될 수 없다는 것을 의미했다. 왜냐하면 "우리는 교부들의 삶과 작품들이 아니라 오직 하나님의 말씀에 의지하고 그 위에 설 수 있을 뿐이기 때문이다." 이것은 또한 루터가 기독교인의 신앙은 오직 "어디에서나, 어느 때나, 모든 사람에 의해" 믿어져 왔던 것의 기초 위에 세워진다는 레린스의 빈센트의 15세기적 원리를 거부한다는 것을 의미한다. 왜냐하면 이 원리는 신앙을 위한 권위를 교회와 교회의 성경 해석에 두기 때문이다. 루터는 오히려 "성경은 성령의 사역을 통해 스스로를 해석한다"고 주장한다. 그러므로 그와 로마 교회의 차이는 '성경의

권위' 대 '교회의 권위'와 관련되어 있다.⁴⁶

칼빈과 권위

존 칼빈(John Calvin)의 작품들은 권위에 관한 로마 가톨릭적 이해들에 맞서서 프로테스탄트적인 대안을 한결같은 방식으로 제시한다. 칼빈에게 성경은 하나님의 신적 계시다. 성경은 하나님의 말씀이고(*Inst.* I.7.1), "하나님의 입으로부터 사람들의 사역을 통해 우리에게 흘러 나왔다"(I.7.5).⁴⁷ 이런 이유로 성경은 "그것을 마치 천국에서 솟아나온 하나님의 살아 있는 말씀이 들려오는 것처럼" 받아들이는 신자들에 대해 권위를 갖는다(I.7.1). 이 성경은 모든 인간의 지혜보다 뛰어나다. 왜냐하면 성경 안에는 "천국의 고귀한 비밀들이 평범하고 겸손한 말로 충분하게 표현되어 있기 때문이다"(I.8.1).

성경이 교회와 개별적 기독교인들에 대해 갖는 권위는 하나님의 말씀으로서의 성경이라는 그것의 본질 자체에 또한 그것이 성령의 사역을 통해 기능하는 방식에 근거를 두고 있다. 그는 성경의 진리가 스스로를 증명한다고 생각한다: "참으로 성경은, 흰 것과 검은 것이 그 색을 드러내고, 쓴 것과 단 것이 그 맛을 드러내는 것처럼, 그 자신의 진리에 대한 명백한 증거를 충분하게 드러낸다"(I.7.2). 칼빈은 교회가 성경에 권위를 부여한다는 로마 가톨릭적 이해를 거부한다. 반면에 그는 교회가 성경에 근거를 둔다고 주장한다. 그는 교회가 "사도들과 선지자들의 기초 위에 세워졌다"고 말하는 에베소서 2:20을 인용한다. 그리고 계속해서 다음과 같이 로마 교회를 논박한다.

만약 선지자들과 사도들의 가르침이 교회의 기초라면, 그것은 교회가 존재하기 시작하기 전부터 권위를 갖고 있었음이 분명하다. 선지자들과 사도들의 것으로 여겨지는 작품들은 비록 교회가 그 가르침으로부터 시작되었음에도 불구하고 교회에 의해 결정될 때까지 미심쩍게 남아 있다는 그들의 교묘한 반대 역시 근거가 없다. 왜냐하면 만약 기독교 교회가 처음부터 선지자들의 글과 사도들의 선포에 그 기초를 두고 있다면, 그 교리가 발견되는 곳이면 어디에서나, 그 교리— 그것 없이는 교회 자체가 결코 존재하지 못했을 것이다— 를 받아들이는 것이 교회보다 선행했을 것이기 때문이다. 그러므로 성경을 판단하는 권세가 교회에 있기 때문에 성경의 확실성이 교회의 동의에 달려 있는 것처럼 여기는 것은 터무니없는 일이다. 그러므로 교회가 성경을 받아들여 그것을 승인한다고 할지라도, 그것이 곧 교회가 그렇게 하지 않으면 의심스럽거나 논쟁의 여지가 있을 것을 믿을 만하게 만드는 것은 아니다. 그러나 교회는 성경을 하나님의 진리로 인정하기 때문에, 자신의 경건한 의무로서 성경을 주저함 없이 존중한다. "교회의 결의에 의지하지 않는다면 우리가 이것이 하나님으로부터 나왔는지를 어떻게 확신할 수 있는가?" 하는 그들의 질문에 관해 답한다면, 그것은 마치 어떤 사람이 "우리는 어둠과 빛을, 검은 것과 흰 것을, 쓴 것과 단 것을 구별하는 법을 어디서 배우겠는가?" 하고 묻는 것과 같다. 참으로 성경은, 흰 것과 검은 것이 그 색을 드러내고, 쓴 것과 단 것이 그 맛을 드러내는 것처럼, 그 자신의 진리에 대한 명백한 증거를 충분하게 드러낸다(I.7.2; cf. 1.7.3).

칼빈에 의하면, 성경이 하나님의 말씀이고 하나님이 그 저자라는 확신은 성령의 사역을 통해 이루어진다. 교회와 개인은 성령의 내적 증거를 통해 성경의 근원과 권위를 확신하게 된다. "우리는 우리의 확신을 인간의 이성, 판단 또는 추측보다 더 높은 곳에서, 즉 성령의 신비한 증거에서 찾아야 한다"(I.7.4).[48] "성경에 대한 최고의 증거는 일반적으로 하나님께서 몸소 그 안에서 말씀하신다는 사실에서 나온다." 또한 "성령의 증언이 모든 추론보다 뛰어나다"(I.7.4). 칼빈에게 성경은 자기를 증명하는 특성을 갖는다. 그는 성경에 대한 "유일하고 참된 신앙은 하나님의 영께서 우리 마음속에 확증해 주시는 것이다"라고 쓴다. 또한 모든 신자들은 그것을 자신 안에서 경험한다(I.7.5).

하나님의 말씀으로서의 성경의 본질과 교회 안에서 성경의 권위에 대한 이런 견해들은, 칼빈을 루터처럼 교회의 권위와 교황의 수위권에 관한 로마 가톨릭의 주장들을 거부하도록 이끌었다.[49] 그는 마태복음 16:18에 대한 로마 가톨릭 교회의 해석을 거부한다. "그러나 베드로는 자신이 주님으로부터 명령을 받았던 것처럼, 다른 모든 장로들에게 교회를 먹이라고 권고한다. 우리가 이 말씀으로부터 추론해야 하는 것은, 그리스도의 그런 말씀에 의해 다른 사람들보다 특별히 베드로에게 주어진 것은 아무것도 없다는 것 혹은 베드로는 자기가 받았던 그 권리를 다른 사람들과 똑같이 나누었다는 것이다"(IV.6.3). 칼빈은 기꺼이 베드로를 "모든 신자들 중 첫째"라고 부른다. 그러나 그는 "나는 사람들이 이 말씀으로부터 베드로가 다른 사람들보다 우월하다고 추론하는 것을 허락하지 않을 것이다. … 그것은 마치 우리가 안드레가 시간적으로 베드로보다 앞섰고 그를 그리스도께 데리고 왔기 때문에 지위에 있어서 베드로보다 높다고 추론하는 것이 가당치 않은 것과 같다"라고 주장한다(IV.6.5; cf. 요 1:40, 42). 칼빈에게 교회의 참된 머리는 예수 그리스도이시며(엡 4:15-16), "우리 모두는 그분의 주권 아래서 그분이 세우신 교회 조직의 질서와 형태를 따라 서로 결합되어 있다"(IV.6.9). 이것은 칼빈이 고대 교회 공의회들의 가르침들을 권위 있는 것으로 존중하고 받아들이는 반면에, 그것들이나 교황을 무오하다고 여기지 않는다는 것을 의미한다.[50] 칼빈과 다른 개혁자들은 그런 식으로 교회의 권위 및 성경과 전통의 관계에 대한 로마 교회의 입장을 거부한다. 그들에게 최고 권위는 예수 그리스도이시고, 교회를 위한 그분의 말씀과 뜻은 교회의 삶을 위한 일차적 권위인 성경을 통해서 알려진다. 다른 모든 인간적 권위들— 신조들이든, 교회 공의회들이든, 또는 교회의 다른 가르침이든— 은 교회에

> "나는 사람들이 … 베드로가 다른 사람들보다 우월하다고 추론하는 것을 허락하지 않을 것이다." -칼빈

서 보조적이고 파생적인 권위를 지닐 뿐이다. 칼빈은 자신의 입장을 다음과 같이 요약한다. "우리와 교황주의자들 간의 차이는, 그들이 만약 교회가 하나님의 말씀을 지배하지 않으면 교회는 '진리의 기둥'[딤전 3:15]이 될 수 없다고 생각하는 반면, 우리는 진리가 교회에 의해 보전되고 교회의 손을 통해 다른 교회들에게 전해지는 것은 교회가 겸손하게 하나님의 말씀에 복종하기 때문이라고 주장하는 것이다."[51]

가톨릭 교회와 권위

로마 가톨릭 교회는 트렌트 공의회(1545-63)에서 자신의 신학과 관습을 통합하려고 했다. 거기에서 논의되어야 할 중요한 쟁점들 중에는 권위의 문제, 특히 성경과 교회 전통의 관계에 대한 문제가 있었다. 이 문제는 루터와 프로테스탄트 교회들이 교회의 권위의 근원으로서 '오직 성경'(*sola Scriptura*)을 주장함으로써 새로운 긴급성을 얻게 되었다.

트렌트 공의회에 모인 감독들은 1546년 2월 8일부터 성경의 문제를 논의하기 시작해 4월 8일까지 논의를 계속했다. 그 기간 동안 가능한 한 교회 전통을 성경과 동등하게 여기기를 바라는 사람들, 사도적 전통을 성경과 동등하게 취급하는 것을 완전히 거부하는 사람들, 그리고 그 사이에서 성경과 전통의 권위를 결합하려고 하는 사람들에 이르기까지 다양한 집단들이 나타났다.[52]

1546년 4월 8일에 그 공의회가 채택한 교령은, 성경의 정경 목록을 제시하고 외경들을 정경으로 인정하는 한편, '라틴 벌게이트 역'(Latin Vulgate)을 신성하고 정경적인 성경 본문으로 선포했다. 그 교령은 또한 복음이 "기록된 책들과 기록되지 않은 전통들— 그것들은 사도들이 그리스도 자신의 입으로부터 혹은 사도들 자신들로부터 받은 것으로 성령께서 받아쓰게 하심으로 인해 마치 손에서 손으로 전해지듯이 우리에게 전해 내려왔다— 에 포함된 모든 구원하는 진리와 행동의 규범들의 근원"이라고 진술한다.[53] 그 교령은 계속해서 가톨릭 교회 안에 보전된 성경의 책들과 전통들은 둘 다 "경건과 경외의 감정"으로 수용되어야 한다고 주장한다. 성경 해석과 관련해 공의회는 교회가 성경의 "참 의미와 해석에 대한 판단자"가 될 권위를 갖고 있다고 말했다. 이후의 회기에서 공의회는 교회가 성경에 대한 해석을 진행하는 방법은 "성경, 사도적 전통, 거룩하고 승인된 공의회, 최고 권위의 교황들과 거룩한 교부들의 규약과 권위, 그리고 가톨릭 교회의 합의들로부터" 자신의 가르침을 이끌어내는 것이라고 말했다.[54]

하나님의 모든 계시가 성경에 포함되어 있는지, 또한 전통과 성경의 관계는 무엇인지에 관한 트렌트 공의회의 대답은, 비록 표면적으로는 분명했지만, 또한 다양한 해석들의 원인이 되기도 했다. 이것은 두 가지 의미로 해석될 수 있다. 첫째로, 이것은 어느 초기 문서가 진술하는 내용, 즉 "복음의 진리는 부분적으로는 기록된 책들 속에 있고, 부분적으로는 기록되지 않은 전통들 속에 들어 있다"는 것을 의미할 수 있었다. 이런 이해는 성경과 전통은 교회의 신학을 위한 동등한 권위를 지닌 근거라는 입장에 이르렀다.[55] 둘째로, 트렌트 공의회는 또한 복음의 진리는 성경의 책들 속에 완전히 포함되어 있고, 교회의 전통이 그것을 확실하게 만들었다는 것을 의미할 수도 있었다.[56]

권위에 대한 트렌트 공의회의 가르침들은 훗날 교황의 권위에 관한 문제와 관련해서 발전되었다. 중세기 전체를 통해서 교회를 위한 최고 권위를 공의회 안에 두고자 했던 사람들(공의회주의자들)은 '그리스도의 대리자'로서의 교황의 수위권을 강조했던 사람들과 싸웠다. 교회 안에서 그런 긴장은 교황 피우스 9세(Pius IX)가 제1차 바티칸 공의회를 소집했던 1869년 7월 18까지 수 세기 동안 계속되었다. 1870년 7월 18일에 그 공의회는 찬성 533표, 반대 2표로 교황 무오설에 대한 공식적인 입장을 정리했다. 그 공의회의 법령은 다음과 같이 선포한다.

로마 교황이 권위를 갖고서 말할 때— 즉 그가 모든 기독교인들의 목자와 교사로서의 직무를 이행하면서 자신의 최고의 사도적 권위에 의지해서 보편 교회들이 지켜야 할 신앙 또는 윤리의 교리를 규정할 때— 그는 교회가 신앙과 윤리의 교리를 규정할 때 신적인 구속자가 그의 교회에게 구비시켜 주고자 했던 무오성을 복된 베드로 안에서 자신에게 약속된 신적 도움에 의지해서 누린다. 그러므로 로마 교황이 결정한 그런 규정들은 교회의 동의에 의해서가 아니라 그 자체로 개선할 여지가 없을 만큼 결정적인 것이다.[57]

이와 같은 무오성의 권력을 한정하는 여러 가지 조건들이 있다. 그리고 그 교리의 선포 이래 교황의 선언에 의해 발생한 교리들은 두 가지뿐이다. 그 하나는 [마리아의] '무원죄 잉태설'(1854)이고, 다른 하나는 '성모 승천설'(1950)이다.[58] 제1차 바티칸 공의회는 또한 교황이 "전체 교회의 머리이신 그리스도의 참된 대리자이며 모든 기독교인들의 아버지와 교사"라고 주장했다. 그것은 다음과 같이 선포함으로써 교황의 보편적 지위를 주장했다.

그러므로 누구든 로마 교황이 신앙과 윤리와 관계되는 문제들뿐만 아니라 전 세계 교회의 수련과 통치에 관련된 문제들에 있어서 전체 교회에 대한 완전하고도 최종적인 권위가 아니라 단지 감찰이나 관리의 직무만 가질 뿐이라고 말한다면, 또는 누구든 로마 교황이 이 최고 권위의 전체가 아니라 보다 중요한 일부를 가질 뿐이라고 말한다면, 또는 누구든 이 권위가 각각의 그리고 모든 교회들 위에나 각각의 그리고 모든

목자들이나 신실한 교인들에 대해 보편적이고 직접적이지 않다고 말한다면, 그를 파문하라.[59]

이로써 로마 가톨릭 교회는 모든 감독들과 공의회에 대한 교황의 수위권을 교회의 삶을 위한 가장 중요한 권위 있는 직무로서 옹호했다.

이후의 발전 상황

권위의 문제는 개혁자들과 로마 가톨릭 교회가 갈라선 이후 수 세기 동안 그 중요성이 점점 더 커졌다. 대체로 교회사 속에는 권위에 관한 세 가지 주요한 접근 방식이 있었다. 첫번째 접근방식은 로마 가톨릭 교회에 의해 대표되는데, 이것은 복음의 살아 있는 보호자이며 지상에서 그리스도의 권위의 지속적이고 역사적인 현시로서의 '교회'에 호소한다. 두 번째 접근방식은 프로테스탄트 교회에 의해 대표되는데, 이것은 교회를 위한 기본적 권위로서 '오직 성경', 즉 복음의 기록된 증언에 호소한다. 세 번째 접근은 교회사 속의 여러 단계에서 나타났는데, 특히 퀘이커교도들과 현대의 은사주의 운동에 의해 대표된다. 그것은 권위의 궁극적 형태로서 '성령과 개인적 계시'에 호소한다.[60]

역사적으로, "권위는 어디에 있는가?" 하는 질문을 위한 보다 폭넓은 정황은 16세기에 있었던 교회들간의 싸움 이래 교회와 서방 세계에 영향을 준 아주 다양한 사건과 영향력들을 살펴볼 때 잘 드러난다. 그런 사건과 영향력들에는 과학혁명, 합리주의, 경험주의, 계몽주의, 칸트, 헤겔, 트뢸취, 성경비평, 신과학, 동방종교의 영향, 그리고 그밖에 많은 것들이 포함된다.[61] 그 모든 것들은 "권위는 어디에 있는가?" 하는 신학적 질문을 더욱 복잡하게 만들었다. 그러나 그것은 기독교 교회를 그 뿌리로, 또한 교회가 권위를 위해 호소하는 근거들 안에 포함된 근본적 문제들로 되돌아가게 했다.

제7장
성례론 논쟁 I – 세례

Sacramental Controversy I

What is Baptism?

7. 세례란 무엇인가?

교회 안에서 일어난 중요한 신학적 전환점들 대부분은 특별한 논쟁들을 통해 야기되었다. 그러나 성례에 대한 교회의 이해는 오랜 세월 동안 수많은 논의들로 인한 입력을 그다지 받지 않았다. 그런 의미에서 본다면 교회는 성례의 교리들을 발전시키는 일에 늘 종사해 왔던 셈이다. 그러나 여러 가지 쟁점들과 관련해서는 논쟁들이 있었다. 예를 들어, 도나투스 분파에서 받은 성례의 유효성에 대한 문제와 9세기에 랏베르투스와 라트람누스 사이에 있었던 성찬의 본질에 대한 논쟁 같은 것들이다. 성례에 관한 교리적 결정은 제4차 라테란 공의회 같은 교회의 회의들을 통해 이루어졌다. 그 회의는 1215년에 화체설을 교의로서 공언했다. 종교개혁기에 프로테스탄트 교회들은 성례에 대해 자기들끼리 서로 다른 그리고 로마 교회와도 다른 이해에 이르렀다. 그러므로 성례 교리의 역사는 성례의 본질, 성례의 숫자, 그리고 누가 성례를 받을 수 있는가 등 다양한 쟁점들과 관련해 서로 입장을 달리하며 경쟁하는 수많은 관점들의 역사라고 할 수 있다.

교회의 어떤 의식들을 성례라고 해야 하는지, 또한 얼마나 많은 것들을 성례로 규정해야 하는지에 대해 여러 세기에 걸쳐 수많은 제안들이 있었다. 그러는 동안에 두 가지 주요한 의식이 부상해서 가장 주요한 성례가 되었다. 그것들은 바로 '세례'와 '성찬'이다. 프로테스탄트 교회들에서는 이 두 가지가 유일한 성례이지만, 로마 가톨릭 교회는 이 두 가지를 포함하여 일곱 가지 성례를 인정한다. 각각의 성례는 나름의 길고도 복잡한 역사를 갖고 있다.[1] 우리는 먼저 성례의 본질 및 성례와 관련된 신학적 문제들을 검토할 것이다. 그 후에 세례와 (다음 장에 나오는) 성찬을 그것들과 관련된 중요한 신학적 전환점들과 함께 검토할 것이다.

성례의 본질

성경적 기초

신약 성경의 기록들은 성례 의식과 결합되었던 초대 교회 내의 여러 가지 현상들을 묘사한다. 그러나 이런 형상들은 각각 그 자체의 명칭을 갖고 있으며, '성례' 같은 어떤 총칭 아래 결합되어 있지 않다. 그러나 성례라는 개념은 '미스테리온'(*mysterion*)이라는 신약 성경의 용어와 연결되어 있다. 그것은 일반의 전통과 교회의 전통 양쪽 모두 안에 풍부한 유산을 갖고 있는 단어다. 고대 세계에서 '미스테리온'이라는 단어는 어떤 사람의 삶의 중심을 건드려서 그 사람으로 하여금 신성을 경험하게 만드는 무언가를 묘사하는 데 사용되었다. 제례적 관습과 고대 그리스 철학에서 그 단어는 어떤 사람의 삶에 극적인 영향을 미치는 비밀스런 종교적 의식들과 진리를 가져다 주는 지혜를 언급하기도 했다.

구약 성경에서 그 용어는, 다니엘서와 헬레니즘 시기에 기록된 기타 다른 본문들—「솔로몬의 지혜서」, 「토빗서」, 「시락서」, 「제2마카비서」 등—에 반영되어 있듯이, 지혜 전승에서 사용된다. '지혜는 하나님과 인간 사이에서 하나님의 거룩한 비밀들을 세상에 계시하는 한 인격(a person)으로 여겨진다(솔로몬의 지혜서 8:4; 6:22). 다니엘서에는 미래의 미스테리온이 나오는데, 그것은 "후일에 될 일"(단 2:28)로 이루어져 있으며, 하나님에 의해서만 밝혀질 것이었다(2:47; 2:18-19). 이런 묵시 문학 형태에서 하나님의 비밀은 세상 끝날에 마침내 드러나게 될 신비들이다.

신약 성경에서는 이런 미래-종말론적 대도가 종종 '미스테리온'이라는 단어의 사용과 연결된다. 예수님은 제자들에게 "너희에게 하나님 나라의 비밀이 주어졌다"(막 4:11)고 선포하면서 '비밀'을 자신의 주요한 신학적 개념들 중 하나인 '하나님 나라'와 연결시킨다.

바울 서신들에서 '하나님의 비밀'은 바울이 알고자 하고 선포하고자 하는 예수 그리스도와 직접 연결된다. 왜냐하면 예수님 안에서 하나님의 비밀이 계시되기 때문이다(고전 2:1-2; 참조 골 2:2). 십자가상에서의 그리스도의 죽으심은 하나님의 지혜의 현시(顯示)다. 그것은 여러 세대 동안 감추어져 있었으나(골 1:26-27) 이제 드러난다(고전 2:7-13). 그리스도에 대한 이런 메시지는 하나님의 성령을 통하여 계시되었고(고전 2:10-15), "그리스도의 일군이요 하나님의 비밀을 맡은 자"(고전 4:1; 참조 엡 3:2-3; 골 1:25-26)인

사도들을 통해 선포되어야 한다. 이 메시지는 예수님 안에서 성령으로 말미암아 계시되는(엡 3:3-6) 하나님의 비밀스런 구원 계획이다(엡 1:9-10). 이것은 온 세상, 즉 유대인들과 이방인들(엡 3:7-12) 모두에게 공개된 공적인 메시지다.[2]

교회가 '하나님의 비밀'이라고 선포한 내용은 예수 그리스도 안에서 알려진 이런 포괄적인 구원의 메시지였다. 신약 성경은 '미스테리온'을 훗날 결국 교회의 성례가 된 세례 및 성찬 의식과 직접 연결시키지는 않는다. 그러나 4세기말 제롬(Jerome)이 성경을 라틴어로 번역했을 때, '미스테리온'은 때로는 '미스테리움'(*mysterium*)으로 또한 때로는 '싸크라멘툼'(*sacramentum*)으로 번역되었다. 이것은 헬라어를 알지 못하는 일부 중세 신학자들로 하여금 그런 신약의 구절들—예를 들어, 결혼에 대해 말씀하는 에베소서 5:32—이 로마 가톨릭 교회의 성례들을 언급한다고 믿게 했다.

성례의 용어

초기의 기독교 저술가들은 초대 교회에서 수행되었던 여러 의식과 의전들을 언급하지만, 그것들을 '성례'라고 부르지는 않는다. 2세기 변증가들은 '미스테리온'이라는 단어를 두 가지 차원에서 사용한다. 즉 다양한 종교 집단들의 비밀스런 의전들을 지칭하거나, 특별히 하나님의 구원 계획을 보여 주는 예수님의 삶 속에서 일어났던 사건들—가령 그분의 탄생과 십자가에 못 박히심 등—을 언급할 때 사용했다.[3]

라틴어로 저술 활동을 한 최초의 서방 신학자였던 터툴리안(Tertullian)은 어떤 기독교적 실재를 지칭하기 위해서 로마 문화권에서 처음으로 '싸크라멘툼'이라는 용어를 사용한 사람이기도 했다. 고대 라틴어에서 '싸크라멘툼'이라는 단어는 두 가지 의미를 갖고 있다. 군사 문제와 관련해 이 단어는 군인이 지도자와 국가에 대한 자신의 의무를 밝히면서 행하는 충성의 맹세를 가리킨다. 이 행위를 통해 군인은 자신을 던져 권위에 순종한다. 신비종교 집단들은 이런 군사적 맹세를 모방해 자신들의 종교 의식을 행했고 지하 세계의 권세들이 임하기를 간청했다. 로마의 법적 소송에서 '싸크라멘툼'은 소송 과정에 있는 원고들이 신성한 판결을 겸손하게 기꺼이 받아들이겠다는 의사의 표시로서 사제에게 맡기는 공탁금을 의미했다. 어떤 소송들에서는 오직 신들에 대한 상소만이 유죄인지 무죄인지를 결정할 수 있다고 간주되었기 때문이다.

터툴리안은 '싸크라멘툼'이라는 단어를 세례와 관련해 사용한다. 세례에서 그는 이교로부터의 개종과 예수 그리스도 안에서 하나님에 대한 순종과 섬김에 대한 새로운 헌신 사이의 연결점을 발견한다. 세례는 신앙생활의 입문, 충성의 맹세, 그리고 그리스도 안에서 새로운 삶의 방식의 시작을 의미한다. 세례 지원자는 하나님께서 예수 그리스도를 통해 계시하신 신비에 응답한다.[4]

터툴리안의 추종자들은 '싸크라멘툼'을 교회 안에서 수행되는 여러 가지 의전적인 행위와 관습들에 사용하기 시작했다. 그들이 말하는 '싸크라멘타'(sacramenta)는 세례를 받을 때 십자가 표시를 긋는 것, 기름을 붓는 것, 그리고 소금을 받는 것과 같은 일들이었다. 성례는 복음 안에 나타난 거룩한 신비를 가리키므로, 터툴리안은 기독교 자체가 하나의 성례라고 말했다. 4세기에 포이티어스의 힐러리(Hilary of Poitiers)는 그리스도를 예표하는 구약의 인물과 사건들을 '싸크라멘타'로 보았다. 또한 밀란의 암브로즈 (Ambrose of Milan)는 기독교의 '싸크라멘타'에는 부활절과 오순절이 포함된다고 말했다.[5] 이와 같이 초기에 그 용어는 다양한 의미를 갖고 있었다.

성례의 수

초대 교회에서 '싸크라멘툼'은 탄력적인 성격을 갖고 있었다. 따라서 갖가지 의전과 의식들이 성례라고 불렸다. 교회의 역사를 보면, 30가지나 되는 성례들을 인정하자는 제안들이 있었다. 어거스틴은 정확한 숫자는 정하지 않았으나 때로 결혼 예식, 신품식, 축귀의식, 할례, 그리고 다른 의전들을 '성례'로 언급한다.[6] 5세기에 위(僞)-디오니시우스(Pseudo-Dionysius)는 교회의 여섯 가지 신비들을 열거했다: 세례, 성찬, 도유식, 신품식, 수도원 생활, 죽은 자들에게 실행되는 의식 등이다. 그러나 이 시기에 주된 관심은 세례와 성찬에 주어졌다.

그 후 수백 년에 걸쳐 교회의 전례적 행위에 여러 가지 변화가 일어났다. 그 기간 동안 안수식(견진성사)이 세례로부터 분리되었다. 참회(고해성사)가 성례로 인정되었다. 결혼식(혼인성사)이 성례적 의식이 되었다. 사제에 대한 안수는 신품성사라는 형태를 취했다. 그리고 병자들을 위한 도유식은 죽어가는 자들을 위한 도유식이 되었다. 성례의 수는 다섯에서 열둘까지 다양했다.

저자 미상의 『신성의 명제들』(*Sentences of Divinity*, 1145)이라는 작품은 결국 교회의 관례가 될 일곱 가지 성례들을 열거했다. 여기에는 모든 기독교인들에게 해당되는 다섯 가지 성례 — 성세성사 · 견진성사 · 고해성사 · 성체성사 · 종부성사 — 와 다른 두 가지 성례 — (평신도들을 위한) 혼인성사 및 (성직자들을 위한) 신품성사 — 가 포함되었다. 피터 롬바르드(Peter Lombard, d. 1160)는 아주 영향력 있는 그의 책 『명제들』(Sentences)에서 이 목록을 사용했다. 또한 이 목록은 1439년 플로렌스 공의회에서도 공식적으로 채택되었고, 1547년 3월 트렌트 공의회의 일곱 번째 회기에서 재확인되었다.

할레스의 알렉산더(Alexander of Hales, 1186-1245) 역시 일곱 가지 성례들을 인정했다. 그는 오직 세례와 성찬만이 그리스도가 제정한 것이고 다른 성례들은 그분의 사도들과 교회의 사역자들에 의해 지정되었다고 말했다. 훗날 종교개혁자들은 어떤 성례가 진정한 성례가 되려면 직접 성경에 근거해야 하며 그리스도 자신에 의해 제정되어야 한다고 주장했다. 따라서 그들은 유일하고 참된 성례는 세례와 성찬뿐이라고 주장했다.

토마스 아퀴나스(Thomas Aquinas, 1225-74)는 세례와 성찬이 으뜸가는 성례들이라고 주장했다. 프란시스 수도회의 신학자 겸 추기경이었던 보나벤투라(Bonaventura, d. 1274)는 일곱 가지 성례를 인간의 일곱 가지 질병에 대한 해독제라고 주장했다. 원죄는 성세성사(세례)로, 사망에 이르는 죄는 고해성사(참회)로, 경미한 죄는 종부성사(죽어가는 자들에 대한 도유식)로, 무지(無知)는 신품성사(성직 안수식)로, 악의는 성체성사(성찬)로, 질병은 안수식(견진성사)로, 그리고 악한 색욕은 혼인성사(결혼식)로 말미암아 중화된다.[7]

성례의 정의

어거스틴은 성례의 교리를 조직적으로 다룬 최초의 신학자였다. 그는 그의 스승인 밀란의 암브로즈가 했던 것처럼 — 암브로즈는 『신비론: 성례론』[*On the Mysteries: On the Sacraments*])이라는 책을 썼다 — 성례에 대해 특별한 논문을 쓰지는 않았다. 성례에 관한 어거스틴의 견해는 도나투스주의자들 및 펠라기우스주의자들과의 논쟁(제 3, 4장을 보라)이라는 상황하에서 발전되었다. 그러나 『교사론』(*On the Teacher*)이라는 그의 작품은 '징표'(sign)와 '상징'(symbol)이라는 개념을 다루고 있다. 어거스틴에게 '싸크라멘툼'은 신성한 것의 영역 안에 있는 '신적인 것들'에 속하는 상징들의 일부다.[8]

어거스틴은 '징표'를 "무언가를 보다 잘 드러나게 하는 어떤 것"이라고 정의한다.[9] 기독교적 성례의 견지에서 "징표들은 그것들이 신적인 것들을 언급할 때 성례라고 불린다." 성례는 "신적인 것의 볼 수 있는 징표이지만, 그 안에서 보이지 않는 것 자체가 존중되어야 한다." 어거스틴은 "그것들은 그것들 안에서 한 가지 것이 보이고 또 다른 것이 이해되기 때문에 성례라고 불린다. 보이는 것은 외적 모습을 갖지만, 이해되는 것은 영적 열매를 맺는다"고 말했다.[10]

어거스틴에게 어떤 징표나 상징은 그것이 나타내는 것과 모종의 유사성을 갖는다. 세례에서의 물은 내적인 정결함을 나타내며, 성찬의 떡 안에 있는 밀 알갱이들은 그리스도의 몸의 통일성 안에 있는 수많은 지체들을 가리킨다.[11] 상징은 그것에 동반하는 말씀들에 의해 이해되거나 설명된다. "성례의 요소에 말씀이 부가되면, 그 성례는 마치 그 자체가 일종의 볼 수 있는 말씀처럼 된다."[12] 이와 같이 기독교의 성례는 두 가지 요소로 이루어진다. 하나는 외적이고 물질적인 요소(물 또는 떡과 포도주)이고 다른 하나는 그것을 설명하는 말씀이다. 어거스틴에게 말씀은 하나님의 은혜라는 내적 실재를 전달하는 수단이다. 상징은 그것이 상징하는 것을 초래한다. 세례에서는 정결함이 발생되고, 성찬에서는 예수 그리스도의 몸과 피에 연합시키는 능력이 나타난다. 성례에서 말씀은 믿음을 운반하는 전달수단이다. 또한 성령의 은사인 믿음은 성례가 거룩한 보편 교회에 속한 기독교인에게 효과가 있도록 만들어 준다.[13]

성례에 대한 이런 식의 이해는 어거스틴으로 하여금 도나투스주의에 관한 논쟁에서 그 분파적 이단이 교회의 성례들을 소유하고 집례한 것은 적법했다고 주장하게 했다. 그러나 그런 교회들에서 수행되는 의식적 행위들은 성례의 효과를 갖지 못했다. 왜냐하면 그 교회의 회중이 성령과의 교제 및 사랑으로부터 분리되었기 때문이다.[14] 어거스틴은, 성례가 실제적 효력을 지니려면, 성례를 베풀고 받는 자들이 보편 교회의 구성원이어야 한다고 믿었다. 왜냐하면 사랑의 영은 오직 참된 교회 안에만 임재하기 때문이다. "만일 세례가 은혜의 성례이고 은혜 자체는 죄의 폐지라고 한다면, 이단자들에게는 ― 비록 세례가 베풀어질지라도 ― 세례의 은혜가 임하지 않는다. 그러므로 마치 하나의 믿음이 존재하는 것처럼, 하나의 세례와 하나의 교회가 존재한다." 그러므로 어거스틴에게 "교회의 세례는 교회 밖에도 존재할 수 있지만, 복된 삶이라는 은사는 오직 교회 안에서만 발견된다."[15]

어거스틴의 성례관

어거스틴에 의하면, 기독교의 성례는 두 가지 요소로 이루어진다. 하나는 외적이고 물질적인 요소이고, 다른 하나는 그것을 설명하는 말씀이다. 상징은 그것이 상징하는 것을 초래한다. 세례에서는 정결함이 발생되고, 성찬에서는 예수 그리스도의 몸과 피에 연합시키는 능력이 나타난다.

성례에 대한 어거스틴의 정의는 중세 신학자들이 그것에 대해 보다 세밀한 요소들을 추가할 때까지 교회 안에서 지배적이었다. 성 빅토르의 휴고(Hugo of St. Victor, d. 1141)는 성례를 '은혜의 그릇'이라고 말했고, 성례가 기본적으로 그것을 받는 자들의 도덕적·영적 성장 및 치유와 관계가 있다는 견해를 받아들였다.[16] 피터 롬바르드(Peter Lombard)는 덧붙이기를, "하나님께서 원죄와 자범죄의 상처들에 대비하여 성례라는 치료책을 제정하셨다"고 했으며, 또한 "우리가 정당한 의미에서 성례에 관해 말하는 것은 하나님의 은혜에 대한 어떤 상징 — 그 상징과 유사성을 지니고 또한 그 근원이 되는 보이지 않는 은혜의 형식 — 이 존재할 때다"라고 말했다.[17] 이와 같이 성례는 그것이 하나님의 은혜를 전달하는 수단으로 이해된다는 점에서 중요할 뿐 아니라 정당화된다. 휴고에 따르면, "성례는 공개적이고 감각적으로 드러나는 — 눈으로 볼 수 없는 영적인 은혜를 상(像)을 통해 대표하고, 관습을 통해 드러내고, 또한 성별(聖別)을 통해 포함하는 — 육체적 혹은 물질적 요소다."[18]

하나님의 은혜의 운반수단으로서의 성례에 대한 이런 주장은 토마스 아퀴나스에 의해 강조된다. 그에게 있어서 성례는 그것들이 나타내는 것을 실제로 야기할 수 있다. 아퀴나스는, 비록 하나님이 오직 성례를 통해서만 은혜를 전달하도록 제한되지는 않으실지라도, 성례는 하나님의 은혜를 전달하는 전형적인 방식이라고 말했다. 이와 같이 성례는 "사람들을 신성하게 하는 수단이므로, 신성한 것들의 표상"이다.[19] 아퀴나스는 아리스토텔레스의 용어를 사용해 하나님을 '제1원인'(principal cause)으로, 그리고 성례를 하나님께서 그리스도를 통하여 교회에게 베푸시는 '도구적 원인'(instrumental cause)으로 부른다. 성례는, 아리스토텔레스식으로 하자면, 모든 물질적 실체들이 그렇듯이, '질료'(material)와 '형상'(form)으로 이루어져 있다. 질료는 수많은 방식으로 형체를 이룰 수 있는 그러나 아직 형체를 이루지 않은 어떤 사물의 실체다. 형상은 형태를 이루는 에너지다. 하나의 성례에서 질료는 가견적 요소(세례에서의 물, 성찬식에서의 떡과 포도주) 또는 감각(고해성사에서 죄인에 의한 죄의 고백)에 의해 이해되는 상징적 의식이다. 성례의 형상은 집례자가 그 행위를 명확하게 설명하기 위해 사용하는 언어, 예를 들어, 사제가 선포하는 성별(聖別)이나 사죄(赦罪)의 말 등이다.[20]

아퀴나스에 의하면, 올바른 질료와 올바른 형상이 결합될 때, 그 징표는 틀림없이 실체를 전달한다. 사제가 성례를 그리스도께서 제정하신 것으로 이해하고 거기에서 발생하는 의미를 전하고자 하는 의도를 갖고서 성례를 집례할 때, 그가 선포하는 말씀을 통해 은혜가 전달된다. 이와 같이 은혜가 도래하는 것은 의식(儀式)을 통해서 이루어진다. 사제가 영적으로 존경할만 하다거나 존경할 가치가 없다는 것은 중요하지 않다. 또한 성례의 수령인이 죽을죄에 빠져 있거나 성례를 받는 것을 막을 만한 걸림돌을 제기하지 않는 한, 수령인의 영적인 상태 역시 중요하지 않다. 이런 이유로 '엑스 오페레 오페라토'(ex opere operato)라는 용어가 생겨났다. 문자적으로 이것은 "수행된 성례로 인하여" 또는 "수행된 성례의 실행으로부터"를 의미한다.[21] 그러므로 어떤 장애가 존재하지 않는 한, 은혜는 베풀어진다. 아퀴나스가 말하듯이 "성례는 그것을 주거나 받는 사람의 의를 통해서가 아니라" 오히려 "하나님의 권능을 통하여" 효력을 지닌다. 아퀴나스는 휴고의 신앙 고백을 인정한다. "징표는 은혜를 포함한다."[22]

성례의 본질에 대한 이런 견해는, 롬바르드가 성례를 받기 위해 반드시 필요하다고 주장하는 믿음과 회개보다도 성례 자체의 구조와 기능과 효과를 강조하는 결과를 가져 왔다.[23] 터툴리안을 비롯해 다른 사람들은 성례에서 헌신과 개인적 참여를 강조했는데, 그와 같은 강조는 이런 중세적 견해에서는 그다지 우세하지 않다. 성례는 의롭게 하는 은혜를 가져온다(아퀴나스). 성례는 예수 그리스도의 공로를 전달함으로써 인간의 원래의 의를 회복시키는 데 이바지한다. 그러므로 은혜는 성례라는 수단을 통하여 전달된다.[24] 아퀴나스가 말하듯이 성례는 "은혜를 표현할 뿐만 아니라 발생시키기도 한다."[25] 성례는 모든 세대의 영혼에 늘 새겨져 있어서 지울 수도 없고 파괴할 수도 없는 표시인 어떤 영적 특성을 전달한다.

마틴 루터와 로마 가톨릭 교회 사이에서 벌어진 논쟁의 직접적인 쟁점은 면죄부 문제였다. 면죄부는 고해성사와 관련된 성례 체계의 일부였다. 16세기경 로마 가톨릭 교회에서는 죽음 이후의 삶에서 죄의 징벌을 경감시켜 준다는 약속과 맞바꾸기 위하여 면죄부 발행이 이루어졌다. 종종 이것은 교회에 대한 기부금을 확보하기 위해 사용되었다. 루터는 이런 관습에 이의를 제기했고, 교회의 신학자들을 향해 성경에 근거해서 행동할 것을 촉구했다. 그의 도전은 점차적으로 교회 안에서 이루어지고 있는 다른 잘못된 관행들에 대해까지 확대되었고, 결국 이로 인해 그는 1520년 로마 교회에 의해 파문되었다. 그러나 점차적으로 종교개혁은 유럽을 휩쓸었고, 울리히 쯔빙글리와 존 칼빈 같은 탁월한 신학자들이 그의 뒤를 이어 로마 가톨릭 교회의 교리에 항거하는 일에 뛰어 들었다.

루터는 그의 저작들에서 중세 신학자들을 따라 성례에 대한 어거스틴의 신앙고백문을 수용한다. "성례의 요소들에 말씀이 부가되면, 그 성례는 마치 그 자체가 일종의 볼 수 있는 말씀인 것처럼 된다."[26] 그러나 루터는 말씀이 성례에 특별한 지위를 부여하는 힘이라고 강조한다. 세례의 물은 "단순한 물이 아니라, 하나님의 명령에 따라 사용되고 하나님의 말씀과 결합된 물이다."[27] 주님의 만찬에서 "성례의 효과를 만들어 내는 것은 먹고 마시는 행위 자체가 아니라 '너희를 위하여'와 '죄들의 용서를 위하여'라는 말씀들"이다.[28] 성례는 오직 하나님의 말씀— 무엇보다도 예수 그리스도 안에 있는 약속의 말씀— 에 대한 믿음과 결합할 때만 은혜의 "효과 있는 징표"가 된다. 성례는 "신앙을 돕고 고무하는 표징들이며 … 그런 믿음과 상관이 없다면, 그것들은 유익하지 않다."[29] 루터는 로마 교회의 '엑스 오페레 오페라토'라는 견해에 맞서서 "성례가 … 아무런 걸림돌을 제기하지 않는 사람들에게 은혜를 준다고 주장하는 것은 이단이다"라고 선언한다. 그는 또한 로마에 맞서서 신앙은 성례와 무관하게 주어질 수 있다고 믿었다. 그는 로마서 1:17("오직 의인은 믿음으로 말미암아 살리라")을 주석하면서 하나님은 "의인이 성례가 아니라 오직 믿음으로 말미암아 살리라고 말씀하신다. 왜냐하면 성례가 아니라 단지 그 성례와 함께 하는 믿음만이 생명과 의를 주기 때문이다"라고 말했다. 성례를 은혜의 수단으로 만드는 것은 하나님의 말씀이다— 루터에게 하나님의 말씀은 바로 예수 그리스도와 그리스도를 전하는 성경의 약속들을 의미한다. "왜냐하면 말씀은 성례 없이도

> "말씀은 성례 없이도 존재할 수 있지만, 성례는 말씀 없이 존재할 수 없다."
> – 루터

존재할 수 있지만, 성례는 말씀 없이 존재할 수 없기 때문이다. 또 경우에 따라 어떤 사람은 성례 없이도 구원받을 수 있지만 말씀 없이는 구원받을 수 없기 때문이다."[30]

울리히 쯔빙글리(Ulrich Zwingli)는 "싸크라멘트라는 단어가 독일어에 수용되지 않았으면 좋았을 것"이라는 바람을 표명했지만, 계속해서 그 용어를 사용했다.[31] 그는 그 단어가 사람들에 의해 올바르게 이해되지 못한채 의식들과 결합되었기 때문에 개별적으로 고려될 때 보다 잘 이해된다고 믿었다. 쯔빙글리는 어떤 입문 의식이나 서약과 관련된 일종의 '맹세'로서의 싸크라멘툼이라는 기본적인 의미에로 돌아간다.[32] 성례는 "그것을 통하여 어떤 사람이 자신이 그리스도의 군사가 될 작정이거나 그리스도의 군사임을 교회에 증명하는, 또한 그 자신이 아니라 온 교회에게 자신의 믿음을 알리는" 징표다. "만일 당신의 믿음이 너무나 완벽해서 그것을 확증하기 위하여 어떤 의전적인 징표를 필요로 하지 않을 정도라면, 그것은 믿음이 아니다. … 믿음이란 우리가 그것으로 말미암아 하나님의 자비를 흔들림 없이, 견고히, 그리고 일편단심으로 신뢰하는 바로 그것이다." 이와 같이 쯔빙글리는 성례가 거룩한 것의 징표라는 루터의 견해를 받아들이지만, "당신이 성례를 실행할 때, 당신 내부에서 어떤 정화가 확실하게 이루어진다"는 루터의 주장은 받아들이지 않는다.[33] 쯔빙글리는 징표와 그 징표가 나타내는 것을 날카롭게 구분한다. 그는 만일 징표가 그 징표에 의해 표현되는 바로 그것이라면, 그것은 더 이상 징표가 될 수 없다고 주장한다. 하나님께서 '언약의 징표들'인 세례와 성찬을 주셨다. 그리고 그것들은 각각 '입문의 징표'와 '감사의 징표'다. 그러나 이런 징표들은 하나님의 은혜를 전달하지 못한다.

왜냐하면 은혜는 오직 하나님의 성령에 의해 베풀어지기 때문이다. "더욱이 성령께서는 어떤 전달 통로나 운반 수단이 필요하지 않다. 왜냐하면 그분 자신이 모든 것들을 태어나게 하는 능력이자 에너지이시며, 출생될 필요가 없으시기 때문이다."[34] 성례는 그리스도를 '표현하지만'(represent) '제공하지'(present) 않는다. 성례는 감각에 호소하기 때문에, 신앙은 신앙을 증대하고 촉진하는 성례로 말미암아 강화된다. 그러나 믿음이 없다면, 또한 성령께서 임재하시고 활동하시지 않는다면, 그것은 효과가 없다. 성례는 믿음을 견고히 하는 데 도움이 된다. 그러나 그것들이 신앙을 제공하는 것은 아니다. 교회의 성례에서 사람들은 언약의 징표들을 받고, 자신들에 대한 신실하심과 사랑에 대한 하나님의 보증을 인식하면서, 자신들이 하나님의 백성으로서 서로 하나됨을 서약한다.[35]

칼빈의 성례론에서 지배적인 용어들은 '징표'(signs)와 '인'(seals)이다. 칼빈 역시 "신성한 것에 대한 가시적 징표" 또는 "비가시적 은혜에 대한 가시적 형상"이라는 어거스틴의 성례관을 받아들인다. 그러나 칼빈은 성례를 훨씬 더 완전하게 정의한다. 성례란 "하나의 외적 징표로서 주님께서 연약한 우리의 믿음을 지탱시키기 위하여 우리에게 향하신 그분의 선하신 뜻에 대한 약속을 우리의 양심에 인 치시는 것이며, 또한 우리가 주님과 그분의 천사들 앞에서 그리고 사람들 앞에서 그분을 향한 우리의 경건을 입증하는 것이다"(*Inst.* IV.14.1). 이런 전제하에서 칼빈은 다음과 같이 주장한다. "성례에는 반드시 그것에 앞서는 약속이 있고, 성례는 그 약속에 대한 일종의 부록으로 첨가된 것이다. 성례의 목적은 약속 자체를 확증하고 보증하며, 그것을 우리에게 보다 더 분명하게 해주고, 어떤 의미에서 그것을 비준하는 것이다"(IV.14.3). 성례는 하나님의 은혜를 외적으로 드러내는 표징이 되는 하나님의 은혜로운 선물이며, 믿는 사람들의 신앙을 강화시키기 위해서 요구되는 것이다. 그 신앙은 "부족하고 연약하기 때문에 모든 면에서 보강되고 모든 수단에 의해 보양되지 않으면, 흔들리고 요동하고 비틀거리다가 결국 무너져 버린다." 그러나 "우리의 자비로운 주님께서는 그분의 무한한 친절하심을 따라 … 우리의 수용 능력에 맞게 자신을 조율하심으로써, 이 땅에 속한 요소들을 통해서라도 우리를 자신에게 인도하시고 육체를 입고 있는 우리 앞에 영적인 복을 비춰 주는 거울을 세워 놓으시기 위해 자신을 낮추신다." 성례는 하나님의 신성한 말씀을 확증하는 것이 아니라, 오히려 "우리를 그 말씀에 대한 믿음 안에 세운다"(IV.14.3). 칼빈에 의하면, 약속의 말씀이 징표를 설명해야 하며, 따라서 "성례는 믿음을 불러일으키기 위해 설교를 필요로 한다"(IV.14.4).

성례는 또한 말씀과 함께 결합할 때 능력을 얻게 되는 '인'(印)이다. 공문서에서 인은 "그 자체로는 아무것도 아니다." 그러나 그것이 문서의 기록에 덧붙여졌을 때 "그 인은 기록된 내용을 확증하고 증명한다"(IV.14.5). 성례는 이와 같이 믿는 사람들의 심령에 그리스도의 복음 안에 있는 하나님의 약속들을 인 친다. 믿음은 하나님의 말씀과 함께 성령의 역사로 말미암아 성례를 통하여 확증되고 증진된다. "만일 성령이 계시지 않으면, 성례는 장님의 눈에 비추는 태양의 광휘나 벙어리의 귀에 울려 퍼지는 음성처럼 우리 마음속에 아무것도 이룰 수 없다"(IV.14.9). 칼빈은 "만약 우리가 치명적인 죄라는 장애물을 제거하지만 않는다면, 성례가 우리를 의롭게 하고 또한 은혜를 제공한다"는 궤변가들의 가르침에 반대한다. 오히려 믿음이 중요한

데, 그것은 성례는 "믿음으로 받아들여지지 않으면 아무 소용이나 유익이 없기 때문이다"(IV.14.17). 칼빈은 성례가 "하나님의 말씀처럼 우리에게 그리스도와 그분 안에 있는 하늘의 은혜의 보화들을 공급하고 제시하는 동일한 임무를" 갖고 있다고 말한다. 하나님은 "그분이 표징들을 통해서 약속하고 표현하시는 것은 무엇이든지 진실로 실행하시기 때문이다." 그러나 이런 표징들이 하나님의 자유와 능력을 손상시키지는 않는다(IV.14.17).[36] 이와 같이 칼빈에게 성례는 하나님의 약속의 징표들이다. 예수 그리스도 안에 있는 하나님의 약속들은 성례를 통해서 — 성령의 역사로 말미암아 믿음으로 받는 하나님의 말씀의 선포를 통하여 — 믿는 사람들의 삶 속에 수용되고, 인 쳐지고, 하나님의 은혜를 확증한다.

> **트렌트 공의회와 성례**
>
> 트렌트 공의회는 세례를 제외하고는 프로테스탄트 교회들에서 집행되는 성례들의 유효성을 부정했다. 그 회의의 일반적인 입장은 가톨릭적 의미에서 참된 성례는 오직 그것을 실행하는 사람들이 성례의 본질에 대한 로마 가톨릭적 이해를 갖고 있을 때만 가능하다는 것이었다.

트렌트 공의회는 1547년 3월에 열린 일곱 번째 회기에서 성례에 대한 교령을 발표했다. 그 회의는 성례를 같은 해 1월에 열린 여섯 번째 회기에서 확정된 "칭의에 대한 건전한 교리의 완성"으로 보았다. 가톨릭 신학자들 사이의 이견 때문에, 트렌트 공의회는 성례에 대한 명확한 진술을 내놓지는 못하고, 그 대신에 프로테스탄트 신자들의 견해를 저주하는 법령의 형식으로 자신들의 가르침의 골자를 작성했다.[37] 그 회의는 자신들의 교령을 작성하면서 중세의 플로렌스 공의회를 따랐다.

트렌트 공의회는, 모두 그리스도께서 제정하신 '새로운 법'에 해당하는 일곱 가지 성례가 있다고 주장했다(법규 1). 이런 성례들은 모두 동등하며(법규 3), 그것들이 없이는 칭의의 은혜가 보장될 수 없으므로 구원을 위해 필요하다(법규 4). 성례들은 단순히 믿음의 함양을 위해 주어지는 것이 아니며(법규 5), 그 성례들은 아무도 장애물을 제기하지 않는다면, 그것들이 의미하는 은혜를 실제로 갖고 있다(법규 6). 성례들은 항상 은혜를 전달하며(법규 7), 이런 은혜를 '엑스 오페레 오페라토'로 수여한다. '오직 믿음만이 아니라 성례들이 은혜를 전달한다(법규 8). 성례들 중 세 가지 — 성세성사(세례)·견진성사(안수)·신품성사(성직 안수) — 는 영혼에 "어떤 확실한 영적이고 지울 수 없는 표시" 혹은 특징을 수여한다. 성례의 효력은 죽을 죄를 지은 사역자들에 의해 훼손되지 않는다(법규 12). 그러나 사역자들은 그들이 성례들을 베풀 때 반드시 "교회가 행하는 것을 행하려는 의도"를 지녀야 한다(법규 11).[38]

트렌트 공의회의 결과는 세례를 제외하고는 프로테스탄트 교회들에서 집행되는 성례들의 유효성을 부정하는 것이었다. 그 회의의 일반적인 입장은 가톨릭적 의미에서 참된 성례는 오직 그것을 실행하는 사람들이 성례의 본질에 대한 로마 가톨릭적 이해를 갖고 있을 때만 가능하다는 것이었다. 세례는 예외였다. 왜냐하면 가톨릭과 프로테스탄트 교회 양쪽 모두가 사용하는 신앙고백들이 모두 다 성경적이었고, 대부분의 경우 그들 두 전통은 신약에서 묘사하는 유아와 장년 세례 양쪽 모두에 대한 일반적인 이해를 공유했기 때문이다. (그렇지만, 이것은 세례에 대한 양측의 신학이 모든 면에서 유사했다는 것을 의미하지는 않는다.) 교회법에서의 추가적인 개혁은 로마 가톨릭 교회 안에 보다 큰 균일성을 가져다 주었다. 이런 개혁에는 로마의 미사 전례서를 미사 집례를 위한 표준 의전서로 사용하는 것이 포함되었다. 미사 전례서에는 성례들을 규정하는 말들과 성례들이 어떻게 실행되어야 하는지에 대한 예식 규정들이 모두 다 포함되었다. 이것은 결국 가톨릭 교회 안에서 보편적이고도 세계적인 성례의 이론과 관례를 제시하는 것을 가능하게 했다. 로마 교회에 따르면, 이것은 믿음의 통일성을 입증하는 것이었다. 트렌트 공의회는 로마 가톨릭의 성례에 대한 이해를 견고하게 확립했다. 다음 4세기 동안 성례 신학은 보다 작은 쟁점들과 관련해서만 수정되었을 뿐이다.

세례

성경적 기초

헬라어 동사 '밥티제인'(*baptizein*)은 '세례를 주다'를 의미하는 신약성경 용어다. 그것은 '잠그다,' '가라앉다,' '흠뻑 젖게 하다,' '밑으로 가라앉다,' '스며들다,' 그리고 '씻다' 등 여러 가지 의미를 갖고 있다. 명사 '밥티스마'(*baptisma*)는 세례의 외적 행위뿐 아니라 그것의 내적 의미와 효력을 나타낸다.

세례는 기독교의 가장 초기부터 실행되었다. 비록 세례 의식이 신약성경에서 자주 언급되지는 않지만, 그것은 회심자가 예수 그리스도 안에서 하나님께 대한 공식적인 서약과 순종을 표현하는 것으로 간주되었다. 예수님의 세례는 초대 교회의 세례를 위한 모범 또는 모델이었다. 예수님은 세례자 요한에게 세례를 받으셨다(막 1:9-11과 병행구들; 요 1:32-34). 세례자 요한은 하나님의 심판과 그 왕국의 설립을 위해 '오실 분'의 임박성을 알렸다. 그분의 의의 길은 예비되어야 했다(마 3:3; 21:32). 요한은 사람들에게 회개하고(마 3:2; 막 1:4), 새로운 삶을 삶으로써(눅 3:10-14) "회개에 합당한 열매를 맺도록"(눅 3:8) 촉구했다.

예수님의 세례는 자신의 정체성과 사명에 대한 시인을 의미한다. 그 세례는 그를 죄인들과의 연대(連帶)에로 이끌고, 그가 고난과 죽으심에 이르기까지 하나님께 순종하기로 선택한 자유를 보여 준다(눅 12:50을 보라). 하늘의 음성과 성령의 강림(막 1:9-11; 마 3:13-17; 눅 3:21-22)은— 세례의 물과 함께— 부활을 통해 드러나는 십자가에 못 박히셨던 분의 설욕에 상응한다(딤전 3:16을 보라).

사도행전은 성령 세례에 대한 약속 및 세계 선교를 위한 제자들의 부르심으로 시작된다(1:5; 참조. 마 28:16-20). 사람들이 성령을 받고 회개했던 오순절 이후(2:38, 41), 교회에서는 물로 베푸는 세례가 시행되었다(8:39; 9:18; 16:15, 33; 19:5을 보라). 복음 메시지(*kerygma*)는 믿음 안에서의 수용이라는 반응을 불러일으키고, 그것은 세례를 통해 표현된다(2:37-38, 41; 8:12; 16:14-15). 세례의 실행은 성령을 영접하는 것과 연결된다(2:38; 9:17-18; 10:47; 11:16).[39] 세례는 "예수 그리스도의 이름으로"(2:38; 10:48) 또는 "주 예수님의 이름으로"(8:16; 19:5) 행해진다.

바울 서신에서 세례의 의미는 보다 분명하게 설명된다. 로마서 6:1-4에서 바울은 예수 그리스도의 죽으심과 부활을 그분 안에 있는 그리고 그와 함께 있는 사람들의 죽음과 부활에 연결시킨다. 즉 세례는 어떤 사람이 그리스도의 죽으심 안에서 그분과 연합하고 또한 그의 부활 안에서 그와 함께 일어나는 것을 묘사한다. 고린도전서 12:12-13에서 세례는 기독교 공동체, 즉 그리스도의 몸 안으로 편입하는 수단으로 설명된다. 갈라디아서 3:26-29에서 바울은 "그리스도로 옷 입는 것"으로서의 세례를 '아들 됨'(sonship)으로 지칭되는 특별한 관계와 연결시킨다. 골로새서 2:9-13은 세례를 죄에 대하여 죽고 새로운 삶을 향해 다시 일어서는 것으로서 유대교의 할례에 대한 기독교의 대응물로 간주한다. 세례를 통한 이와 같은 그리스도와의 연합은 구원을 위해 필요한 모든 것을 제공한다. 에베소서 4:5-6에서 세례는 "한 분의 주님, 하나의 믿음, 하나의 세례, 한 분의 하나님이신 우리 모두의 아버지"라는 신앙고백문을 통해서 기독교 신앙의 통일성과 관련된다.

　세례에 대한 신약의 다른 언급들로는 히브리서 6:2과 10:22, 그리고 베드로전서 3:21 등이 있다. 거기서 세례는 하나님을 향한 기독교인의 신실한 증언의 기초로 묘사된다. 디도서 3:5에서는, 비록 세례라는 용어가 사용되지는 않지만, "중생의 씻음과 성령의 새롭게 하심"에 대한 언급을 통해 물과 성령이 연결된다(참고. 요 3:5). 비슷하게, 요한1서 5:6 이하는 예수 그리스도께서 물과 피로 임하셨다고 말함으로써 물과 피를 연결시킨다(참고. 요 19:34; 계 7:13; 16:3).

초대 교회에서의 세례

　초대 교회 문서인 「디다케」(*Didache*)는 교회는 "주님의 이름으로 세례를 받은 사람들 외에는 아무도 성찬을 먹거나 마시지 못하게 해야 한다"고 말한다. 이 문서에 따르면, 세례는 삼위일체에 대한 신앙고백과 함께 집례되었다. 또한 교회의 초기부터 세례는 죄의 용서에 대한 증거였다.[40] 그것은 믿음의 가족인 교회 안으로 들어가는 관문이다. 「바나바서」(*The Epistle to Barnabas*)에 따르면, 세례 지원자는 죄의 짐을 짊어지고 세례를 위한 물속으로 내려간 후, "성령 안에서 예수님에 대한 경외와 소망을 품고 심령에 열매를 맺으면서" 물에서부터 나온다.[41] 세례는 성령을 영접하는 것과 연결된다. 로마의 클레멘트(Clement of Rome)는 "한 분의 하나님, 한 분의 그리스도, 한 분의 성령의 은혜가 우리 위에 부어지는 것"에 대해 말한다.[42]

순교자 저스틴(Justin Martyr)은 그의 저서 『첫번째 변증』(*First Apology*)에서 기독교의 세례를 예배의 일부분으로 다룬다. 저스틴은 세례의 실행과 관련해 이사야서 1:16-20과 요한복음 3:3-4에 호소하는데, 거기에서 삼위일체의 이름으로 집례되는 세례는 중생, 교회, 그리고 죄의 용서를 초래한다.[43]

이레니우스(Irenaeus)는 세례를 "영생과 하나님을 향한 새로운 탄생"으로 간주한다. "마치 밀가루가 그 자체만으로는 반죽이나 빵 덩어리가 될 수 없어서 수분을 필요로 하는 것처럼, 수많은 우리도 하늘로부터 내려오는 물 없이는 그리스도 예수 안에서 하나가 될 수 없다. … 우리의 육신은 세례의 씻음을 통해서 불멸에 이르게 하는 하나됨을 얻고, 우리의 영혼은 성령의 은사를 통해서 그것을 얻는다."[44]

> "우리는 세례를 받음으로써 교화된다. 교화됨으로써 자녀가 된다."
> – 클레멘트

터툴리안(Tertullian)은 초대 교회 신학자들 중 세례에 대한 개별적인 논문 — 『세례론』(On Baptism) — 을 쓴 유일한 사람이었다. 그러나 세례에 관한 그의 가장 명확한 진술은 마르시온(Marcion)에 대한 그의 논박에서 드러난다. 터툴리안에 의하면, 세례는 네 가지 기본적인 은사들을 제공하는데, 만일 마르시온이 주장하는 창조자와 구속자 사이의 이원론이 허용된다면, 그 은사들은 일어날 수 없다. 그 은사들은 죄의 용서, 사망으로부터의 구원, 중생, 그리고 성령 강림을 말한다. 터툴리안은 세례는 구원을 위해 반드시 필요하다고 가르친다. 또한 그는 어린아이들에게 세례를 베푸는 것에 대해서도 언급하는데, 그는 어린아이들이 사리를 분별할 수 있는 나이에 도달할 때까지 세례를 연기하는 것을 선호한다. 세례는, 어차피 참된 세례를 받지 못한 이단의 경우를 제외하고는, 반복되어서는 안 된다. 여러 경우에 터툴리안은 세례와 성령의 관계에 관하여 다양한 의견을 주장했다.[45]

동방 교회에서 알렉산드리아의 클레멘트(Clement of Alexandria)는 "우리는 세례를 받음으로써 교화된다. 교화됨으로써 자녀가 된다. 자녀가 됨으로써 완전해진다. 완전해짐으로써 불멸하게 된다"고 썼다. 그는 또한 시편 82:6을 인용하면서 다음과 같이 말한다. "이 행위는 은혜의 선물, 교화, 온전함, 씻음 등으로 다양하게 불린다. 씻음, 그것을 통하여 우리는 우리의 죄를 씻어낸다. 은혜, 그것을 통하여 죄의 결과로서 생기는 형벌이 면제된다. 그리고 교화, 그것과 함께 구원의 거룩한 빛이 비추인다. 즉 그것을 통하여 우리는 하나님을 명확하게 본다."[46] 오리겐(Origen)은 세례시에 주어지는 가장 중요한 은사는 "그리스도 안에서 물과 성령을 통해서 세례를 받은" 회심자와 함께하는 성령의 은사라고 강조한다. 성령의 은사는, 그리스도가 세례를 받았을 때처럼, 기독교인이 '영적 존재'가 되도록 기독교인 위에 내린다. 죄로 인해 더럽혀져서 세례 안에서 발견되는 죄의 용서가 필요한 어린아이들에게는 세례가 집례된다. 세례는 사람을 마귀의 권세로부터 자유케 하며, 그에게 그리스도의 몸인 교회를 이루는 구성원의 자격을 제공한다.[47]

세례에 관한 논쟁은 키프리안(Cyprian)과 노바티안(Novatian) 사이에서 일어난 교회의 본질에 관한 논쟁과 밀접하게 관련되어 있었다(제3장을 보라). 키프리안은 하나님의 은혜는 세례를 통해 주어지는데, 세례는 믿음의 시작과 "구원을 가져다 주는 영생의 소망으로 들어감과 하나님의 종들을 정화하고 소생시키는 데 대한 거룩한 관심"을 나타낸다고 주장했다. 세례에서는 '두 번째 탄생'이 일어나는데, 세례자는 그것을 통해 성령을 영접하고, 마귀와 사망과 지옥으로부터 자유하게 되고, 원죄를 용서받음으로써 건강을 얻는다.[48] 키프리안은 참된 교회로부터 떠난 이단이나 분파들에 의해 집례된 세례의 정당성을 부정한다. 그는 그런 세례를 "더럽고 신성모독적인 목욕(沐浴)"이라고 묘사한다. 잘못된 길로 빠졌던 사람들이 참된 교회로 되돌아올 때, 그들은 '다시' 세례를 받을 필요가 없었다. 그들은 '단지' 세례를 받기만 하면 되었다. 왜냐하면 하나님의 영을 받는 것은 오직 '참된 교회' 안에서만 가능하기 때문이다. "사람이 성령을 받지 않으면, 물만으로는 그의 죄를 씻어버리거나 그를 신성하게 할 수 없다. 그러므로 이단자들에게 다시 세례를 주는 문제에서 그를 반대하는 자들은, 그들이 세례가 있다고 말하는 그곳에 성령이 계시다는 사실을 인정해야 한다. 아니면 성령이 계시지 않는 곳에는 세례도 없다는 사실을 인정해야 한다. 왜냐하면 성령이 없는 세례는 있을 수 없기 때문이다." 죄에 대한 키프리안의 견해는 그로 하여금 어린아이들이 관례상의 제8일이 아니라 가능한 한 빨리 세례를 받아야 한다고 주장하게 했다. 유아는 "훨씬 쉽게 죄의 용서를 받을 수 있다. 왜냐하면 그에게 전가된 죄는 그 자신의 것이 아니라 다른 사람들의 것이기 때문이다." 키프리안이 이런 말로 의미하고자 했던 것은, 유아는 아담으로부터 온 "사망이라는 전염병에 걸렸다"는 것이었다.[49]

인간과 성례에 대한 어거스틴(Augustine)의 견해는 그로 하여금 세례에 대한 교리에 그 자신만의 특징을 부여하도록 이끌었다. 그에게 있어서 세례의 일차적인 효과는 아담으로부터 물려받은 부패와 한 인간의 특별하고 실제적인 죄책인 탐욕을 제거하는 것이다. "세례는 모든 것을 씻어버린다. 그 죄가 행위나 언어나 생각 어디에 속한 죄이든, 원죄이든 부가적인 죄이든, 알고 지은 죄이든 알지 못하고 지은 죄이든, 우리의 모든 죄들을 씻어버

> "믿는 자들은 단 한번 수행된 세례를 통하여 이전뿐 아니라 이후에 지은 모든 죄를 용서 받는다." - 어거스틴

린다." 세례는 일생에 걸쳐 효과가 있다. "믿는 자들은 단 한번 수행된 세례를 통하여 이전뿐 아니라 이후에 지은 어떤 죄라도 용서 받는다."[50] 세례 없이는 그 어떤 기도나 구제나 선행들도 용서를 초래하지 못한다.

어거스틴은 도나투스주의자들과의 논쟁에서 사람은 세례를 통해서 영적 인(印), 즉 그리스도의 형상을 받는다고 주장했다. 그 인은 세례 시에 세례 집례자의 적합성이나 도덕적 특성과 상관없이 전달된다. 세례를 통해 우리는 그리스도께 속한 사람이나 하나님의 은혜를 받을 사람을 구별해 주는 성령과 성령의 인을 받는다. 세례를 통해 우리는 "죽을 때 영생을 소망할 수 있다"는 확신을 얻고 중생의 씻음을 통해 다시 태어나는데, 이것은

영원한 중생과 성령의 은사로 이어진다.[51] 어거스틴은 '성례 자체'와 '그것의 효과'를 구분했는데, 이로 인해 그는 도나투스주의자들의 성례의 정당성에 대한 키프리안의 입장에 반대하게 되었다. 세례는 반복될 수 없지만, 오직 세례를 받은 자가 단일한 참된 교회로 돌아올 때만 효과가 있다.

> 스스로 분리되었지만 세례를 잃어버리지는 않은 이단과 분파들에서 … 그리스도의 세례를 받은 자는, 비록 그의 죄가 그 신성모독적인 죄악으로 인해 용서되지는 않을지라도, 그가 개심하여 교회의 교제와 통일성을 다시 회복하기 위해 돌아올 때, 다시 세례를 받을 필요가 없다. 왜냐하면, 바로 이 화해와 평화 안에서, 그가 분파에서 세례를 받았을 때 그에게 유익을 줄 수 없었던 그 성례가 이제 [교회의] 통일성 안에서 그의 죄의 사면을 위하여 그에게 유익을 주기 시작하는 일이 그에게 허락되기 때문이다.[52]

어거스틴은 유전된 죄책을 무겁게 강조했다. 이로 인해 그는 유아 세례를 강력하게 옹호했고, 또한 세례를 통한 죄의 용서가 세례 이전의 죄들에 대해서만이 아니라 아담으로부터 유전된 죄책에까지 해당된다고 주장했다. 어거스틴은 유아 세례의 효과는 이후의 삶 속에서 나타난다고 주장한다. "우리 모두가 아는 것처럼, 만일 유아기에 세례를 받은 어떤 사람이 사리를 분별할 수 있는 나이에 이르러 믿음을 갖지 않고 또한 불법한 욕망들로부터 자신을 지키지 않으면, 그는 아기 시절에 받았던 그 은사로부터 아무 유익도 얻지 못할 것이다." 그는 또한 성례 자체와 그리스도를 향한 참된 회심을 구별한다.

> 이 모든 것은 세례라는 성례와 회심은 다른 문제이고, 인간의 구원은 이 두 가지로 말미암아 초래된다는 것을 보여 준다. 우리는 세례가 없으면 회심도 없다고 가정할 필요는 없다. 유아에게는 회심 없는 세례가 있을 수 있다. 또한 죄를 뉘우친 도둑에게는 세례가 없는 회심이 있을 수 있다. … 세례를 받지 못한 상태에서도 회심이 있을 수 있다. 그러나 세례를 거부할 때는 회심이 있을 수 없다.[53]

그러나 세례와 그것의 충만한 효과를 얻은 자들은 교화와 칭의라는 은혜를 얻고, 그리스도의 몸 안으로 편입되며, 사망으로부터 해방되고, 하나님과 화해하게 된다.[54]

중세 시대의 세례

성례에 대한 중세의 정의들은 아리스토텔레스의 용어에 의존하고 있다. 이것은 세례에 대한 견해에서도 드러난다. 피터 롬바르드(Peter Lombard)는, '질료'(matter)와 '형상'(form)이라는 아리스토텔레스적 패턴을 따라, 세례를 "규정된 말들로 이루어진 신앙고백과 함께 몸을 물에 담그거나 외적으로 씻는 것"으로 정의한다. 성 빅토르의 휴고(Hugo of St. Victor)는 세례와 관련해 "죄를 씻어내기 위하여 하나님의 말씀에 의해 거룩하게 된 물"이라는 언급을 한다. 교황 유진 4세(Eugene IV)는 성례의 효과에 대해 말하면서 세례는 "모든 원죄와 자범죄, 그리고 그로 인해 야기되는 모든 형벌에 대한

용서"를 가져온다고 말했다.⁵⁵

중세 초기에는 세례를 성례 신학의 핵심으로 보았다. 그러나 이후에는 성찬이 성례를 이해하는 모델로서 보다 더 우세하게 되었다. 세례는 구원을 위해 필요한 성례였기 때문에 중요했다. 중세 가톨릭 신학에서는 믿는 부모의 자녀들조차 세례를 받지 않으면 정죄되었을 만큼 세례는 중요했다. 이것은 위급한 상황에서는 평신도나 이교도나 심지어 신앙이 없는 사람에 의해서도 세례가 집례될 수 있다는 규정까지 낳게 되었다. 이것이 가능할 수 있었던 것은, 어거스틴이 주장했고 세그니의 브루노(Bruno of Segni, d. 1123)가 기록했던 것처럼, "세례는 그것을 베푸는 사람의 신앙에 달려 있지 않기 때문에 누가 그것을 베푸는가에 상관없이 선하다"는 견해 때문이었다.⁵⁶ 그러나 세례를 원하지만 그것을 받을 수 없는 사람들—십자가 위의 도둑처럼—의 구원도 부정되지는 않는다.

토마스 아퀴나스(Thomas Aquinas)는, 세례가 죄의 용서와 "죄 때문에 … 모든 형벌로 갚아야 하는 죄책"으로부터의 자유를 제공하는 반면, 또한 사람은 세례를 통하여 "은혜와 능력을 확보한다"는 견해를 발전시켰다. 세례의 특징으로 주어지는 이런 능력은 하나님으로부터 와서 기독교인들로 하여금 자신들의 본래의 능력을 넘어서게 하며, 그리스도가 인간의 삶 속으로 성육신하심으로써 인간에게 주어진다.⁵⁷ 이런 능력들 중에는 유혹을 거절하고 죄를 회피하는 것도 있다. 아담은 이 능력을 상실했지만, 그리스도는 죄 없는 삶을 통해 그것을 회복시켰다. 또 다른 능력은 하나님께 순종하는 삶을 살고, 전례를 통해 하나님께 헌신함으로써 온전한 예배를 드리는 것이다. 기독교인들은 그리스도의 완전한 사랑의 법에 따라 살 수 있으며, 또한 성찬을 통해서 십자가상의 그리스도의 완전한 희생과 연합할 수 있다.

그러나 세례를 통해서 전달되는, 그리고 중세 신학자들에 의해 논의되었던 가장 기본적인 능력은 믿음·소망·사랑이라는 미덕들이다. 이것들은 기독교인이 하나님의 계시를 믿고, 하나님이 약속하신 것을 소망하며, 무엇보다도 하나님을 사랑하게 할 수 있게 해준다. '성령의 은사들'이라고 일컬어지는 또 다른 특별한 능력들은 지혜, 명철, 분별, 인내, 지식, 경건, 그리고 하나님께 대한 경외 등이다. 아퀴나스가 볼 때, 이런 능력들을 얻는 것이야말로 기독교인들이 다시 세례를 받아서는 안 되는 이유다. 일단 기독교인들이 세례의 특성과 능력을 받았다면, 그들은 다시 세례를 받는다 할지라도 그것들과 다른 새로운 무언가를 받을 수 없다.

그러나 아퀴나스와 중세 신학자들은 기독교인들이 이런 능력을 받는 것과 그것들을 실제적으로 사용하는 것 사이에는 어떤 차이가 있음을 알았다. 이런 미덕들의 행사는 종종 '은혜'라고 불린다. 하나님께서는 세례를 통해 그 능력들을 제공하신다. 그러나 인간은 그런 능력을 자신의 본래의 능력과 하나님께서 주신 재능들과 더불어 협력하면서 사용해야 한다. 인간은 유혹을 거절하고 기꺼이 하나님의 은혜의 선물들과 협력해야 한다. 보다 많이 협력할 때, 그들은 보다 많은 은혜를 받는다. 그러면 그들은 보다 더 협력할 마음을 갖게 된다. 이것은 구원이 칭의와 성화의 과정임을 의미한다(제5장을 보라). 그리고 그 과정은 마침내 하나님과의 복된 연합인 영생으로 이어진다. 모든 사람에게 이런 과정의 시작은 동일하다. 그것은 바로 세례다.

이와 같은 중세의 세례 교리는 종교개혁기 내내 교회의 견해였고 트렌트 공의회에서 공식화되었다. 트렌트 공의회는 성례에 관한 회기 중에 프로테스탄트 교회의 교리를 정죄하고 아퀴나스와 다른 신학자들의 기본적인 가르침들을 재천명하는 14개의 법규들을 제시했다. 이단으로 정죄된 견해들 가운데는 다음과 같은 것들이 있었다: 로마 교회는 참된 세례 교리를 가르치지 않는다(법규 3). 이단에 의해 집례되는 세례는 참된 세례가 아니다(법규 4). 세례가 구원을 위해 반드시 필요하지는 않다(법규 5). 세례를 받은 자들은 죄로 인해서가 아니라 오직 신앙의 결여로 인해서만 하나님의 은혜를 상실할 수 있다(법규 6). 세례를 받은 자들은 교회법이 아니라 오직 그들 자신의 양심에만 자유롭게 순종해야 한다(법규 8). 세례의 은혜는 세례 이후에 범한 죄들을 덮으며, 용서를 받기 위해서는 단지 그 은혜를 회상하기만 하면 된다(법규 10). 이미 세례를 받은 누구라도 가톨릭 교회 안에서 다시 세례를 받아야 한다(법규 11). 유아들은 세례를 받아서는 안 된다(법규 13). 어린아이들은 기독교적 삶을 살도록 강요받지 말아야 한다(법규 14).[58]

종교개혁기의 세례

마틴 루터(Martin Luther)의 세례 이해는 전체적으로 그의 칭의 교리와 관계되어 있다(제5장을 보라). 루터는 세례에서의 징표를 그것의 신학적 의미와 철저히 구별한다. 물론 외적 징표는 물이지만, 세례의 내적 의미는 두 가지 주요한 항목을 포함한다. 첫째, 성령은 세례의 물을 통해서 중생을 가져온다. 그것은 "영적으로 풍성한 물이다. 또한 성령은 그 안에 계시고 그 안에서 역사하신다. 그렇다. 그 안에 온전하고 거룩한 삼위일체께서 계시고, 세례를 받은 사람은 중생했다고 일컬어진다." 심령은 깨끗이 씻기고, 본성 전체가 변화되며, 성령이 믿는 자에게 은혜를 제공하면서 주어진다.

세례 안에서 성령은 악, 즉 부정한 영과 싸우는 일을 시작하신다. 세례를 받은 기독교인은 매일 악과 '옛 아담에 맞서 싸우기 때문에, 루터에게 기독교적 삶이란 기본적으로 세례에로 돌아가는 것이다. "그러므로 기독교적 삶이란 매일의 세례 외에 다름 아니다." "일단 우리는 세례를 통해 죄의 용서를 얻었으므로, 우리가 사는 동안 용서는 매일 남아 있다."59

둘째, 루터에게 세례는 하나님이 그리스도 때문에 기꺼이 죄인들을 용서하고 회복시킬 의지를 갖고 계심을 보여 주는 징표다. 세례 안에서 루터는 "어떻게 은혜로운 하나님을 발견할 것인가?" 하는 그의 근본적인 질문에 대한 해답을 발견한다. 믿는 자들은 세례로 말미암아 하나님 나라 안으로 통합되고 하나님의 언약을 보장받는다. 또한 세례를 통하여 믿음으로 말미암아 칭의가 일어난다. 신자

> "기독교적 삶이란 매일의 세례 외에 다름 아니다." — 루터

들은 이 성례로 인해 하나님의 은혜로운 심판 안에서 순결해지며 "은혜의 자녀들 그리고 의로운 사람들"이 된다. 이것은 하나님의 용서하시는 사랑의 역사다. "사람은 이처럼 그 자신의 본성 때문이 아니라 하나님의 은혜의 전가(imputation)로 말미암아 순결해진다." 세례 안에는 "사망과 부활, 즉 충분하고 온전한 칭의"가 존재한다. 그것은 "의롭게 된 자인 동시에 죄인"인 사람에 대한 하나님의 계속적인 용서에 대한 믿음으로 말미암아 현실화된다.60

쯔빙글리(Zwingli)는 성례의 본질에 대한 자신의 견해의 맥락에서 세례를 사람이 자신의 삶을 수정하여 그리스도를 따르겠다는 서약으로 간주한다.

세례는 새로운 삶의 시작을 나타내는 징표로서 어떤 사람이 수도원에 들어갈 때 걸치거나 그 수도원의 규칙들을 배우기 전에 입는 수사복과 같다. "물속에서 받는 세례는 입문의 징표다. 우리는 그것을 통해 새로운 삶을 서약한다." 쯔빙글리에게 세례는 구약의 할례 의식과 유사하다. 할례는 누군가가 이스라엘 민족 안으로 편입했음을 알리는 신호였다. 그것은 유아들이 반드시 세례를 받아야 한다는 것을 의미했다. "구약 시대에 그랬던 것처럼 기독교인의 자녀들은 그 부모들의 자녀인 것만큼이나 하나님의 자녀들이다. 그러므로 그들이 하나님의 자녀라면, 누가 그들에 대한 세례를 금지할 것인가? 옛 사람들에게 할례는 … 우리에게 세례와 마찬가지였다. 유아들에게 할례가 주어진 것처럼, 세례 역시 유아들에게 주어져야 한다." 쯔빙글리도 루터와 마찬가지로 믿는 사람의 세례만 인정하는 재세례파들에 맞서서 유아세례에 대한 자신의 견해를 적극 옹호했다.[61]

> "세례는 입문의 징표다. 우리는 그것을 통해 새로운 삶을 서약한다."
> – 쯔빙글리

쯔빙글리는 세례가 은혜의 수단이라거나 구원의 필수 조건이라는 주장을 부정한다. 하나님을 이런 의식에 묶는 것은 하나님이 주권적이지 않으며, 그리스도가 중심이 아니며, 성령이 자유하지 못하다는 것을 의미한다. 하나님과 구원에 대한 쯔빙글리의 견해는 세례에 대한 그의 견해와 밀접하게 관련되어 있다. 그의 신학의 핵심적 모티브는 하나님에 의해 시작되고 세례에서 승인되는 언약의 징표다. 이런 징표가 주어지는 것은 "동료 신자들을 위한 것이지, 그것을 받는 사람들에게 나타나는 어떤 가정된 효과를 위한 것이 아니다." 세례는 하나님에 의해 주어지며, 그런 까닭에 기독교 신앙의 일부다. 쯔빙글리는 누군가 세례를 철저히 경멸하는 것은 하나님께 대한 신뢰가 없음을 보여 주는 것이고, 세례를 수용하는 것은 그가 하나님께 대한 신뢰를 갖고 있음을 증명하는 것이며, 따라서 축하할 이유가 된다고 말한다.[62]

존 칼빈(John Calvin)은 세례를 "그리스도 안에 접붙여진 우리가 하나님의 자녀로 인정되기 위해 교회 공동체 안으로 받아들여지는 입회의 표징"이라고 정의한다(*Inst.* IV.15.1). 세례는 두 가지 기본적인 목적을 갖고 있다. 즉 하나님 앞에서 우리의 믿음에 도움을 주고, 다른 사람들 앞에서 우리의 신앙 고백에 도움을 주는 것이다. 세례는 "우리의 모든 죄가 하나님의 눈에 띄거나, 다시 생각나거나, 고발되지 않을 만큼 폐기되고, 사면되고, 도말된다는 사실을 우리에게 확증하는 도장이 찍힌 문서와 같다. 왜냐하면 그분은 모든 믿는 자들이 죄의 사면을 얻기 위해 세례 받기를 원하시기 때문이다"(마 28:19; 행 2:38. IV.15.1). 칼빈은 세례는 우리가 정결하게 되었음에 대한 표징과 증거로, 그리스도 안에서 고난을 받고 다시 회복되었음에 대한 표징으로, 또한 우리가 그리스도와 함께 연합되었음에 대한 표징으로 이바지함으로써 기독교인의 신앙에 공헌한다고 말한다(IV.15.1-6).

칼빈은 세례가 "단지 우리가 그것을 통하여 우리의 신앙을 사람들 앞에 고백하는 하나의 표징에 불과하며, 마치 군인들이 자기들의 직업의 표시로 그들의 사령관의 기장을 몸에 지니고 다니는 것과 같다"고 주장하는 순전히 상징적인 견해를 거부한다(IV.15.1).[63] 비록 칼빈이 세례를 신앙 고백의 징표로 인정하기는 하나, 그가 강조하는 것은 세례는 기독교 공동체를 복되게 하고 강화시켜 주기 위해 제공되는 하나님의 용서, 은혜, 그리고 구원의 인(印)이라는 점이다. 물은 그 자체로는 아무 능력을 갖고 있지 않다. 따라서 세례의 효력은 외적인 표징인 물에 있지 않다. 오히려 그 표징을 해석하기 위해서는 그 표징과 함께 하나님의 말씀이 필요하다. 물은 그 자체 안에 "정화시키고, 중생시키고, 새롭게 만드는 능력"을 포함하고 있지 않으며, 또한 그것이 구원의 근거도 아니다. 오히려 우리는 세례를 통해서 "이와 같은 은사들에 대한 지식과 확신"을 얻는다. "말씀 자체가 이것을 충분히 그리고 분명하게 설명한다"(IV.15.2). "세례는 우리에게 그리스도의 피 뿌림을 통하는 것 이외의 다른 어떤 정화도 약속하지 않는다. 그 피 뿌림은 정결하게 하고 정화시킨다는 유사성 때문에 물에 의해 대표된다"(ibid.). 비록 단 한 번 우리 위에 베풀어졌을지라도, "세례는 오직

> "어떤 시기에 세례를 받았든 간에 우리는 그로 인해 일생 동안 씻기고 정화된다."　－칼빈

과거를 위한 것이기 때문에 세례 후에 새로 범한 죄들을 위해서는, 마치 이전의 세례의 효력이 고갈되어버린 것처럼, 우리가 어떤 다른 성례들 속에서 새로운 속죄의 대책을 찾아야 한다고 생각해서는 안 된다"(IV.15.3). 오히려 "우리는 우리가 어떤 시기에 세례를 받았던 간에 우리의 일생 동안 씻기고 정화된다는 것을 알아야 한다. 그러므로 우리는, 우리가 죄에 빠질 때마다 죄의 용서를 확신하고 자신을 얻기 위해서, 우리의 세례에 대한 기억을 다시 떠올리고 우리의 정신을 튼튼히 무장해야 한다"(ibid.).

칼빈에게 세례는 은혜의 수단이다. 그러나 이것은 하나님의 자유나 주권이 양도된다는 것을 의미하지 않는다. 오히려 하나님께서는 믿는 사람들

안에 있는 믿음을 강화하기로 결정하셨고, 은혜의 언약 안에 있는 사람들 안에 있는 믿음을 키우기 위해 일반적인 징표들을 주심으로써 자신을 인간의 수용력에 맞춰 조정하거나 제한하셨다.[64]

하나님께서 외적 수단들을 통하여 역사하시는 한, 그 표징에 실체와 진리를 결합시키지 않아 세례의 효력을 약화시키는 것은 나의 의도가 아니다. 그러나 다른 모든 것들과 마찬가지로 이 성례로부터도 우리는 오직 우리가 믿음으로 받아들이는 만큼만 얻을 뿐이다. 만일 우리에게 믿음이 없다면, 그것은 우리가 감사치 않는다는 증거가 될 것이다. 또한 이것은 우리가 거기에 주어져 있는 그 약속을 믿지 않기 때문에 하나님 앞에서 비난받게 만든다.

그러나 세례가 우리의 신앙고백의 표징인 한, 우리는 그것으로 우리가 하나님의 자비를 확신하며, 또한 우리의 정결함이 그리스도를 통해 얻게 될 죄의 용서 안에 있다는 것을 증거해야 한다. 또한 우리는 믿음과 사랑의 완전한 일치 안에서 모든 믿는 사람들과 더불어 온전히 조화롭게 살기 위해 하나님의 교회로 들어간다는 것도 증거해야 한다. 이 마지막 요점은 바울이 "우리 모두가 한 분의 성령으로 세례를 받아 한 몸이 되었다"(고전 12:13)고 말했을 때 의도했던 바로 그것이다(IV.15.15).[65]

프로테스탄트 교회와 로마 가톨릭 교회는 여러 면에서 세례에 관한 유사한 견해들을 공유하고 있다. 그들은 모두 성례에 대한 기본적인 이해를 얻기 위해 어거스틴에게 의지하고 있으며, 또한 세례가 기독교인의 삶의 기초임을 인정한다. 그런 의미에서 그들은 세례의 본질에 대한 공통의 견해를 공유하고 있는 셈이다. 또한 그들은, 성례를 전적으로 거절하는 퀘이커 교도 같은 그룹들과는 달리, 기본적으로 세례의 총체적 필요성에 대해 동일한 견해를 갖고 있다. 그들은 모두 세례를 하나님께서 그것을 통하여 특별한 방식으로 역사하는 은혜의 수단으로 여긴다. 또한 그들은 유아 세례의 실행을 거부하는 재세례파 같은 그룹들에 맞서서 유아 세례의 필요성에 대해 동의한다. 게다가 양쪽 모두 다른 교회 공동체에서 삼위일체적 신앙고백하에서 수행된 세례의 유효성을 인정한다.

그러나 차이점들 역시 논의되어야 한다. 세례 의식은 프로테스탄트 교회 자체 안에서도 그렇고 프로테스탄트 교회와 로마 가톨릭 교회 사이에서도 차이가 있다. 세례의 효력, 원죄와 세례의 관계, 그리고 세례 받지 않은 어린아이들의 운명, 게다가 세례 받은 사람들 안에 있는 믿음의 능력 및 세례를 통해 전해지는 은혜의 정도 등에 대한 서로 다른 견해들— 이 모든 것들은 전통적인 가톨릭 교회와 프로테스탄트 교회가 세례에 대한 신학적 합의를 이루기에는 서로 많이 다르다는 것을 의미한다.

제8장
성례론 논쟁 II - 성찬

Sacramental Controversy II

What is the Lord's Supper?

8. 성찬은 무엇인가?

성경적 기초

교회 초기부터 기독교인들은 주님의 만찬을 기념하기 위해 모였다(고전 11:20). 이 식사는 예수님 생애의 마지막 밤에 다락방에서 예수님과 그분의 제자들이 나눈 만찬에서 비롯했다. 그 당시에 예수님은 그분을 따르는 사람들에게 "나를 기념하기 위하여"(고전 11:25) 떡과 포도주를 나누라고 명령하셨다. 이 만찬에 대한 이야기는 사복음서 모두와 고린도전서 11:23-26에 나타난다. 요한복음에 나오는 묘사를 제외하고 그 내용은 매우 유사하다.

이 구절을 둘러싸고 여러 가지 엄밀한 질문들이 제기되고 있다. 그 쟁점들 중에는 유대교 신앙 안에 있는 만찬의 선례들, 복음서 안에 있는 말씀들, 절차상의 변동 사항들, 만찬의 날짜, 그것이 유월절 식사였는지 여부, 그 만찬의 형식, 그리고 그것에 대한 신학적 해석—특별히 "받아 먹으라 이것은 나의 몸이다"(마 26:26; cf. 막 14:22; 눅 22:19; 고전 11:24)라고 하는 예수님의 말씀에 관한 질문 등— 이 있다. 이것들은 복잡한 문제들이며, 이에 대한 학자들의 견해는 매우 다양하다.

이런 쟁점들에 더하여, 성경에서 먹는 것과 마시는 것의 일반적인 의미에 관한 보다 광범한 신학적 질문들이 존재한다. 주님의 만찬은 성경의 다른 곳에서 묘사되는 먹고 마시는 것과 어떤 의미에서 유사하고 어떤 의미에서 유사하지 않은가? 주님의 만찬 의식은 초대 교회의 삶에서 예시되는 바 기독교인들이 보통 먹고 마시는 것— 신자들은 "사도의 가르침을 받아 서로 교제하며 떡을 떼며 기도하기를 전혀 힘썼다(행 2:42) — 과 어떤 관계에 있는가? 이런 질문들은 그 만찬을 다른 인간적 행위들이라는 정황 안에 놓고서 그것들과 주님의 만찬 사이의 유사성과 차이점들에 대해 질문한다.

또한 예수님이 자신을 먹고 마시는 것에 대해 하신 말씀을 둘러싸고 성경적인 그리고 신학적인 질문들이 제기되었다. 특별히 요한복음 6장에서 예수님은 큰 무리를 먹이신 후에 "인자가 주는 영생을 제공하는 음식"과 비교되는 "썩는 양식"에 관하여 강론하시는 것으로 묘사된다(요 6:27). 예수님은 표적(6:26, 30)과 인(6:27)에 대해 말씀하시고 자신을 생명의 떡이라고 선포하신다(6:35, 48). 그리고 자신에게 오는 사람은 누구든지 "결코 주리지 아니할 터이요" 또한 "나를 믿는 자는 영원히 목마르지 아니하리라"(6:35) 하고 말씀하신다. "나는 하늘로서 내려온 산 떡이니 사람이 이 떡을 먹으면 영생하리라 나의 줄 떡은 곧 세상의 생명을 위한 내 살이로라"(6:51). 예수님을 먹는 것에 대한 이런 말은 예수님이 다음과 같이 말씀하시는 곳에서 계속된다. "너희가 인자의 살을 먹지 아니하고 인자의 피를 마시지 아니하면 너희 속에 생명이 없느니라 내 살을 먹고 내 피를 마시는 자는 영생을 가졌고 마지막 날에 내가 그를 살리리니…"(6:53-54; cf. 6:55-58). 예수님은 '먹는 것'을 '믿는 것'과 연결하신다. 또한 "살리는 것은 영이니 육은 무익하니라 내가 너희에게 이른 말이 영이요 생명이라"(6:63) 하고 말씀하신다. 이 구절들은 주님의 만찬에서 예수님 자신을 먹는 것인지 아닌지, 또는 이것이 단지 믿음으로 예수님을 먹고 마시고 기념하는 것 — 다시 말해, 영적인 먹고 마심 — 이상의 아무것도 아닌지 어떤지에 관한 중요한 논의의 근원이 되어 왔다.

주님의 만찬에 대한 또 다른 차원에는 새 언약(고전 11:25), 기념(11:25), 그의 죽으심을 오실 때까지 전하는 것(11:26), 그리고 왕국(마 26:29; 막 14:25) 같은 용어와 개념들이 포함된다. 부가적으로, 주님의 만찬은 희생, 혼인잔치, 심판, 성령님, 믿음, 소망, 사랑, 부활, 그리고 교회의 통일성 같은 보다 폭 넓은 성경적 주제들과 관련해서 고려될 수 있다.

초대 교회의 성찬

「디다케」(*Didache*)는 주님의 만찬에 대해 '성찬'(*Eucharistia*, '감사')이라는 용어를 사용한 최초의 문서였다. 초대 교회에서 성찬은 '아가페'(agape) 또는 '애찬'(love feast)이라 불리는 기독교인의 식탁 교제의 일부로서 행해졌다.[1] 그러나 교회가 성장함에 따라 이 두 가지 경험들이 분리되기 시작했다. 성찬이 애찬보다 중요시되었다. 그리고 성찬은 아침에, 교제의 식사는 저녁에 시행되었다. 4세기말에 이르러 애찬은 개별적인 가정들에서 유지되다가 결국 중단되었다.

초대 교회로부터 내려온 전례—가령 힙폴리투스(Hyppolytus, c. 215)의 『사도적 전승』(*The Apostolic Tradition*)에서 논의된 성찬—는 보다 이른 시기에 순교자 저스틴이 묘사했던 개요를 따른다. 제정사(words of institution)를 제외하면, 기도들은 고정되어 있지 않았고, 대개 보다 앞선 시기에 유대교에서 드려졌던 감사기도의 형태를 따랐다. 떡과 포도주는 "그리스도의 몸, 그리스도의 피, 영생을 위한 잔"이라는 말과 함께 분배되며, 그것들을 받는 사람은 "아멘" 하고 대답한다.[2]

초대 교회는 성찬에 대한 통일된 신학을 갖지 못했다. 그것은 교회가 성례의 본질에 대한 견해를 갖지 못했기 때문이다. 그러나 성찬의 본질을 이해하는 두 가지 주요한 방식은 아주 일찍부터 발전했다. 첫번째는 성별된 성찬의 요소들인 떡과 포도주가 변화를 겪는다는 것이다. 이것은 '실재론적'(realist) 이론이라고 불린다. 다른 견해는 '상징주의적'(symbolic) 견해로서, 이것은 그 떡과 포도주가 그 성례의 실체인 몸과 피에 대한 상징이라고 말한다.

성찬 요소들의 변화에 대해 저스틴은 다음과 같이 진술한다.

우리는 이것들을 일반적인 떡이나 음료로서가 아니라, 우리의 구원을 위하여 살과 피를 취하신 하나님의 말씀에 의해 성육신하신 우리 주 예수 그리스도로서 받는다. 그리고 우리는 그분이 하신 기도의 말씀에 의해 성별되고 또한 변형을 통해서 우리의 살과 피에 자양분을 공급하는 음식이 바로 성육신하신 예수님의 살과 피라고 가르침을 받아 왔다.[3]

「디다케」는 떡과 포도주를 "거룩한 것"으로 또한 "영적인 음식과 음료와 영원한 생명"으로 간주한다.[4] 안디옥의 이그나티우스(Ignatius of Antioch)는 성찬을 "우리 구주 예수 그리스도의 육체"라고 말한다. 그것은 "불멸의 약이며 예수 그리스도와의 연합을 통해 사망을 방지하고 지속적인 생명을 공급하는 해독제"이다.[5] 이레니우스(Irenaeus)는 땅에 속한 것들과 관련된 모든 것을 거부하는 영지주의자들을 논박하면서 "땅으로부터 유래하는 떡이 하나님을 향한 기원을 얻으면, 그때 그것은 더 이상 일반적인 떡이 아니라 성찬"이라고 주장한다. 떡과 포도주를 받은 후에 우리의 육체는 "영원한 부활의 소망을 갖고서 더 이상 부패할 수 없다."[6] 떡과 포도주 안에서 하늘과 땅은 마치 예수 그리스도 자신의 인격 안에서 그러는 것처럼 연합된다. 더 나아가 이레니우스는 성찬을 받은 육체가 더 이상 부패에 굴복하지 않는 것은 마치 성별된 떡이 더 이상 일반적인 떡이 아닌 것과 같다고 비교하여 말한다.

이와 같은 '실재론적' 견해는 계속해서 터툴리안(Tertullian)를 통하여 서방 교회로 이어졌다. 그는 종종 떡을 "주님의 몸"이라고 또한 "육체는 영혼이 하나님께로부터 자양분을 받을 수 있도록 그리스도의 몸과 피를 먹고 산다"고 말한다.[7] 키프리안(Cyprian)은 주님의 기도를 주석하면서 그리스도가 우리의 떡이시라고 말한다. "왜냐하면 그분은 그분의 몸을 만지는 우리들의 떡이시기 때문이다."[8] 아타나시우스(Athanasius)는 다음과 같이 썼다고 전해진다. "아직 기도와 기원이 이루어지지 않았다면, 그것은 단순한 떡과 잔에 불과하다. 그러나 위대하고 놀라운 기도가 낭송될 때, 그 떡은 우리 주 예수 그리스도의 살이 되고 그 잔은 그분의 피가 된다. … 말씀이 떡과 잔 위에 내려오면, 그것은 그분의 몸이 된다."[9]

340년에 예루살렘의 키릴(Cyril of Jerusalem)은 이런 변화에 대한 입장을 가장 명확하게 진술했다. 그는, 마치 예수께서 가나의 혼인잔치에서 물을 포도주로 바꾸셨을 때처럼, 성찬에서는 떡과 포도주 안에서 동일한 변화의 기적이 일어난다고 주장했다.

> 언젠가 갈릴리 가나에서 그분은 물을 포도주로—포도주는 피와 유사하다—바꾸셨는데, 그분이 포도주를 피로 바꾸신다는 것은 믿을 만하지 못한가? … 그러므로 온전한 확신을 갖고 그리스도의 살과 피인 떡과 포도주를 먹자. 왜냐하면, 떡이라는 상징 안에서 그분의 몸이 우리에게 주어지고, 포도주라는 상징 안에서 그분의 피가 우리에게 주어지는 것은, 우리가 그리스도의 살과 피를 먹음으로써 그분과 동일한 살과 피가 되게 하기 위해서이기 때문이다. 이와 같은 방식으로 우리는 그리스도의 담지자가 된다. 왜냐하면 그분의 몸과 피는 그런 식으로 우리 몸의 구석구석에 분배되기 때문이다. 복된 베드로의 말처럼, 그렇게 해서 우리들은 "신적 본질에 참여하는 자들이 된다."[10]

키릴에 따르면, 성찬식에서 "우리는 영적 찬양들로 자신을 신성하게 한 후, 자비하신 하나님께서 진열된 떡과 포도주 위에 성령을 보내 주셔서 성령께서 떡을 그리스도의 몸으로, 또한 포도주를 그리스도의 피로 만들어 주시기를 간청한다. 왜냐하면 성령께서 만지시는 것은 무엇이든지 확실히 거룩하게 되고 변화되기 때문이다."[11] 닛사의 그레고리(Gregory of Nyssa)는 이런 변화를 두고, 떡과 포도주가 그것들에 상응하는 속성을 지닌 그리스도의 몸과 피라는 형태를 취하도록 "가시적인 사물들의 성질이 불멸의 몸으로의 요소 변화"를 겪는 것이라고 말한다.[12] 크리소스톰(Chrysostom)은 그 요소들이 "개조 또는 변형되는 것"으로 묘사한다. 밀란의 암브로즈(Ambrose of Milan)는 그리스도의 말씀들이 "그 요소들의 특성을 변화시키는 능력을 갖고 있다"고 말한다.[13] 이와 같이 성찬에서 떡과 포도주의 변화에 대한 실재론적 또는 유물론적 설명은 서방과 동방 교회 양쪽 모두에서 강력한 지지자들을 갖고 있었다.

떡과 포도주에 대한 다른 견해는 알렉산드리아 학파 신학자들에 의해 — 비록 그 흔적이 터툴리안이나 심지어 키릴 같은 이들의 실재론적 진술들과 나란히 발견될 수 있을지라도 — 가장 강력히 제시되었다. 이 견해에 따르면, 떡과 포도주는 오직 믿음으로만 참되게 파악되는 실체에 대한 징표들이다. 이 견해는 이런 신학자들 안에 있는 플라톤적 경향들과 필수적으로 연결되며, 성경을 해석할 때 그들이 알레고리(allegory)를 사용하는 데서 드러난다. 왜냐하면 그들은 표면적이거나 물질적인 표현 뒤에 있는 영적 실체를 찾으려고 시도했기 때문이다.

알렉산드리아의 클레멘트(Clement of Alexandria)는 성찬에 대한 이런 견해를 옹호한 사람들 중 하나였다. "말씀(Word)의 살과 피는 신적 능력과 본질에 대한 이해를 의미한다. … 그분은 이 음식을 먹는 자들에게 자신을 보다 더 영적인 방식으로 나누어 주신다. 그러고 나면, 진리를 사랑하는 플라톤의 말처럼, '영혼이 그 자신을 살지게 한다'[프로타고라스(Protagoras), 313c]. 왜냐하면 하나님의 말씀을 먹고 마시는 것은 하나님의 본질을 아는 것이기 때문이다." 클레멘트에게 "'나의 살은 성령에 대한 알레고리다. 살은 그분이 지으신 것이기 때문이다. 유비에 의해, '나의 피'는 말씀을 상징한다. 왜냐하면 말씀은 우리의 삶 속으로 부어진 풍성한 피와 같기 때문이다."[14] 계속해서 오리겐(Origen)은 다음과 같은 견해를 피력했다. "말씀이신 하나님께서 자신의 몸이라고 선포하시는 떡은 우리의 영혼을 살지게 하는 말씀이다. … 말씀이신 하나님께서 자신의 피라고 선포하시는 포도주는 '놀라울 만큼 원기를 회복시키고 도취하게 하는'[시 22(23):5] 말씀이다. … 왜냐하면 말씀이신 하나님의 몸과 피는 살지게 하는 말씀과 '심령을 기쁘게 만드는'[시 104:15] 말씀 외에 다름 아니기 때문이다." 오리겐은 성찬을 받는 사람이 받는 '부패할 수 있는 물질'과 그것을 성별시키는 '부패할 수 없는 실체'를 구분한다.[15]

> **성찬에 관한 두 가지 이론**
>
> 성찬을 이해하는 두 가지 방식은 아주 일찍부터 발전했다. 첫번째는 성별된 떡과 포도주가 변화를 겪는다는 것이다. 이것은 '실재론적' 이론이라고 불린다. 다른 견해는 '상징주의적' 견해로서, 이것은 떡과 포도주가 주님의 몸과 피에 대한 상징이라고 말한다.

　오리겐의 전통을 이어받은 자들은 예수님이 자신의 살을 먹고 자신의 피를 마시는 것에 관하여 말씀하시는 요한복음 6장을 영적인 의미로 해석했다. 제자들이 먹고 마셔야 하는 살과 피는 예수님의 물질적 육체가 아니라 그분의 가르침들이다. 에바그리우스 폰티쿠스(Evagrius Ponticus)가 말하듯이 "우리는 그분의 성육신을 통하여 말씀과 그분의 지혜 양쪽 모두의 지각할 수 있는 삶에 참여하는 자가 되면서 그분의 살을 먹고 피를 마신다. 왜냐하면 그분은 '살과 피'라는 말로써 자신의 신비로운 지상 체류의 온전성과 실천적이고 자연스럽고 신학적인 통찰들로 이루어진 자신의 가르침을 가리키셨기 때문이다."[16]

어거스틴이 성찬에 대하여 기록한 내용들에서는 실재론적 요소와 상징주의적 요소가 모두 발견된다. 어느 설교에서 그는 이렇게 말한다. "하나님의 말씀에 의해 성별하게 되어 제단 위에 진열되어 있는 떡은 그리스도의 몸입니다. 하나님의 말씀에 의해 신성하게 된 잔 혹은 그 잔의 내용물은 그리스도의 피입니다. 이런 요소들을 통하여 주님이신 그리스도께서는 자신의 몸과 자신의 피를 전해 주시기를 원하셨습니다."[17] 심지어 어거스틴은 그리스도의 살을 씹고 그분의 피를 마시는 것에 대해서도 말했다. 때로 어거스틴은 성찬의 떡과 포도주를 그리스도의 몸과 피와 너무나 완전하게 동일시하기 때문에, 유다 역시 다른 부적합한 성찬 수여자들과 마찬가지로 "그럼에도 불구하고 주님의 몸과 주님의 피를" 받았다고 쓸 수 있었다. 그는 성육신하신 그리스도에 대하여 말하면서 "그분은 육체로 이곳을 거니셨고, 또한 우리가 우리의 구원을 위하여 먹게 하기 위하여 우리에게 자신의 육체를 주셨다"라고 말한다.[18]

그러나 어거스틴에게는 '상징주의적 측면'도 존재한다. 어거스틴에 의하면, 그리스도가 "자신의 살을 먹고 자신의 피를 마시는 것이 무엇을 의미하는지 설명하면서" 의도하셨던 것은 "누군가 이 음식을 먹고 이 음료를 마시는 것은 그가 그리스도 안에 머물고 또한 그 안에 그리스도가 머무시게 하는 것을 의미한다"는 것이었다. 어거스틴은 요한복음 6:53에 나오는 그리스도의 말씀은 비유적인 의미로 해석되어야 한다고 주장한다. 예수님이 "이는 하늘로서 내려오는 떡이니 사람으로 하여금 먹고 죽지 아니하게 하는 것이니라" (요 6:50) 하고 말씀하셨을 때, 그분은 "단순히 볼 수 있는 성례가 아니라 성례의 능력에 속한 것을 먹는 사람, 단순히 외적으로가 아니라 내적으로 먹는 사람, 단지 성례의 음식을 이로 으깨는 것이 아니라 심령으로 먹는 사람"을 의미하셨다.[19] 그러므로 어거스틴은 "왜 당신은 당신의 이와 위장을 준비하고 있는가?" 하는 질문에 대해 다음과 같은 그의 유명한 신앙고백문으로 답한다. "믿으라. 그러면 당신은 이미 먹은 것이다." 보다 넓은 의미에서 그리스도의 몸은 '교회' 또는 '신비로운 몸'이다. 또한 예수님은 "그 음식과 음료가 거룩한 교회인 자신의 몸의 그리고 자신의 지체들의 교제로서 이해되기를 원하신다."[20]

초대 교회에서는 주님의 만찬이 지닌 다른 중요한 특징들도 발전되고 있었다. 여기에는 주님의 만찬이 어떻게 하나의 희생제사가 되는가 하는 질문이 포함되어 있다. 이 질문 안에서 교회는 하나님께 회중을 바치는 것으로서의 성찬적 제사—십자가상에서의 그리스도의 유일회적 희생제사를 찬양하는 희생제사—로부터 성찬에서 사용하기 위해 바쳐진 떡과 포도주를 사제가 하나님께 바치는 것으로 옮겨갔다. 키프리안의 말처럼 "이제 감독은 그리스도가 행하신 것을 모방한다. 그리고 그는 교회 안에서 하나님 아버지께 참되고 충만한 희생제사를 드린다."[21] 그러므로 희생제사는 외적인 효과를 갖고 있었다. 성찬에서 우리가 그리스도의 몸과 피에 상징적으로 참여하는 것인지 혹은 실제적으로

> "믿으라. 그러면 당신은 이미 먹은 것이다."
> —어거스틴

참여하는 것인지를 둘러싼 질문들은 다가오는 여러 세기 동안 중요한 쟁점이 되었다.

중세 시대의 성찬

4세기 이후 교회의 성찬 전례식문 안에는 점점 더 많은 변화와 첨가가 있었다. 성찬의 기도 또는 미사의 규범은 힙폴리투스(Hyppolytus) 형식의 초기 기도들보다 훨씬 더 길어졌다. '교회를 바치는 것'으로서의 성찬— 이런 바침이 하나님께 수락될 수 있기를 간구하는 기도와 함께 — 에 대한 수많은 언급들이 있었다. 게다가 미사를 드림에 있어서 성직자의 역할이 점점 더 강조되기 시작했다. 미사는 황제 샤를마뉴(Charlemagne) 시대 이후 제국 전역에서 라틴어로 집례되었다.[22]

중세의 두 가지 논쟁이 성찬에서의 그리스도의 임재의 성격에 대해 관심을 집중시켰다. 832년경 프랑스의 대수도원장 파스카시우스 랏베르투스(Paschasius Radbertus, c.790-865)는 『주님의 몸과 피에 대하여』(*On the Body and the Blood of the Lord*)라는 책을 썼다. 이 책에서 그는 어거스틴의 상징주의적 견해를 성찬의 떡과 포도주 안에 어떤 변화가 일어난다는 개념과 결합시키고자 했다. 랏베르투스의 상징주의적 입장에서 볼 때, 성찬은 물질적인 식사가 아니라 영적 향연이었다. 성찬에 참여함으로써 기독교인은 그리스도와 자신의 살아 있는 연합을 드러낸다. 오직 믿는 자들만 이런 영적 유익을 얻는다. 그러므로 성찬에서는 '가시적인 것'과 '비가시적인 것'이 구분된다.

다른 한편 랏베르투스는, 성찬식에서 떡과 포도주는 성별된 후에 그리스도가 살아 계셨을 당시의 그분의 육체적인 몸과 피와 같은 방식으로 그리스도의 살과 피가 된다고 주장했다. 이 변화는 물질적으로는 이해될 수 없고, 오직 내적으로만 신적인 신비로서 이해될 수 있다. 오직 믿는 자들만 이 몸을 받을 수 있다.

두 사람이 랏베르투스의 견해에 맞서 반기를 들었다. 라바누스 마우루스(Rabanus Maurus, 780-856)는 847년에 마인쯔의 대주교가 되었는데, 그는 떡과 포도주는 상징일 뿐이라고 강조했다. 떡과 포도주가 그리스도의 몸과 피로 변화된다는 랏베르투스의 주장은 그의 심기를 불편하게 했다. 마우루스에게 그리스도의 몸과 피는 오직 신비적으로 또는 성례전적으로만 받아들여져야 했다.

베네딕트파 수도사 라트람누스(Ratramnus, d. 868) 역시 랏베르투스에게 도전했다. 대머리 찰스(Charles the Bald)는 라트람누스에게 성찬에 관한 다음 두 가지 질문에 대답할 것을 요구했다. (1) 그리스도의 몸과 피는 오직 믿음의 눈으로만 볼 수 있는 방식으로 임재하는가(*in mysterio*), 아니면 인간의 눈이 실제로 그 몸과 피를 볼 수 있도록 실재하는가(*in veritate*)? (2) 성찬에 임재하는 그리스도의 몸과 피는 마리아에게서 탄생하시고, 고통당하시고, 죽임당하시고, 장사되시고, 하늘로 올라가 아버지 우편에 앉으신 존재와 동일한가?[23]

라트람누스는 이 질문에 대해 랏베르투스가 쓴 『주님의 몸과 피에 대하여』와 동일한 제목의 책을 써서 응답했다. 첫번째 질문에 대한 그의 대답은 그리스도는 성찬 안에 오직 '상징적으로' 임재하실 뿐 '실제로 임재하시지는 않는다는 것이다. 라트람누스에게 이것은 성찬에서 그리스도가 외적으로 그리고 감각적으로가 아니라, 오직 믿음의 눈으로만 이해될 수 있다는 것을 의미했다. 그 두 가지 이해의 방식들은 모두 실제적이고 참되다. 그러나 성찬에서 그리스도를 이해하는 것은 오직 믿음을 통해서이지 육체의 눈을 통해서가 아니다. 두번째 질문에 대해 라트람누스는 성찬에 임재하는 그리스도의 몸은 마리아에게서 나신 것과 동일한 몸이 아니라고 응답했다. 왜냐하면 그 몸은 하늘에서 하나님 우편에 앉아 계시기 때문이다. 따라서 성찬에는 오직 그리스도의 영적 임재만이 있을 뿐이며, 그것은 믿는 자들에 의해 영적으로 이해된다. 주님의 만찬은 회상의 의식에 불과한 것이 아니다. 왜냐하면 그리스도께서 진실로 떡과 포도주 안에 임재하시기 때문이다. 그러나 그리스도의 임재는 오직 믿음으로만 이해될 뿐 눈으로 파악되지 않는다.

이 논쟁은 성찬의 본질에 대한 중요한 견해들을 최초로 명확하게 공식화하는 계기가 되었다. 초대 교회로부터 유래한 그 두 가지 흐름은, 한 편으로는 떡과 포도주의 변화를 주장하는 '실재론적 교리'로, 그리고 다른 한 편으로는 그 요소들은 근본적으로 표징들이며 성찬은 그리스도와의 영적인 교제임을 주장하는 '상징주의적 해석'으로 명확히 구분되었다.

두 세기 후에 중세의 성찬 교리의 발전은 또 다른 논쟁으로 말미암아 한 걸음 더 나아갔다. 투어즈의 베렝거(Berengar of Tours, d. 1088)는 라트람누스의 입장을 따라 '성례의 징표'와 '성례의 실체'의 차이를 강조하면서 그리스도의 몸과 피는 순전히 영적인 의미로 소모될 뿐이라고 주장했다.[24] 베렝거는 이성의 사용을 매우 신뢰했고, 떡과 포도주 안에 본질의 변화는 없다고 주장했다. 왜냐하면 어떤 사물이 그 본질을 잃어버리는 것은 불가능하기 때문이다. 떡과 포도주는 사제에 의해 성별된 후에도 전과 같아 보이는데, 그것은 그것들이 실제로 전과 같기 때문이다. 베렝거는, 떡과 포도주가 성별된 후 그것들이 어떻게 그리스도의 몸과 피가 될 수 있는가를 해명하기 위하여, 그 떡과 포도주에는 변화가 없지만 어떤 새로운 차원이 그것들에 '부가된다'고 주장했다. 그 차원은 바로 온전하고 하늘에 속하신 그리스도다. 그분은 비록 하늘에 계시지만 성찬에 자신의 죽으심을 통한 구원하는 능력과 영적 임재를 덧붙이신다. 떡도 포도주도 하늘까지 올라가지 않으며, 그리스도의 몸이 땅에까지 내려오지도 않는다. 떡과 포도주는 단순히 징표들에 불과하다. 그것들은 오직 상징적 의미로만 구원의 보증으로서의 그리스도의 살과 피며, 오직 믿는 자들만을 위한 것이다.

베렝거의 견해는 추가적인 논쟁을 불러일으켰다. 1050년에 열린 한 종교회의는 그의 가르침들을 정죄했고 그를 파문했다. 그러나 그의 교리는 계속하여 영향을 미쳤다. 1059년에 그는 추기경 홈버트(Humbert, d. 1061)가 준비한 신앙고백문에 서명했다. 그 내용은 그의 견해들과 어긋나는 것이었다. 그 고백문은 성별된 떡과 포도주는 "성체일 뿐만 아니라 우리 주 예수 그리스도의 참된 살과 피다. 그리고 그것들은 단순히 성례로서만이 아니라, 감각적으로 또한 실제로 사제들의 손에 의해 분배되고, 신실한 사람들에 의해 쪼개져서, 그들의 이에 의해 씹힌다"고 주장했다.[25]

화체설

롤란도 반디넬리는 떡과 포도주가 여전히 떡과 포도주로 보이는 동안에 그것들의 실체 또는 본질이 변화한다는 것을 말하기 위하여 '실체 변화'라는 용어를 사용했다. 이 견해는 1215년 제4차 라테란 공의회에서 공식적인 교회의 가르침이 되었고, 1274년 리용 공의회에서 재확인되었다.

베렝거는 곧 반격을 재개했다. 1079년에 로마에서 열린 종교회의는 다시 그에게 자신의 주장을 취소하도록 강요했다. 이때 만들어진 신앙고백문은 그리스도의 원래의 몸과 성찬의 몸 사이의 동질성을 강조했다. "제단(祭壇) 위에 진설된 떡과 포도주는 신성한 기도의 신비와 우리의 구속자의 말씀을 통하여 우리 주 예수 그리스도의 참되고 고유하며 생명을 주는 육체와 피로 실체적으로 변화된다."[26]

이런 성찬 논쟁에서 로마 교회는 떡과 포도주가 그리스도의 몸과 피로 변화된다는 것과 그리스도께서 그 성체들 안에 임재하신다는 것을 확고히 했다. 성찬 요소들의 본질이 변화되는 반면, 그 요소들의 외적 형태에는 어떤 변화도 없다. 이 논쟁은 또한 '성례적 실체'(sacramental reality)라는 개념의 발전으로 이어졌다. 그 개념 안에서 성찬의 떡과 포도주는 '징표'와 '실체' 양쪽 무두로 불릴 수 있게 되었다.

12세기의 스콜라 신학자들, 특히 피터 롬바르드(Peter Lombard)는 성찬의 요소들이 어떻게 실제적이고 본질적인 방식으로 그리스도의 몸과 피라고 불릴 수 있는가 하는 문제를 탐구했다. 훗날 교황 알렉산더 3세(Alexander III)가 된 롤란도 반디넬리(Rolando Bandinelli)는 1140년경에 떡과 포도주가 여전히 떡과 포도주로 보이는 동안에 그것들의 실체 또는 본질이 변화한다는 것을 말하기 위하여 '실체 변화'(transubstantiation)라는 용어를 사용했다. 이 견해는 1215년 제4차 라테란 공의회에서 공식적인 교회의 가르침이 되었고, 1274년 리용 공의회에서 재확인되었다. 라테란 공의회는 성별하는 말씀들이 선포될 때, "[그리스도의] 몸과 피는 떡과 포도주라는 형태로 성체에 포함되며, 신적 능력에 의해 떡은 그분의 몸으로 그리고 포도주는 그분의

피로 실체가 변화된다"고 주장했다.²⁷

실체 변화에 관한 이론, 즉 '화체설'은 토마스 아퀴나스에 의해 더욱 발전되었다. 그는 아리스토텔레스의 철학적 개념들의 도움을 받아 그 이론을 보다 정교하게 만들었다. 아퀴나스는 떡과 포도주의 '우유성'(偶有性, accidents) 또는 외적 특성들은 전과 동일하게 남아 있는 반면, 그 '실체'(substance)는 그리스도의 몸과 피로 변화된다고 가르쳤다. 그 변화된 실체는 떡과 포도주의 내적 실제를 시인하는 믿음으로 말미암아 파악된다. 아퀴나스는 실체의 변화는 "감각으로도 상상으로도 인지할 수 없고 오직 '영혼의 눈'이라 불리는 정신으로만 감지할 수 있다"고 했다. 정신은 믿음의 도움을 받는데, 이것은 아주 중요하다. 또한 믿음 안에서 그리스도의 몸과 피의 본질에 대한 실제적인 인지가 가능하다. 하늘에 있는 그리스도의 몸과 땅 위에 있는 떡과 포도주 사이의 연결은 '실체의 변화'라는 기적을 통하여 일어난다.²⁸

트렌트 공의회는 성찬에 대한—특히 화체설에 대한—아퀴나스와 후기 스콜라 신학자들의 가르침들을 견고히 했다. 1551년 10월 11일 그 공의회는 성찬과 관련해 다음과 같은 교령을 발표했다. "떡과 포도주의 성별 후 참 하나님이시며 참 인간이신 우리 주 예수 그리스도께서 그런 감각할 수 있는 사물들의 모습으로 성찬의 그 존엄한 성체 안에 진실로, 실제로, 그리고 실체적으로 포함되신다." 이것은 하늘에도 계신 그리스도의 "자연스러운 존재 방식"과 모순되지 않는다. 그러나 성찬에서 그리스도는 "그분 자신의 본질 안에서 성례전적으로 우리에게 임재하신다. 비록 우리는 그런 존재 방식을 말로 표현할 수는 없지만, 믿음의 조명을 받은 이해를 통해 그것이 하나님께는 가능하다고 확신하고 또한 분명하게 믿어야 한다."
(마 19:26; 눅 18:27). 실체 변화에 대한 트렌트의 조항은 "떡과 포도주의 성별을 통하여 그 떡의 모든 본질이 그리스도 우리 주님의 몸의 본질로, 또한 그 포도주의 모든 본질이 그분의 피의 본질로 바뀌는 어떤 변화가 발생한다"고 진술한다.[29]

그 후 성찬은 로마 가톨릭 교회 안에서 주요한 성례가 되었다. 성찬은 그 탁월성 덕분에 다른 모든 성례들보다 상위에 있다. 왜냐하면 다른 성례들은 "누군가 그것을 행할 때 신성하게 하는 능력을 갖는 반면, 성찬 안에는 그것이 수행되기 이전에 이미 그 안에 신성의 창조자 자신이 존재하시기 때문이다."[30] 성찬에서 예수 그리스도 안에 임재하시는 분은 하나님이시다.

종교개혁기의 성찬

초대 교회로부터 물려받고 중세 시대에 명확하게 된 사상의 흐름들은 성찬에 관한 종교개혁기의 가르침을 위한 배경을 형성한다. '상징주의적 흐름' — 이것은 또한 '의미론'(*significationist*)이라고 불릴 수 있다. 왜냐하면 이것은 성찬에서 떡과 포도주가 그리스도의 몸과 피를 나타내는 징표들임을 강조하기 때문이다 — 은 어거스틴과 오리겐으로부터 유래되었고, 투어스의 베렝거, 라트람누스, 그리고 라바누스 마우루스에 의해 명확해졌다. '실재론적 흐름' 혹은 '변형론'(*transformationist*)은 랏베르투스와 초대 교회에서 이런 접근을 시작했던 신학자들의 견해들의 결과로서 제4차 라테란 공의회에서

교리로 채택되었다.[31]

루터

루터의 견해는 이런 흐름들로부터 나왔으며 두 가지 주요한 운동들과 함께 발전했다. 1524년까지 루터는 로마의 가르침들에 맞서서 미사에서 어떤 일이 일어나는가에 대한 자신의 견해를 발전시켜 나갔다. 1524년에 그는 성찬에 그리스도가 실제로 임재하시는가에 관한 논쟁에 개입했다. 그 후로부터 그는 성찬의 가치를 인정하지 않는 광신자들과 본질적으로 상징주의적 견해를 옹호하는 자들이었던 스위스의 종교개혁자들 — 특히 쯔빙글리 — 에 반대했다.

루터는 『교회의 바벨론 포로』(Babylonian Captivity of the Church, 1520)라는 그의 책에서 로마 교회가 다음과 같은 이유로 성찬을 3중의 포로 상태에 빠뜨렸다고 주장한다. 첫째, 평신도에게 잔을 허락하지 않는다. 둘째, 화체설을 가르친다 — 루터는 이것을 아리스토텔레스의 형이상학에 포로가 된 개념이라고 주장한다. 그리고 셋째, 미사가 선한 행위이자 희생제사라고 주장한다. 루터는 이런 견해들과 또 다른 견해들에 맞서서 자신의 견해를 발전시켰다.

성찬에 대한 루터의 견해에서 다음 네 단계가 확인될 수 있다. 첫째 단계(1518-22)는 하나님의 말씀의 유익에 대한 징표로서의 성찬을 강조한다. 둘째 단계(1523-24)는 성찬에서 말씀과 함께 주어지는 유익의 징표를 발견한다. 셋째 단계(1524-25)에서 루터는 성찬을 말씀이 그것을 통하여 유익을 수여하는 매체라고 말한다. 넷째 단계(1526-29)에서 루터는 성찬이 말씀이

그 안에서 유익을 수여하는 그릇이라고 강조한다.[32]

1단계. 루터는 1518-22년 사이의 저작들에서 성찬에서 먹는 떡과 마시는 포도주를 '징표들'로 언급한다. 성찬의 의의 혹은 효과는 "모든 성도들의 교제"이며, 이 성례를 받는 것은 "그리스도와 그분의 모든 성도들과의 이런 교제와 연합에 대한 확실한 징표"이다. 여기서 루터는 '봄'(seeing)의 측면을 강조한다. 왜냐하면 성찬은 믿는 자들에게 그들이 서로 교제 가운데 있으며 그리스도의 몸 안에서 연합된다는 것을 보여 주기 때문이다.[33]

루터는 또한 계속해서 '들음'(hearing)의 중요성을 강조한다. 이것은 성찬의 제정사와 관련이 있다. 이 말씀들은 떡과 포도주와 결합되며 하나님의 약속의 표징들을 이룬다. 루터는 그리스도의 언약, 즉 선포된 사죄의 약속을 강조한다. "모든 것이 … 이 성례의 말씀들에 의존한다. 이것들은 그리스도의 말씀이다." 루터에게 있어서 "이것은 마치 [사제가] 우리에게 '보라, 이것은 그리스도께서 우리에게 모든 죄의 용서와 영생을 전해 주시는 언약에 대한 인과 징표이다' 하고 말하는 것과 같다."[34]

1521년에 루터는 '받음'(receiving)의 차원을 강조하면서 징표로서의 성찬이라는 개념을 보다 더 확대했다. 성례에서 구원이 주어진다. 또한 특히 그리스도의 몸과 피를 포함하는 성찬은 그리스도께서 그분의 죽으심 안에서 이루신 약속에 대한 보증으로 주어진다. "죄를 용서받은 우리가 구원을 얻도록 몸과 피가 주어진다."[35]

2단계. 1523-24년부터 루터는 제정사들 안에 있는 하나님의 말씀을 강조하기 시작했다. 제정사는 성찬 안에 그리스도의 실제적 임재를 초래한다. 그러므로 루터에게 성찬에서의 몸과 피는 그리스도의 몸과 피다. 또한 하나님의 말씀은 "그것이 말하는 모든 것을 가져온다. 즉 그리스도와 더불어 그분의 육체와 피를 그리고 그분의 존재와 소유의 모든 것을 가져온다." 제정사를 통하여 성찬의 징표의 물질적 실체가 현존하게 된다. "나로서는 내가 듣는 하나님의 말씀과 내가 받는 몸이 진실로 하나님의 말씀이요 나의 주님이시자 하나님의 몸이라는 사실을 아는 것으로 충분하다."[36]

3단계. 1524-25년 사이에 루터는 그의 동료 안드레아스 칼슈타트 (Andreas Carlstadt, d. 1541)와 스위스의 개혁자들—특히 쯔빙글리—과 중요한 성찬 논쟁을 벌였다. 그의 반대자들은 징표가 곧 성례의 모든 것이라고 주장했기 때문에, 이 논쟁들은 루터로 하여금 징표를 강조하는 것을 그만두고 성찬을 그리스도의 실제적 임재를 전달하는 하나님의 '은혜의 매체'라고 묘사하도록 이끌었다. 성찬에서 죄 사함으로서의 그리스도의 죽으심이라는 은총이 떡과 포도주를 통하여 전달된다. "그리스도는 십자가 위에서 그것을 이루셨다. 그것은 사실이다. 그러나 그분은 그것을 십자가 위에서 분배하거나 수여하지 않으셨다. 그분은 그것을 성찬이나 성체 안에서 얻지 않으셨다. 그분은 그것을 하나님의 말씀을 통하여 또한 그것을 선포하는 복음 안에서 분배 혹은 수여하셨다."[37] 성찬은 하나님의 위로를 위한 매체다. 성찬은 신자들에게 십자가에 달리신 그리스도의 몸을 제공한다.

4단계. 1526-29년부터 루터는 몸과 피를 그 안에 용서가 포함되고 그 안에서 용서가 분배되는 성찬의 내용이라고 강조했다. 이런 특징은 그의 저서 『대요리문답』(*Large Catechism*)에서 나타난다. 거기서 그는 제정사를 그리스도의 몸과 관련시킨다.

죄사함을 얻게 하는 보물은 이것들이지 다른 것들이 아니다. 이 보물은 다른 어떤 것 안에서가 아니라 "너희를 위하여 주는, 너희를 위하여 붓는"(cf. 눅 22: 19-20)이라는 말씀들 안에서 운반되고 전달된다. 여기서 우리는 두 가지 진리를 얻는다. 즉 그 보물은 그리스도의 몸과 피며, 이것들은 우리의 보물과 은사로서 우리의 것이라는 사실이다. 그리스도의 몸은 결코 무효하고 무익하고 무력하고 무용한 것이 될 수 없다. 그러나 그 보물은, 그 자체로 아무리 위대할지라도, 하나님의 말씀 안에서 이해되어야 하며, 그 말씀을 통하여 우리에게 제공되어야 한다. 그밖에 다른 방식으로는 우리는 결코 그것을 알 수도 없고 찾을 수도 없을 것이다.[38]

이런 서술을 통해 루터는 성찬 자체를 은사, 즉 죄의 용서와 동일시한다. 죄 사함은 제정사를 통하여 임재하시는 성례전적인 그리스도의 몸 안에서 그리고 그 몸을 통해서 온다.

이런 단계들을 거치면서 루터는 성찬 안에 그리스도가 실제로 임재하시는 것에 대한 논의에 더욱 관심을 두게 되었다. 루터에게 이것은 성찬에 그리스도가 육체적으로 현존하시는 것을 의미했다. 이런 임재 방식과 관련해 루터는 로마 교회의 화체설을 거부하고, 그 대신 떡과 포도주라는 변화되지 않은 요소들 안에 임재하는 그리스도의 몸과 피에 대해 말한다. 루터에게는 기독론과의 정확한 유비가 있다. 교회는 "말씀이 육신이 되어…"(요 1:14)라고 고백하면서 하나님께서 인간이 되셨다고 선포한다. 주님의 만찬 안에서 교회는 하나님께서 떡과 포도주 '안에' 그리고 '아래에' 머물러 계시다고 선포한다. "그러므로 그리스도와 관련해 참된 것은 또한 성찬과 관련해서도 참되다." 성찬을 통해 전해지는 그리스도는 부활하시고 승천하신 주님, 언제나 어디서나 신적 본질과 인간적 본질 모두를 갖고 임재하시는 '편재하시는 그리스도시다.[39]

쯔빙글리

예수 그리스도가 성찬에 실제적이고 인격적으로 임재하시는 것에 대한 이런 견해는 루터와 쯔빙글리를 갈라놓은 가장 첨예한 쟁점이 되었다. 루터가 성찬에서의 그리스도의 실제적 임재를 수용한 것은, 실체의 변화라는 개념을 제외하고는, 중세 신학의 성찬 개념에 가깝다.[40] 그러나 쯔빙글리(Zwingli)는, 성례에 대한 그의 견해와 일관되게, 루터의 이런 견해를 즉시 거부했다. 루터의 견해에 대한 쯔빙글리의 논박은 1525년부터 시작되어, 1527-28년에 격심한 논쟁들로 그 수위가 높아졌고, 결국 1529년에 열린 마르부르크 대담(Marburg Colloquy)으로 이어졌다. 또한 이 기간 동안 쯔빙글리는 카예탄(Cajetan, d. 1534)과 요한 엑(Johann Eck, d. 1543) 같은 로마 가톨릭 신학자들과도 논쟁을 벌였다.

마르부르크 대담 전에 쯔빙글리는 루터의 견해에 대해 네 차례나 응수했다. 그가 주로 공격했던 개념은 루터가 구원의 주된 핵심을 "그리스도의 몸을 육체적으로 먹는 것"에 두는 것이었다. 루터는 그것이 신앙을 강화시키고 죄를 용서하는 것으로 보았다. 그러나 쯔빙글리는 루터의 그런 견해가 성경의 증거뿐 아니라 신앙에 대한 이해 및 신앙의 효용과도 모순된다는 이유로 거부했다.

쯔빙글리에게 신앙은 하나님에 대한 믿음과 신뢰이지, 루터가 이해하는 것처럼, 떡 안에 있는 그리스도의 몸에 대한 믿음을 의미하지 않았다. 성찬은 그 명칭이 의미하는 바로 그것, 즉 "그리스도의 죽으심을 선포하는 자들의 감사와 공통된 즐거움"이다.[41] 쯔빙글리는 요한복음 6장이야말로 성찬에 대한 토론을 할 때 가장 먼저 참고해야 할 본문이라고 단언했다. 또한 그는 정신과 육체를 예리하게 대조하기 위하여 요한복음 6:63과 3:6 같은 구절들에 호소한다. 그는 에라스무스(Erasmus)처럼 "살리는 것은 영이니 육은 무익하니라 내가 너희에게 이른 말이 영이요 생명이니라"(요 6:63)는 예수님의 말씀을, 땅에 속하고 가시적이고 물질적인 세계는 성령으로 인해 오는 구원의 담지자가 될 수 없음을 의미한다고 해석한다. 모든 물질적 세계 — 성찬에서 선포된 말씀 및 떡과 포도주를 포함해 — 는 그것들 자체를 넘어 보다 고상하며 구원을 가져다 주는 그 어떤 실체, 즉 하나님의 성령을 가리킨다. "몸과 영은 본질적으로 너무나 다르기 때문에, 우리가 어느 것을 취하든, 그것은 다른 것이 될 수 없다." 예수님이 자신의 살을 먹으라고 말씀하실 때, 그것은 그리스도를 믿는 것에 대한 은유임에 틀림없다. "왜냐하면 그분이 우리에게 구원의 수단이 되시는 것은 먹히심으로써가 아니라 죽임을 당하심으로써이기 때문이다."[42]

> "그분이 구원의 수단이 되시는 것은 먹히심으로써가 아니라 죽임 당하심으로써다."
> – 쯔빙글리

쯔빙글리는 "이것은 나의 몸이다"라는 제정사를 문자적으로가 아니라 하나의 은유로 해석한다. 쯔빙글리는 '~이다'(~is)라는 단어는, 성경의 다른 많은 곳에서처럼— 가령 그리스도께서 자신이 '문'이나 '목자'나 '길'이라고 말씀하실 때와 같이 — '의미하다'(signify)를 의미하는 것이라고 주장한다.⁴³ 성찬에 대한 쯔빙글리의 전례식문에는 요한복음 6:47-63을 낭독하는 것이 포함된다. 그러나 그는 예수께서 "자신의 살을 먹고 자신의 피를 마시는 것"에 대해 말씀하실 때조차 "그분은 단순히 자신이 우리를 위하여 견디신 고통의 가치를 믿는 것을 의미하실 뿐이다"라고 주장한다.⁴⁴ 쯔빙글리는 어거스틴의 의견을 그렇게 해석했다. 그에게 어거스틴이 의미했던 것은 "떡과 포도주라는 두 가지 성찬 요소들에 참여할 때, 우리가 할 수 있는 모든 것은 우리가 주 예수 그리스도를 믿는다고 공식적으로 고백하는 것이다."⁴⁵ 다시 말하면, "먹는 것은 믿는 것이다"(*edere est credere*).

쯔빙글리는 그리스도가 성찬 안에 '영적으로' 임재한다는 것을 마음으로 시인했다. 그러나 그리스도는 성찬 가운데 '육체적으로' 임재하지는 않는다. 왜냐하면 떡과 포도주는 오직 징표들일 뿐 그 징표들이 의미하는 것이 아니기 때문이다.⁴⁶ 쯔빙글리는 또한 루터의 기독론과 편재성에 대한 그의 견해— 그리스도가 언제 어디에서나 인간적인 본질과 신적인 본질로서 존재하신다는 — 에 대해 의문을 제기했다. 쯔빙글리는 그리스도의 몸은 어느 특정한 때에 오직 한 장소에, 즉 하나님 우편에만 존재할 수 있지 그와 동시에 지상에서 떡과 포도주 안에 있을 수 없다고 말했다. 만약 그렇지 않다면, 그리스도의 인간적 본성은 다른 인간의 그것과 완전히 다를 것이고, 이것은 복음과 모순될 것이다.

1529년 10월에 마르부르크 대담에서 루터와 쯔빙글리, 그리고 멜랑히톤(Melanchthon), 오이콜람파디우스(Oecolampadius), 부처(Bucer) 같은 쯔빙글리의 지지자들은 루터의 신앙고백을 따라서 삼위일체, 기독론, 원죄, 신앙, 그리고 칭의 같은 쟁점들에 대한 14개 조항의 합의문을 이끌어 냈다. 그러나 성찬에 관한 15번째 조항은 다섯 항목에서는 일치했지만 "그리스도의 참된 몸과 피가 떡과 포도주 안에 육체적으로 존재하는지"에 대한 항목에서 일치를 이루지 못했다.

토론이 시작되자 루터는 탁자 위에 분필로 원 하나를 그리고 나서 "이것은 나의 몸이다"(*Hoc est corpum meum*)라고 썼다. 오이콜람파디우스는 육체는 아무 유익도 주지 못하며, 그리스도의 몸은 하늘로 올라갔으므로, 이것은 은유적 의미로 해석되어야 한다고 말했다. 루터는 그렇다면 어째서 하늘로 올라가심 역시 은유적으로 해석되어서는 안 되는가 하고 물었다. 쯔빙글리는 육체와 영은 양립할 수

> "당신은 나와 다른 영을 갖고 있습니다."
> — 루터

없으며, 따라서 그리스도의 임재는 오직 영적인 것이라고 말했다. 루터는 육체와 영은 결합될 수 있으며, 영적인 것은 물질적인 것을 배제하지 않는다고 응수했다. "그리스도는 비록 양적으로나 질적으로나 장소적으로는 아닐지라도, 진실로, 즉 실체적으로 그리고 본질적으로 임재하신다." 스위스에서 온 사람들은 이런 주장을 성찬의 영적 성격을 명확히 보호하지 않는다는 이유로 거부했다. 그들은 어떻게 한 사물이 현존하면서 장소적으로 현존할 수 없는가 하고 물었다. 루터는 하나님의 임재를 기술하는 데 기하학적 개념을 사용해서는 안 된다고 말했다. 마지막에 쯔빙글리는 눈물을 흘리면서 루터에게 손을 내밀었다. 하지만 루터는 자신의 손을 거두면서 말했다. "당신

은 나와 다른 영을 갖고 있습니다." 대담은 이렇게 끝났고, 그 후의 재결합을 위한 노력들은 무산되었다.[47]

칼빈

존 칼빈은 성찬 교리와 관련해 종종 루터와 쯔빙글리 사이에서 중도적 입장을 취하는 것처럼 보인다. 본질적으로, 칼빈은 쯔빙글리보다 루터에 더 가까웠다. 그는 자신과 루터는 모두 동일한 기본적 확신을 갖고 있으며 오직 성찬 안에 그리스도께서 임재하시는 방식에서만 입장이 다르다고 생각했다. 칼빈은 멜랑히톤에 의해 마련되고 '수정판'(*Variata*)이라고 불리던 '아우구스부르크 신앙고백'(1530)의 제10조의 개정안을 받아들였다. 그 내용은 "떡과 포도주와 함께 그리스도의 몸과 피가 진실로 성찬을 먹는 사람들에게 제공된다"는 것이었다. 칼빈은 자신이 이 말에서 성찬에 대한 "우리의 교리와 어긋나는 단 하나의 용어도" 발견하지 못했다고 말했다.[48]

칼빈은 쯔빙글리와 그의 동료 오이콜람파디우스가 성찬의 떡과 포도주가 징표들이기는 하지만 그것들이 "실체와 결합되어 있는 징표들"임을 강조하지 않았다는 이유로 그들을 비난했다. 다른 한편으로 칼빈은, 루터가 화체설을 거부하기는 했지만 여전히 마치 그가 "교황주의자들이 꿈꾸는 장소적 임재를 옹호하려고 의도하는" 것처럼 썼다고 지적했다.[49]

칼빈은 성찬은 하나님께서 예수 그리스도를 통하여 교회에게 주신 일종의 영적 향연이며, "그리스도는 그것을 통해서 자신이 생명을 주는 떡임을 입증하시고, 우리의 영혼은 그 떡을 먹음으로써 참되고 복된 영생을 누리게 된다"고 강조한다.[50] 성찬의 징표인 떡과 포도주는 "우리가 그리스도의 육체와 피로부터 받는 볼 수 없는 음식을 나타낸다." 이 음식은 "그분이 말씀으로 우리를 그 안에 태어나게 하셨던 생명 안에서 우리를 양육하고 보존하시기 위하여" 계속적으로 우리에게 공급된다. 칼빈에게 "그리스도는 우리 영혼의 유일한 음식이시다"(Inst. IV.17.1). 그러나 신자들과 그리스도의 연합은 "본래 이해할 수 없는 것이므로" 하나님께서는 "우리의 적은 능력에 가장 적합한 가시적인 징표들로 그것의 형태와 형상을 보여 주신다. 참으로 그분은 보증과 징표들을 주심으로써 우리로 하여금 마치 우리가 그것을 자신의 눈으로 본 것처럼 확실히 알게 하신다." 그러므로 주님의 만찬은 하나님의 은혜로운 선물이다. 그리고 하나님께서는 그 안에서 우리의 믿음을 강화하시고 육성하시기 위하여 우리의 적은 능력에 자신을 맞추신다. 믿는 자들이 떡과 포도주에 참여할 때, "우리는 생명을 주시는 그분의 죽으심의 능력이 우리 안에서 효력을 나타낼 것이라고 분명히 결론을 내려야 한다." 이런 행위를 통해 하나님께서는 "그분이 우리에게 그 거룩한 피를 맛보도록 제공하실 때마다 (그것이 우리의 신앙을 강화시키는 데 적합한 한) 이미 자신의 피로 확증하신 그 언약을 새롭게 하시거나 계속 유지하신다"(IV.17.1).

그러므로 그리스도와의 연합은 성찬의 특별한 열매다. 믿는 자들은 "이 성례로부터 큰 확신과 기쁨을 얻을 수 있고" 스스로 영생, 하나님의 나라, 그리고 그리스도께 속한 모든 유익들을 확신할 수 있다(IV.17.2). 칼빈은 그리스도께서 우리와 함께 이루신 "놀라운 변화"에 대해 말한다. 그것은 바로 자신의 의(義)를 위하여 우리의 죄악을 포함하는 것이었다(루터의 서술과 유사하다 - 제5장 참조).

칼빈은 성찬에 그리스도께서 진실로 영적으로 임재하시는 것에 관해 말한다. "우리는 이 모든 것에 대해 충분한 증거를 갖고 있으므로 마치 그리스도께서 우리의 눈앞에 계시고 우리의 손으로 만질 수 있는 것처럼 생각해야 한다"(IV.17.3). 칼빈은 성례의 온전한 효력은 "너희를 위하여 주는", "너희를 위하여 흘리는"이라는 말씀들 안에 들어 있다고 말한다.

> 또한 앞에서 말했듯이, 일종의 유비를 통하여, 우리는 성례에서 진설된 물질적인 것으로부터 영적인 것으로 인도된다. 그러므로 떡이 그리스도의 몸의 상징으로 주어질 때, 우리는 즉시 이런 유사성을 파악해야 한다. 즉 떡이 우리의 몸의 생명을 양육하고 지탱하고 유지시키는 것처럼, 그리스도의 몸은 우리의 영혼에 활력과 생기를 주는 유일한 음식이다. 피의 상징으로 진설된 포도주를 볼 때, 우리는 포도주가 몸에 전해주는 유익들에 대하여 생각하고, 또한 동일한 것이 그리스도의 피로 말미암아 우리에게 영적으로 전해진다는 것을 깨달아야 한다(*ibid.*).

이런 유익들은 우리에게 "자양분을 공급하고, 활기를 되찾게 하고, 강하게 하고, 기쁘게 하기" 위하여 주어진다. 이런 목적을 위해 우리는 "떡과 포도주의 그런 특성들은, 이런 유비에 따라서, 우리에게 전달될 때 그런 것들을 표현하기에 아주 적합하다는 사실을 분명히 깨닫게 될 것이다"(*ibid.*).

칼빈은 제정사에 대한 문자적인 이해를 명백히 거부하며, 그것들을 유효한 상징들로 또한 그 자체를 넘어서 그것들을 말씀했던 분이신 예수 그리스도를 가리키는 것이라고 인식한다(IV.17.22-23을 보라). 바로 그리스도 자신이 성찬 — 거기에서 그리스도께서 획득하신 유익들에 대한 영적 분배가 일어난다— 에서 주어지는 선물이시다. "주 예수님은 성례의 내용과 본질이시다."[51] 떡과 포도주는 "우리에게 몸과 피를 나타내는 또한 그것들에 몸과 피라는 명칭과 표제가 돌려지는 가시적인 징표들이다."[52] 그것들은 그리스도의 몸과 피를 "나타내며" 심지어 "제공한다." 그러나 징표들로서 그것들은 공허하지 않으며 그것들과 "결합된 실체와 효과"를 갖고 있다.[53]

> 나는 떡을 떼는 것이 하나의 상징이라는 것을 진정으로 인정한다. 상징은 사물 그 자체가 아니다. 그러나 그것을 인정하더라도, 우리가 상징을 보여줌으로써 사물 그 자체를 또한 보여 준다고 추론하는 것은 정당할 것이다. 왜냐하면 어떤 사람이 하나님을 사기꾼이라고 부를 의도가 없는 한, 그는 결코 감히 그분이 무의미한 상징을 제시하신다고 주장하지 말아야 하기 때문이다. 그러므로 만일 진실로 주님께서 떡을 떼는 것을 통하여 자신의 몸에 참여하는 것을 의미하신다면, 우리는 그분이 진실로 자신의 몸을 제공하시고 보여 주신다는 것을 조금도 의심하지 말아야 한다. 또한 경건한 사람들은 이런 규정을 반드시 지켜야 한다. 즉 그들은 주님에 의해 제정된 상징들을 볼 때마다 상징된 것의 실체가 분명히 거기에 현존한다는 것을 생각하고 확신해야 한다.(IV.17.10)

칼빈은 성체를 실체와 동일시하지 않는다. "그러므로 단순히 그리고 보다 고차원적인 생각 없이 단순히 그리스도의 몸을 확장하는 것이 성례의 주요한 기능은 아니다. 오히려 그것은 그분의 살이 참으로 음식이며 그분의 피는 음료이므로(요 6:56) 우리가 그것을 먹으면 영생을 얻는다(요 6:55)고 그분이 확언하시는 약속에 인을 치고 확증하는 것이다"(IV.17.4). 칼빈은 말한다. "이것을 위하여 성례는 우리를 그 약속이 진정으로 실행되고 모든 면에서 성취되었던 십자가로 돌려보낸다. 왜냐하면 만약 그분이 십자가에 달리시지 않았더라면, 우리가 그분의 죽으심의 효과를 생생한 경험 속에서 이해하고자 할 때, 우리는 정당하게 그리고 구원을 위하여 그리스도를 먹지 못하기 때문이다"(*ibid.*).

칼빈에 따르면, 성찬의 유익들은 믿음에 의해 수용된다. 그는 쯔빙글리와 루터파 신학자들에 대해 말하면서 "징표들에 대해 너무 적게 관심을 갖는 것도, 그것들을 소위 그것들이 거기에 관계되어 있는 신비들로부터 분리시키는 것도" 원치 않았고, 또한 "그것들을 과도하게 격찬하는" 것도 원치 않았다(IV.17.5). 칼빈은 쯔빙글리파에 맞서서 다음과 같이 말한다. "그들에게 먹는 것은 단지 믿는 것이다. 그러나 나는 우리가 믿

"그들은 그리스도를 떡 속에 넣어 두지만, 하늘에서 그분을 끌어내리는 것은 합당하지 않다."   - 칼빈

음 안에서 그리스도의 육체를 먹는다고 말한다. 왜냐하면 그것은 믿음으로 말미암아 우리의 것이 되기 때문이다. 또한 나는 이런 먹음이 믿음의 결과와 효과라고 말한다." 보다 명확히 설명하자면, "그들에게 먹음은 곧 믿음이다. 그러나 나로서는 먹음이 오히려 믿음으로부터 나오는 것 같다"(*ibid.*). 성찬의 유익을 나누어 주는 믿음은 "마치 떡이 음식으로서 섭취되었을 때 몸에 생기를 전달해 주는 것처럼 그분의 생명이 우리에게 전달되어 우리의 소유가 되게 하기 위하여" 그리스도를 "참으로 먹는 것"이다(*ibid.*). 칼빈은 "믿음으

로 우리는 그리스도를 멀리 떨어져 출현하시는 존재로서가 아니라 우리와 연합하심으로써 우리의 머리가 되시고 우리가 그분의 지체가 되는 존재로서 받아들인다"고 말한다(IV.17.6).[54] 믿음은 "공간적으로 분리되어 있는 것들을 진실로 결합시키는 성령의 신비한 능력"으로 말미암아 주어진다(IV.17.10). 성령으로 말미암아 믿음이 존재할 때, 성찬의 유익들이 받아들여진다. 그러나 믿음이 없을 때 받아들여지는 것은 무의미한 징표들뿐이다. 그러므로 믿지 않는 사람들은 "그 징표에 형식적으로 참여한 후 공허한 상태로 떠나간다"(IV.17.33).

칼빈은 계속하여 가톨릭 교회의 화체설을 거부한다(IV.17.11-15). 화체설에서 "떡은 그리스도가 된다. 따라서 결과적으로 그리스도는 떡이라는 외형 아래 숨겨진다"(IV.17.13). 가톨릭 신학자들은 그리스도는 "하늘에 머물러 계시기 위해 성례에도 내포되어 계신다"고 말하는 반면, 칼빈은 "우리는 관계상의 임재 이상의 다른 것을 주장하지 않는다"고 말한다(*ibid.*).

또한 칼빈은 그리스도의 몸의 편재성을 주장하는 루터의 교리를 편협하게 문자적이며 그리스도의 참된 유체성(有體性)을 제거하는 것이라 하여 거부한다(IV.17.16-31). 칼빈에 의하면, 부활하시고 승천하신 그리스도는 하늘에 계신다. "그리스도의 몸이 부활의 때로부터 한정되셨고 마지막 날까지도 하늘에 속하신다고 가르치신 이는 아리스토텔레스가 아니라 성령이시다"(IV.17.26). 칼빈은 루터가 "그리스도를 우리와 연합시키시는 성령의 신비의 사역에 아무것도" 남겨 놓지 않는다고 주장한다. "그들에게는 그리스도께서 우리에게 내려오시지 않는 한 그분이 임재하시지 않는 것처럼 보인다. 만일 그분이 우리를 자신에게로 들어 올리시면, 우리가 그분의 임재를 똑같이 누리지 못할 것처럼 말이다! 그러므로 문제는 오직 방식의 문제일 뿐이다. 왜냐하면 그들은 그리스도를 떡 속에 넣어두지만, 우리는 하늘로부터 그분을 끌어내리는 것이 합당하지 않다고 생각하기 때문이다"(IV.17.31).

그러므로 칼빈은 한편으로는 가톨릭의 견해에, 다른 한편으로는 쯔빙글리파의 견해에, 그리고 또한 그 둘 사이에 있는 루터파의 견해에 맞선다.[55] 그는 성례의 본질에 대한 어거스틴의 견해를 긍정한다. 또한 외적인 요소들과 내적이고 영적인 실체를 구분하는 그의 정의를 강조한다. 성찬에서 하나님의 은혜로운 선물들은 표징을 통하여 제공되고 믿는 자들의 심령 속에 인 쳐진다. 그러나 그 선물들을 그것들을 전달하는 도구 또는 징표와 혼동해서는 안 된다.

칼빈에게는 믿음을 가진 자들에게 자신을 제공하시고 성령의 사역을 통하여 구원의 유익과 자양분을 나누어 주시는 부활하신 그리스도의 참된 임재가 존재한다. "성찬에서 그분은 우리에게 떡과 포도주가 상징하는 자신의 몸과 피를 취하여 먹고 마시라고 명하신다. 나는 그분이 진실로 그것들을 제공하시며, 또한 내가 그것들을 받는다는 사실을 의심하지 않는다"(IV.17.32; cf. 17.10). 성찬에서 그리스도의 임재의 방식은 영적이다. "왜냐하면 성령의 신비로운 능력이 우리를 그리스도와 연합시키는 끈이기 때문이다"(IV.17.33). 그리스도 자신이 "성찬의 내용이시다. 그리고 성찬의 효과는 그분의 죽으심의 희생으로 우리가 죄에서 정결하게 되며, 그분의 피로 우리가 깨끗이 씻기고, 그분의 부활로 우리가 하늘에 속한 생명의 소망을 얻는다는 사실로부터 나온다"(*ibid.*).

제9장
종말론 논쟁

Eschatological Controversy

What is the Kingdom of God?

9. 하나님 나라란 무엇인가?

교회는, 자주 강조하지는 않았지만, 늘 성찬의 미래적 차원을 인정해 왔다. "진실로 너희에게 이르노니 내가 포도나무에서 난 것을 하나님 나라에서 새것으로 마시는 날까지 다시 마시지 아니하리라"(막 14:25; 참조. 마 26:29; 눅 22;16, 18, 29-30). 바울은 성찬이 "주의 죽으심을 오실 때까지 전하는 것"이라고 설명한다(고전 11:26). 성찬과 종말론은 상당히 밀접한 관련이 있다.[1]

종말론은 또한 예수님이 자신의 전 사역 기간 동안 선포한 핵심적인 내용이기도 하다. 예수님은 유대교에서, 특히 구약 성경의 선지서와 묵시서로부터 강한 미래지향적 의식을 물려받았다. 도래할 하나님 나라에 대한 가르침은 예수님의 선포와 가르침의 근간을 이룬다. 그 후 여러 신약 성경 기자들과 후대의 교회 신학자들은 마지막 때의 일들과 도래할 하나님 나라에 포함되어 있는 신적 차원과 인간적 차원에 대한 자신들의 견해를 제시해 왔다.

종말론에는 그리스도의 재림, 죽은 자의 부활, 최후의 심판, 세상의 종말 같은 주제를 비롯해 신·구약 성경에서 추출된 다양한 개념들이 망라되어 있다. 그리고 이런 개념들에는 그리스도의 천년 왕국 혹은 통치(계 20:4-6), 부활체의 성격(고전 15:35ff.), 환란의 때(단 12:1; 막 13:19; 계 7:14), 적그리스도(살후 2:10; 계 13; 16:12-16; 17; 19:19-21), 아마겟돈 전쟁(계 16:16), 지옥, 영생 등에 대한 성경적 해석의 문제를 다루는 보다 세분화된 문제들이 관련되어 있다.

종말론 관련 논쟁들은 기독교 역사상 끊이지 않고 계속되어 왔다. 어떤 교단들은 그들의 독특한 종말론적 관점과 미래의 특정 사건들에 대한 나름의 예정표를 갖고 있었다. 물론 그런 관점들에 대한 최종 평가는 미래에나 가능할 것이다!

그러나 종말론을 살펴보는 한 가지 방법은 "하나님 나라는 무엇인가?" 하는 질문을 던지는 것이다. 이 질문은 포괄적이기는 하나 이 물음에 대해 제시된 답들은 신학자들이 종말론을 이해해 온 주요한 방식들을 보여 준다. 이 질문을 좀 더 세분화한다면 "하나님 나라와 교회의 관계는 무엇인가?", 즉 "미래는 현재의 삶과 어떤 관계가 있는가?", "미래의 소망으로서의 구원과 현실적 실재로서의 구원 사이에는 어떤 관계가 있는가?" 등이 될 것이다.

어떤 의미에서 이 질문은 앞서 살펴보았던 교리들을 모두 끌어들인다. 왜냐하면 이 질문은 교회 안에 있는 인간의 구원을 위한 그리스도를 통한 삼위일체 하나님의 사역 — 이것은 성경의 권위에 의해 유지되고 성례에 의해 보호된다 — 과 관계가 있기 때문이다. 종말론적인 나라는 역사 가운데서 시작되고 오늘날까지 역사를 통해 계속되어 온 하나님의 구원 사역의 성취를 위해 미래를 지향한다. 역사와 교회에 대한 하나님의 뜻과 사역을 의식하는 사람들은 또한 하나님의 사역의 성취와 궁극적 완성을 고대한다. 그렇게 함으로써 현재와 미래가 연결되고, 하나님의 말씀이 성취된다.

성경적 기초

'하나님 나라'(kingdom of God)라는 말은 구약 성경에서는 사용되지 않는다. 하지만 그 개념은 구약 성경 전체에 걸쳐서, 특히 선지자들의 글에서 발견된다. 이 말은 기본적으로 하나님의 백성들에 대한 하나님의 통치 — 특히 역사의 마지막 때의 하나님의 통치와 하나님의 백성들에 대한 은혜로운 변호 — 를 가리킨다.

구약 성경에서 하나님은 이스라엘의 왕(출 15:18; 민 23:21; 신 33:5; 사 43:15)이자 온 땅의 왕(왕하 19:15; 사 6:5; 렘 46:18; 시 29:10;99:1-4)으로 묘사된다. 하나님은 현재에도 왕이시며 미래에도 왕이시다(사 24:23; 33:22; 52:7; 습 3:15; 슥 14:9ff).

선지자들은 미래의 나라의 모형에 대한 비전을 저마다 다양한 방식으로 제시한다. 히브리 선지자들의 예언적 소망은 그 나라가 역사 가운데서 일어나 이 땅에서 다윗의 자손에 의해 통치될 것을 예기한다(사 9, 11). 바벨론 포로에서 귀환한 후, 역사 속에 건설될 나라에 대한 이런 기대는 역사 속으로 깨치고 들어올 나라에 대한 기대로 대체된다. 거룩한 '인자'가 시공을 초월하는 나라를 세울 것이었다(단 7). 선지자들에게 '주님의 날'은 이스라엘을 비롯해 세상 모든 열방이 심판을 받게 될 심판의 날이다(암 5:18-20; 습

1:14-18). 선지자들은 이 날 이후 하나님이 우주적 평화와 화합으로 대별되는 영광의 새 시대를 창조할 것을 기대한다(사 2:2-4; 22:6-9; 미 4:1-4). 이런 예언적 소망은 하나님이 마지막 때에 모든 악의 권세를 무찌르시는 것으로 묘사하는 묵시문학(욜, 사 24-27; 슥 9-14)을 통해 공표된다. 하나님의 통치하에 이뤄질 미래의 구원은 하나님의 임재로 인한 최고조의 즐거움, 열광, 죽음의 폐지로 인한 기쁨이라는 특징을 갖는다(사 25:6-9).

유대의 묵시문학에서 어떤 이들은 하나님 나라의 역사적이고 세속적인 측면을 강조하는 반면(에녹 1-36), 또 어떤 저자들은 하나님의 초역사적인 차원을 기대한다(에녹 37-71). 그러나 초점은 한결같이 미래에 맞춰져 있다. 때로 하나님 나라는 중보자 없이 하나님이 직접 세우신 것으로 묘사되기도 하지만(As. Mos. 10:1), 때로는 '메시아' 혹은 '기름 부음 받은 자'라는 인물과 관련된다(Bar. 73). 다니엘서에서 하나님 나라는 추방 이후 이스라엘을 지배했던 세상의 열국들이 사라진 후에(7:18, 22, 25, 27) '인자 같은 이'(7:13)로 대표되는 '지극히 높으신 자의 성민'(7:27)에게 주어진다. 예수 당대까지 경건한 유대인들은 '카디시'(Kaddish) 기도를 드렸다. "당신의 사는 날 동안, 이스라엘의 모든 집이 사는 날 동안 그분의 나라를 세우소서"(참조. 막 15:43; 눅 23:51; 2:25, 38).[2]

신약 성경에서 하나님 나라(또는 천국)는 예수님의 공적인 선포의 핵심 주제다. 그의 메시지는 "회개하라 천국이 가까왔다"(마 4:17)였다. 그는 온 갈릴리를 두루 다니며 '천국 복음'을 전파했다(4:23; 9:35; 눅 4:43; 8:1). 공관복음서에서 '하나님 나라'라는 표현은 마가복음에 14회, 누가복음에 32회, 마태복음에 4회 나온다. '천국'이라는 표현은 마태복음에 33회

나온다.³ 마가복음은 예수님의 사역을 다음과 같은 말을 인용하면서 요약한다. "때가 찼고 하나님 나라가 가까웠으니 회개하고 복음을 믿으라"(막 1:15).

천국에 대한 예수님의 가르침의 요지는 새 시대와 새 질서가 도래했다는 것이다. 예수님은 이를 통해서 이미 왕이시며 왕이 되어 가고 있는 하나님이라는 구약 성경의 서술을 반영한다. '하나님

> **하나님 나라의 두 차원**
>
> 하나님 나라의 현재적 차원과 미래적 차원 사이의 긴장은 '이미'와 '아직' 사이의 긴장이다. 천국의 도래 또는 등장은 옛 시대에 종말을 고하고 새 시대의 서막을 알린다. … 천국은 예수님과 그의 사역 안에 현존하지만, 그 최종적인 성취는 아직 이루어지지 않았다.

나라'(헬. *basileia tou theou*; 히. *malkuth*)와 그 말의 동의어인 '천국'은 인간의 노력이 아니라 하나님에 의해 이루어지는 하나님의 통치를 가리킨다.⁴ 복음서에 나오는 이 용어는 두 시대—이 시대와 다가올 시대—에 대한 유대교의 가르침과 관련되어 있다. 이 시대는 하나님에 대한 죄와 반역의 시대다. 다가올 시대는 모든 죄와 악과 반역이 사라지고 하나님의 완전한 뜻과 통치가 이루어지는 시대다. 천국에 대한 예수님의 가르침의 요지는 하나님의 통치는 미래에 완성될 것이고, 새 시대는 예수님과 더불어 현재에 이미 시작되었다는 것이다.

하나님 나라의 현재적 차원과 미래적 차원 사이의 긴장은 '이미'(already)와 '아직'(yet) 사이의 긴장이다. 천국의 도래(막 6:10) 또는 등장(눅 19:11)은 옛 시대에 종말을 고하고 새 시대의 서막을 알린다. 천국은 하나님의 통치와 통치 영역을 의미하는데, 여기에는 온 우주가 포함된다. 예수님의 설교는 영생을 유업으로 얻는 것은 새 시대에 들어가는 것과 같은 것임을 분명히

한다(막 10:17-31; 단 12:2 참조). 하나님의 종말론적 나라가 도래하면, 악의 권세는 파멸되고(마 25:41), 죄와 행악자들이 세상에서 걸러지고(마 13:36-43), 하나님과의 새로운 관계가 형성되고(막 5:8; 25:21, 23), 천국 잔치에서 먹고 마시는 일이 현실화될 것이다(눅 13:28-29; 14:16-24; 22:30; 마 8:11). 종말론적 나라에서는 하나님이 온 우주 만물의 통치자가 될 것이다.

예수님의 천국 설교의 새로운 특징은, 이미 유대교 안에서 일반화되어 있던 내용 외에도, 하나님 나라에 대한 구약 성경의 약속이 예수님 자신의 삶과 사역 안에서 성취된다는 주장이다.[5] 이것은 그의 사역 초기에 이미 분명하게 나타난다. 예수님은 나사렛 회당에서 이사야 61:1-2을 인용하면서 다음과 같이 선포한다. "이 글이 오늘날 너희 귀에 응하였느니라"(눅 4:21). 또한 예수님은 이사야 35:5-6의 예언을 인용하면서 자신에 대한 세례 요한의 예언이 성취되었음을 확증한다(막 11:2-6). 예수님은 자신이 바알세불의 권세를 빌어 귀신을 내쫓는다는 비난을 받았을 때, 그것은 자신의 권세가 하나님으로부터 온 것이며 하나님의 나라가 지금 이곳에 이루어졌음을 증명하는 것이라고 주장했다(마 12:28; 눅 11:20 참조). 예수님은 청중들에게 그들이 구약 시대의 사람들이 보기를 갈망했던 것을 목도하고 있다고 말한다(눅 10:23-24; 마 13:16-17). 예수님은, 비록 예기치 않은 형태로이기는 하지만, 천국이 자기 당대에 임했다고 선포했다(눅 17:20). 예수님의 여러 가지 천국 비유들(막 4; 마 13)은 천국의 비밀(막 4:11)의 단면들을 묘사한다. 이 비유들 중 다수가 '성장'과 관련되어 있다. 하나의 이미지로서의 '성장'은 예수님의 교훈들에서 포착되는 천국의 두 가지 차원을 설명한다. 그 교훈들 속에는 '예견되는 완성'과 '현재적 활동' 두 가지가 들어 있다. 은밀히 자라는 씨의 비유(막 4:26-29)와 가라지 비유(마 13:24-30)에서 천국은 씨 뿌리는 행위와 연관된다. 또한 천국은 겨자씨와 누룩(눅 13:18-21)으로 비유된다. 천국은 예수님과 그의 사역 안에 현존하지만, 그 최종적인 성취는 아직 이루어지지 않았다.

예수님 자신도 미래의 종말이 언제 올지 알지 못했다(막 13:32). 공관복음서들은 도래할 천국의 때를 세 가지 방식으로 설명한다. 첫째는, 천국의 임박성을 강조한다. 예를 들어, 예수님은 제자들을 전도하도록 내보내면서 "이스라엘의 모든 동네를 다 다니지 못하여서 인자가 오리라"고 말한다(막 10:23). 그 외에도 천국의 임박성을 강조하는 구절들로는 마가복음 9:1; 13:30; 마태복음 16:28; 누가복음 9:27 등이 있다. 두번째는 천국 도래의 지연에 대해 말한다. 열 처녀 비유(마 25:1-13)와 달란트 비유(마 25:14-30) 등은 천국을 기다리고 있는 것처럼 보인다(눅 17:22; 19:11 참조). 셋째는 천국이 임할 날을 알 수 없다고 말한다. 예수님은 아버지 외에는 자신을 비롯해 그 누구도 "그때가 언제일지" 모른다고 말한다(막 13:32-33). 이것은 예수님이 자신의 추종자들에게 "그러므로 깨어 있으라 어느 날에 너희 주가 임할는지 너희가 알지 못함이니라" 하고 거듭 명령하는 것을 통해 잘 드러난다(마 24:42; 24:30, 44 참조; 25:13; 눅 12:40).

초대 교회의 설교 내용을 보여 주는 신약 성경의 나머지 부분은 '하나님 나라'라는 말을 비교적 드물게 사용한다. 사도행전은 천국에 관한 몇 가지 대화(1:3; 1:6; 8:12)와 바울이 에베소에서 "하나님 나라에 대하여 담대히 강론하며 권면한"(19:8; 20:25 참조) 것에 대해 말한다.

'이미 왔지만 아직 오지 않은'(already-but-not-yet)이라는 이중적 현실에 대한 표현은 바울의 글들에서 나타난다. 거기에서 바울은 하나님 나라로 들어가지 못하게 하는 악들(고전 6:9-10; 갈 5:21; 엡 5:5)에 대해서뿐만 아니라, 하나님이 통치하는 공동체에 속한 사람들이 살아야 할 삶(롬 14:17; 고전 4:20)에 대해서도 말한다. 도래할 하나님 나라는 "영광의 나라"(살전 2:12)이며 또한 "그리스도의 나라"(엡 5:5; 고전 15:24-28; 골 1:13)로도 불린다.

요한의 문헌들은 '영생'을 '하나님 나라'와 동의어로 사용한다(요 5:24; 요일 3:14; 5:12 참조). 그 두 단어는 예수님이 니고데모와 나눈 대화에서 서로 연결된다(요 3:3, 5). 예수님은 '왕'이라고 불렸고(요 1:49; 6:15; 12:13, 15; 18:33, 37, 39; 19:3, 12), 친히 "내 나라는 이 세상에 속한 것이 아니다"(18:36)라고 말했다. 요한계시록은 종말적 완성과 다가올 영광을 고대한다. "세상 나라가 우리 주와 그 그리스도의 나라가 되어 그가 세세토록 왕노릇 하시리로다"(계 11:15; 참조 1:9; 12:10).

초기 종말론

천년 왕국

하나님 나라와 관련된 초기 신학자들의 종말론은 그리스도의 재림, 죽은 자의 부활, 최후의 심판 등과 관련된 그리스도의 천년 통치(계 20:1-10)를 지칭하는 용어인 '천년 왕국설'(chiliasm)이라는 단어의 개발로 인해 두드러진다. 일찍이 파피아스(Papias, d. 130)는 이 천년 통치를 그리스도의 지상 통치와 연결시켰다. 역사가 유세비우스는 파피아스가 구전된 전통을 근거로 "죽은 자가 부활한 후에 천년이라는 시간이 지속될 것이고, 그때 그리스도의 왕국이 이 땅 위에 물리적으로 세워질 것"으로 믿었다고 기록한다.[6] 파피아스는 '1천'이라는 이미지를 사용해 앞으로 다가올 날들을 설명한다. 즉 "포도나무가 나서 각 포도나무마다 1천 개의 가지가 나오고, 각 가지마다 만(10천) 개의 작은 가지가 나오고, 각 작은 가지마다 만(10천) 개의 햇가지가 나오고, 각 햇가지마다 만(10천) 개의 포도송이가 달리고, 각 포도송이마다 만(10천) 개의 포도알이 달려, 각 포도알의 즙을 짜면 25메트레테스의 포도주가 나올 것이다."[7] 이레니우스는 우주와 동물들의 변모에 관해 말하면서 파피아스의 이 말을 인용한다.

다른 초기 문헌들은 세상의 종말이 임박했다고 기술한다. 「바나바 서신」(*Epistle of Barnabas*)은 세상의 창조 기간이 6일이었으므로 종말 때까지 하나님이 역사 속에서 6천 년 동안 일하실 것이라고 말한다. 왜냐하면 "주께는 하루가 천 년 같고 천 년이 하루 같기"(벧후 3:8) 때문이다. 「바나바 서」에 의하면, 우주는 6천 년 동안 지속되어야 하는데 그 중 대부분의 시간이 벌써 지나갔다. 이 후에는 그리스도가 다시 오셔서 하나님이 창조 후 제7일에 안식하신 것처럼 7번째 천년 동안 악인을 심판하고 세상과 의인을 새롭게 하실 것이다. '8번째 날이 새로운 세상을 연다. 그러나 초기 저술가 중 어느 누구도 그리스도가 재림하는 정확한 날짜를 지목하려고 하지 않았다.[8]

초대 교회의 천년 왕국에 대한 묘사는 하나님 나라가 도래할 시간을 상세히 지목하지 않는 그리스도의 통치에 대한 다른 서술들과 그 맥을 같이한다. 저스틴(Justin Martyr)은 그리스도가 예루살렘으로 돌아올 것이고 그곳에서 천년 통치를 시작할 것이라고 믿었다. 예루살렘은 재건되고 확장될 것이며, 기독교인들과 구약에 등장하는 성도들이 그리스도와 더불어 완전한 행복을 누릴 것이다. 하지만 그는 자신과는 다른 관점을 가진 경건한 정통파 기독교인들도 있다는 사실을 알고 있었다.[9]

이레니우스(Irenaeus)의 종말론은 영지주의자들이 제안한 구원과 미래에 대한 개요를 반박하는 데 역점을 둔다. 물질은 본질적으로 악하며 육신은 구원의 대상이 될 수 없다고 믿은 영지주의자들은 부활은 순전히 영적인 것일 수밖에 없다고 주장했다. 이레니우스는 그들에게 그리스도의 부활과 성찬 — 그것을 통해 그리스도의 몸과 피가 우리의 육신을 새롭게 한다 — 뿐 아니라 우리의 몸 안에도 성령이 내주하심을 환기시키면서 그들의 주장을 반박했다. 그는 영지주의자들에 맞서서 천년 왕국설을 옹호했고, 적그리스도의 형상을 취한 사탄이 타락 이후의 모든 죄악을 반복하고 "무도하게 스스로 하나님이라고 주장하는" 종말의 때가 올 것이라고 주장했다.[10] 그때 그리스도가 나타나실 것이다. 세상에서의 6천 년이 지나면 최초의 부활과 하나님이 모든 창조 사역을 마치신 후 안식하시며 거룩케 하신 제 7일이 뒤따를 것이다. 이레니우스는 이것이 "의로운 자들을 위한 참된 안식일이며, 그때 사람들은 노동하지

오리겐의 종말론

천년을 상징적으로 해석하는 경향은 오리겐의 종말론에서 두드러진다. 그는, 그리스도의 나라와 관련된 약속에 대한 천년 왕국설 지지자들의 해석을 고찰한 후, 그들의 해석은 "거룩한 약속을 얻을 만하지 못하다"고 결론지었다. … 오리겐에 의하면, 하나님 나라는 하나님 나라 그 자체이신 예수님이다.

않고 온갖 종류의 진미(珍味)로 그들을 먹이실 하나님 옆에 앉아 그분이 차려 놓으신 식탁을 받게 될 것"이라고 말한다.[11]

터툴리안(Tertullian)은 천년 왕국의 소망을 보다 심화시킨다. "우리는 천국에 이르기 전 이 땅 위에서 한 왕국을 약속받았다. 하지만 그 왕국은 현재의 것과는 다른 모습, 즉 [최초의] 부활 후의 모습이 될 것이다. 이 나라는 하나님이 지으신 도시, 즉 하늘로부터 내려 온 예루살렘 안에서 천년 동안 지속될 것이다." 천년 왕국에서 "성도들은 조만간 그 쌓은 덕을 따라 일어설 것이고, 성도들의 부활이 완료되면, 세상의 멸망과 심판의 불이 임할 것이다; 우리는 썩지 아니할 것을 입음으로써[고전 15:52-53] 한 순간에 천사체로 변화될 것이며 천년 왕국으로 옮겨질 것이다."[12] 그러나 또 다른 글에서 터툴리안은 보다 비유적인 해석에로 기울어진다. 예를 들어, 그는 새 예루살렘이 그리스도의 몸을 의미한다고 말한다. 그는 또한 그 나라를 직접적이면서 기독론적인 방식으로 강조한다. "복음서에서는 그리스도 자신이 곧 하나님의 나라다."[13]

히폴리투스(Hyppolytus)도 그의 저서 『다니엘서 주석』(Commentary on Daniel)과 『적그리스도』(Antichrist)에서 천년 왕국설을 옹호한다. 그러나 그는 다니엘의 예언이 아직 성취되지 않았으므로 세상의 종말은 임박하지 않았다고 주장한다. 히폴리투스는 요한계시록 20:2-5를 영적으로 해석한다. 이레니우스와 달리 그는 천년은 그 나라에 대한 문자적인 기간이 아니라 그 나라의 위대함과 찬란함을 상징적으로 표현한 것이라고 설명한다.[14]

천년을 이렇게 상징적으로 해석하는 경향은 오리겐(Origen)의 종말론에서 두드러진다. 그는 그리스도의 나라와 관련된 약속에 대한 천년 왕국설 지지자들의 해석을 고찰한 후, 그들의 해석은 "거룩한 약속을 얻을 만하지 못하다"고 결론지었다. 그는 이런 본문을 "사도들이 이해한 바에 따라서" 해석해 보면 그 약속을 받은 것은 몸이 아니라 영혼이라는 결론에 도달하게 된다고 주장했다. 그러므로 약속된 나라는 순전히 영적인 것이다. 오리겐은 하나님 나라를 하나님의 진리와 영적 실체에 대한 깨달음, 말씀의 내주, "예수 그리스도를 통해 부여된 영혼이 담긴 말씀에 대한 영적 교훈"으로 해석했다.[15] 가장 분명하게, 오리겐은 하나님 나라는 하나님 나라 그 자체 (*autobasileia*)이신 예수 그리스도라고 말한다.[16]

키프리안(Cyprian)의 글에서는 다가올 종말에 대한 빈번한 언급과 현세를 탈피하고자 하는 소망에 대한 강렬한 표현을 읽을 수 있다. 부활은 그것으로부터 선행에 대한 상급이 나오는 믿음의 핵심 요소다. 하나님은 "교회에서 사명을 완수한 사람들은 하나님 나라를 볼 것이라고 선언하신다."[17] 현 시대에서의 고통, 특히 적그리스도(네로 황제) 지배하의 박해는 천년 왕국에서의 즐거움과 대조된다. 그러므로 그 왕국은 기본적으로 미래의 일이며 현세의 가시적 교회와는 동떨어져 있다.

어거스틴의 천년 왕국

어거스틴(Augustine)은 천년 왕국설 해석의 양 갈래인 문자적 해석과 상징적 해석 모두를 따랐으나, 종국에는 문자적인 해석을 버리기로 결정했다. 애초에 어거스틴은 그 왕국은 교회 성장의 결과이자 목적이라고 주장했다.[18] 하지만 나중에 그는 사탄이 묶여 있는 천년은, 계시록 20장에 의하면, 미래의 천년이 아니라 현세의 천년이라고 주장했다. 그것은 교회사적인 시간이다.

부활과 최후 심판 사이에서 '싸우는'(militant) 교회, 즉 지상의 교회는 "지금도 이미 그리스도의 나라이며 하늘나라다."[19] '승리한'(triumphant) 교회(이미 죽은 성도들)는 지금 그리스도와 더불어 그러나 미래와는 다른 방식으로 통치한다. 마지막 날에 의인과 악인은 축복과 영벌로 나뉘게 될 것이다.[20]

어거스틴의 이런 견해는 역사와 종말론에 대한 그의 입장과 일치한다. 어거스틴은 13년(413-26)에 걸쳐 22권 분량으로 저술한 그의 『하나님의 도성』(City of God)에서 역사 속에는 두 개의 도성, 즉 '하나님의 도성'과 '세상의 도성'이 공존하고 있다는 견해를 전개한다. 이 두 도성은 역사적으로 세상 속에서 복잡하게 뒤얽혀 있다가 최후의 심판 때 가서 분리될 두 가지의 숭고한 충성을 의미한다. 한 도성은 하나님을 섬긴다. 그리고 다른 한 도성은 마귀에게 복종한다.

차이점은 사랑의 대상이다. 성경은 하나님을 위하여 하나님의 기쁨을 목표로 하는 사랑을 요구한다. 또한 성경은 하나님과 무관하게 자신의 유익을 사랑하는 욕망을 정죄한다.

> 두 도성은 두 종류의 사랑으로 건설되었다. 세상의 도성은 하나님을 경멸할 정도의 자기애로 인해 건설되었고, 하늘의 도성은 자신을 무시할 정도의 하나님에 대한 사랑으로 이루어졌다. 실제로, 세상의 도성은 스스로 자랑하지만, 하늘의 도성은 주님 안에서 자랑한다(고후 10:17). 전자는 사람들에게서 영광을 찾지만, 후자는 선한 양심에 대한 증인이신 하나님 안에서 최고의 영광을 발견한다. 세상의 도성은 자신의 영광 안에서 머리를 쳐들지만, 하늘의 도성은 하나님께 다음과 같이 고백한

다. "나의 영광이시오 나의 머리를 드시는 자니이다"(시 3:3). 세상의 도성에서는 마치 세상의 왕이 자기의 나라를 통치하듯이 지배욕이 군림하지만, 하늘의 도성에서는 권세를 가진 자나 권세에 복종하는 자들 모두가 사랑으로 서로를 섬긴다. 즉 통치자들은 권면으로, 백성들은 순종으로 섬긴다. 세상의 도성은 강력한 지도자들에게서 볼 수 있는 자신의 힘을 사랑한다. 하늘의 도성은 하나님께 "나의 힘이 되신 여호와여 내가 주를 사랑하나이다"(시 18:1) 하고 고백한다.[21]

그러므로 "한 도성에서는 하나님을 사랑하는 것이 우선이지만, 다른 한 도성에서는 자기 자신을 사랑하는 것이 먼저이다."[22]

어거스틴에게 두 도성은 선택받은 자와 선택받지 못한 자를 대표한다. 이 두 도성은 "현재의 일시적인 세상에서 서로 얽혀 있다." 세상의 도성 안에도 하늘나라의 시민이 될 사람들이 있을 수 있고, 거룩한 도성에서 성찬을 함께함에도 불구하고 성도들의 영원한 운명을 같이 하지 못할 사람들도 있다.[23] 따라서 어느 누구도 누가 어느 도성에 속해 있는지 성급한 판단을 내려서는 안 된다.

이 두 도성이 어거스틴의 인간론, 교회론, 그리고 하나님의 영원한 선택과 다가오는 하나님 나라의 심판에 대한 그의 견해의 정수를 보여 주는 것은 사실이다. 하지만 그가 하나님의 도성과 보편적인 교회를 동일시하는 것은 아주 예외적일 뿐이다. 때로 그는 "하나님의 도성, 즉 하나님의 교회"에 대해 언급한다.[24] 하지만 이 두 도성은 두 가지의 '사랑'이기 때문에, 궁극적으로 그들은 외적이거나 정치적인 특성과 완전히 동일시할 수 없는 내적이고 영적인 상태들이다.

어거스틴 이후의 하나님 나라

'하나님 나라'라는 개념은 수 세기에 걸쳐 호소력을 발휘했고, 천년 왕국설 관련 주장들은 사그라지지 않았다. 약 1000년 즈음에 천년 왕국설에 대한 열기는 더욱 거세졌다. 많은 사람들이 천년 왕국은 그리스도의 초림과 재림 사이에 일어날 것이라는 어거스틴과 다른 사람들의 견해를 믿었기 때문이었다. 은둔자들의 공동체를 창설한 이탈리아 칼라브리아 출신 시토파 수도사 요아킴(Joachim of Fiore, 1135-1202)은 그의 계시록 주해에서 곧 '제3의 시대'가 올 것이라고 말했다. 그는 역사를 삼위일체의 세 위가 계시되는 계시의 시기로 보았다. 성부의 시대는 율법과 두려움의 시대였다. 1260년까지인 성자의 시대는 은혜와 믿음의 시대었다. 제3의 시대는 사랑과 성령이 지배하는 시대가 될 것이다. 훗날 요아킴의 추종자들은 그의 '3시대 구조'와 '영원한 복음'이라는 사상을 교회에 대한 비판에서부터 철저히 세속적인 적용에 이르기까지 그것에 담겨진 의미들과 함께 받아들였다.[25]

그럼에도 불구하고, 두 도성이라는 이미지를 통해 드러난 하나님 나라에 대한 어거스틴의 견해는 커다란 반향을 불러일으켰다. 가이사랴의 유세비우스(Eusebius of Gaesarea, 340년 사망)는 콘스탄틴 황제의 재위 기간 동안 거둔 교회의 승리를 천년 왕국의 시작으로 해석했다.[26] 이후 교황권의 강화와 어거스틴의 두 도성 개념으로부터 나온 하나님 나라와 교회를 동일시하는 태도가 나타났을 때, 그것은 중세 교회를 위한 강력한 신학적 도구가 되었다. 이것은 특히 국가와 관련해서 더욱 그러했다. 교황 그레고리 대제(Gregory the Great, d. 604)는 "현세의 교회는 하늘나라라고 불린다. 왜냐하면 성도가 모여 있는 곳은 하늘나라라고 불려야 하기 때문이다"[27]라고 선언했다. 그레고리는 교회(하늘나라)는 맡은 바 사명을 완수하기 위해 국가의 — 비록 비기독교 국가일지라도 — 도움을 얻을 수 있다고 말했다. "거룩한 교회는 스스로의 힘만으로는 충분하지 않기 때문에 코뿔소(국가 - 역주)의 도움을 구해야 한다."

하지만 지상의 도성은 하나님의 도성에 복종해야 한다. 교황 그레고리 7세(힐데브란트 Hildebrand, 1073-85) 때에 이르러 하나님의 도성은 세상의 도성에 대해 절대적인 지배권을 갖게 되었다. 그레고리 7세는 그의 '교황의 교령'(Dictations of the Pope)에서 교황은 그리스도의 대리자로서 의롭게 행하지 않는 황제들을 폐위할 권한을 갖고 있다고 주장했다. 이로 인해 종말론적이고 내세적인 왕국은 또한 극도로 정치적이고 세속적인 나라가 되었다.[28]

종교개혁기의 종말론

루터

마틴 루터(Martin Luther)는 마지막 날이 멀지 않았다는 강한 의식을 가지고 있었다. 1530년에 그는 자신이 성경 번역을 마치기 전에 하나님의 나라가 올까봐 두렵다고 썼다. "세상은 너무 급하게 종말로 달음질치고 있어서 독일어로 성경 번역을 마치기 전에 마지막 날이 찾아올 것만 같은 생각이 든다."[29] 또한 1545년에는 주후 1540년이 창조 이후 5,500년이

된 시점이기 때문에 앞으로 영원한 안식에 이르기까지는 500년이 남아 있다며 다시 종말의 때를 산정했다. 그러나 하나님은 선택받은 자들을 위해서 시간을 단축시키겠다고 약속하셨으며, 그리스도 역시 무덤에서 3일 밤낮을 꼬박 채워서 머물러 있지 않았기 때문에, 교회의 부활의 날도 속히 올 것이다. 따라서 그리스도의 재림까지는 백 년도 남아 있지 않을 수도 있었다.[30]

'하나님 나라'에 대한 루터의 개념 및 그것과 관련된 '그리스도의 왕국' 이라는 묘사는 그가 '세상의 왕국', '지상의 나라', '황제', '행위들' 등으로 다양하게 묘사한 것과 비교된다.[31] 루터의 '두 나라' 교리는 어거스틴의 '두 도성' 개념과 관계가 있다. 루터는 국가와 세상의 왕의 일시적 권위와 교회와 사제의 영적 권위의 대결에서 드러나는바 두 도성 사이의 투쟁의 개인적이고 사회적 차원들을 강조한다.

루터에게 이 두 나라는 서로 어우러져 있으며 상호간에 오락가락하고 있다. 이 두 나라는 궁극적으로 분리되지는 않더라도 분명히 구별되어야 한다. 루터는 그것을 자신의 설교 사역의 일부라고 여겼다.

> 너무 자주 쓰이고 거론되어서 성가신 말이 되기는 했지만, 나는 항상 그 두 나라의 이런 차이 안에서 두드리고 치고 뚫고 나가고 돌진해야 한다. 왜냐하면 사탄도 두 나라를 함께 지지고 볶아대는 일을 멈추지 않기 때문이다. 세상의 권세는 언제나, 사탄의 이름으로, 그리스도에게 그가 어떻게 자신의 교회를 인도하고 영적인 규칙들을 수행해야 하는지를 가르치고 훈계하려고 든다. 마찬가지로, 거짓 사제들과 신도들 역시 언제나 사람들에게, 하나님의 이름이 아닌 것으로, 어떻게 그들이 세상

의 규칙을 수행해야 하는지를 가르치고 훈계하려 든다. 이와 같이 사탄은 어느 경우에든 제한받지 않고 있고, 해야 할 일을 많이 갖고 있다. 우리가 하나님의 은혜를 입었다면, 하나님께서 우리를 사탄으로부터 지켜 주소서, 아멘.[32]

루터에게 이 두 나라는 하나님의 동일한 비가시적 통치의 두 가지 중첩되는 측면이었다. 하나님 나라는 이 세상에서 상호 의존적인 두 가지 양상을 갖고 있다.

세상에는, 신자와 불신자 두 유형의 사람이 있는 것처럼, 두 종류의 통치가 있다. 기독교인들은 하나님의 말씀의 통치에 순종한다. 그들에게는 자신들을 위한 정부가 필요치 않다. 그러나 비기독교인들은 하나님의 말씀의 통제를 받지 않을 것이므로, 다른 정부, 심지어 국가의 칼까지도 필요하다. 그러나 모든 사람이 기독교인이고 복음을 좇는다면, 국가의 칼도 공권력의 행사도 필요치 않을 것이다. 행악자가 없다면 징벌도 없을 것이기 때문이다. 그러나 우리 모두가 의로울 것을 기대할 수 없기 때문에, 그리스도는 악인들을 위한 행정관을 임명하여 마땅한 방식대로 다스리게 하신다. 그러나 그분은 자신을 위해 의인을 지키시고 그들을 자신의 말씀으로 다스리신다.[33]

이것은 두 나라 모두가 창조주이시며 구속주이신 하나님에 대한 인간의 관계와 관련되어 있음을 의미한다. 영적인 나라에서는 하나님과의 관계가 직접적이다. 세속적인 나라에서는 그 관계가 간접적이다. 루터는 "하나님이 아버지, 어머니, 황제, 왕, 재판관, 심지어 교수형 집행인까지 두어 다스리시는 나라는 하나님 왼편에 있는 나라이지만, 참된 하나님 나라, 즉 하나님 오른편에 있는 나라는 하나님이 친히 통치하시며 직접 임재하시고 복음이 선포되는 나라다"라고 말했다.[34] 그 두 나라는 영적인 나라가 세속적인 나라(이슬람교도들의 나라 같은)에 종속되거나 세속적인 나라가 영적인 나라(교황의 나라 같은)에 종속될 때 뒤섞일 수 있다.[35] 하나님은 두 가지 방식으로, 즉 복음과 율법을 통해서 세상과 만나신다. 이 두 요소는 사회에서 죄의 악한 영향력을 저지하는 역할을 한다. 기독교인은 '의인인 동시에 죄인'(*simul justus et peccator*)이기 때문에 그 두 가지 형태의 통치 모두를 필요로 한다.[36] 외면적인 나라도 궁극적으로 그리스도의 통치하에 있다. 따라서 이 세상의 권세자

> "참된 하나님의 나라는 하나님이 친히 통치하시고 직접 임재하시고 복음이 선포되는 나라다." —루터

와 통치자들은 복음을 통해 선포된 하나님 나라에 대한 말씀에 귀를 기울여야 한다. 그리스도의 왕국은 내면적이며 영적이어서 물질적인 세계를 지배하거나 권위를 내세울 권리가 없다. 그것은 두 나라를 또 다시 뒤섞는 것이 될 것이다. 따라서 루터에게 이 두 나라는 분명히 구별된다. 하지만 두 나라는 상호 연루되어 있고 나뉘어서는 안 된다. 이 두 나라는 구별되지만 모든 것을 포괄하는 하나님 나라 안에서 연합을 이룬다.[37]

칼빈

존 칼빈(John Calvin)의 종말론은 성경에 근거하고 있으며 인간의 역사를 매우 깊이 있게 다룬다. 그의 종말론은 역사 속에서, 특히 예수 그리스도 안에서 이루어진 하나님의 위대한 행사들을 강조한다. 교회는 이런 하나님의 행사를 증거하며 순종과 기쁨으로 화답한다. 그리스도의 승리를 통해 교회는 하나님 나라에 — 비록 교회 자체가 하나님 나라는 아니지만 — 참여할 수 있게 되었으며 최후 승리에 대한 확신을 얻는다. 그러나 교회는 고난과 슬픔을 견디며 역사 속에서 활동한다. 그리스도의 승리로 기독교인은 미래의 삶을 묵상할 수 있으며 또한 이 땅에서 하나님 나라를 확장하는 일에 능동적으로 개입할 수 있다.[38]

칼빈에게 있어서 역사의 전환점은 예수 그리스도의 강림이다. 하나님 나라에는 두 번의 위대한 종말론적 순간이 있다. 그것은 바로 구원의 시작과 완성의 순간이다. 구원은 그리스도를 통해 시작되었고, 그분의 죽음과 부활을 통해 완성된다.[39] 칼빈에게 '그리스도의 나라'는 두 가지 의미를 갖는다. (1) 그리스도가 그것을 통해 교회를 자신에게로 이끄시고 또한 그것을 통해 모인 교회를 다스리시는 수단인 복음의 가르침, (2) 복음에 대한 신실한 믿음으로 연합함으로써 참으로 그리스도의 사람들로 간주되는 경건한 자들의 공동체.[40]

어떤 의미에서 이것은 그리스도의 왕국이 이미 완성되었음을 의미한다. 그리스도는 자신의 죽음·부활·승천을 통해 죄와 사망에 대해 승리를 거두셨으며 하나님의 우편에 앉아 세상을 다스리신다.[41] 역사 속의 다른 모든 것은 "그리스도의 도래와 더불어 일어난 세상의 혁신"과의 관계 속에서 이해되어야 한다. 그러나 또 다른 의미에서 세상은 이미 얻은 승리에 아직 도달하지 못했다. 만물의 갱신은 여전히 완성되는 과정 중에 있다.[42] 그리스도는 자신의 승리와 성령을 통해 교회를 불러내 하나님의 백성이 되고 자신과 연합하여 믿음으로 살게 하셨다. 하나님의 백성들은 그리스도 및 교회와의 이런 연합을 통해서 부활의 새로운 인류와 그리스도를 통한 하나님 나라에 실제적으로 그리고 지속적으로 참여한다. 교회에 모인 자들(선택된 자들)은 역사 속에서 하나님의 영광의 공동체에 이르기 위해 애쓴다. 교회는 그리스도가 오실 때까지 이 땅에서 성장하고 번성한다. 하나님 나라의 완성은 바울이 "하나님이 만유 안에 계실"(고전 15:28) 때라고 말하는 그리스도의 재림 때까지 지연된다.[43]

칼빈은 구원의 시작과 완성 사이의 시간을 구세계와 신세계라는 두 시대의 맥락에서 보았다. 그 두 시대는 서로 교차되기 때문에[44] 칼빈은 문자적 의미의 천년 왕국이라는 개념을 거부한다. 이런 믿음은 그리스도가 아직 갱신되지 않은 이 세상에서 한시적으로 또한 외적으로 통치할 것이라고 가르쳤다. 칼빈에 의하면, 완전한 나라는 그리스도 안에 이미 실재한다. 그 나라는 영원하며 그 안에 세상의 갱신을 내포하고 있다. 그리스도가 다시 오시는 것은 다만 완전한 나라에 대한 하나님의 최종 계시를 의미할 뿐이다.

칼빈은 그리스도의 통치를 천년으로 국한시킨 천년 왕국설 지지자들의 가르침을 "너무 유치하여 논박할 필요도 가치도 없는 허구"라고 불렀다. 제1천년(계 20:4)은 "아직도 이 땅에서 수고하는 교회의 영원한 축복으로는 적합하지 않다." 예언은 소망과 인내를 불러일으키기 위한 것이지 하나님의

일들이 언제 일어날지 상세하게 알려 주는 시간표를 제공하려는 것이 아니다.[45]

그 두 시대는 서로 교차되고 마지막 때는 이미 그리스도의 부활과 교회에게 선물로 주어진 성령과 더불어 와 있기 때문에, 매 시간이 마지막 날로 예기될 수 있다.[46] 칼빈은 "그가 자기를 단번에 제사로 드려 죄를 없게 하시려고 세상 끝에 나타나셨느니라"(히 9:26)라는 말씀을 바울이 갈라디아서 4:4에서 언급한 "때가 차매"라는 말과 연관시킨다. "바울은 고린도전서 10:11에서 말세가 다가오고 있다고 선언하는데, 그것은 그리스도의 왕국이 만물을 완전케 했음을 의미한다."[47] 이제 교회는 소망을 갖고서 미래의 완성을 기대한다. "이 말은 그리스도의 왕국의 영광과 위엄이 그분이 재림하실 때에만 나타난다는 뜻이 아니

> "하나님 나라는 세상 끝날까지 단계적으로 이루어진다."   - 칼빈

라, 완성이 그 시점까지 지연된다는 뜻일 뿐이다 — 부활 때 시작된 그런 일들의 완성은 하나님이 그분의 백성들에게 인내의 여정을 계속 이어가도록 이끄시기 위해 맛보기로 주신 것이다."[48] 칼빈은 "하나님 나라는 세상 끝날까지 단계적으로 이루어진다"고 말했는데, 이것은 그가 하나님 나라가 현세의 구조를 통과하면서 점진적으로 성장한다고 믿었다는 의미가 아니다.[49] 그 나라는 우리가 성취해야 하는 것이 아니라 하나님이 주시는 것이다. 교회와 기독교인들은 두 시대 사이에서 제자의 삶을 살아간다. 하나님의 현재의 통치는 사람들이 자기를 부인하고 이 세상과 세상적인 삶을 버리고 천상의 삶을 열망하며 하나님의 의로우심을 의지할 때 드러난다.[50]

그 후의 종말론

"하나님 나라는 무엇인가?" 하는 질문은 교회에게는 계속해서 중요한 질문이었다. 루터와 칼빈은 다양한 종말론적 쟁점들에 있어서 다른 사람들 — 특히 광신자, 재침례교도, 천년 왕국설 지지자 등 — 에 맞서서 자신들의 관점을 옹호했다. 특히 영국에서는 종교개혁 이후 16세기에서 17세기에 걸쳐 다양한 형태의 천년 왕국설이 유행했다.[51] 하나님 나라가 언제 임할지를 예측하려는 — 심지어 그 날을 앞당기려는 — 시도들이 수 세기에 걸쳐 주기적으로 등장했다.

20세기 신학자 칼 바르트(Karl Barth, 1886-1968)는 계몽 운동기 이후 하나님 나라가 어떻게 이해되었는지를 요약한 바 있다. 바르트에 의하면, 계몽주의자들은 하나님 나라를 예수님이 의도적으로 창설한, 그리고 도덕과 본성의 조화를 이룬다는 목적을 갖고 전 세계로 확산된 우애 단체 혹은 공동체로 보았다. 임마누엘 칸트(Immanuel Kant, 1724-1804)는 하나님 나라를 이성적 존재가 철저히 도덕법을 준수하고 세상이 이 법에 따라 질서정연하게 움직이는 곳으로 보았다. 헤르더(J. G. Herder, 1744-1803)에게 하나님 나라는 전 인류가 하나님의 능력·선·지혜인 자연법에 따라 참된 인간성의 단계로까지 오르는 곳이었다. 프리드리히 슐라이어마허(Friedrich Schleiermacher, 1768-1834)는 하나님 나라를 예수님으로부터 시작된 도덕적 삶의 성취라고 보았다. 이것은 각 사람의 의지가 본성과 조화를 이루어 행사될 때 최상의 상태에 이르는 인간의 본성을 보여 준다. 리차드 로테(Richard Rothe, 1799-1867)는 하나님 나라를 처음에는 교회에 의해 시작되지만 성과 속의 통합의 과정을 거쳐 국가의 삶 속에서 완성에 이르는 구원 공동체로 보았다. 알브레히트 리츨(Albrecht Ritschl, 1822-89)은 하나님 나라가 사랑의 공동체가 인류와 세상을 위한 하나님의 궁극적인 목적을 향해 활동하는 곳에서 연합된 인간의 행위를 통해서 임한다고 보았다.[52]

바르트 자신은 주기도문에 나오는 "나라이 임하옵시며"라는 탄원문을 주해하면서 다음과 같이 말한다. "하나님 나라는 말로 표현할 수 없다. 그것은, 하나님 자신이 왕이자 주님으로 오셔서 우리가 그분과 맺는 또한 우리 서로 간에 맺는 관계 속에서 의를 이루시고 그렇게 함으로써 이 땅에 평화를 이루실 때, 비로소 실제적인 것이 된다."[53] 바르트가 하나님을 이 땅에 오셔서 하나님 나라를 세우시는 분으로 강조한 것은 그의 신학 전체의 핵심이다. 그는 이것을 계몽주의 이래로 우세했던 강조 사항들, 특히 슐라이어마허, 리츨, 그리고 바르트 당대의 아돌프 본 하르낙(Adolf von Harnack, 1851-1930) 등의 신학에서 표현된 강조 사항들과 구별되는 하나님 나라에 대한 자신만의 견해를 구성하는 것으로 여긴다. 바르트는 이들 신학자들이 인간과 하나님의 기본적인 연속성을 강조하고, 그로 인해 인간의 성취와 잠재력을 강조하는 것으로 여긴다.[54]

> "하나님 나라는 누군가 찾아나서서 발견하기 전에 이미 존재한다."
> — 바르트

그러나 바르트에게 있어서 하나님 나라는 "모든 지적인 조직화를 넘어선다." 인간은 "많은 일들을 시도할 수는 있지만" "하나님 나라가 임하게 만들 수는 없다." 하나님 나라는 최우선적으로 구해야 하는 것이지만(마

6:33; 13:45), 밭에 감춰진 보화처럼(마 13:44) "누군가가 찾아 나서서 발견하기 전에 이미 존재한다." 그 나라는 기독교인의 믿음의 행위이든 교회의 행위이든 "그 어떤 최선의 인간의 행위와도 혼합될 수 없는 하나님 자신의 행위이다." 하나님 나라는 그런 인간의 행위와 동일하지 않은 것은 물론이고 그런 행위와 섞이지도 않는다. 그 나라는 "자유롭고 독립적으로" 존재하며 "그 순전함과 자유함 속에는 하나님의 자비하고, 화목케 하고, 종국적으로 구속하는 행위가 있다." 바르트는 그 나라는 다음과 같다고 말한다.

> (그 나라는) 기독교인의 믿음 가운데서 감사와 즐거움과 겸손으로 확증되어야 하고, 그리스도의 교회에 의해 강하고 담대하게 그러나 인간의 믿음의 행위나 교회의 행위와 동일시되지 않으며 선포되어야 한다. 역으로, 하나님의 일은 그 시작과 지속과 완성에 있어서 인간의 협조가 고려되거나 전제되어야 하는 것이 아닐 뿐더러, 특정인의 도움 없이는 불가능한 신적인 행위도 아니다. 그것은 믿음의 사람들에게 계시될 때 그들에 의해 인식되고 찬양되고 칭송되고 증언되고 선포되지만, 그 어떤 경우에도 그들의 행위에 의해 움직여지거나 촉진되거나 확장되거나 진전될 수 없는 전적인 하나님만의 사역이다.[55]

이렇게 강조하면서 바르트는 자신이 "당당한 교회적 합의를 갖고 있는 무리와 결별하고 있다"고 생각했다. 그는 오리겐·크리소스톰·어거스틴·루터·칼빈 등 여러 신학자들의 말을 인용했는데, 그는 이들이 "하나님 나라가 세상과 관련해서 뿐 아니라 기독교 세계와 관련해서도 특별한 실재

혹은 요소라는 사실을 계속해서 억눌렀다"고 믿었다. 바르트에게 이 문제는 예수 그리스도를 하나님 나라 그 자체로 강조하려 하려는 요구였다. 왜냐하면 "예수님이 하나님 나라를 선포하신 것은 … 선포자인 그 자신의 존재나 삶과 다른 실체와 진리를 선포한 것이 아니"기 때문이다.[56] 바르트와 칼빈의 차이점은 "나라이 임하옵시며"라는 기도문에 대한 바르트의 다음과 같은 해석 안에 요약되어 있다.

> 칼빈에 의하면, 우리가 구해야 할 것은 이 역사 안에서 하나님이 점진적으로 힘을 얻고 최종적으로 승리하시는 것, 그리고 악인이 선인으로 바뀌는 과정에서 사람들이 은총을 얻고 결정적으로 악한 사람들의 반항이 제거되는 것이다. 그러나, 그 두번째 탄원은 밝은 면, 어두운 면, 전진, 정지, 후퇴를 포함하는 인간 역사 전체의 밖으로부터 인간의 역사를 제한하고 다스리는 어떤 강력한 행위를 기대한다. 그것은 명백한 하나님의 은혜의 절대적인 행위를, 그리고 모든 역사와 만나시고 그 역사를 그것이 소망하는 완전함 안에 제한하시는 하나님 나라의 신비를 기대한다.[57]

바르트에게 하나님 나라는 곧 예수 그리스도다. 하나님의 통치는 곧 예수 그리스도이며, 하나님 나라에 대한 모든 이해의 열쇠는 "예수님은 승리자이시다!"라는 사실을 인식하는 것이다![58]

제10장
오늘날의 신학적 전환점들

Theological Turning Points Today

Major Trends in Contemporary Theology

10. 전환기에 있는 오늘날의 신학

지난 세월 동안 수많은 신학들이 명멸을 되풀이했다. 앞서 다룬 내용들은 그런 신학 이론들의 일부일 뿐 전체가 아니다. 그 각각의 신학 논쟁들은 여러 가지 신학적 쟁점들을 새로운 발판 위에 올려놓는 다양한 제안들과 함께 보다 심층적인 국면으로 나아갔다. 다음의 간략한 논의들은 그런 각각의 교리들과 관련된 현대 신학의 몇 가지 주요한 흐름들과 오늘날 신학적으로 중요한 전환이 일어나고 있는 분야들에 초점을 맞출 것이다.

오늘날 하나님은 누구인가?

삼위일체 교리는 최근에 와서 지대한 관심을 끌고 있다. 칼 바르트(Karl Barth)는 그의 『교회 교의학』(*Church Dogmatics*) (I/1)에서 이 문제를 고찰한다. 그는 삼위일체 교리가 하나님에 관한 모든 성경적 가르침의 전제 조건이 되어야 한다고 주장한다. 바르트는 삼신론(三神論), 즉 세 분의 하나님에 대한 신앙의 위험에 맞서기 위해 세 가지 '위'(person) 대신 세 가지 '존재 양식'(modes of being)에 대해 말한다.

위르겐 몰트만(Jürgen Moltmann)은 삼위일체 교리를 성부·성자·성령의 관계 안에서 설명한다. 그는 하나님이 세상에서 그리고 특히 예수 그리스도의 십자가에서 세 가지 존재로 경험되는 것에서 출발한다. 몰트만은 자신의 접근법이 매우 실제적이며 정치적인 함의를 갖는 것으로 여긴다. 왜냐하면 성경의 하나님은 친히 고통 받으며 모든 형태의— 정치적, 성적, 그리고 종교적인 — 지배에 맞서는 하나님이기 때문이다.[1]

삼위일체에 관한 오늘날의 논의는 종종 '위'이라는 용어의 의미에 집중된다. 그러나 칼 라너(Karl Rahner)는 이 용어 대신에 '구별되는 존재 방식'(distinct manner of subsisting)이라는 말을 사용한다. 즉 삼위일체는 서로 다르며 독자적인 방식으로 존재하는 성부·성자·성령으로 이해될 수 있다. 라너에 의하면, 삼위일체의 각 위는 서로 분리된 위로 보아서는 안 된다. 왜냐하면 "하나님 안에는 단 하나의 실체만 존재하며, 따라서 하나의 절대적인 자기 현존만이 있기 때문"이다.[2]

알프레드 N. 화이트헤드(Alfred North Whitehead)나 존 캅(John Cobb)

과정신학의 하나님

과정신학자들은 하나님이 '생성'의 과정 중에 있는 세상과 더불어 진화하고 있다고 말한다. 화이트헤드에게 하나님은 세상과 더불어 행동하며 세상을 그것이 미래에 될 수 있는 존재가 되도록 이끌어 가는 유일한 '현실적 실체'다.

같은 과정철학자들이나 과정신학자들은 하나님이 '생성'(becoming)의 과정 중에 있는 세상과 더불어 진화하고 있다고 말한다. 화이트헤드에게 하나님은 세상과 더불어 행동하며 세상을 그것이 미래에 될 수 있는 존재가 되도록 이끌어가는 유일한 '현실적 실체'(actual reality)다. 그러므로 하나님은 세상의 진화에 통일성과 방향성을 제공한다. 하나님은 매우 인격적이지만, 세 개의 인격은 아니다. 하나님은 '사회적'이며 사랑과 긍휼로써 피조 세계와 결속되어 있다.[3]

어떤 여성신학자들은 하나님의 이미지를 새롭게 상징화하고 하나님의 여성적 측면에 대해 말하는 방법을 모색할 필요가 있다고 주장했다. 이런 과제의 성격과 그 과제를 삼위일체에 대한 전통적인 신학적 진술과의 관계 속에서 어느 정도까지 수행해야 하는지에 대해서 여성신학자들 모두가 합의를 이룬 것은 아니다. 하지만 그들은 페미니즘적 경험과 직결되는 하나님의 성경적인 그리고 신학적인 이미지를 새롭게 강조하기 시작했다.[4]

이런 전환점들은 삼위일체의 사회적 속성, 하나님의 위들 간의 교제, 하나님의 고난의 문제, 그리고 세상 및 그 속에서 살아가는 남자와 여자에 대한 하나님의 관계 등과 관련된 진지한 쟁점들을 제기하고 있다. 결국 그것들 모두는 계속해서 "오늘날 하나님은 누구인가?" 하는 질문에 담긴 신비를 규명하고자 모색하고 있는 것이다.

오늘날 예수 그리스도는 누구인가?

기독론 역시 최근 수년간 두드러진 신학적 쟁점이 되어 왔다. 어떤 신학자들은 그리스도의 두 가지 속성에 대한 정통 교리를 비판해 왔다. 어떤 신학자들은 예수님에 대한 교회의 전통적인 가르침이 삼위일체 교리와 마찬가지로 지나치게 그리스 철학의 영향을 많이 받았으며, 다른 세상 종교들과의 관계 속에서 예수님의 위치를 과도하게 절대화시켰다고 주장했다. 어느 비평가는 다음과 같이 말한다. "영원한 하나님과 역사적인 인간은 아주 다른 존재론적 지위를 갖고 있는 두 존재다. 그 둘이 동일하다고 주장하는 것은 매우 이해하기 어려운 말이다." 복음서에 나오는 그리스도는 하나님을 구현한 존재가 아니라, "자신의 열정적인 성품을 다해 하나님에 대해 증거했던 자다."[5]

현재의 신학 장면에는 예수 그리스도를 설명하는 서로 다른 수많은 방식들이 존재한다. 혹자는 예수님에 대한 이런 다양한 모델들을 다음과 같이 분류한 적이 있다: 1) 삼위일체 중 제2위의 성육신, 2) 신화적인 그리스도, 3) 윤리적인 해방자, 4) 하나님의 인간적 모습, 5) 타인을 위해 사는 사람, 6) 개인적인 구주.[6] 과정신학자와 여성신학자들은 기독론과 관련된 저술 활동에서도 적극적이었다.[7]

현대 기독론을 살펴보는 또 하나의 방식은 주요 사상가들이 특별히 강조하는 내용들을 살펴보는 것이다. 볼프하르트 판넨베르그(Wolfhart Pannenberg)는 '보편적 역사'라는 개념을 강조하였고, 예수님 안에서 나타난 하나님의 계시를 그 특수성을 상실하지 않은 채 역사와 다른 종교들의 역사 안에 나타난 하나님의 계시와 통합하고자 애썼다.[8] 슈버트 오그덴(Shubert Ogden)은 "예수 그리스도의 사건이 갖고 있는 유일한 의미는 전적으로 실존적 의미"이며, 따라서 예수 그리스도를 믿고 이해하는 것은 자신을 진정으로 이해하는 것이라며 '실존적 기독론'을 주창했다.[9] 존 힉(John Hick)은 '성육신의 신화'에 대해 언급했고, '실체'니 '본질'이니 하는 말보다 역동적인 표현을 선호했다.[10] 존 A. 로빈슨(John A. T. Robinson)은 '임시적 그리스도'라는 표현을 사용했는데, 그는 예수님의 삶 속에 "인간의 형체 속에 주입된 신적 실체가 있었던 것이 아니라, 인간의 삶 안에서 그리고 그 삶을 통해서 신적인 행위가 일어난 것이므로" 성육신은 하나님을 향한 기독교인의 태도에 대한 신화적 표현이라는 힉의 주장에 동의했다.[11] 한스 큉(Hans Küng)에게 중요한 것은 '역사의 예수'였다. 왜냐하면 바로 그 예수님이 하나님의 대리자로서 임했고, 인간이 하나님·이웃·사회와 맺는 관계에서 보편적인 규범이 되기 때문이다.[12] 칼 라너(Karl Rahner)는, 비록 현재 그들이 깨닫지는 못하고 있지만, 자신들을 위해 행동하고 그렇게 함으로써 자신들과 관계를 맺은 그리스도와 관계하고 있는 사람들을 묘사하기 위해 '익명의 기독교'라는 용어를 대중화시켰다.[13]

전통적 기독론에 대해 비판적인 오늘의 기독론은 '아래로부터의 기독론'이 되는 경향이 있다. 그것은 예수님의 인성을 강조하고, 그것에 비추어 그리스도의 신성을 설명한다. 오늘날 기독론을 둘러싼 쟁점들은 매우 다양하다. 신학 용어, 역사, 성서비평, 그 외에 수많은 쟁점들이 "오늘날 예수 그리스도는 누구인가?" 하는 질문과의 씨름에 개입해 있다.

오늘날 교회는 무엇인가?

교회적으로 볼 때 20세기는 교회일치 운동이 두드러진 시대였다. 다른 어느 때보다도 최근 몇 년 동안 교회의 본질에 대해 더 많은 관심이 모아졌다. 새로운 신학적 성찰뿐 아니라 급격한 사회적 변화로 인해 교회의 본질의 문제가 주목을 받게 되었던 것이다. 1948년에 "우리 주 예수 그리스도를 하나님이자 구세주로 받아들이는 교회들의 연합"으로서 발족된 세계교회협의회(World Council of Churches)는 대내외적으로 교회의 일치를 위한 도구가 되고자 노력했다.[14] 로마 가톨릭 교회에서는 제2차 바티칸 공의회(1962-65)가 교파간 협력의 물꼬를 텄으며, '교회에 관한 교의 헌장'(Dogmatic Constitution on the Church), '현대 세계의 사목(司牧) 헌장'(Pastoral Constitution on the Church in the Modern World), '일치 운동에 관한 교령'(Decree on Ecumenism) 등의 선언을 통해서 새로운 경지를 개척하기 시작했다.

지난 수년간 교회론에 관한 수많은 중요한 논의들이 등장했다. 이런 논의들은 성경에서 시작되고 교회사 속에 등장한 수많은 저작물 및 논쟁들에서 구체적인 표현을 얻은 교회론의 기본적인 내용들을 다양한 방식으로 다룬다.[15] 로마 가톨릭과 프로테스탄트 사상가들이 이런 논의들을 통해 강력하게 주장하는 것은, 교회의 본질은 교회의 사명과 따로 떼어 생각할 수 없으며, 교회의 사명 역시 교회의 본질과 분리하여 생각할 수 없다는 것이다. 교회는 자신이 하는 일을 통해 자신의 본질을 드러내며, 교회가 하는 일은 자연스럽게 그리고 직접적으로 그 본질로부터 나온다. 이런 사실은 디이트리히 본회퍼(Dietrich Bonhoeffer)가 나치의 포로수용소에서 기록한 다음과 같은 글에 잘 드러나 있다: "교회는 다른 사람들을 위해 존재할 때만 교회다."[16]

"오늘날 교회는 무엇인가?" 하는 질문에 답하는 일에 크게 기여한 다른 프로테스탄트 신학자들로는 칼 바르트와 폴 틸리히(Paul Tillich)가 있다. 바르트는 교회의 존재는 예수 그리스도 안에 있는 말씀으로서의 하나님의 계시라는 신적 행위로부터 비롯된다고 강조한다. 교회는 부활하신 주님이신 예수 그리스도가 성도들 가운데 임재하며 그들 안에서 그리고 그들을 통해서 역사하실 때만이 참된 교회가 된다.[17] 이런 일은 역사 속에서 성령이 하나이고 거룩하고 보편적이고 사도적인 교회를 세울 때 일어나는데, 이런 교회는 세상을 위해 존재하는 예수 그리스도의 종된 공동체

> **교회의 본질과 사명**
>
> 로마 가톨릭과 프로테스탄트 사상가들이 이런 논의들을 통해 강력하게 주장하는 것은, 교회의 본질은 교회의 사명과 따로 떼어 생각할 수 없으며, 교회의 사명 역시 교회의 본질과 분리하여 생각할 수 없다는 것이다.

다. 틸리히는 교회를 "예수 그리스도 안에서 나타난 새로운 존재(New Being)에 근거한 영적 공동체"라고 불렀다. 교회는 그리스도의 몸으로서 영적 실체인 동시에 역사에 속한 사회적 실체다.[18] 교회는 언제나 영적 공동체의 존재의 근원, 즉 그리스도로서의 예수님이라는 원래의 계시와 관련된 믿음과 사랑으로 이루어진다.

제2차 바티칸 공의회가 소집된 후 2년이 지나서, 한스 큉은 그의 대표적인 저서인 『교회』(*The Church*)를 출간했다. 큉은 제2차 바티칸 공의회가

"가톨릭 교회를 위해 자유·개방·융통성의 견지에서 강력한 돌파구를 만들었고 … 가톨릭 교회와 다른 그리스도교 교회들 사이에 새로운 관계 및 유대교와 기타 세계 종교에 대한 새로운 태도— 실제로는 세계 일반에 대한 새로운 접근— 를 예고하는 신기원을 열었다"고 보았다.[19] 그 후 큉은 자기 나름의 시각으로 교회의 본질과 특징(하나이고 보편적이고 거룩하고 사도적인)과 구조(직무)의 견지에서 교회론을 다뤘다. 큉은 교회가 지나치게 성직화되고, 내밀하고, 배타적이며, 실체화되고, 이상화된 외적인 기관으로서보다는 일차적으로 '하나님의 백성'으로 정의되어야 한다고 거듭 강조했다.[20]

이런 사상가들 및 기타 많은 사람들에게서 교회의 본질, 연합, 사명, 사회적 기능에 관한 쟁점들이 불거져 나왔다. 하나님의 사람들이 "오늘 교회란 무엇인가?" 하는 질문과 씨름할 때, 이런 모든 논의들은 우리가 앞에서 살펴보았던 교회론의 기본 원리들로 돌아가게 된다.

오늘날 인간은 무엇인가?

"인간은 무엇인가?" 하는 질문은 다른 어떤 신학적 전환점들보다도 교회 안팎의 관심을 끈다. 이 오랜 주제는 현대의 저작들에서 계속해서 나타나고 있고, 온갖 종류의 이데올로기에 헌신하고 있는 여러 분야 사람들로부터 나오는 의견들을 차용하고 있다. 이것은 인간에 대한 성경적 서술이 수많은 비평가들의 평가를 받아 왔고, 어떤 측면에서는 수용되기도 하고 거부되기도 했다는 것을 의미한다.

특히, 초대 교회와 개혁파 신학자들의 관심을 끌었던 '죄'와 '의지의 자유'라는 한 쌍의 쟁점은 지금도 여러 측면에서 논쟁의 초점이 되고 있다. 18세기와 19세기의 기독교 신학자들은 17세기 칼빈주의에 의해 정교해지고 칼빈주의와 알미니안주의의 논쟁 과정에서 도르트 종교회의(1618-19)에 의해 가장 완전하게 정립된 어거스틴의 신학을 거부하곤 했다.

게다가 18세기의 계몽주의는 인간의 자율성과 인간 이성의 능력을 강조했다. 많은 측면에서 이런 시각은 죄와 자유 의지에 관해 어거스틴적 전통이 강조하는 것과 정면으로 충돌했다. 물론, 데카르트(Descartes, 1596-1650)·로크(Locke, 1632-1704)·흄(Hume, 1711-76)·칸트(Kant, 1704-84) 등의 철학에 대한 기독교의 관계에서도 다른 중요한 쟁점들이 쏟아져 나왔다. 인간에 대한 그들의 서술이 나중에 니체(Nietzsche, 1844-1900)와 사르트르(Sartre, 1905-80) 같은 철학자들에 의해 발전되었을 때, 인간의 자율성과 자유가 죄와 하나님에 대한 의존에 대한 반발로서 강조되었다.[21]

몇몇 기독교 신학자들은 인간을 서술하면서 죄의 위치를 비중 있게 다뤘다. 바르트, 틸리히, 라인홀드 니버(Reinhold Niebuhr)는 죄란 무엇인지 그리고 그것이 오늘의 세상에서 나타날 때 인간의 현상과 어떻게 일치하는지를 다양한 방식으로 정의했다. 예를 들어, 니버는 언젠가 "원죄는 모든 기독교 교리들 중 가장 경험주의적"[22]이라고 주장했던 「런던 타임즈」(London Times)의 기사를 즐겨 인용했다고 전해진다. 존 맥쿼리(John Macquarrie)는 인간의 본성에 대해 현대 철학자들과 대화를 시작했다. 그는 실존주의의 영향을 받았고, 특히 니체, 키에르케고르, 마르크스, 사르트르 등을 빈번하게 인용했다. 맥쿼리에게 "창조적인 자유는 우리 인간의 핵심"이며, 이런 자유는 "도덕적 삶의 전제"이다. 맥쿼리는, 자신의 견해를 뒷받침하기 위해, 이레니우스와 초기 동방 신학자들의 이론으로 돌아가서 하나님의 형상의 의미와 존재의 영원히 새로운 향상 및 인간의 잠재력에 대한 기대라는 개념을 발견한다.[23] 판넨베르그는 그의 인간론에 관한 연구에 현대 사상, 특히 심리학과 사회학을 전폭적으로 수용했다. 그는 그런 통찰들을 인간에 대한 현대적인 서술을 위한 방법으로 사용한다. 판넨베르그에게 인간 안에 있는 하나님의 형상은 그들이 "하나님의 실체와 닮았음"을 의미하고, 반면에 죄는 "하나님으로부터 실제로 분리되었음"을 의미한다. 이것은 하나님의 형상은 "인간이 자신의 참된 정체성을 버리고 — 죄를 짓고 — 만물에 대한 지배권을 얻고자 할 때 잃게 되는 세상에 대한 열림"으로서 표현된다는 것을 의미한다.[24]

죄, 자유, 하나님의 형상, 인간 공동체를 둘러싼 모든 복잡한 쟁점들이 바로 이 주제에 의해 제기된다. 신학자들이 "오늘날 인간은 무엇인가?" 하는 질문과 씨름하기 위해 성경과 기독교 전통 그리고 오늘날의 인간 이해에 의존할 때, 추가적인 전환점들이 나타나리라는 것은 의심의 여지가 없다.

오늘날 구원은 무엇인가?

현재 로마 가톨릭 교회와 프로테스탄트 교회 사이의 여러 가지 에큐메니칼적 논의는 그 두 교회가 각자의 전통 안에서 서로 일치하는 것들에 관해 보다 분명하게 말하는 방식을 찾는 것에 초점이 모아지고 있다. 예를 들면, 최근에 루터 교회와 로마 가톨릭 교회 사이에 이루어진 대화에서 하나의 포괄적인 '공동 성명서'(Common Statement)가 발표되었는데, 이 성명서에는 그 두 전통들이 공통의 기반을 발견한 여러 가지 영역들이 포함되어 있다. 이들의 논의를 위해 가장 유용한 것으로 인용되는 것은 상호간 동의가 이루어진 다음과 같은 진술이다. "우리의 의와 구원에 대한 완전한 소망은 그리스도 예수와 그리스도를 통한 하나님의 자비의 행위라는 좋은 소식인 복음에 달려 있다. 우리는 하나님의 약속과 그리스도의 구속 사역 외에는 그 어떤 것에도 우리의 믿음을 두지 않는다."[25] 이 공동 성명서는 두 교회가 이신칭의(以信稱義)에 대해서 완전한 합의를 이룬 것은 아니라는 것을 인정한다. 하지만 또한 그것은 "이 교리와 관련해 남아 있는 견해의 차이가 교회를 분열시킬 만한 것인지"에 대해 의문을 제기한다.

현대신학의 구원론

구원에 대한 현대 신학의 다양한 해석은 그런 해석과 관련된 특정한 신학 체계들과 직결되어 있다. 구원에 대한 그들의 해석은 인간, 죄, 하나님의 성품, 예수님의 속성, 그리고 기타 신학적 쟁점들에 대한 그들의 인식과 관계가 있다.

현대 신학은 구원에 관한 논쟁에는 신학자들과 신학 운동들에 의해 다양하게 강조되는 수많은 성경적 및 신학적 표상들이 포함되어 있다는 것을 인정한다. 오늘날 구원에 관한 논쟁과 관련해서는 무수히 많은 신학적 선택이 가능하다. 바르트의 구원 교리는 전 세계를 위한 화해를 제공하심에 있어서 그리스도를 통한 하나님의 객관적 사역을 강조한다. 틸리히의 신학 사상에서 구원은 치유 혹은 온전케 됨을 의미하며, '존재의 근거'인 하나님으로부터 분리된 인간과 하나님의 재결합을 통해 그 둘 사이의 간격을 극복하는 것이다. 판넨베르그에게 구원의 목적은 공동체의 회복, 개인들을 공동체 안으로 재통합하는 것, 소외(疏外)를 제거하는 것, 그리고 양심을 정화하는 것이다. "개인들은 공동체 안으로 재통합됨으로써 그들의 정체성을 회복한다. 그들은 개별적으로는 소유하거나 행사할 수 없고 오직 공동체의 공인된 일원으로서만 갖고 있는 자유를 회복한다."[26] 해방신학에서 구원은 정의를 수립하기 위해 정치적·경제적 삶 속에서 해방을 위해 투쟁함으로써 실현된다.[27] 자연 안에서의 창조적 진화를 강조하는 과정신학은 구원을 종교의 위대한 주창자들(예수·부처·플라톤 등)의 이상을 좇아 끊임없이 더 높은 수준의 조화와 융합을 추구하는 것이라고 보았다.[28] 많은 여성신학자들은 구원을 '온전함과 안녕', '자연과의 통합', '세상의 온전함·평화·정의의 회복에 대한 참여' 등으로 이어지는 "여성들의 온전한 인간성에 대한 인정과 촉진"으로 보았다.[29]

현대 신학에서 구원에 대한 이런 다양한 해석은 그런 해석과 관련된 특정한 신학 체계들과 직결되어 있다. 구원에 대한 그들의 해석은 인간, 죄, 하나님의 성품, 예수님의 속성, 그리고 기타 신학적 쟁점들에 대한 그들의 인식과 관계가 있다. 구원론에는 그런 식으로 일련의 가정과 전제들이 내포되어 있다. 이 모든 것은 "오늘날 구원은 무엇인가?" 하는 질문에는 여러 가지 서로 다른 답이 존재한다는 것을 의미한다.

오늘날 권위는 어디에 있는가?

권위의 문제는 모든 교파의 신학자와 교회들에게 중요한 논제가 되어 왔다. 종교개혁 논쟁의 핵심이었던 성경과 전통에 대한 이견은, 비록 그 형태는 다르지만, 지금도 계속되고 있다. 대체로 로마 가톨릭 교회에서는 최근 수년간 좀 더 성경을 연구하는 경향을 갖게 된 반면, 프로테스탄트 교회는 성경을 해석하는 문제의 복잡성과 '오직 성경으로'에 대해 말하는 것에 내포된 어려움을 좀 더 분명하게 주목하고 있다. 어느 관찰자는 다음과 같이 말한다. "가톨릭 신자들은 전통을 성경에 깊이 뿌리박고 있는 것으로, 또한 하나의 지속적인 성경 해석으로 간주하지만 더 이상 그것을 성경과 동등한 신학적 근거로 간주하지 않는다. 프로테스탄트 신자들은 전통의 합법성을 인정해 왔다. 그들은 종교개혁보다도 교회의 지적 유산에 대해 보다 민감해졌다."[30]

로마 가톨릭 교회의 제2차 바티칸 공의회는 '신적 계시에 대한 헌장'(Constitution on Divine Revelation)에서 이 문제를 다뤘다. 이 문서는 성경과 전통이라는 두 요소를 통합된 전체로 바라보는 관점을 선호하여 그 둘이 각각 하나님의 계시의 일부를 포함하고 있다고 주장하는 이분법적 관점을 거부했다. '전통'(tradition, 트렌트 공의회에서처럼 전통들[traditions]이 아니라)은 계속해서 변화하고 발전하는 하나의 유기적이며 역동적인 과정으로 간주된다. 그것은 성경과 전통 모두에 임재하는 하나님의 말씀을 계승하는 것이다. 그러므로 "성경과 전통 모두 동등한 사랑과 경외감으로 인정되어야 하고 존중되어야 한다."[31]

데이비드 켈시(David Kelsey) 같은 프로테스탄트 교회 신학자들은 성경과 전통을 서로 경쟁하는 권위들로 보아서는 안 된다고 주장한다. 그들은 성경이 경우에 따라 옛 자료들을 새로운 방식으로 사용하고 또한 새 시대에 이전의 전통들을 통해 조명되는 하나님의 뜻을 계속해서 해석하는 일에 거리낌 없이 개입했던 믿음의 공동체들로부터 나왔다는 의식을 갖고 있다.[32]

권위와 관련된 또 하나의 쟁점은 성경의 본질에 관한 것이었다. 특히 성경의 본질에 대해 말하는 다양한 방식들에 관련해 논쟁들이 제기되었다. 이런 논쟁들은 대개 '무오'(infallibility)와 '무류'(inerrancy)라는 용어를 둘러싸고 벌어졌다.[33] 이런 용어들은 성경의 영감의 속성과 성경을 해석하는 적절한 방법을 설명하는 것과 관련되어 있다. 이와 같이 해석학 또는 성경 해석의 원리는 신학자들의 계속되는 연구에 있어서 일차적인 관심사이기도 하다.[34]

신학에서 권위의 문제는 기본적이면서도 핵심적인 개념이기 때문에, 그것과 관련된 논쟁은 앞으로도 계속될 것이다. 이런 논쟁은 수많은 관점들을 포괄하며 폭넓은 함의들을 갖게 될 것이다. 이런 논쟁들은 교회가 행정이나 구조의 측면에서 자신의 삶과 사역을 이해하는 방식에 영향을 주었고 앞으로도 그럴 것이다. 오늘날의 다양한 교회 정치 형태 — 성직자 중심적이든, 장로 중심적이든, 회중적이든 관계없이 — 는 조직을 통해 권위를 행사하는 것의 실례들이다. 그러나 신학자들이 신학을 하기 위해서 자신들의 권위의 근거를 발견하는 곳에서는 또 다른 전환점들이 나타나게 될 것이다. 그런 의미에서 이 시대와 모든 시대를 위한 가장 중요한 질문은 "오늘날 권위는 어디에 있는가?"일 것이다.

오늘날 성례는 무엇인가?

지난 수십 년간 성례신학, 특히 로마 가톨릭 교회의 성례신학에서 여러 가지 중요한 발전이 이루어졌다. 제2차 바티칸 공의회는 가톨릭 교회 안에서 예전의 갱신을 위한 길을 열었고, 성례는 그 주요 사안이었다. 이 공의회는 교회의 의식서에 대한 철저한 재검토와 성례의 갱신을 요구했다. 그 결과로 인해 또한 로마 교회 내의 성경 연구의 활성화로 인해, 여러 주도적인 신학자들에 의해 가톨릭 교회의 성례의 종교적 의미에 대한 재해석이 이루어졌다.

성례를 은혜의 징표가 아니라 원인으로 규정하는 경향이 있었던 가톨릭 교회 안에서, 독일 신학자 에드바르트 쉴레벡스(Edward Schillebeeckx)는 성례는 유일하고 참된 성례인 예수 그리스도에 초점을 맞춰야 하며, 우리는 예수님 안에서 하나님의 신비와 만난다고 주장했다. 교회의 7가지 성례들 안에서 그리스도는 그 자신이 인간을 위한 하나님의 성례가 되신다. 쉴레벡스는 성례의 이런 인격적 차원을 강조함으로써 전통적인 학문적 성례신학의 개념들을 현대적 용어로 번역하고자 노력했다.[35] 칼 라너도 같은 일을 했지만, 그는 성례를 교회의 상징적 행위라고 설명했다. 즉 그런 행위는 교회의 '현재' 및 '되어감'이라는 견지에서 교회 공동체의 새로운 실현을 상징한다. 성례의 의미는 그 의식에 참여하는 사람들을 초월한다. 성례는 사람들이 은혜를 깨닫고 경험하고 그것을 그들의 삶 속으로 받아들이게 하는 방편이다.[36] 알렉산드레 가노치(Alexandre Ganoczy)는 성례의 커뮤니케이션 이론을 주창했다. 그는 성사를 "그리스도교 신앙에로 부름 받은 개인들이 그것을 통해 구체적인 신앙 공동체의 의사소통 과정 안으로 들어가고, 그 속에 참여하고, 또한 그렇게 함으로써 그리스도를 통한 하나님의 '자기 전달'에 의해 지탱되고, 개인적 성장의 길을 계속해 가는 언어적·비언어적 의사소통의 체계"라고 보았다. 그러므로 성례는 "은혜와 구체적인 신앙 공동체의 개별적 구성원들의 믿음이 만나는 사건"이다.37

마찬가지로 프로테스탄트 신학자들 역시 오늘날 성례가 갖는 의미를 규명하고자 애썼다. 그들은 어떤 합의에 이를 수 있을지 알아보기 위해 로마 가톨릭 신자들과 초교파적인 대화를 갖기도 했다. 또한 그들은 성례와 프로테스탄트적 전통의 지속적인 합법성의 문제를 놓고 자기들끼리 대화를 갖기도 했다. 최근에 세계교회협의회(WCC)는 성례에 대한 토론회들을 후원했고 '세례, 성만찬 그리고 사역'(Baptism, Eucharist and Ministry)이라는 문서를 작성했다. 많은 교회들 안에서 성례의 갱신을 위한 바람이 불어오고 있다.

그와 동시에 프로테스탄트 교회의 일부는 칼 바르트의 성례 해석에 영향을 받았다. 바르트는 개혁주의자들을 살펴보았고, 자신의 관점이 성례의 본질과 세례 및 성찬의 근본적인 의미에 대한 쯔빙글리의 관점과 가장 가깝다고 생각했다. 그는 젊은 시절에는 칼빈과 유사한 관점을 갖고 있었지만 점차 이런 입장을 취하게 되었다. 바르트는 그의 『교회 교의학』을 마무리하는 단계에서 성례는 하나님의 행위가 아니라 인간의 행위를 매개하는 것이어야 한다는 입장에 서게 되었다. 성례는 유일한 성례 혹은 은혜의 통로인 예수 그리스도에 대한 증거이자 징표다. 성례에 대한 참여는 인간이 예수님이 누구인지를 인식하고 믿음으로 그에게 반응하는 것을 의미한다.38

성례는 교회의 삶과 예배의 핵심이기 때문에, 앞으로도 수많은 신학자들의 관심의 대상이 될 것이다. 교회의 구성원들에게 성례의 의미를 밝혀 주고자 하는 오늘의 관심은 신학의 창조성을 보여 준다. 이 의미가 표현될 때, 또한 교회 구성원들 모두가 "오늘날 성례는 무엇을 의미하는가?" 하는 질문에 대해 생각할 때, 교회들 사이에서 추가적인 대화가 발생할 수 있을 것이다.

오늘날 하나님 나라는 무엇인가?

위르겐 몰트만의 저서 『희망의 신학』(*Theology of Hope*)은 1964년에 출간된 이래 하나의 중요한 신학적 관점을 수립하는 데 기여했다. 몰트만은 '희망'이라는 성경의 주제가 기독교의 가장 중요한 교리이며, 기독교는 그 본질상 철저하게 종말론적이라고 주장했다. 역사를 만드는 사건으로서의 그리스도의 부활로 인해 다른 모든 역사가 밝혀지고 의문시되고 변화된다. 십자가와 부활 안에서 미래의 하나님 나라가 약속된다. 그리고 이 약속은 미래를 향한 견인력이다. 세상을 좋게도 나쁘게도 만들 수 있는 이 소망으로 인해 세상은 변화될 수 있다. 그러므로 기독교적 종말론은 마지막 때에 국한된 것이 아니라, 기독교인의 삶의 전 영역에 영향을 미치는 혁명적인 힘을 갖고 있다. 몰트만에 의하면, 교회는 "정의에 대한 종말론적 희망, 인간의 인간화, 인간의 사회화, 모든 피조물을 위한 평화의 실현"을 통해서 하나님 나라를 위해 일한다.[39]

볼프하르트 판넨베르그 역시 '미래'라는 개념을 하나의 중요한 신학적 범주로서 사용했다. 미래는 하나님의 계시로서 역사에 의미를 부여하고 "이후의 모든 역사에 대한 최종적인 평가 기준"인 예수 그리스도 안에 (예기적으로) 현존한다.[40] 그리스도 안에서 하나님의 주권은 아직은 완전히 계시되지 않았다. 그것은 마지막 때에 가서야 드러나게 될 것이다. 하지만 이런 역사의 종말은 현재의 역사에 동기와 의미를 부여한다. 왜냐하면 종말은 이미 예수 그리스도 안에서 나타났기 때문이다. 그러므로 하나님은 "미래의 힘"이며 "하나님 안에 세상의 미래가 있다." 교회는 "모든 인류의 미래를 선도하는 종말론적 공동체"이다.[41]

> **신학의 열림을 향하여**
>
> 신학은 … 신학의 결과가 진리를 반향하고 … 다양한 처지의 사람들에게 영향을 미칠 수 있을 때 가장 잘 수행된다. 오늘의 신학이 다양한 주장과 경험을 지닌 보다 많은 사람들에게 개방될 때, 기독교라는 벽걸이 융단은 점점 더 풍요로워질 수 있다.

하나님과 세상에 대해 그 자신의 새로운 관점을 갖고 있는 과정신학도 미래에 대해서 할 말이 많았다. 찰스 하트숀(Charles Hartshorne)에 의하면, 과정신학에서 하나님은 "세상으로부터 끊임없이 부가물 — 그것들 각각은 확실하게 영속적이며 최종적이다 — 을 받아들임으로써 내용적으로 성장한다."[42] 인간은 하나님과 공동 창조자이며, 하나님은 인간과 더불어 미래의 새로운 가능성에로 진화하고 있다. 매 순간은 새로운 창조의 순간이며, 따라서 인간이 하나님과 보다 더 연합하고 조화로운 미래를 향해 전진해 나갈 때, 매 순간은 새로운 가능성으로 가득 찬다. 하나님 나라와 교회 모두가 진화의 과정 가운데 있다.[43]

다양한 유형의 해방신학 역시 성경의 종말론적 메시지를 다룬다. 희망의 신학과 혁명의 신학들의 영향을 받은 여러 해방신학자들은 성경의 종말론적 상징들을 현 상황에 적용시키고 그렇게 함으로써 지금 여기에서 삶의 상황에 대한 역사적 변화를 모색한다.[44]

종말론 사상은 20세기에 다양한 신학적 통로들을 통해 갱신되어 왔다. 어떤 사상가들은 여전히 천년 왕국·사후 세계·심판 등의 쟁점들을 포함하는 종말론에 관한 전통적인 논쟁을 계속하고 있다. 그러나 다른 신학자들은 마지막 때의 일들을 보다 직접적으로 현재의 일들과 연관시키고, 종말론이 사회를 위한 다양한 사회적·윤리적 운동들의 추동력이 되게 하고 있다. 그러므로 종말론과 관련된 쟁점들은 지금도 여전히 열려 있으며, "오늘 하나님 나라는 무엇을 의미하는가?" 하는 질문을 둘러싼 신비들은 여전히 많이 남아 있다.

오늘날의 전환점

기독교 신학은 초기부터 다양한 방식으로 신앙을 표현하면서 오랫동안 구불구불한 길을 걸어 왔다. 그 길은 항상 곧거나 평탄하지는 않았다. 신학적 논쟁과 대화를 통해 새로운 표현 방식들이 나타났고, 해묵은 논제들에 새로운 답이 제시되기도 했다. 하지만 새로운 답은 불가피하게 새로운 질문을 야기했고, 그런 일은 지금도 계속되고 있다.

그러나 교회와 신학은 신자들에 의해 제기되는 모든 쟁점들에 대해 비판적이고 지속적인 관심이 주어질 때만 새로운 길로 접어들 수 있다.

종종 신학사의 주요 인물들이 '슈퍼스타'로 간주되기는 하지만, 신학은 교인들이 모든 분야와 문화에 자유롭게 참여함으로써 신학의 결과가 진리를 반향하고 여러 가지 상황 가운데 있는 사람들의 삶에 영향을 미칠 수 있을 때 가장 잘 수행될 수 있다. 오늘의 신학이 다양한 주장과 경험을 지닌 보다 많은 사람들에게 개방될 때, 기독교라는 벽걸이 융단은 점점 더 풍요로워질 수 있다. 앞으로도 신학을 위한 새로운 상황·방법·쟁점·결론들이 나타날 것이다. 또한 새로운 전환점들이 나타날 것이다. 그리고 그런 새로운 자원들을 바탕으로 기독교 교리의 역사는 지속될 것이다.

약어표

AIB	Jack B. Rogers and Donald K. McKim. *The Authority and Interpretation of the Bible: An Historical Approach.* San Francisco: Harper & Row, 1979.
CC	Richard A. Norris, Jr. *The Christological Controversy.* Philadelphia: Fortress, 1980.
CCT	Aloys Grillmeier. *Christ in the Christian Tradition,* translated by John Bowden, 2d ed. Atlanta: John Knox, 1975.
CD	Karl Barth. *Church Dogmatics,* translated by G. W. Bromiley et al. Edinburgh: T. & T. Clark, 1936-75.
Creeds	J. N. D. Kelly. *Early Christian Creeds,* 3d ed. London: Longman, 1972.
CT	*The Christian Tradition: A History of the Development of Doctrine,* edited by Jaroslav Pelikan, 4 vols. Chicago: Univ. of Chicago Press, 1971-84.
Doct.	J. N. D. Kelly. *Early Christian Doctrines,* rev. ed. San Francisco: Harper & Row, 1978.
Early	*The Early Christian Fathers*, edited and translated by Henry Bettenson. London: Oxford, 1969.
ECF	*Early Christian Fathers,* edited and translated by Cyril C. Richardson. New York: Macmillan, 1970.
FPEC	Carl A. Volz. *Faith and Practice in the Early Church.* Minneapolis:

	Augsburg, 1983.
HCT	다음 작품들 중 하나다.

HCT   Justo González. *A History of Christian Thought,* 3 vols. Nashville: Abingdon, 1970.

Otto W. Heick. *A History of Christian Thought,* 2 vols. Philadelphia: Fortress, 1965.

IDB   *The Interpreter's Dictionary of the Bible,* edited by G. K. Buttrick, 4 vols. Nashville: Abingdon, 1962. Supplement(IDB Sup.), 1976.

Inst.   John Calvin. *Institute of the Christian Religion,* translated by Ford Lewis Battles. Philadelphia: Westminster, 1960.

ISBE   *International Standard Bible Encyclopedia,* edited by G. W. Bromiley, 3 vols. Grand Rapids: Eerdmans, 1979-86.

Later   *The Later Christian Fathers,* edited and translated by Henry Bettenson. London: Oxford, 1970.

LCC   *Library of Christian Classics*

LW   Martin Luther. *Luther's Works,* edited by Jaroslav Pelikan and Helmut Lehmann. Philadelphia: Fortress; St. Louis: Concordia, 1955-.

NPNF   *Nicene and Post-Nicene Fathers*

POHT   Herman Ridderbos. *Paul: An Outline of His Theology,* translated by John Richard De Witt. Grand Rapids: Eerdmans, 1975.

Rise	W. H. C. Frend. *The Rise of Christianity.* Philadelphia: Fortress, 1984.
SHCD	Bernhard Lohse. *A Short History of Christian Doctrine from the First Century to the Present,* translated by F. Ernest Stoeffler. Philadelphia: Fortress, 1966.
ST	Thomas Aquinas. *Summa Theologica.*
Story	Justo González. *The Story of Christianity,* 2 vols. San Francisco: Harper & Low, 1984.
TDNT	*Theological Dictionary of the New Testament,* edited by G. Kittel and G. Friedrich, translated by G. W. Bromiley, 10 vols. Grand Rapids: Eerdmans, 1964-76.
THD	Reinhold Seeberg. *A Text-Book of the History of Doctrines,* translated by Charles E. Hay, 2 vols. 1952; rpt. Grand Rapids: Baker, 1966.
TSP	D. E. H. Whiteley. *The Theology of St. Paul.* Philadelphia: Fortress, 1964.
WA	Martin Luther. *Werke,* Weimarer Ausgabe(Weimar edition). Weimar: Bohlau, 1883-.

주(Notes)

서론

1. Peter Toon, *The Development of Doctrine in the Church*(Grand Rapids: Eerdmans, 1979), xiii를 보라.
2. Jaroslav Pelikan, *Historical Theology: Continuity and Change in Christian Doctrine*(New York: Corpus, 1971), 4ff.를 보라.
3. Toon, *Development*, 68.
4. 툰(Peter Toon)은 오르(James Orr)가 집착하는 종교개혁 신앙을 대표하는 웨스트민스터 신앙고백이 오르가 개관했던 순서를 정확하게 따르지 않는다고 주장한다(ibid., 69-70).
5. 보다 최근에 나온 간략한 교리사에는 다음과 같은 것들이 포함된다. 볼츠(Carl Volz, *EPEC*)는 신론, 인간, 구원, 예배, 성례, 권위, 그리고 오직 초대 교회 기간의 교회와 사회의 문제 등을 추적한다. 반(Linwood Urban)은 *A Short History of Christian Thought*(New York: Oxford Univ. Press, 1986)에서 성경적 근거, 삼위일체, 성육신, 보속, 타락과 원죄, 자연신학, 권위, 그리고 계시 등을 다룬다. 오스터해븐(M. Eugene Osterhaven)은 *The Faith of the Church: A Reformed Perspective on Its Historical Development*(Grand Rapids: Eerdmans, 1982)에서 특히 종교개혁기의 여러 가지 주제들을 다뤘다. 플래쳐(William C. Placher)는 *History of Christian Theology: An Introduction*(Philadelphia: Westminster, 1983)에서 시대별 역사적 접근법을 취했다.
6. 이 책에 실린 권위 논쟁에 관한 장(章)은 성경론의 역사적 발전과정을 다루지 않는다. 나는 그 문제를 로저스(Rogers)와의 공저인 *AIB*에서 다뤘다.

제1장 삼위일체론 논쟁

1. 바울 신학에 관해서는 Ridderbos, *POHT*; Whiteley, *TSP*; Günther Bornkamm,

Paul, trans. D. M. G. Stalker (New York: Harper & Row, 1971)를 보라. 참고. 벧전 1:2; 유 20.

2. Justin, *I Apology* (32.8; 5.4; 46; 59; 63; 64.5); *II Apology* (8.1; 10.1; 10.2; 6.3)을 보라. 참조. Kelly, *Doct.*, 96; Edmund J. Fortman, *The Triune God* (1972; rpt. Grand Rapids: Baker, 1982), 44-50; William G. Rusch, ed., *The Trinitarian Controversy*(Philadelphia: Fortress, 1980), 3-6; González, *HCT* 1, chap. 4.

3. *I Apol.* 6.32; *Dialogue with Trypho*, 63; *I Apol.* 14, 32, 60; Christopher Kaiser, *The Doctrine of God*(Westchester, Ill.: Crossway, 1982), 56을 보라.

4. Tatian, *Dial.* 7,1 in Kelly, *Doct.*, 98-99를 보라.

5. Theophilus of Antioch, *To Autolycus* 2, 10 as in Kelly, *Doct.*, 99를 보라.

6. Ibid., 2, 15.

7. Justin, *I Apol.* 61.3-12; Athenagoras, *Supplication for the Christians* 24, 6; Kelly, *Doct.*, 101-4를 보라.

8. Irenaeus, *Against Heresies* 2.1.1; 2.30.9; Rusch, *Controversy*, 6-7; Kelly, *Doct.*, 104-8; Fortman, *Triune God*, 101-7; González., *HCT* 1, chap. 6를 보라.

9. *Ag. Her.* 4.20.2ff.; 5.5; 3.6.1; 5.12.1; *Demonstration of the Apostolic Preaching* 47, in Kelly, Doct., 107을 보라.

10. 단일신론에 관해서는 Rusch, *Controversy*, 8-9; Kelly, *Doct.*, 115-23를 보라.

11. Tertullian, *Apol.* 21.12-13 in Kaiser, *Doctrine of God*, 64. 참조. Fortman, *Triune God*, 107-15.

12. 터툴리안(Tertullian)의 '페르소나'(*persona*)라는 용어의 사용에 관해서는 Kelly, *Doct.*, 114-15; Rusch, *Controversy*, 10을 보라.

13. 오리겐(Origen)에 관해서는 González, *HCT* 1:210-33를 보라. 그의 성경 해석에 끼친 플라톤주의의 영향에 관해서는 Rogers and McKim, *AIB*, 11-16을 보라.

14. *Comm. on John* 2.2.16; 2.10.75; *On First Principles* 1.2.4; *Against Celsus* 2.64을 보라. 참고. Kelly, *Doct.*, 128.

15. *Principles* 1.2.6; *Discussion with Heraclites* 3.

16. *Frag. on the Letter to the Hebrews* 24.359 in Fortman, *Triune God*, 55를 보라. 참고. Kelly, *Doct.*, 130.

17. *Comm. on John* 2.6를 보라. 루쉬(Rusch)는 "본래 '휘포스타시스'(*hypostasis*)와 '우시아'(*ousia*)는 동의어였고, '휘포스타시스'는 스토아적 용어였으며, '우시아'는 플라톤적 용어였다. 그리고 두 단어는 실제적인 존재 또는 실재를 의미했다. 비록 '휘포스타시

스'가 오리겐에 의해서 이런 독창적인 의미를 얻기는 했으나, 그것은 종종 개별적인 실체라는 의미로 사용된다'고 언급한다(Controversy, 14).

18. *Against Celsus* 5.39; *Comm. on John* 6.39.202. 참고. *On Prayer* 15.1-16.1. Kelly, Doct., 128를 보라.

19. 아리우스 논쟁에 관해서는 González, *HCT* 1, chap. 11; Frend, *Rise*, 492-97; and below, chap. 2를 보라.

20. 아타나시우스의 *Orations Against the Arians* 1.5.6과 Rusch, *Controversy*에 나오는 아리우스의 편지들을 보라. 참고. Kelly, Doct., 226-31; Lohse, SHCD, 48-50.

21. Alexander of Alexandria, *Letter to Alexander of Thessalonica* in Rusch, *Controversy*, chap. 4를 보라.

22. Jack Rogers et al., *Case Studies in Christ and Salvation*(Philadelphia: Westminster, 1977), 22를 보라.

23. Rusch, *Controversy*, 49에서 인용. 니케아 공의회에 관해서는 Frend, *Rise*, 498-501; Lohse, SHCD, 50-55; Kelly, *Creeds*, 211ff.; Philip Hughes, *The Church in Crisis: The Twenty Great Councils*(London: Burns & Oates, 1961), chap. 1을 보라.

24. *Dial. c. Lucif.* 19 in Kelly, Doct., 238을 보라.

25. Frend, *Rise*, 635-39; Hughes, *Church in Crisis*, chap. 2를 보라.

26. Ar.로 표기로 인용되는 이 작품은 Rusch, *Controversy*, chap. 10에 나온다. 아타나시우스의 신학에 관해서는 González, *HCT* 1, chap. 13를 보라.

27. *Ar.* 3.15. 참고. Kelly, Doct., 240ff.

28. *Ar.* 1.14. in Rusch, *Controversy*, 77.

29. *Ar.* 2.36-67; 1.9; Kelly, Doct., 244를 보라.

30. 아타나시우스는 어떤 성경 본문들을 '말의 수식'(tropes) 또는 '말의 형태'로 해석했던 이집트에서 온 그 집단에 맞서서 *Letters to Serapion*라는 글을 썼다. Kaiser, *Doctrine of God*, 60; *Letters to Serapion* 1.17; 1:10; 1.2; 1.21과 Kelly, Doct., 255ff.를 보라.

31. *Letters to Serapion* 1.14. in Kelly, Doct., 258.

32. 갑바도기아 신학자들에 관해서는 Fortman, *Triune God*, 75-83; Kelly, Doct., 258ff.; González, *HCT* 1, chap. 14을 보라.

33. Gregory of Nazanzius, *Orations* 39.11.

34. 이 신조는 '동일 본질'(*homoousios*)에 대한 설명인 '성부의 본질의'(of the

substance of the Father)와 '하나님으로부터 오신 하나님'(God from God)이라는 니케아 신조의 문구들을 생략하고 있다. 그것은 "창조된 것이 아니라 나음을 받은, 아버지와 동일한 본질을 지니신, 참 하나님으로부터 오신 참 하나님"이라고 말한다. 또한 그것은 훗날 아타나시우스 신조(c. 430-500)가 하는 것처럼 성령을 '하나님'이라고 분명하게 부르지 않는다. Fortman, *Triune God*, 158-61; Kelly, *The Athanasian Creed*(London: A. C. Black, 1964)를 보라.

35. 이런 강조점들은 Kelly, *Doct.*, 271ff.에서 발췌했다.

36. Augustine, *On the Trinity* 5.9; 8.1; 6.9을 보라.

37. Kelly, Creeds, 358-67; Dietrich Ritschl, "Historical Development and Implications of the Filioque Controversy," *Interegini Parietis Septum*(Eph. 2:14), ed. Dikran Y. Hadidian (Pittsburgh: Pickwick, 1981), 285-308을 보라.

38. *On the Trinity* 11.1.

39. *On the Trinity* 9.2-8, 17-19; 14.15-20; Fortman, *Triune God*, 148-149를 보라.

제2장 기독론 논쟁

1. Oscar Cullman, *The Christology of the New Testament*, rev. ed. trans. Shirley Ch. Guthrie 그리고 Charles A. M. Hall(Philadelphia: Westminster, 1963); Edward Schweizer, *Jesus*, trans. David E. Green(Atlanta: John Know, 1971); Günther Bornkamm, *Jesus of Nazareth*, trans. Irene and Fraser McLuskey(New York: Harper & Row, 1965)를 보라.

2. Reginald H. Fuller, *The Foundations of New Testament Christology*(London: Collins, 1965) 204-27; George E. Ladd, *A Theology of the New Testament*(Grand Rapids: Eerdmans, 1974); *TDNT*; Grillmeier, *CCT*, 17ff.; *ISBE* 3:781-801을 보라.

3. Ridderbos, *POHT*, 86ff.; Whiteley, *TSP*, 99-123; Schweizer, *Jesus*, 73ff.; Ladd, *Theology*, 415-17을 보라. 참고, 야고보서 1:1; 2:1; 베드로전서 1:3; 3:15; 베드로후서 1:2; 8; 유다서 4, 17, 21, 25; 히브리서 7:14; 요한계시록 17:14; 19:16에 나오는 비 바울적인 구절들.

4. 에비온파에 관해서는 Grillmeier, *CCT*, 76ff.; Lohse, *SHCD*, 71-74; Kelly, *Doct.*, 139ff.를 보라.

5. *De res.* 2, in Kelly, *Doct.*, 141. 참조. Grillmeier, *CCT*, 78-79; Lohse, *SHCD*, 74.

6 *Epistle to the Trallians* 10; *Epistle to the Smyrneans* 2; *Gospel of Peter* 4, 11 in Kelly, *Doct.*, 141을 보라.

7. 영지주의에 관해서는 Kelly, *Doct.*, 142; Grillmeier, *CCT*, 79-84 그리고 *ISBE* 2:484-90; *IDB* Sup., 364-68 등 여러 곳을 보라.

8. Justin Martyr, *Dialogue with Trypho* 87.2; *I Apology* 46.5; 10.1; Kelly, *Doct.*, 145; Norris, *CC*, 6를 보라.

9. *I Apol.* 66.2; 71.2. *II Apol.* 10.1; Grillmeier, *CCT*, 93을 보라.

10. Melito, "A Homily on the Passover," 8:9-10 in Norris, *CC*, chap. 2를 보라. 참고. Grillmeier, *CCT*, 96.

11. *Ag. Her.* 3.16.8; 4.6.7; 5.14.2-3; Kelly, *Doct.*, 147-48을 보라.

12. *Ag. Her.* 5.1을 보라. 거기에서 이레니우스는 그리스도에 관해서 "성령을 통해 하나님을 인간에게 내려 보내시고, 반대로 그 자신의 성육신을 통해 인간을 하나님께 올려 보내는" 분으로 묘사한다(Norris, *CC*, 58; p. 10; Grillmeier, *CCT*, 101).

13. *Ag. Her.* 3.16.6. in Kelly, *Doct.*, 172. 참고. Norris, *CC*, 12, 47. 터툴리안에 관해서는 Kelly, *Doct.*, 150ff.; Grillmeier, *CCT*, 117ff.; Loshe, *SHCD*, 77-78; Norris, *CC*, 12-14를 보라.

14. Origen, *On First Principles* 2.6.2. in Kelly, *Doct.*, 154-55. 참고. Grillmeier, *CCT*, 138.

15. 이 시기에 관해서는 Grillmeier, *CCT*, 167-218을 보라.

16. Arius, *Thaleia*. Athanasius, *On the Synods of Ariminum and Seleucia* 15 in Grillmeier, *CCT*, 224를 보라.

17. Athanasius, *Orations Against the Arians*(*Ar.*로 인용됨) 1.6. Kelly, *Doct.*, 228을 보라.

18. *Ar.* 1.6. Kelly, *Doct.*, 229을 보라.

19. Philip Hughes, *The Church in Crisis: The Twenty Great Councils*(London: Burns & Oates, 1961) chaps. 2, 4를 보라.

20. *Ar.* 3.30. in Norris, *CC*, 88. 참고. Kelly, *Doct.*, 284ff.; Grillmeier, *CCT*, 308-28; Norris, *CC*, 18-21.

21. *Ar.* 2.8; *On the Incarnation of the Logos of God* 17; 8; 9; 10; 참조. 4; 16; 54. 아타나시우스에게 육신이 된다는 것은 "로고스가 인간이다"라는 것을 의미한다.

Grillmeier, *CCT*, 327을 보라. 참고. *Epistle to Epictetus* 8 in Kelly, Doct. 285.

22. *Ar.* 3.55, 31 (in Norris, *CC*, 89).

23. Grillmeier, *CCT*, 329ff.; Kelly, *Doct.*, 289ff.; Lohse, *SHCD*, 80-84; Norris, *CC*, 21-23를 보라.

24. Lohse, *SHCD*, 82.

25. *Fragment* 2, in in Kelly, *Doct.*, 292. 참고. Grillmeier, *CCT*, 333.

26. Gregory of Nazianzus, *Orations* 38.13. Kelly, *Doct.*, 297을 보라.

27. *Epist.* 101.4; Kelly, *Doct.*, 297; Grillmeier, *CCT*, 369을 보라.

28. 그 두 학파에 관해서는 Lohse, *SHCD*, 84ff.; Norris, *CC*, 23-26; Grillmeier, *CCT*, 417ff.; Kelly, *Doct.*, 301ff.; R. V. Sellers, *Two Ancient Christologies*(1940; rpt. London: SPCK, 1954)을 보라. 그들의 성경 해석에 있어서의 차이점에 관해서는 Rogers and McKim, *AIB*, 11ff.를 보라.

29. *On the Incarnation* 15와 *Cathechetical Homilies* 8, 13 in Kelly, *Doct.*, 304-5를 보라.

30. *Cathechetical Homilies* 8, 14.

31. Kelly, *Doct.*, 306. 참고. Grillmeier, *CCT*, 433.

32. *On the Incarnation* 8. 참고. Norris, *CC*, 120. 테오도르에 관해서는 또한 Richard A. Norris, Jr., *Manhood and Christ: A Study in the Christology of Theodore of Mopsuestia*(Oxford: Clarendon, 1963)를 보라.

33. Norris, *CC*, 26, 또한 Loshe, *SHCD*, 87ff.; Grillmeier, *CCT*, 451ff.; Kelly *Doct.*, 310ff.를 보라.

34. Norris, *CC*, 130에 나오는 그의 '첫 설교'를 보라.

35. Kelly, *Doct.*, 314.

36. Norris는 키릴의 '기독론적 일원론'(Christological monism)에 대해 말한다(*CC*, 28). 키릴에 관하여는 또한 Lohse, *SHCD*, 88ff.; Grillmeier, *CCT*, 473-83; Kelly, *Doct.*, 317-23를 보라.

37. Kelly, *Doct.*, 319. 참고. Grillmeier, *CCT*, 480ff.

38. Cyril of Alexandria, *Anathema* 12. Kelly, *Doct.*, 322; Volz, *FPEC*, 32를 보라.

39. Norris, *CC*, 131-35를 보라. 에베소 공의회에 관해서는 Grillmeier, *CCT*, 484-87; Hughes, *Church in Crisis*, chap 3; Rend, *Rise*, 758-61을 보라.

40. 유티케스에 관해서는 Kelly, *Doct.*, 330-34; Grillmeier, *CCT*, 523-26; Frend,

Rise, 764-66를 보라.

41. 이것들은 Kelly, Doct., 337에서 발췌했다. 인용문들은 Norris, CC, 148-51에서 나왔다. 참고. Grillmeier, CCT, 526-39; Frend, Rise, 766-70; Norris, CC, 29-31, 145-55.

42. Leo, Sermon 27.1, in Kelly, Doct., 338.

43. Grillmeier, CCT, 543-50을 보라. 참고. Kelly, Doct., 338-43; Hughes, Church in Crisis, chap. 4; Frend, Rise, 770-73; R. V. Sellers, The Council of Chalcedon(London: SPCK, 1953).

44. Norris, CC, 159.

45. 이 정의는 '위'의 개념을 표현하기 위해서 '휘포스타시스'(hypostasis)와 '프로소폰'(prosopon)을, '본성'을 표현하기 위해서 '피시스'(physis)를 사용한다.

46. Hughes, Church in Crisis, 117을 보라. 기독론에 관한 그 회의들의 결정의 주요 강조점은 다음과 같이 요약될 수 있다.

325년	니케아	그리스도는 하나님이다.
381년	콘스탄티노플	그리스도는 인간이다.
431년	에베소	그리스도는 하나의 인격이다.
451년	칼케돈	그리스도는 두 본성이다.

제3장 교회론 논쟁

1. TDNT 3:504를 보라. 그 용어는 마가복음, 누가복음, 요한복음, 디모데전서, 디도서 베드로전서, 베드로후서, 요한 1서, 요한 2서 혹은 유다서에서는 발견되지 않는다. '에클레시아'(ekklēsia)에 대한 병행 표현들을 위해서는 ibid., 517을 참조하라.

2. 70인역(LXX)에서 이 단어는 거의 언제나 '카할'(qāhāl)이라는 단어를 번역한 것이다. 이 단어는 또한 헬라어 '시나고게'(synagogē, 회당)로 번역될 수 있다. Hans Schwarz, The Christian Church(Minneapolis: Augsburg, 1982), 20; TDNT 3:527ff.; Eric G. Jay, The Church: Its Changing Image through Twenty Centuries(Atlanta: John Knox, 1980) 5ff.를 보라.

3. Paul Minear, Images of the Church in the New Testament(Philadelphia: Westminster, 1960); IDB 1:609-15를 보라.

4. Ignatius of Antioch, *Smyrnaeans* 8.2를 보라.

5. *The Martyrdom of Polycarp* 8.1. Jay, *The Church*, 29; Kelly, *Doct.*, 189를 보라.

6. Shepherd of Hermas, *Similitudes* 9.17.

7. Justin Martyr, *Dialogue with Trypho* 63.5.

8. *Epistle of Barnabas* 3.6; 5.7; Aristides, *Apology* 2. Kelly, *Doct.*, 190; Clement of Alexandria, *Stromata* 6, 5, 41.

9. *Epistle to Diognetus* 5. Jay, *The Church*, 41을 보라.

10. *Ag. Her.* 1.10.1; Jay, *The Church*, 44를 보라.

11. *Ag. Her.* 4.33.7; 3.24.1; 5.20.2.

12. Ibid., 3.3.1. 참고. Jay, *The Church* 45.

13. *Apology* 39.1; Kelly, *Doct.*, 200를 보라.

14. Frend, *Rise*, 253-56를 보라.

15. Origen, *On First Principles*, Preface, 2.; Jay, *The Church*, 61을 보라.

16. *Hom. on Ez.* 1.11; *Hom. on Ex* 9.3., in Kelly, *Doct.*, 202.

17. *Hom. on Jermiah* 20.3., in Jay, *The Church*, 62.

18. *Exposition of the Song of Solomon* 2; 1; 3를 보라. 오리겐의 플라톤주의에 관해서는 Frend, *Rise*, 376-84를 보라.

19. González, *Sotry*, 82-85를 보라.

20. Frend, *Rise*, 321과 Eusebius, *Ecclesiastical History* VI.4.10-12로부터 발췌한 그의 *Martyrdom and Persecution in the Early Church*(Garden City, N.Y.: Doubleday, 1967), 304.

21. *Epist.* 68.8; Jay, *The Church*, 67-68을 보라.

22. *Epist.* 73.21과 *On the Unity of the Church* 6. 키프리안은 교구들 중 로마 교구의 우월함을 인정했다. Heick, *HCT* 1:104를 보라.

23. *Epist.* 75.15를 보라. 참고. W. H. C. Frend, *The Donatist Church*(Oxford: Clarendon, 1952), chap. 10.

24. 라틴어 '트라도'(*trado*)는 '넘겨 주다'를 의미한다. 영어 *traitor*는 *traditor*에서 파생된 것이며, 배반자(또는 배교자)를 의미한다. Frend, *Rise*, 489; González, *Story*, 152를 보라.

25. Augustine, *On Baptism Against the Donatists* 7.31.60. Pelikan, *CT* 1:309을 보라.

26. Augustine, *Ag. the Letters of Petilian* 2.105, 240.

27. Optatus of Milevis, *Ag. Parmenianus the Donatist* 2.1. Pelikan, *CT* 1:311을 보라.

28. Augustine, *Ag. the Writings of Petilian* 3.68; *Epist.* 29:11; 그리고 *Ag. Cresconius* 2.7.9를 보라. 참조. *Epist.* 43.2; Frend, *Donatist Church*, 240-42; Heick, *HCT* 1:136.

29. *Epist.* 34:3; *Serm.* 22.9; *Epist.* 141.5를 보라. 참고. Kelly, *Doct.*, 412.

30. Augustine, *On Baptism* 1.12-18; 5.8-9; 6.5-7; 4.24; 7.87을 보라.

31. *Epist.* 93.23; 49.3; 185.5; *Serm.* 46.32-33; Kelly, *Doct.*, 413을 보라.

32. Augustine, *On Christian Doctrine* 3.45; *On Baptism* 1.26; 3.26; 4.4; 7.100; *Ag. the Writings of Petilian* 2.247; *On the Unity of the Church* 74를 보라.

33. *Expos. on the Psalms* 2 on Psalm 32.21; *On the Trinity* 15.33-37; Kelly, *Doct.*, 414를 보라.

34. Augustine, *City of God* 18.50.1, in Kelly, *Doct.*, 414. 그리고 *Ag. Cresconius* 1.34를 보라.

35. *Letters* 61.2; Jay, *The Church*, 86-87을 보라.

36. *On Baptism* 3.19.26; *City of God* 10.6; Kelly, *Doct.*, 416, 368을 보라. 어거스틴에게 '선택된 자'(the elect)는 견인의 은총을 통해 교회의 참된 구성원들로 존속한다. 그들 중에는 '보편 교회'에 속하지 않는 어떤 이들이 포함된다. *On Rebuke and Grace* 9.22; *On the Gift of Perseverance* 2; Heick, *HCT* 1:137을 보라.

37. *Expos. of the Gospel of John* 45.12. 이것은 어거스틴의 강조 사항들을 이어받았던 칼빈에 의해 인용된다.

38. *Expositions of the Psalms* 56.13; 56.1; *Ag. Faustus the Manichean* 28.2; *Letters* 93.7.23; Jay, *The Church*, 89을 보라.

39. *On Baptism* 6.10.15, in Pelikan, *CT* 1:311을 보라.

40. Ibid., 3.14.19.

41. *Letters* 61.2; Jay, *The Church*, 87을 보라.

제4장 인간론 논쟁

1. 로빈슨(H. Wheeler Robinson)은 1935년에 쓴 한 논문에서 '공동 인격'(corporate

personality)이라는 문구를 만들어냈다. *Corporate Personality in Ancient Israel*(Philadelphia: Fortress, 1964)를 보라. *Inspiration and Revelation in the Old Testament*(1946; rpt. Oxford: Clarendon, 1967), 70ff.; H. H. Rowley, *The Faith of Israel*(1950; rpt. London: SCM, 1970), chap. 4를 참고하라.

2. A. R. Johnson, *The One and the Many in Israelite Conception of God*(1942; rpt. Cardiff; Univ. of Wales Press, 1961)을 보라.

3. Whiteley, *TSP*, 41ff.; W. D. Stacey, *The Pauline View of Man*(London: Macmillan, 1956); Ridderbos, *POHT*, 115-26를 보라.

4. Justin, *I Apology* 10.4; 28.3를 보라. Kelly, *Doct.*, 166ff.를 보라.

5. González, *HCT* 1:50-52; J. Patout Burns, ed. and trans., *Theological Anthropology* (Philadelphia: Fortress, 1981), 1-2를 보라.

6. *I Apol.* 43; *II Apol.* 7, 또한 *I Apol.* 44.11; *Dial. with Trypho* 141.2를 보라. 참고. Tatian, *Oration to the Greeks* 7.2; Kelly, *Doct.*, 166; Pelikan, *CT*, 1:281-82.

7. *Dial. with Trypho* 124. 참고. H. D. Mcdonald, *The Christian View of Man*(1981; rpt. Westchester, Ill.: Crossway, 1985), 53; Kelly, *Doct.*, 167.

8. Theophilus of Antioch, *To Autolycus* 2.24-25, 27, in Kelly, *Doct.*, 168을 보라.

9. Irenaeus, *Against Heresies* 4.38.1., in Burns, *Anthropology*, 23.

10. *Ag. Her.* 4.39.1; 3.18.1; 5.2.1; 3.18.7을 보라. 참고. Volz, *FPEC*, 42.

11. '총괄갱신'(recapitulation)에 관해서는 Kelly, *Doct.*, 170ff.를 보라.

12. Tertullian, *The Resurection of the Flesh* 14. 터툴리안은 자신의 견해를 입증하기 위해 창조 기사와 마태복음 5:29-30을 인용했다. 참고. McDonald, *View of Man*, 51.

13. *On the Flesh of Christ* 12.

14. *The Resurrection of the Flesh* 7. 참고. McDonald, *View of Man*, 51.

15. *On the Soul* 27, in *Early*, 109을 보라. 영혼은 그 사람의 부모에게서 유래한다는 터툴리안의 견해는 '영혼 출생설'(靈魂出生說, *traducianism*)이라고 불린다. 이 설은 하나님이 각 사람의 영혼을 새롭게 창조한다고 보는 '영혼 창조설'(靈魂創造說, *creationism*)과 대조된다. Volz, *FPEC*, 43을 보라.

16. *On the Soul; Resurrection* 49을 보라. 참고. *Early*, 115; Kelly, *Doct.*, 175.

17. *On the Soul* 41. *Early*, 117을 보라.

18. *On the Soul* 21. *Early*, 110을 보라. 터툴리안은 자유의지를 지지하면서 영지주의와 마르시온의 결정론에 반대한다.

19. Clement, *Stromateis* 2.14.60; 2.15.66. *Early*, 174를 보라.
20. Origen, *Against Celsus* 4.40; *Homilies on Leviticus* 6.2. *Early*, 206-7을 참고하라. 참고. *Sel. in Genesis*; Kelly, *Doct.*, 182.
21. Origen, *On First Principles* 1.8.1; Kelly, *Doct.* 181-82를 보라. 오리겐은 아담이 각 사람을 대표하기는 하지만, 각 사람은 자범죄 때문에 낙원에서 쫓겨난다고 믿었다. Volz, *FPEC*, 46-47을 참고하라.
22. *Principles* Pref. 5.5을 보고, 1.8; 1.6; 3.1. 참고. McDonald, *View of Man*, 54; *Early*, 209-10.
23. 이 논의는 Burns, *Anthropology*, 3-6에서 인용했다.
24. Athanasius, *On the Incarnation* 3. *Early*, 274-75; Kelly, *Doct.*, 346-48을 보라.
25. John Chrysostom, *Sermon 10 on Romans* in Volz, *FPEC*, 50-51.
26. 칼빈은 *Inst*. II.2.4에서 이 인용문에 대해 언급한다.
27. Ambrose, *A Defense of the Prophet David* 2.12.71, in *Later*, 177; *An Oration on the Death of His Brother Satyrul* 2.6; Volz, *FPEC*, 52; Kelly, *Doct.*, 354를 보라.
28. *A Defense* 56-57; Kelly, *Doct.*, 354-55를 보라. 암브로즈는 그리스도가 원죄를 피하기 위해 처녀에게서 태어났다고 생각했다. 암브로즈는 "성적 생식 행위 — 비록 그것이 결혼 생활 안에서 또한 기독교인들에 의해 이루어지는 것일지라도 — 는 태아에게 유전되는 낙인을 수반한다"(*A Defense* 52-53)고 제안한 첫번째 사람이었다. 참고. *Later*, 178.
29. Ambrose, *De Jacobo et vita beata* 1.1. 참고. *De Poenit*. 2.9.80., in Seeberg, *THD* 1.330.
30. 펠라기우스에 관해서는 Frend, *Rise*, 673-83; González, *HCT* 2:27-31; Lohse, *SHCD*, 106-10; Peter Brown, *Augustine of Hippo: A Biography*(1967; rpt. Berkeley and Los Angeles: Univ. of California Press, 1969)을 보라. 또한 Robert F. Evans, *Four Letters of Pelagius*(New York: Seabury, 1968)과 *Pelagius Inquiries and Reappraisals*(New York: Seabury, 1968)를 참고하라.
31. 드미트리아에게 보낸 펠라기우스의 편지는 Burns, *Anthropology*, 39-55에 나온다. 제롬과 그의 논쟁에 관해서는 J. N. D. Kelly, *Jerome*(New York: Harper & Row, 1975), chap. 26을 보라. 참고. Frend, *Rise*, 677-79. 오렌지 종교회의에 관해서는 Burns, *Anthropology*, chap. 7; '반(半)-펠라기안주의'에 관해서는 Kelly, *Doct.*, 370ff.; Pelikan,

CT 1:318-31; Heick, *HCT*, 1:206ff.를 보라.

32. *On the Grace of Christ* 1.28, 29; 2.14. *Later*, 193을 보라.

33. Augustine, *Confessions* 10.40; *On the Perseverance of the Saints* 53을 보라. 참고. Kelly, *Doct.*, 357.

34. Augustine, *On the Career of Pelagius* 20(*Later*, 194).

35. Augustine, *One the Career* 22. *Later*, 194를 보라.

36. Pelagius, *Letter to Demetrias* 8, in Burns, *Anthropology*, 50. 펠라기우스는 마니교도들에 맞서서 하나님의 선하심을 보존하려는 자유로운 의지의 능력에 관해 논한다.

37. *On the Grace of Christ* 1.27-30; *On the Life of Pelagius* 16을 보라. Burns, *Anthropology*, 81-82; Kelly, *Doct.*, 359-60을 참고하라.

38. Roy W. Bettenhouse, ed., *A Companion to the Study of St. Augustine*(1955; rpt. Grand Rapids: Beker, 1979), 219; Pelagius, *Letter to Demetrias* 17, in Burns, *Anthropology*, 54를 보라.

39. Augustine, *Confessions* 4.1.1; Brown, *Augustine*, 352를 보라.

40. Ausgustine, *Genesis According to the Letter* 6.36; *On Condemnation and Grace* 33, 34를 보라. 참고. *Later*, 194-95; Kelly, *Doct.*, 362; Augustine, *On Rebuke and Grace* 31, in Burns, *Anthropology*, 101.

41. Augustine, *On the Trinigy* 14.6. *Later*, 195를 보라.

42. Augustine, *The City of God* 14.13; *On Marriage and Concupiscence* 2.58; *On Nature and Grace* 33; *On Corruption and Grace* 12.33(Burns, *Anthropology*, 103); Pelikan, *CT* 1:299-301; González, *HCT* 2:42-44; Heick, *HCT* 2:299ff.; Kelly, *Doct.*, 373을 보라.

43. *Genesis According to the Letter* 11.5; *On the Nature of the Good Against the Manicheans* 35; *On the Reward and Remission of Sins* 2.11(*Later*, 198을 보라).

44. *An Unfinished Treatise Against Julian* 6.22(*Later*, 197); *On the Reward and Remission* 2.11; *Enchiridion* 35.

45. *On Marriage and Concupiscence* 2.15. Kelly, *Doct.*, 364를 참고하라.

46. *On Grace and Free Will* 15; 참조. *Against Two Letters of the Pelagians* 1.5(*Later*, 203-4).

47. *On Marriage and Concupiscence* 1.28, 29(*Later*, 202-3); *Against Two Letters of the Pelagians* 1.27을 보라. 어거스틴은 암브로즈와 마찬가지로 욕정의 일차적 표현을

385

성적 행위 안에서 발견했다.(Volz, *FPEC*, 55; Lohse, *SHCD*, 113-14.) 또한 그는 그리스도의 처녀 탄생은 그리스도의 완전한 순결을 위해 필요했다고 믿었다. Frend, *Rise*, 679, 695(n. 191); Brown, *Augustine*, 388; Seeberg, *THD* 1:345-46을 보라.

48. *To Simplicianus, on Various Questions* 1.2.16, 20; *On the Grace of Christ* 2.34(*Later*, 204); *Enchiridion* 8, 9. 어거스틴과 예정론에 관해서는 Kelly, *Doct.*, 366ff.; González, *HCT* 2:44ff.; Seeberg, *THD* 1:350ff.; Battenhouse, *Companion*, 227ff.를 보라.

제5장 구원론 논쟁

1. Gustaf Aulén, *Christus Victor*, trans. A. G. Hebert(London: SPCK, 1931); Robert S. Paul, *The Atonement and the Sacraments*(New York: Abingdon, 1960); H. D. McDonald, *The Atonement of the Death of Christ*(Grand Rapids: Baker, 1985)를 보라.

2. 이 논의는 Edward Schillebeeckx, *Christ*, trans. John Bowden(New York: Crossroad, 1981), 477ff.로부터 발췌했다.

3. Karl Barth, *CD* 4, parts 1-3에 나오는 광범한 글들을 보라. James Denney, *The Christian Doctrine of Reconciliation*(London: Hodder & Stoughton, 1918)을 참고하라.

4. *TDNT* 2:400-420; *IDB* 3:704-6; *ISBE* 3:731-33; Schillebeeckx, *Christ*, 484-85를 보라. 이와 관련된 한 가지 중요한 신학적 연구는 Arthur C. Cochrane, *The Mystery of Peace*(Elgin, Ill.: Brethren Press, 1986)이다.

5. *TDNT* 2:174-225; Markus Barth, *Justification*, trans. A. M. Woodruff III(Grand Rapids: Eerdmans, 1971)을 보라.

6. H. E. W. Turner, *The Patristic Doctrine of Redemption*(London: A. R. Mowbray, 1952), 33-34; *Didache*(10.2) in Richardson, *ECF*, 175; Thomas F. Torrance, *The Doctrine of Grace in the Apostolic Fathers*(Edinburgh: Oliver & Boyd, 1948), 46를 보라.

7. *1 Clem.* 59.2; 36.2(*ECF*, 70, 60)를 보라.

8. *1 Clem.* 1.2; 11.1; 15.1; 32.4; 15.2; 21.8을 보라.

9. *1 Clem.* 33.7. 16.17(*ECF*, 59, 51-52)을 참고하라.

10. Justin Martyr, *Dialogue with Trypho* 18.3. Kelly, *Doct.*, 160; Seeberg, *THD* 1:115; *I Apol.* 44를 참고하라. 저스틴은 소크라테스와 아브라함을 포함하는 "그리스도 이전의 기독교인들"에 관해 말했다. *I Apol.* 46(Early, 60)를 보라. 그는 '교화'로서의 세례에 대해 언급했다(*I Apol.* 61; ECF, 283).

11. *Dial. with Trypho* 85.1. Kelly, *Doct.*, 169을 참고하라. 로고스에 관한 이런 이해는 교화로서의 구원을 위한 합리적 기초를 놓았다.

12. 이것은 영지주의적 운명론에 맞선다. 모범으로서의 그리스도는 순교자들에게 죽기까지 충성할 것을 촉구했다(참조, 벧전 2:21). 어떤 사람들은 자신의 고난이 그리스도의 고난처럼 구원을 가져다 줄만한 가치를 지녔다고 믿었다. Volz, *FPEC*, 65-65를 보라.

13. Irenaeus, *Ag. Her.* 5.1. McDonald, *Atonement*, 126ff.를 보라.

14. *Ag. Her.* 2.22.4. Pelikan, *CT* 1.:144; Kelly, *Doct.*, 170-74; Volz, *FPEC*, 66를 보라.

15. *Ag. Her.* 3.18.1, in Norris, *CC*, 49.

16. *Ag. Her.* 5(서문).

17. *Ag. Her.* 3.21.10. 참조. 3.22.3. 터툴리안도 하와 - 마리아 대조법을 사용한다. *On the Flesh of Christ* 17, in *Early*, 126-27을 보라.

18. *Ag. Her.* 5.21.2; 5.1, in Norris, *CC*, 58.

19. McDonald, *Atonement*, 155. 참조. Kelly, *Doct.*, 174-77; Pelikan, *CT* 1:147은 '배상'(satisfaction)이라는 말은 "의무를 이행하는 데 실패한 것에 대해 다른 사람에게 책임을 지우는 것을 언급하는 로마의 사법(私法)이나(터툴리안은 법을 전공했다), 그 용어를 형벌의 한 형태로 해석할 수 있게 만드는 로마의 공법(公法)에서 온 것일 수 있다"고 주장한다.

20. Tertullian, *On Penitence* 7.5-14; *Scorpiace* 7; *On the Resurrection* 8을 보라. '공로'에 관한 터툴리안의 견해에 대해서는 Johann Heinz, *Justification and Merit: Luther vs. Catholicism*(Berrien Spirngs, Mich.: Andrews Univ. Press, 1984), 114-16을 보라.

21. 힐러리(Hilary of Poiters)는 그리스도의 죽음에 대해 '배상'이라는 말을 사용한 첫번째 사람이었다. 그는 '배상'을 '회생'이라는 말과 동일시했고, 십자가를 그리스도가 죄인을 위해 하나님에게 배상하는 행동으로 보았다. *Expo. of the Psalms* 53.12-13을 인용하는 Pelikan, *CT* 1:147을 보라.

22. *On Modesty* 22.4; *Against the Jews* 13을 보라. 참고. Pelikan, *CT* 1:148;

Volz, *FPEC*, 73.

23. *On Penitence* 2; 10; *Scorpiace* 6. 참고. Heinz, 115; Seeberg, THD 1:133-34.

24. 아울렌(Aulén)은 '승리자 기독론'을 '전통적 이해'라고 부른다. 참고. Volz, *FPEC*, 68ff.; Turner, *Patristic Doctrine*, chap. 3.

25. Origen, *In Rom.* 5.1, in Turner, *Patristic Doctrine*. 참고. *Against Celsus* 1.60; 6.45; Kelly, *Doct.*, 185.

26. *In Matt.* 16.8(*Early*, 224). 참고. Kelly, *Doct.*, 185-86.

27. *On First Principles* 1.6.1; 3.6.3. 참고. Pelikan, *CT* 1:151.

28. Pelikan, *CT* 1:155를 보라. William G. Rusch, "How the Eastern Fathers Understood What the Western Church Meant by Justification," *Justification by Faith*, ed. H. George Anderson et al.(Minneapolis: Augsburg, 1985), 131-42를 참고하라. 서방 교회는 원죄, 아담과 인간의 육체적 연대, 그리고 그의 범죄에 대한 참여를 강조했다. 이러한 견해는 동방 교회에서는 좀처럼 찾아보기 힘들었다. 펠라기우스 논쟁뿐 아니라 서방의 법률주의와 고해성사 체계의 발달은 모두 서방 교회를 칭의론으로 기울어지게 했다. 반면에 동방 교회는 다른 틀을 사용했다.

29. Clement of Alexandira, *Exhortation to the Greeks* 1.8.4. Pelikan, *CT* 1:155를 보라.

30. Rusch, "Eastern Fathers," 135를 보라.

31. Ignatius of Antioch, *Letter to the Ephesians* 4.2; 9.2; *Letter to Polycarp* 6.1. Rusch, "Eastern Fathers," 134를 보라.

32. Irenaeus, *Ag. Her.* 5.1; 3.6.1; 3.19.1을 보라.

33. Clement of Alexandria, *The Tutor*, 1, 5, 26; *Carpets* 5, 10, 63. Rusch, "Eastern Fathers," 137을 보라. 오리겐은 모세의 얼굴의 변화에 관해 말하면서 이 사상을 발전시켰다. 그의 *Comm. on John* 32, 27을 보라.

34. Athanasius, *On the Incarnation* 54(Early, 293)를 보라. 참고. Athanasius, *Against the Arians* 1.38; Kelly, Doct., 378; Volz, FPEC, 77.

35. *Incarnation* 54; Rusch, "Eastern Fathers," 138.

36. Gregory of Nazianzus, *Orations* 37.13-15; 38.8-10; Gregory of Nyssa, *Catechetical Orations* 37; Basil the Great, *Against Eunomius* 1.14; John of Damascus, *On the Orthodox Faith* 1.14; Rusch, "Eastern Fathers," 139; Kelly, *Doct.*, 380ff.를 보라.

37. Augustine, *Explanations on the Psalms* 49.2; *Sermons* 47, 117, 121, 166,

259; *City of God* 14.4.2를 보라. Rusch, "Eastern Fathers," 141을 보라.

38. Augustine, *The Spirit and the Letter* 26, 45; Anderson, *Justification*, 18 and n. 6를 보라.

39. Augustine, *Sermon* 174.2; 174.1, in Turner, *Patristic Doctrine*, 108.

40. *Enchiridion* 108(*Later*, 225).

41. 중보자로서 그리스도에 관해서는 *On the Trinity* 4.14.19; Turner, *Patristic Doctrine*, 109-10; Kelly, *Doct.*, 390를 보라.

42. 모범으로서 그리스도에 관해서는 *On the Instruction of the Unlearned* 4.8; *On the Trinity* 8.7; Turner, *Patristic Doctrine*, 111; Kelly, *Doct.*, 393.

43. 사단에 대한 승리자로서 예수님에 관해서는 *Trinity* 4.13, 16-19; McDonald, *Atonement*, 158-59; Kelly, *Doct.*, 391-92. 어거스틴은 한 설교를 통해 그리스도의 몸은 사단이 마치 쥐가 덫에 잡히듯이 그것에 의해 잡힌 미끼였다고 극적으로 묘사했다. *Ser.* 263.1, in Kelly, *Doct.*, 391을 보라.

44. 사망으로부터 구원자로서 그리스도에 관해서는 *Trinity* 4.12.15; *On the Manichaean Heresy* 14.6.7; McDonald, *Atonement*, 159-60; Kelly, *Doct.*, 393를 보라.

45. 희생제물로서 그리스도에 관해서는 *Trinity* 4.15, 17, 19를 보라. 그리스도는 제사장인 동시에 희생제물이다. *City of God* 10, 20; Turner, *Patristic Doctrine*, 109를 보라.

46. Pelagius, *Ad. Rom. exp.* 8.29. González, *HCT* 2:31; Robert F. Evans, *Pelagius: Inquiries and Reappraisals*(New York: Seabury, 1968), 115ff.: Pelikan, *CT* 1:315ff.를 보라.

47. Pelagius, *Expositiones XIII epistolarum Pauli*, in Evans, *Pelagius*, 119.

48. Augustine, *On the Grace of Christ and Original Sin* 2.34.

49. *Enchir.* 32, 37, 117, 107, 105; *On Nature and Grace* 35; *Trinity* 15.37; *On the Spirit and the Letter* 5; *Epis.* 184. 4; *On Rebuke and Grace 45*를 보라.

50. *On the Spirit and Letter* 45; 참조. 51-52; Heick, *HCT* 2:203. 성장은 항상 사랑 안에서 의롭게 되는 것이다. *Epis.* 167.3, 13을 보라. Heinz, 121ff.를 보라.

51. *On Grace and Free Will* 33(*Later*, 206). Kelly, *Doct.*, 367을 참고하라.

52. *On Rebuke and Grace* 29-34.

53. *On Grace and Free Will* 31(cf. 17); *On the Spirit and the Letter* 52(cf. 60), in *Later*, 207. 어거스틴의 말은 은총이 자유와 대립한다는 의미가 아니다. 왜냐하면 은총은 인간으로 하여금 자신의 의지에 거슬러 결정하도록 강요하지 않기 때문이다.

그보다는, 의지가 하나님에 의해 변화되면, 그것은 선을 행하기를 갈망한다. González, HCT 2:45를 보라.

54. *On Rebuke and Grace* 12-16; *Enchir.* 98-99을 보라. 하나님이 왜 어떤 사람은 구원받고 나머지 사람들은 구원받지 못하도록 선택하시는가 하는 질문에 대한 하나님의 유일한 대답은, 어거스틴에 따르면, "내가 그렇게 원한다"(I so will)이다. 인간은 하나님의 해명을 요구할 수 없다. Heick, *HCT* 2:205; Pelikan, *CT* 1:298; Kelly, *Doct.*, 368-69을 보라.

55. *Coll.* 13.8, in González, *HCT* 2:56.

56. 어거스틴은 그 신학자들에 맞서서 *On the Predestination of the Saints*와 *On the Gift of Perseverance*를 썼다. González, *HCT* 2:56-59; Lohse, *SHCD*, 122-27; Pelikan, *CT* 1:319-24를 보라. '반(半)-펠라기안'이라는 용어는 16세기에 와서 나타났다.

57. 오렌지 종교회의의 문서들에 관해서는 J. Patout Burns, ed. and trans., *Theological Anthropology*(Philadelphia: Fortress, 1981), chap. 7을 보라.

58. *Ibid.*, 19. 참고, Pelikan, *CT* 1:327-29; Seeberg, *THD* 1:380-82. 어거스틴주의자들과 반(半)-펠라기우스주의자들 사이의 차이점은 '구원'의 의미에 대한 인디안 종교 내부의 균열과 비견될 수 있다. 휠(J. S. Whale)은 다음과 같이 쓴다.

> 그 두 파는 각각 원숭이파와 고양이파로 알려졌다. 위험이 닥쳐오면 새끼 원숭이는 자기 어미의 등에 올라타 어미를 붙잡는다. 그리고 어미가 안전하게 뛰어 도망치면 새끼는 어미와 함께 구원된다. 그 구원은 물론 일차적으로는 어미 원숭이의 행위를 통한 것이지만, 또한 새끼의 협력을 통한 것이기도 하다. 그러나 어미 고양이는, 위험이 닥쳐오면, 자기 새끼의 목덜미를 물고 — 새끼가 좋아하든 싫어하든 — 그 새끼를 구해낸다. 새끼 고양이는 아무것도 하지 않는다. 그것은 자기 구원의 과정에 전혀 아무런 공헌도 하지 않는다.(*The Protestant Tradition* [1955; rpt. Cambridge: University Press, 1959], 140-141)

휠에게 이것은 중세 스콜라 신학자들과 개혁신학자들의 차이점을 보여 준다.

59. Pelikan, *CT* 4, chap. 1; Anderson, *Justification*, 18; Heiko Oberman, *Forerunners of the Reformation*(Philadelphia: Fortress, 1981)을 보라.

60. 어떤 학자들은 루터의 회심을 1514년에 있었던 것으로, 또한 다른 신학자들은 1518년에 있었던 것으로 여긴다. Eric W. Gritsch, "The Origins of Lutheran Teaching

on Justification" in Anderson, *Justification,* 163을 보라.

61. Luther, "Sermon on Baptism" in *WA* 37; 661.20-26을 보라.

62. Eric W. Gritsch, *Martin —God's Court Jester*(Philadelphia: Fortress, 1983), 15을 보라.

63. *WA* 54:185.17-20; 186.3-9; Pelikan, *LW* 34:336-37에 있는 영어 번역을 보라. 참고. Gritsch, "Origins," 164; *Martin,* 14.

64. Gritsch, "Origins," 164를 보라. 루터는 율법과 복음을 강하게 대조시켰다. 거울·망치·가면으로서 율법은 우리를 복음에로 몰아가기 위해 죄의 악독함을 보여준다. 율법은 구원을 얻기 위한 인간의 모든 계획들에 대해 "아니요" 라고 말한다. 그러므로 인간은 예수 그리스도의 복음 안에서만 "예"를 들을 수 있다. Seeberg, *THD* 2:246ff.; Gerhard Ebeling, *Luther,* trans. R. A. Wilson(Philadelphia: Fortress, 1970), chaps. 7, 8; Anderson, *Justification,* chap. 15을 보라.

65. *WA* 56:39, passim; 2:490; *LW* 27: 221; *WA* 39/1:46; *LW* 34:111; *WA* 39/1:98; *LW* 34:167을 보라. 루터는 또한 칭의를 율법을 성취하는 것과 구별했다. *WA* 39/1:443; Paul Althaus, *The Theology of Martin Luther,* trans. Robert C. Schultz(Philadelphia: Fortress, 1966), 226을 보라.

66. *WA* 39/1:83; *LW* 34:153. *WA* 39/1:97; *LW* 34:166; *WA* 40/1:229; *LW* 26:130; Althaus, *Theology of Luther,* 227을 참고하라. 루터는 인간의 죄를 위해 교환된 그리스도의 의의 '유쾌한 교환' 또는 '놀라운 교환'에 관해 자주 말했다. *WA* 7/25.34; *LW* 31:351; *WA* 10/3:356.21-30를 보라. 어거스틴은 이런 '행운의 교환'에 관해 말한 바 있었다(*Conf.* 10.43.68-70). Gritsch, *Martin,* 173; Heinz, 191, 211; Pelikan, *CT* 4:163을 보라.

67. *WA* 2:491; *LW* 27:222. 이런 그리스도의 의는 우리에게 '외부적' 또는 '이질적'이다. *WA* 39/1:83; *LW* 34:153를 보라. 펠리칸은 이것을 루터가 중세 스콜라 신학자들에 맞서서 옹호했던 '신 독력설'(divine monergism)로 묘사한다. *CT* 4:145를 보라.

68. *WA* 39/1:46; *LW* 34:110. Althaus, *Theology of Luther,* 230를 보라. 루터는 그런 의지를 '노예 의지'(*servum arbitrium*)라고 말했다. *WA* 56: 398.11-12; 385:17-18; Seeberg, THD 2:242ff.; Ebeling, *Luther,* 216-18; Pelikan, *CT* 4:140ff.를 보라. 이 속박은 그가 '자아 지향적'(*in curvatus in se*) 존재라고 묘사했던 인간의 죄의 결과다. *WA* 56:304.26, 356.5, passim; Heinz, 189; Heick, *HCT* 1:336을 보라.

69. *WA* 40/1:229; *LW* 26:130. Althaus, *Theology of Luther,* 230-31을 참고하라.

70. Luther, *Deutsche Bibel*(*DB*) 7, 10, 16-18, in Heinz, 24. 성령론에 관해서는 *WA* 56:379.2-6을 보라.

71. *WA* 39/1:252. 39/1:83; *LW* 34.152; *WA* 39/1:356; Althaus, *Theology of Luther*, 237. 루터는 성화를 위해 '칭의'라는 단어를 사용할 수 있었다. *WA* 2:495.2-3; *WA* 39/1:252.9-12를 보라.

72. *WA* 56:70.272; *LCC* 15:127; 57:165; 2:496-97; *LW* 27:230; *WA* 56:268.27-28, 269.21-24, 272.17에 나오는 신앙고백문들을 보라.

73. *WA* 39/1:376; 6:216을 보라. *WA* 39/1:507; Althaus, *Theology of Luther*, 243을 참고하라.

74. *DB* 6-10, in Heinz, 24; Gritsch, "Origins," 166; *WA* 39/1:283.18-19를 보라.

75. *WA* 12.282. Althaus, *Theology of Luther*, 246 그리고 Pelikan, *CT* 4:147에 있는 유사한 인용들을 보라.

76. *WA* 10/3:225, in Althaus, *Theology of Luther*, 247. 참고. *WA* 40/1:577; *LW* 26:379; *WA* 39/1:1-2., 225.3-9; Heinz, 49. 하인즈는 루터에게 있어서 선행은 칭의를 연속적으로 뒤따르는 것이라고 말한다(410-11쪽을 보라).

77. *WA* 40/3:352.2; Heinz, 13. 참고. *Expos. of Psalm* 130:4 in *WA* 40/3:352.3; Gritsch, "Origins," 25. 발렌틴 료셔(Valentin E. Lösher)는 1718년에 믿음으로 인한 칭의는 "교회가 그 위에서 서기도 하고 넘어지기도 하는 조항"이었다고 말했다.

78. 어거스틴과 같이 루터는 구원에 대한 확신으로 이어지는 예정을 믿었다. *WA* 43:460.2-13; *WA* 18.600ff.; Seeberg, *THD* 2:244-45, Althaus, *Theology of Luther*, chap. 20를 보라.

79. 루터에게 공로 사상은 "그리스도에게만 속한 의를 찬탈하는" 죄를 범하는 것이다. "오직 그분만이 인간을 죄에서 구원하시고 의와 영생을 주신다." *WA* 49/1:236-38; Pelikan, *CT* 4:146, 148; Heinz, chap. 2; Oberman, *Forerunners*, chap. 3을 보라. 참고. *WA* 18:796.26-27; *LW* 33:266; Heinz, 416.

80. Anderson, *Justification*, 209-13; George H. Tavard, *Justification*(New York: Paulist, 1983), 71을 보라.

81. H. J. Schroeder, *Canons and Decrees of the Council of Trent*(1941; rpt. St. Louis: Herder, 1955), 21-23을 보라.

82. *Ibid.*, 42. 참고. Anderson, Justification, 220. 거기에서 피터스(Carl Peters)는 "모든 종류의 인간의 행위는 그 자체로는 충분하지 않다. 그래서 예수 그리스도를 통해 주어지는 하나님의 은총이 요구된다. 이것은 제6회기의 제1규범의 틀림없는 의미다"라고 쓰고 있다.

83. 로마 가톨릭 교회 신자들에게 인식된 루터에 대해서는 Tavard, *Justification*,

chap. 5에서 논의된다. 큉(Hans Küng)은 바르트(Karl Barth)와 트렌트의 칭의론이 '완전한 일치'를 드러낸다고 주장해 왔다. 그의 책 *Justification*(1964; rpt. Philadelphia: Westminster, 1981)을 보라. 하인즈(322-26)는 현대 가톨릭 신학자들 중 일부가 트렌트 공의회의 결정을 루터의 이해와 조화시키는 방식으로 재해석하고자 노력하고 있다고 본다. 그러한 노력은 타협을 모색하려는 '화해'(Auer, Ratzinger), 트렌트 신조들을 좀더 발전시키려는 '완성'(Jedin, Schillebeeckx), 루터는 그 공의회에 의해 진정으로 이해되지 않았고, 따라서 그 회의에 의해 진정으로 정죄된 것도 아니라고 주장함으로써 트렌트를 교정하려는 '수정'(Hasler, Pesch, Küng) 등을 포함한다.

84. Heinz, 407-16을 보라. 그는 양측이 구원에 있어서 인간이 '수혜자'(프로테스탄트 교회)인지 아니면 '공헌자'(로마 가톨릭 교회)인지에 근거하는 "복음에 대한 서로 다른 두 가지 해석"을 갖고 있는 것으로 본다. González, *HCT* 3:220-22; Lohse, *SHCD*, 193-96; Anderson, *Justification,* 230-40을 참고하라.

85. 최근의 루터교와 로마 가톨릭의 대화는 '서로 다른 견해들'뿐 아니라 '공동의 관심의 영역들'에 주목한다. 양측은 "상대편의 관심사를 진지하게 이해하고, 그 문제들에 대해 공동으로 생각하려고 노력하라"는 압박을 받고 있다. Anderson, *Justification,* 57을 보라.

제6장 권위론 논쟁

1. Paul C. Empie et al., *Teaching Authority & Infallibility in the Church*(Minneapolis: Augsburg, 1980), chaps. 10, 11(이후로는 *Teaching*으로 인용했다)을 보라.

2. *ISBE* 1:591ff.; *IDB* 1:498ff.; J. C. Turro and R. E. Brown, "Canonicity," in *The Jerome Biblical Commentary,* ed. R. E. Brown et al.(Englewood Cliffs, N. J. : Prentice-Hall, 1968), 515-34; F. F. Bruce, *Tradition: Old and New*(Grand Rapids: Zondervan, 1970)를 보라.

3. James L. Kugel and Rowan A. Greer, *Early Biblical Interpretation*(Philadelphia: Westminster, 1986), chap. 1.

4. Robert M. Grant, *A Short History of the Interpretation of the Bible*(1948; rpt. New York: Macmillan, 1966), passim; Kugel/Greer, 81f., 126ff.; Kelly, *Doct.,* 69-79을 보라.

5. R. P. C. Hanson, *Tradition in the Early Church*(Philadelphia: Westminster,

393

1962), chap. 1을 보라.

6. Kugel/Greer, 109. 70인역은 히브리 경전에 최종적으로 받아들여지지 않았던 책들을 포함한다. 그 책들이 구약 외경을 구성한다. 이레니우스 역시 「클레멘트 1서」(*1 Clement*)와 「헤르마스의 목자」(*the Shepherd of Hermas*)를 정경으로 포함시켰다. 참고. Volz, *FPEC*, 139.

7. F. F. Bruce, "Tradition and the Canon of Scripture," in *The Authoritative Word: Essays on the Nature of Scripture,* ed. Donald K. McKim(Grand Rapids: Eerdmans, 1983), 72-74; *ISBE* 1:604; Lohse, *SHCD*, 2-8. 참고. Kugel/Greer, 110; Heick, *HCT* 1:84; Volz, *FPEC*, 141을 보라.

8. James J. Megivern, ed., *Bible Interpretation*(Wilmington, N. C.: Consortium Books, 1978), 36-38, 48. 참고. Hanson, *Tradition,* chap. 5.

9. Irenaeus, *Against Heresies* 1.10.2; 5.20.1; Tertullian, *Prescription Against Heretics* 21; *Against Marcion* 1.21; 4.5. 참고. Kelly, *Doct.,* 36.

10. 이레니우스에 의하면, 이 전통은 성령에 의해 주어졌고, 구전과 기록된 전통 사이에는 그 어떤 모순도 없다. 왜냐하면 두 전통 모두 사도들로부터 시작되었기 때문이다. 그래서 "한편으로 성경이 전통을 위한 규범이 되었을 때, 전통은 성경 또는 적어도 그 안의 어떤 어려운 구절들을 해석하는 것으로 간주되었다"(Lohse, *SHCD,* 32). 참고. Volz, *FPEC,* 145; Kelly, *Doct.,* 39.

11. Athanasius, *Against the Heathen* 1.

12. Cyril of Jerusalem, *Catechetical Lectures* 4.17. 참고. Kelly, *Doct.,* 42.

13. Vincent of Lérins, *Commonitory* 2.3 in Pelikan, *CT* 1:333. 빈센트의 표어는 "새로운 교리들이 아니라 새로운 용어로 표현된 옛 교리들"이었다. Volz, *FPEC,* 149를 보라.

14. Hanson, *Tradition,* 54-59은 초대 교회로부터 나온 예들을 제공한다. 성경의 예들은 로마서 1:3-4, 4:24-25, 8:34; 고린도전서 8:6; 디모데전서 2:5, 3:16; 디모데후서 2:8; 베드로전서 3:18 등이다. 참고. C. H. Dodd, *The Apostolic Preaching and Its Developments*(1936; rpt. London: Hodder & Stoughton, 1967); Vernon H. Neufeld, *The Earliest Christian Confessions*(Grand Rapids: Eerdmans, 1983). Kelly는 가장 기본적인 신약 신조는 "예수는 주님이시다"(*kurios Iēsous; Creeds,* 14)라고 주장한다.

15. Kelly, *Creeds,* 73.

16. Kelly, *Creeds,* chap. 4를 보라. 루피누스(Rufinus)는 사도 신조는 사도들에 의해 쓰였다는 전통을 출발시켰다. 참고. p. 101; chap. 13.

17. Irenaeus, *Ag. Her.* 1.1.20; Tertullian, *Apologeticus* 46.17. 참고. Hanson. *Tradition,* 77.

18. Origen, *Comm. on John 13.16.* 참고. '교회의 규정'(the ecclesiastical rule)이라는 문구에 대해서는 *Comm. on I Cor. LXXXIV.* Hanson, *Tradition,* 78-79을 보라.

19. *Comm. on Psalm 48.12*; *Comm. on Matthew* 15.7; cf. 10.14; *Comm. on Psalm* 27.5, 거기에서 삼위일체 교리는 '교회의 설교'(Gr. *Kērygma*)를 통해 소통되었던 이런 기본적인 교리들 중 하나다(*On First Principles* 3.1.1). Kelly, *Doct.,* 43를 보라.

20. '신앙의 규정'(the rule of faith)은 신앙의 내용을 설교하고 가르치는 것에 관한 그 시대의 설명이다. Irenaeus, *Ag. Her.* 4.7.4; Hanson, *Tradition,* 93, 110-14을 보라.

21. C. H. Turner는 "구 신조들은 세례 지원자들을 위한 신조들이었고, 새 신조는 감독들을 위한 신조였다"고 썼다. Kelly, *Creeds,* 205-11을 보라.

22. Ignatius, *To the Trallians* 3.1, in *ECF,* 99.

23. Irenaeus, *Ag. Her.* 3.33.8; Tertullian, *Prescription Against Heretics* 32; cf. 21, 36, 37; Heick, *HCT* 1:99.

24. Irenaeus, *Ag. Her.* 3.3.1, 2, in *ECF,* 372를 보라. 참고. Volz, *FPEC,* 171-72; *Teaching,* 301, n. 37.

25. Gregory the Great, *Epistles* 5.37, in Pelikan, *CT* 1:352. 참고. Geoffrey Barraclough, *The Medieval Papacy*(Norwich, England: Harcourt, Brace & World, 1968); Walter Ullmann, *A Short History of the Papacy in the Middle Ages*(London Methuen & Co., 1972). "Pope"이란 용어는 '아버지'를 의미한다.

26. Cyprian, *On the Unity of the Church* 4. Pelikan, *CT* 1:119, 159; Kelly, *Doct.,* 205ff.를 보라.

27. 마태복음 16:18에 대한 해석을 위해서는 Kelly, *Doct.,* 406ff., 417ff; Pelikan, *CT* 2-5를 보라.

28. Innocent, *Epistle* 37.1. 참고. Henry Chadwick, *The Early Church*(Harmondsworth, England: Penguin, 1967), 240; *Teaching,* 21.

29. Chadwick, *Early Church,* 244.

30. 독소파트레스(Nilus Doxopatres, fl. 1143)는 교회법학자이며 신학자였다. Pelikan, *CT* 2:163에서 인용한 그의 *Order of the Patriarchal Sees*를 보라.

31. Pseudo Photius, *Against Those Who Say Rome Is the First See* 4을 보라. 참고. Theodore of Studios, *Orations* 9.10, in Pelikan, *CT* 2:169.

32. Leo, *Epistle* 11.

33. 그것들은 George H. Tavard, *Holy Writ or Holy Church*(New York: Harper, 1959), 47-48에 있다.

34. Guido Terrini, *Question on the Infallible Magisterium of the Roman Pontiff*, in Pelikan, *CT* 4:107. 참고. *Teaching*, 23.

35. Heiko Oberman, *The Harvest of Medieval Theology: Gabriel Biel and Late Medieval Nominalism*(1963; rpt. Grand Rapids: Eerdmans, 1967), 6; Oberman, *Forerunners of the Reformation*(1966; rpt. Philadelphia: Fortress, 1981), 54ff.를 보라. 참고. Oberman, "Quo vadis? Tradition from Irenaeus to Humani Generis," *Scottish Journal of Theology* 16(1963): 225-55.

36. Oberman, *Harvest*, 367-69; Forerunners, 54를 보라. 이레니우스는 진리의 전달을 감독직의 계승과 동일시했다. *Ag. Her.* 4를 보라.

37. Oberman, *Harvest*, 369-71; *Forerunners*, 54-55를 보라. 대 바실(Basil the Great, c. 330-70)은 기독교인은 기록되었거나 기록되지 않은 교회 전통 모두에 동일한 경외와 순종을 나타낼 의무가 있다고 주장했다. 어거스틴은 '전통 I'과 '전통 II' 모두를 수용했다.

38. Oberman, *Harvest*, 376-77; 373-75; *Forerunners*, 59-60을 보라.

39. Oberman, *Forerunners*, 70-72. 참고. Pelikan, *CT* 4:120.

40. Oberman, *Forerunners*, 72-73를 보라.

41. Jean de Gerson, *On the Spiritual Life of the Soul* 2, in Pelikan, *CT* 4:121.

42. Eric W. Gritsch, *Martin —God's Court Jester*(Philadelphia: Fortress, 1983), 107.

43. Martin Luther, *Ninety-five Theses* 62, in *WA* 1:236. 참고. Pelikan, *CT* 4:128.

44. *WA* 38:208. 참고. Paul Althaus, *The Theology of Martin Luther*, trans. Robert C. Schultz(Philadelphia: Fortress 1966), 339.

45. *WA* 7:838.7. 참고. *LW* 32:112; Gritsch, *Martin*, 93.

46. *WA* 38:206. Althaus, *Theology of Luther*, 338을 보라. Gritsch는 "루터는 성경이 스스로를 해석한다고 주장했다. 반면에 로마는 성경은 교회의 가르치는 직무, 즉 로마의 감독이 이끄는 감독들의 '교학권'(*magisterium*)에 의해 해석되어야 한다고 주장했다"고 쓴다(*Martin*, 108). 참고. Rogers and McKim, *AIB*, 76.

47. 참고. Rogers and McKim, *AIB*, 89-116; Donald K. McKim, "Calvin's View of Scripture," in *Readings in Calvin's Theology*, ed. Donald K. McKim(Grand Rapids: Baker, 1984), 43-68.

48. 참고. *Inst.* III.1.3ff.; 2.15, 33-36; McKim, "Calvin's View," 55-56.

49. *Inst.* IV.5-11과 칼빈의 *Acts of the Council of Trent with the Antidote*(1547)을 보라.

50. *Inst.* IV.8, 10-16를 보라. 참고. IV.9.

51. Calvin, *On Scandals*; Pelikan, *CT* 4:211을 보라.

52. Tavard, *Holy Writ*, chap. 13을 보라.

53. *Canons and Decrees of the Council of Trent*, trans. H. H. Schroeder(1941; rpt. St. Louis: Herder, 1955), 17. 그 라틴 본문은 p. 296에 나와 있다.

54. *Acts of the Council of Trent* 8.ix, 1551, in Pelikan, *CT* 4:277.

55. Pelikan, *CT* 4:277. 참고. Tavard, *Holy Writ*, 202ff.; Dewey Beegel, *Scripture, Tradition, and Infallibility*(Grand Rapids: Eerdmans, 1973), 102-3; Robert Gnuse, *The Authority of the Bible*(New York: Paulist, 1985), 115.

56. 이것이 많은 현대 로마 가톨릭 신자들의 견해다. Avery Dulles, "The Authority of Scripture: A Catholic Perspective," in *Scripture in the Jewish and Christian Traditions*, ed. Frederick E. Greenspahn(Nashville: Abingdon, 1982), 35를 보라. Tavard는 모든 기독교적 진리와 행동의 근원은 그리스도의 복음이라고 주장한다. 복음은 성경과 전통이라는 '두 짝의 도관(導管)들'을 사용하시는 성령의 능력을 통해 온다. 그것들이 동일한 그리스도의 복음을 전달하는 한, 그것들이 성령께서 그것을 통해 사도들을 움직이셨던 그 본래의 힘을 전해 주는 한, 성경과 전통은 모두 동일한 신앙을 고수하고 있는 것이다. 왜냐하면 신앙은 어떤 매개물을 통해서든 우리를 그리스도와 성령께 도달하게 하기 때문이다. … 전통의 시금석은 성경의 시금석과 마찬가지로 "지속적인 계승을 통해 가톨릭 교회 안에 보존된 복음이다"(*Holy Writ*, 208).

57. Peter Chirico, *Infallibility: The Crossroads of Doctrine*(Wilmington, Del.: Michael Glazier, 1983), xxxix, translating from *Enchiridion Symbolorum, Definitionum, et Declarationum de Rebus Fidei et Morum*, eds. H. Denzinger and A. Schonmetzer, 32d ed.(Freiburg: Herder, 1963), 3073-74(이후에는 *DS*라고 인용했다)를 보라.

58. Avery Dulles, "Infallibility: The Terminology," in *Teaching*, chap. 2; Chirico, 143ff. 참고. *Teaching*, 49. 큉(Hans Küng)은 *Infallible?*(trans. Edward Quinn [New York Coubleday, 1971])에서 교황 무오설에 이의를 제기했다. 참고. *Teaching*, 159-68.

59. *DS*, 1826, 1831, in Lohse, *SHCD*, 210.

60. Robert S. Paul, *The Church in Search of Its Self*(Grand Rapids: Eerdmans, 1972), pts. 1 and 2.

61. John Dillenberger, *Protestant Thought and Natural Science*(Nashville: Abingdon, 1960); Colin Gunton, *Enlightenment and Alienation*(Grand Rapids: Eerdmans, 1985); Henning Graf Reventlow, *The Authority of the Bible and the Rise of the Modern World*, trans. John Bowden(Philadelphia: Fortress, 1985)를 보라.

제7장 성례론 논쟁 I-세례

1. Alexander Ganoczy, *An Introduction to Catholic Sacramental Theology*, trans. William Thomas and Anthony Sherman trans.(New York: Paulist, 1984), chap. 3; Joseph Martos, *Doors to the Sacred: A Historical Introduction to Sacraments in the Catholic Church*(New York: Doubleday, 1982), pt.2를 보라.

2. Ganoczy, *Sacramental Theology*, 13-14를 보라. 복음의 공적 성질은 사교 종파들의 '비밀들'과 대조를 이룬다. 참고. *TDNT* 2:803-13.

3. Justin Martyr, *I Apology* 1.25, 27, 54; *II Apology*, 12; Ganoczy, *Sacramental Theology*, 15를 보라.

4. Tertullian, *To the Martyrs* 3.1; *On the Spectacles* 24.4; 참고. Ganoczy, *Sacramental Theology*, 18; Martos, *Doors*, 42.

5. Martos, *Doors*, 42; K. R. Hagenbach, *A Text-Book of the History of Doctrines*, trans. C. W. Busch, rev. by Henry B. Smith, 2 vols.(New York: Sheldon & Co., 1868), 1:212를 보라.

6. Augustine, *On Marriage and Concupiscence* 1.11; *On Baptism Against the Donatists* 1.2; Hagenbach, *Doctrines* 1:355; Seeberg, *THD* 1:321를 보라.

7. Aquinas, *ST* III:62.5를 인용하고 있는 Hagenbach, *Doctrines* 2:79를 보라. 또한 Bonaventura, *Breviloquium* VI를 보라. 슐라이어마허(Schleiermacher)는 주석하기를, "이와 같이 가난한 평신도들은 무지 때문에 성례를 받지 못했고, 가난한 성직자들은 탐욕에 맞서기 위해 성례를 갖지 않았다"고 했다. 동방 교회의 성례들에 대하여는 Ganoczy, *Sacramental Theology*, 52; Pelikan, *CT* 2를 보라.

8. Augustine, *City of God* 10.5; Ganoczy, *Sacramental Theology*, 20를 보라.

9. Augustine, *On Christ. Doctrine* 3.9, 13. 참고. Ganoczy, *Sacramental Theology*, 21.

10. *Lett.* 138.7. 참고. Kelly, *Doct.*, 425.; *On the Instruction of the Unlearned*

26.50. 그는 *Lett.* 138.1에서 '신성한 것에 대한 표징'에 대해 말한다.; Martos, *Doors,* 59; 참고. *Sermon* 272.

11. *Lett.* 98.9를 보라.

12. *Homilies on the Gospel of John,* tract. 80, sec. 3(*NPNF* 7:344); *The Teacher* 10.33. 참고. Ganoczy, *Sacramental Theology,* 21; Lohse, *SHCD,* 137.

13. *Lett.* 98.9; Ganoczy, *Sacramental Theology,* 24를 보라. 어거스틴은 "그러므로 외적으로 은혜의 성례를 제시하는 물과 내적으로 은혜의 유익을 효과 있게 하는 성령님"에 대해 썼다(*Lett.* 98.2; *On Baptism* 5.21, 29). Seeberg, *THD* 1:321를 보라. 그는 어거스틴에 있어서 "외적인 성례의 의식과 내적인 은혜의 사역이 항상 일치하는 것은 아니다"라고 말했다.

14. *On Baptism* 7.53, 102. 참고. Seeberg, *THD* 1:324를 보라.

15. *On Baptism* 7.19, 37;4.1. 참고. Pelikan, *CT* 1:311. 어거스틴은 세례의 두 가지 효과들에 대해 논했다. 하나는 인(印)이다. 그것은 영원히 존재한다. 다른 하나는 하나님의 은혜이다. 이것은 세례를 받은 사람의 영혼으로부터 죄를 제거한다. 죄를 범한 기독교인은 하나님의 은혜는 잃어버리지만, 그 인(印)을 잃지는 않는다. 세례 받은 자가 이단적인 분파에 들어갈 경우, 그들은 교회로부터의 분리라는 죄의 상태에 있기 때문에 용서의 은혜를 받을 수 없었다. 그러나 그들이 돌이키면, 이 죄는 용서될 수 있었다. Martos, *Doors,* 56; Kelly, *Doct.,* 428을 보라.

16. Hugo, *On Sacs.* 1.9; cf. 1.12; Ganoczy, *Sacramental Theology,* 25; Seeberg, *THD* 2:61, 80; Hagenbach, *Doctrines* 2:76-81을 보라.

17. Peter Lombard, *Sentences* 4.1A in Seeberg, *THD* 2:80; Martos, *Doors,* 69.

18. Hugo, *On Sacs.* 1.9.2 in Seeberg, *THD* 2:80.

19. Aquinas, *ST* III:60.2. 참고. Seeberg, *THD* 2:125.

20. *ST* III:60.8, 2. 참고. Ganoczy, *Sacramental Theology,* 27; Martos, *Doors,* 80ff.를 보라.

21. Aquinas, *Comm. on the Sentences* I:1.5; *ST* III:62.4를 보라. 참고. Ganoczy, *Sacramental Theology,* 27; Seeberg, *THD* 2:128-29. 이것은 트렌트 공의회에서 다시 확정되었다.

22. *ST* III:68.8. 참고. 64:8-10; Ganoczy, *Sacramental Theology,* 27. 참고. Hugo, *On Sacs.* 1.9.1; Seeberg, *THD* 2:126.

23. Lombard, *Sent.* 4:4B. Seeberg, *THD* 2:80를 보라.

24. *ST* III:62.6; Bonaventura, *Brevil.* IV를 보라. Seeberg, *THD* 2:127를 보라.

가노찌(Ganoczy)는 다음과 같이 썼다. "토마스 학파는 성례가, 마치 수로가 물을 전달하는 것처럼, 역동적으로 은혜를 포함하고 전달하는 '물질적인' 효과에 대해 말했다. 이 사상의 기초적인 개념은 토마스 자신이 말한 '도구적 인과율'(instrumental causality)이라는 개념이었다."(ST III:62.5; cf. *De Veritate* 27.4). 은혜의 전달과정은 다음과 같은 직선적 도식을 따라 추적될 수 있을 것이다: 하나님 → 성례 → 개인"(*Sacramental Theology*, 33).

25. ST III:62.1. 둔스 스코투스(Duns Scotus)와 프란체스코 학파(Franciscan school)로 대표되는 중세의 대안적 성례 이해는 "도덕적 인과율"(moral causality)에 대해 말한다. 이유는 다음과 같다. "신적인 제정과 약속으로 인해 성례는 그것이 실시될 때 하나님께서 성례를 받는 자에게 그분의 은혜로운 지원을 베푸시도록 하나님을 감동시킬 수 있다. 그러나 이런 은혜는 하나님으로부터 직접 오는 것이지 성례라는 중요한 매개물로부터 오는 것이 아니다. 성례는 오히려 이런 방식으로 하나님에게 작용해 하나님으로 하여금 자신의 약속을 상기하시게 한다. 여기서 우리는 그 도식을 다음과 같이 제시할 수 있을 것이다: 성례 → 하나님 → 개인"(Ganoczy, *Sacramental Theology*, 33-34, Duns Scotus [d. 1308]를 인용함). 참고. Seeberg, *THD* 2:126ff.

26. Augustine, *Hom. on the Gospel of John* 80.3, in *NPNF*, 2d ser., 7:344.

27. Luther, *Small Catechism* 4:1. Pelikan, *CT* 4:180을 보라. 루터는 성례를 위해 하나님의 말씀과 외적인 표징을 필요로 한다. 세례와 주님의 만찬만이 참된 신약 교회들의 성례들이다. *WA* 11:454. 참고. Martos, *Doors*, 110을 보라.

28. *Small Catechism* 6:8. Pelikan, *CT* 4:180을 보라.

29. *WA* 2:686, 693. 참고. Seeberg, *THD* 2:282. '약속'에 대하여는 Paul Althaus, *The Theology of Martin Luther*, trans. Robert C. Schultz(1966; rpt. Philadelphia: Fortress, 1979), 345-48을 보라.

30. *WA* 1:544, *LW* 31:106-7; *WA* 7:321, *LW* 32:15.; *WA* 38:231. 참고. Althaus, *Theology of Luther*, 349.

31. Zwingli, *Comm. on True and False Religion* 15. Pelikan, *CT* 4:189; González, *HCT* 3:74; W. P. Stephens, *The Theology of Huldrych Zwingli*(Oxford: Clarendon, 1986), chap. 9를 보라.

32. S. M. Jackson, *The Selected Works of Huldreich Zwingli*, 3 vols.(1901; rpt. Philadelphia, 1972), 3:180-81; Stephens, *Theology of Zwingli*, 183을 보라.

33. González, *HCT* 3:74에서 인용된 Zwingli, *Works*, 3:184.; Zwingli, *Works* 3:179, 182; Stephens, *Theology of Zwingli*, 184.

34. *An Account of the Faith.* Stephens, *Theology of Zwingli,* 186.

35. Zwingli, *Works* 2:258-59. 참고. 2:116-17. 스티븐스(Stephens)에 따르면, "성례들에 대한 쯔빙글리의 이해는 다음과 같이 변천해 간다. 그의 초기 저작에서 성례는 하나님께서 우리에게 확신을 주시는 언약의 표징들로 나타난다. 중간 시기에 그는 성례는 우리가 교회 안에서 다른 사람들과 하나가 되었음을 보증하는 표징들이라고 강조한다. 후기 저작에서는 이런 두 가지 강조 사항들 모두가 나타난다"(*Theology of Zwingli,* 192).

36. 오직 믿음의 은사를 받은 자들(선택된 자들)만 성례로부터 영적 유익을 얻는다. 벌카워(G. C. Berkouwer)는 칼빈에게 있어서 "구원의 증여는 그 표징 및 인(印)과 분리되지 않는다"고 썼다. 오히려 그 표징들을 "신앙과 성례의 상호관계에 비추어 도구적으로(추상적으로가 아니라) 해석하는 것이 성례의 본질에 속한다"고 썼다. '표징'과 '인'이라는 두 용어는 "성례들이 그 자체로서 가능한 상징이 아니라 함께 쓰임으로써 상징이 될 수 있다는 것을 분명히 한다"(*The Sacraments,* trans. Hugo Bekker [Grand Rapids: Eerdmans, 1969], 138-39).

37. *Canons and Decrees of the Council of Trent,* trans. H. J. Schroeder(1941; rpt. St. Louis: Herder, 1955), 51. 헤익(Heick)은 "토마스 학파의 가르침에 따르면, 은혜는 성례들 안에 깊이 묻혀 있다. … 스코투스 학파(Scotists)에 따르면, 내적이고 영적인 능력은 외적인 행위와 평행을 이룬다"고 썼다(*HCT* 1:489).

38. Schroeder, *Canons,* 52-53. Martos, *Doors,* 119를 참고하라.

39. 고넬료(행 10:48)는 성령을 받은 후 세례를 받은 예외적인 사람이다.

40. *Didache* 9.5; 7.1-3(ECF, 175, 174). 참고. Kelly, *Doct.,* 193-94.

41. *Ep. to Barnabas* 11.11; 16.7-8.

42. *1 Clem.* 46.6, in *ECF,* 46. 참고. Pelikan, *CT* 1:164.

43. Justin, *I Apol.* 61(*ECF,* 282-83). 참고. Pelikan, CT 1:163ff.

44. Irenaeus, *Proof of the Apostolic Preaching* 41-42; *Ag. Her.* 3.17.2 in *Early,* 94.

45. *On Baptism* 1.18; 12-15; *Ag. Marcion* 1.28를 보라. 참고. Pelikan, *CT* 1:163ff.; Kelly, *Doct.,* 209; Heick, *HCT* 1:216-17.

46. Clement, *Tutor* 1.6; 26.1-2. 참고. Pelikan, *CT* 1:164.

47. Origen, *On First Principles* 1.3.2; 2.10.7; *Hom. in Exodus* 5.5; *In Luke* 22; 27; *In Rom.* 5.9를 보라. 참고. Kelly, *Doct.,* 208; Seeberg, *THD* 1:156.

48. Cyprian, *Lett.* 73.12; *To Donatus* 4; *On the Lord's Prayer* 23; etc. Seeberg,

THD 1:194를 보라.
    49. Cyprian, *Lett.* 70.1; 72.1; 73.6, 21; etc. Seeberg, *THD* 1:184, 194; Pelikan, *CT* 1:166, 291를 보라.
    50. *Against the Two Ep. of the Pelagians* 3.3.5; *Ser.* 58.5.6. Kelly, *Doct.,* 429; Pelikan, *CT* 1:304; Seeberg, *THD* 1:322를 보라.
    51. *On the Merits and the Remission of Sins* 2.31.50; *On Original Sin* 39.44; *On Nature and Grace* 53.61; Pelikan, *CT* 1:304를 보라. 참고. Martos, *Doors,* 175-76.
    52. *On Baptism* 1.12, 18; 5.8, 9; 6.5, 7. Seeberg, *THD* 1:320를 보라.
    53. *On the Merits and Remission* 1.25. *Later,* 243; *On Baptism* 4.31, 32, in *Later,* 243.
    54. *On the Mer. and Rem.* 1.10; 1.39; Kelly, *Doct.,* 432를 보라.
    55. Lombard, *Sent.* 4.3; Hugo, *On the Sacs.* 2.6.2. 참고. Martos, *Doors,* 184; Seeberg, *THD* 2:130.
    56. *On Simoniacs* 11 in Pelikan, *CT* 3:205; cf. 30-31.
    57. *ST* III:69.2, 4. Seeberg, *THD* 2:130; Martos, *Doors,* 187을 보라.
    58. Schroeder, *Canons,* 53-54. 참고. Martos, *Doors,* 194-95.
    59. Seeberg, *THD* 2:284; *Small Catechism*(1529) 4:86을 보라. 축귀 행위는 루터의 세례 순서에서 첫번째 의식이다. Eric W. Gritsch, *Martin — God's Court Jester* (Philadelphia: Fortress, 1983), 179, 256, n. 8. 참고. Althaus, *Theology of Luther,* chap. 26를 보라.
    60. *WA* 2:728; *LW* 35:30. 참고. Seeberg, *THD* 2:284; *WA* 2:732; *LW* 35:35-36; Althaus, *Theology of Luther,* 356; Heick, *HCT* 1:344.
    61. Stephens, *Theology of Zwingli,* 201, 120, 198-216에 있는 인용들을 보라. 루터와 재세례파에 대하여는 Althaus, *Theology of Luther,* 370-74를 보라. 참고. John Calvin, *Treatises Against the Anabaptists and Against the Libertines,* ed. and trans. Benjamin Wirt Farley(Grand Rapids: Baker, 1982).
    62. G. W. Bromiley, ed., *Zwingli and Bullinger*(Philadelphia: Westminster, 1953), 136. 참고. Stephens, *Theology of Zwingli,* 214ff.
    63. 이것은 쯔빙글리가 '싸크라멘툼'(*sacramentum*)을 그 용어의 고전적 용법, 즉 "입문 의식이나 서약에 다름 아닌 것"에 기초해서 해석했다는 것을 암시한다. 칼빈은 이런 접근방법을 거부한다. 참고. *Inst.* IV.14.13; 16.4.
    64. *Inst.* IV.15.22; 16.3ff.를 보라. '적응'에 대하여 Donald K. Mckim, "Calvin's

View of Scripture" in *Reading in Calvin's Theology*, ed. Donald K. McKim(Grand Rapids: Baker, 1984), 54를 보라.

65. 칼빈과 쯔빙글리에 있어서 유아 세례는 현재 그리스도 안에서 성취된 하나님의 언약의 표징으로서 구약의 할례와 동일하다. *Inst.* IV.16; Berkouwer, *Sacraments*, chaps. 6, 8을 보라. 칼빈은 세례가 어떤 사람을 원죄로부터 자유케 한다고 믿지 않지만, 세례를 통하여 "신자들은 이런 저주가 그들로부터 제거되고 철회되었다는 것을 확신하게 된다"고 믿었다(IV.15.10).

제8장 성례론 논쟁 II-성찬

1. *Didache* 9.5 in *ECF*, 175. '아가페'(agape) 또는 '애찬'(love feast)에 대하여는 *IDB* 1:53-54; Dom Gregory Dix, *The Shape of the Liturgy*(1945; rpt. New York: Seabury, 1982), chap. 4; *The Study of Liturgy*, ed. Cheslyn Jones et al.(New York: Oxford Univ. Press, 1978), 147-69를 보라.

2. Jones, *Liturgy*, 172-76, 147ff.; Alasdair I. C. Heron, *Table and Tradition* (Philadelphia: Westminster, 1983), 59-63; Dix, *Liturgy*, chap. 5를 보라.

3. Justin Martyr, *I Apology* 66 in *ECF*, 286. 분석을 위해서 cf. Arthur C. Cochrane, *Eating and Drinking with Jesus*(Philadelphia: Westminster, 1974), 119-22.

4. *Didache* 10.3 in *ECF*, 176.

5. Ignatius, *To the Smyrnaeans* 7.1(*ECF*, 114).

6. Irenaeus, *Against Heresies* 4.18.5. Cf. 4.17.5;(*Early*, 96-97). Pelikan, *CT* 1:169.

7. Tertullian, *On the Resurrection of the Body* 8 in *ECF*, 148. 볼츠(Volz)는 "터툴리안은 한 마리 생쥐가 떡을 발견했는데 불덩어리가 그것을 잡아채서 없애버림으로써 그 떡이 신성모독을 면했다는 사례를 생각해냈다"고 썼다(*FPEC*, 108). 터툴리안은 또한 그 떡을 그리스도의 몸에 대한 "하나의 표징"(*figura*)이라고 말했으며, 또한 언젠가 "그분이 그것을 통해 자신의 몸을 표현하시는(*repraesentat*) 떡"에 대해서 말했다. 그러나 켈리(Kelly)가 쓴 것처럼, "터툴리안의 용어에서 *repraesentare*라는 동사는 '존재하게 하다'라는 원래의 의미를 갖고 있었다." "그의 언어가 정말로 시사하는 모든 것은, 그가 떡과 포도주를 몸과 피와 동일시하는 것을 수용하고 있는 동안에도, 그것들 사이의 성례전적 구분을 의식하고 있다는 것이다"(*Doct.*, 212).

8. Cyprian, *On the Lord's Prayer* 18. 참고. Kelly, *Doct.*, 212.

9. Athanasius, *Frag. from a Sermon to the Baptized*, in Kelly, *Doct.*, 212.

10. Cyril of Jerusalem, *Catechetical Lectures* 22(Later, 45).

11. *Cat. Lects.* 23.7 in *Later*, 46. 참고. Heron, *Table*, 65-66; Kelly, *Doct.*, 442-43.

12. Gregory of Nyssa, *Cat. Oration* 37 in *Later*, 165.

13. Chrysostom, *On the Betrayal of Judas* 1.6; *Hom. in Matthew* 82.5; Ambrose of Milan, *On the Mysteries* 52-54, in Kelly, *Doct.*, 446.

14. Clement of Alexandria, *Stromateis* 5.10 in *Early*, 181-82; *Paedagogus* 1.6 in *Early*, 181.

15. Origen, *In Matt.* 85, in *Early*, 250-51.; cf. 11, 14; Seeberg, *THD* 1:156.

16. Basil of Caesarea, *Letters* 8.4 in Kelly, *Doct.*, 442를 보라.

17. Augustine, *Serm.* 272. 참고. Kelly, *Doct.*, 447.

18. *On Baptism* 5.8, 9. 참고. 9.15; *Expl. on the Psalms* 98.9 in *Later*, 247. 참고. Pelikan, *CT* 1:305.

19. *Expos. on John* 26.18; 26.12. 참고. *City of God* 21.25; *On Christ Doctrine* 3.24. Seeberg, *THD* 1:323; *Later*, 246; Cochrane, *Eating*, 123.

20. *Expos. on John* 25.12; 26.14, 15; *Serm.* 272; *City of God* 21.25.2; 참고. Pelikan, *CT* 1:305; Seeberg, *THD* 1:323.

21. Cyprian, *Epis.* 63. 참고. Kelly, *Doct.*, 214ff.

22. Martos, *Doors*, 259ff.; Heron, *Table*, 80-87를 보라.

23. González, *HCT* 2:117; Lohse, *SHCD*, 142ff를 보라.

24. 베렝거(Berengar)에 대하여 Heick, *HCT* 1:272ff.; Pelikan, *CT* 3:186ff.를 보라.

25. Lohse, *SHCD*, 147.

26. *Ibid.*, 149.

27. *Ibid.*, 153. 교황 알렉산더(Alexander)의 용법에 대하여는 Pelikan, *CT* 3:203를 보라. 마르토스(Martos)는 그 용어를 13세기초 투어즈의 힐데베르트(Hildebert of Tours)에게 돌린다(*Doors*, 271).

28. Aquinas, *ST* III.76.7. 참고. Heron, *Table*, 96ff.; Martos, *Doors*, 275ff.

29. *Canons and Decrees of the Council of Trent*, trans. H. J. Schroeder(1941; rpt. St. Louis: Herder, 1955), 73, 75. 그리스도의 '본래적 형태'와 그분의 '성례전적 임재' 사이의 구분은 아퀴나스에 의해 이루어졌다. Martos, *Doors*, 273-75를 보라.

30. Schroeder, *Canons*, 74에서.

31. '의미론/변형론'(significationist / transformationist)이라는 용어는 랄프 W. 퀘

레(Ralph W. Quere)로부터 유래한다. "Changes and Constants: Structure in Luther's Understanding of the Real Presence in the 1520's," *The Sixteenth Century Journal* 16/1(1985): 46.

32. 이 분석은 Quere, "Luther," 47ff.에서 인용했다.

33. *WA* 2:743.20-23; *LW* 35:51. 참고. Quere, "Luther," 48-55.

34. *WA* 6:360, 359; *LW* 35:88, 87. 참고. Quere, "Luther," 50-53.

35. *WA* 8:518.21; *LW* 36:176. 참고. Quere, "Luther," 53-54.

36. *WA* 11:433, 450.11-13; *LW* 36:278, 297. 참고. Althaus, *Theology of Luther*, 380; Quere, "Luther," 55-57.

37. *WA* 18:203.30-34. 참고. Quere, "Luther," 57-64.

38. *Large Catechism* V.28, in *The Book of Concord*, ed. and trans. Theodore G. Tappert et al.(Philadelphia: Fortress, 1959), 449. 참고. Quere, "Luther," 64ff.

39. *WA* 6:511; *LW* 36:35. Althaus, *Theology of Luther*, 391ff를 보라. 루터의 견해는 1200년대 초로 거슬러 올라가는 개념인 '공재설'(consubstantiation)이라고 불린다. "성별의 말씀이 선포될 때 그리스도의 본질이 물질적 요소들의 본질에 첨가된다"(Martos, *Doors*, 270을 보라). 화체설은 두 가지 본질이 동일한 공간을 점유할 수 없다는 주장으로부터 발전했다. 그러나 알트하우스(Althaus)가 루터를 대신해 말하듯이, "그리스도의 몸과 피는 변화되지 않는 떡과 포도주 안에 현존한다"(*Theology of Luther*, 376). 헤론(Heron)은 루터가 "기독론적 신앙고백을 너무나 강조했기 때문에 그리스도의 몸과 피가 어떻게 실제로 현존할 수 있는가에 대한 유비라기보다는 오히려 설명이 될만큼" 기독론적인 신앙고백문을 강조했다고 주장한다(*Table*, 118). 편재성에 대하여는 Pelikan, *CT* 4:158-61; Heron, *Table*, chap. 6.을 보라.

40. Pelikan, *CT* 4:200.을 보라. 헤론(Heron)은 "루터는 화체설의 의도는 지지하지만, 그것이 적절치 못하고 참으로 잘못 이해된 해석이라며 거부한다"고 썼다(*Table*, 112-13).

41. S. M. Jackson, *The Selected Works of Huldreich Zwingli*, 3 vols.(1972; rpt. Philadelphia, 1901), 3:200 in González, *HCT* 3:75.

42. *Works* 3:214, 205. 참고 쯔빙글리의 견해에 대하여는 Quere, "Luther," 60-63; Cochrane, *Eating*, 124-28.

43. 1524년에 쯔빙글리는 네덜란드 인문주의자 호엔(Cornelius Hoen)으로부터 (1521년에 쓰인) 한 통의 편지를 받았다. 호엔(Hoen)은 제정사에서 '~이다'(is)는 '~을 의미하다'(signify)를 의미한다고 주장했다. 쯔빙글리는 이 통찰력을 "값비싼 진주"라고 불렀다. 그때부터 줄곧 쯔빙글리는 요한복음 6장에 초점을 맞추었다. W. P. Stephens,

The Theology of Huldrych Zwingli(Oxford: Clarendon, 1986), 227ff.를 보라. 참고. Heron, *Table,* 116; Seeberg, *THD* 2:320; Pelikan, *CT* 4:158-59. 쯔빙글리는 "우리는 무엇보다도 성경 전체에서 또 다른 의미로 이해되어야 하는 … 언어의 상징들이 발견되리라는 것을 알아야 한다"고 했다. Pelikan, *CT* 4:194를 보라.

44. Pelikan, *CT* 4:195. 쯔빙글리는 "우리를 위한 그리스도의 죽으심이 믿어질 때 그리스도의 몸이 먹힌다"라고 말했다. Seeberg, *THD* 2:321를 보라. 루터는 요한복음 6장에서 그리스께서 믿음을 묘사하고 계시다는 사실에 동의하지만, 그는 주님의 만찬은 요한복음 6장의 주제가 아니라고 결론지었다. *WA* 33:182; 33:259-60; Lohse, *SHCD,* 173; Seeberg, *THD* 2:323를 보라.

45. Zwingli, *A Clear Instruction About the Lord's Supper* 1, in Pelikan, *CT* 4:197. 쯔빙글리는 그리스도의 몸을 육체적으로 먹는다는 것은 "혐오스러운 생각"이라고 말했다(ibid., 194).

46. 스티븐스(Stephens)는 "쯔빙글리는 그리스도의 영적 임재를 주장하는 데 어려움을 겪지 않는다. 하지만 그것은 그분의 육체적 임재와는 아주 동떨어져 있다. 이런 몸의 임재가 '우리가 우리를 위하여 죽으신 그리스도를 마음으로 믿는다'는 의미에서 영적이라면, 그때 쯔빙글리는 자신과 자신의 반대자들 사이에 아무런 차이가 없다고 주장할 수 있다"고 썼다(*Theology of Zwingli,* 243). 헤론(Heron)은 "루터에게 결정적인 말씀은 '이것은 나의 몸이다'이며, 쯔빙글리에게는 '이것으로 나를 기념하라'이다"라고 주장한다(*Table,* 116). 쯔빙글리의 견해는 종종 '기념설'(memorialism)로 불린다.

47. 마부르크 대담에 대하여는 Stephens, *Theology of Zwingli,* 248-50; Heron, *Table,* 120-22를 보라.

48. Calvin, *Replies to Joachim Westphal* 2; 3. 참고. Pelikan, *CT* 4:186.

49. *Short Treatise on the Holy Supper* 5. Pelikan, *CT* 4:186.을 보라. 칼빈은 쯔빙글리의 견해가 "거짓이며 유해하다"고 일컬었다. Brian Gerrish, "Gospel and Eucharist: John Calvin on the Lord's Supper," *The Old Protestantism and the New*(Chicago: Univ. of Chicago Press, 1982), 107를 보라.

50. *Inst.* IV.17.1. 게리쉬(Gerrish)의 일곱 가지 명제들은 칼빈의 견해들을 요약하고 있다: 주님의 만찬은 은사이다. 그 은사는 예수 그리스도 자신이다. 그 은사는 표징들을 통하여 주어진다. 그 은사는 성령님에 의해 주어진다. 그 은사는 성찬을 받는 모든 사람에게 주어진다. 은사의 유익은 믿음으로 받는다. 은사는 감사를 불러일으킨다 ("Gospel and Eucharist," 112-15).

51. *Short Treatise on the Holy Supper* 2. Pelikan, *CT* 4:191를 보라.

52. *Replies to Westphal* 2. Pelikan, *CT* 4:192를 보라. "성찬의 거룩한 신비는 두 가지 것으로 이루어진다. 첫째, 우리의 눈앞에 진설된 물질적 표징들이다. 이것은 우리의 연약한 능력에 맞추어 우리가 볼 수 없는 것들을 표현해 준다. 다른 하나는 영적인 진리다. 이것은 그와 동시에 그 상징들을 통하여 표현되고 노출된다"(*Inst.* IV.17.11).

53. *The Best Way of Achieving Concord,* Pelikan, CT 4:192에서. 참고. *Inst.* IV.14. 게리쉬(Gerrish)는 "표징은 그것들이 '표현하는' 것을 '제시한다.' 그것들은 내용이 없거나 공허한 표징들이 아니며, 그것들이 나타내는 실체와 결합되어 있다"("Gospel and Eucharist," 113).

54. *Inst.* IV.17.6. 신앙에 대한 칼빈의 견해를 위하여는 IV.2를 보라.

55. 그는 또한 재세례파에 반대한다. 그의 *Treatises Against the Anabaptists and Against the Libertines*와 Willem Balke, *Calvin and the Anabaptist Radicals,* trans. William Heynen(Grand Rapids: Eerdmans, 1981)을 보라. 그리스도의 임재에 대하여는 Joseph N. Tylenda, "Calvin and Christ's Presence in the Supper-True or Real," *Scottish Journal of Theology* 27(1974): 65-75를 보라. 타이렌더(Tylenda)는 "칼빈은 만찬에서 주님의 몸의 임재를 언급할 때 [거짓이나 상상이나 모조의 임재가 아니라 '진정한 헌헌'이라는 의미에서] '진실한'(true)이라는 단어를 선호했을 것이다"라고 결론짓는다. 왜냐하면 "칼빈에게 있어서 만찬은 우리의 구속의 살과 피를 취하고 먹고 마시는 성례였지, 임재의 성례가 아니었기 때문이다"(pp. 73-74).

제9장 종말론 논쟁

1. 헬라어 *eschaton*에 근거를 둔 eschatology라는 단어는 '마지막 것들'을 가리킨다. Geoffrey Wainwright, *Eucharist and Eschatology*(New York: Oxford Univ. Press, 1971)를 보라.

2. *IDB* 3:19.

3. A. M. Hunter, *The Work and Words of Jesus,* rev. ed.(Philadelphia: Westminster, 1973), 90. *TDNT* 1:564ff.를 참조하라.

4. *TDNT* 1:582. 요아킴 예레미아스(Joachim Jeremias)는 구약 성경에서 하나님의 통치는 공간적이거나 정적인 것이 아니라고 주장한다. 그것은 "오랫동안 갈망해 왔지만 세상에서 결코 이루어진 적이 없는 의의 왕이라는 이상을 하나님께서 실현하신다"는

것을 의미하는 역동적인 개념이다(*New Testament Theology*, tras. John Bowden[New York: Scribner's, 1971], 98).

5. 도드(C. H. Dodd)는 그 나라의 현재적 도래를 강조하기 위하여 '실현된 종말론'(realized eschatology)라는 말을 만들었다. 종말론은 이와 같이 역사 속에서 일어난 일에 초점이 맞춰진다. *The Parables of the Kingdom*(London: Collins, 1961), chap. 2를 보라. 다른 사람들은 '개시된 종말론'(inaugurated eschatology)에 대해 말한다.

6. Eusebius, *Eccl. History* 3.39.11-12. Pelikan, *CT* 1:124를 보라.

7. Irenaeus, *Against Heresies* 5.33.2, in *ECF*, 374-75.

8. *Ep. of Barnabas* 15. 참조. Kelly, *Doct.*, 462. 의에 대한 보상과 악에 대한 징벌은 초기 종말론의 중요한 요소였다. Seeberg, *THD* 1:81을 보라.

9. Justin Martyr, *Dialogue with Trypho* 80.2. 참고. Kelly, *Doct.*, 466; Pelikan, *CT* 1:125.

10. *Ag. Her.* 5.31.2, in *ECF*, 98; 5.25.1. 참고. Kelly, *Doct.*, 467-68; Seeberg, *THD* 1:124; Pelikan, *CT* 1:128.

11. *Ag. Her.* 5.33.2, in *ECF*, 394.

12. *Ag. Marcion* 3.24, in *Early*, 164. 터툴리안(Tertullian)은 갈 4:26; 빌 3:20; 겔 48:30ff.; 계 21:2ff. 등을 인용한다.

13. *On the Resurrection of the Flesh* 26.11; *Ag. Marcion* 4.33.8.

14. Kelly, *Doct.*, 469; Pelikan, *CT* 1:128.

15. Origen, *On First Principles* 2.11.2-3; Pelikan, *CT* 1:125. 2.10.3, in *Early*, 255를 참고하라. 오리겐의 신플라톤주의(Neoplatonism)는 그가 "나라이 임하옵시며"라는 구절을 다음과 같이 해석하는 데서 드러난다: "인간은 하나님의 통치를 받아야 하며 하나님의 영적인 법에 순종해야 한다."(*On Prayer* 25.1; Karl Barth, *The Christian Life*, trans. G. W. Bromiley[Grand Rapids: Eerdmans, 1981], 244). Origen, *Sel. in Psalms* 144.13; *In John* 19, 12, 78; Kelly, *Doct.*, 470을 보라.

16. Origen, *In Matt.* 14.7 on Matthew 18:23. *TDNT* 1:589를 보라. 오리겐의 종말론에 관해서는 Kelly, *Doct.*, 470ff.를 보라; Pelikan, *CT* 1:151; Seeberg, *THD* 1:159-60. 오리겐은 악한 자들과 사단까지 포함해서 "만유의 회복"을 믿었다(행 3:21).

17. Seeberg, *THD* 1:197.

18. *Sermons* 131.6.6 in Seeberg, *THD* 1:326, n. 2.

19. *City of God*, trans. Henry Bettenson(Middlesex, England: Penguin, 1972), 20.9. Ser. 213.7; 214.11; Seeberg, *THD* 1:326를 참고하라. *Ser.* 259에서 어거스틴은

천년 왕국에 대한 문자적 해석을 거부한다. 그로 인해 그는 '전천년설'(premillennialism)과 '후천년설'(postmillennialism)에 맞서는 '무천년설'(amillennialism)의 창시자로 간주되고 있다.

20. *City of God* 20.25; 참고. 21.26.
21. *Ibid.,* 14.28.
22. *Ibid.,* 14.13.
23. *Ibid.,* 11.1; 1.35; 참고. 18.47-50.
24. *Ibid.,* 13.16. 참고. *Expos. on the Ps.* 98.4. 어거스틴은 '교회'(church)라는 말을 경험적인 보편 교회, 그리스도의 신비한 몸, 그리스도의 교량, 혹은 선택된 자들의 불가견적 교회라는 의미로 사용한다. Eric G. Jay, *The Church: Its Changing Image through Twenty Centuries*(Atlanta: John Knox, 1978), 92를 보라.
25. Hans Schwarz, *On the Way to the Future*(Minneapolis: Augsburg, 1972), 152-53을 보라.
26. 유세비우스는 '천년 왕국'이라는 용어를 실제로 사용하지는 않았지만(*Eccl. History*, 10, 4), 하나님 나라를 향한 가시적인 진전을 보았다.
27. Gregory the Great, *Hom. on the Gospels* 2.38.2; 32.6; *Moral Discourses on Job* 33.18.34. Seeberg, *THD* 2:25를 참고하라.
28. Pelikan, *CT* 3:42ff.; Jay, *The Church,* 105-6을 보라.
29. 1530년 6월 2일 필립 멜란히톤에게 보낸 편지. *Briefe* 5. 346 in Thomas F. Torrance, *Kingdom and Church*(Fair Lawn, N.J.: Essential Books, 1956), 20.
30. 그러나 1533년에 "루터는 세상이 1533년 10월 19일 오전 8시에 끝날 것이라는 계산을 놓고 Michel Stifel과 심하게 다퉈야 했다!"(*Tischreden* 4.51.2 in Torrance, *Kingdom,* 20).
31. 토란스(Torrance)는 루터의 여러 가지 용어들을 제공한다(*Kingdom,* 23-24). 참고. Paul Althaus, *The Ethics of Martin Luther,* trans. Robert C. Schultz(Philadelphia: Fortress, 1972), chap. 4; Eric W. Gritsch, *Martin — God's Court Jester*(Philadelphia: Fortress, 1983), chap. 6. Gerhard Ebeling, *Luther: An Introduction to His Thought,* trans. R. A. Wilson(Philadelphia: Fortress, 1972), chap. 11.
32. *WA* 51:239.22-30(1534-35), in Ebeling, *Luther,* 177.
33. *WA* 45:252; 참고. 280, 292, 47:853. Torrance, *Kingdom,* 24; Althaus, *Ethics,* 54-56.
34. *Ser. for the Third of Advent,* on Matt. 11:2-10, in Torrance, *Kingdom,* 24.

Althaus, *Ethics*, 56-59를 참고하라.

35. "그 두 왕국을 혼동하는 것은 … 하나님 나라를 강탈하거나 하나님의 손을 굴복시키는 것이다—그리고 그것은 바로 적그리스도의 표시이다"(*WA* 40/1:51, 175-78). Torrance, *Kingdom*, 30을 보라.

36. Ebeling, *Ehtics*, 185를 보라. 알트하우스(Althaus)는 "비록 그 두 정부가 서로 다른 형태를 갖고 있고 본질적으로 서로 독립되어 있지만, 그들은 여전히 서로를 필요로 한다"고 쓴다(*Ehtics*, 59).

37. *WA* 40:8; 5:217; 30/1:189ff.; 17/1:193-94; 8:539-40; 11:235; 6:293ff.; 2:73; Torrance, *Kingdom*, 32를 보라.

38. 칼빈에 관해서는 Torrance, *Kingdom*, chap. 4; H. Quistorp, *Calvin's Doctrine of the Last Things*(London: Lutterworth, 1955); David E. Holwerda, "Eschatology and History: A Look at Calvin's Eschatological Vision," in *Reading in Calvin's Theology*, ed. Donald K. McKim(Grand Rapids: Baker, 1984), chap. 18을 보라.

39. *Comm. on First Corinthians*, trans. John W. Fraser, *Calvin's New Testament Commentaries*, ed. David W. and Thomas F. Torrance, 12 vols.(1960; rpt. Grand Rapids: Eerdmans, 1980—이후로는 *CNTC*로 인용됨), 9:314. 그리스도는 구원의 매개체이시다.

40. *Comm. on Acts*, "Dedicatory Epistle"(*CNTC* 6:3). 참고. Torrance, *Kingdom*, 115.

41. *Comm. on Acts* 2:33(*CNTC* 6:74); *Ser. on Acts* 1:9-11; *Comm. on Heb.* 7:17f.(*CNTC* 12:98); *Comm. on Matt.* 24:15(*CNTC* 3:82-83); *Comm. on Matt.* 25:31(*CNTC* 3:112-13)을 보라. 하나님 나라는 "죄의 용서, 구원, 생명, 그리고 우리가 그리스도 안에서 얻는 모든 것이다." *Inst.* III.3.19를 보라.

42. *Comm. on Gen.* 17:7; Holwerda, "Eschatology and History," 324; *Comm. on Acts* 3:21(CNTC 3:103)을 보라.

43. *Inst.* III.20.42. 참고. *Comm. on Acts* 2:17(*CNTC* 6:56-59); *Com. on Heb.* 2:13(*CNTC* 12:27-30); *Comm. on Acts* 1:3(*CNTC* 6:24-25); Torrance, *Kingdom*, 116.

44. *Inst.* III.7-10; IV.20을 보라.

45. *Inst.* III.25.5. 참고. Quistorp, *Last Things*, 158-62; Holwerda, "Eschatology and History," 327-30.

46. 칼빈은 "죽은 자들이 … 다시 살고"(고전 15:52)라는 구절을 주석하면서 다음과 같이 쓴다. "그것은 이미 과거의 시간이기 때문에 성도들은 그 날을 최후의 단 한 시간으로

기대하게 될 것이다." Comm. on I Cor. 15:52(*CNTC* 9:344)를 보라. 참고. Torrance, *Kingdom*, 118-19; *Comm. on Acts* 2:17(*CNTC* 6:56).

47. *Comm. on Heb.* 9:26(CNTC 12:26).

48. *Comm. on Matt.* 24:29(CNTC 3:93). *Inst.* III.20.42를 참고하라.

49. *Comm. on Matt.* 6:10(CNTC 1:208).

50. *Inst.* III.25.5. *Comm. on Matt.* 6:10(*CNTC* 1:207)을 참고하라. 거기에서 칼빈은 "인간이 자신의 육체를 그분의 멍에에 굴복시키고 자신들의 욕망을 밀쳐두며 기꺼이 자신들을 그분의 통치에 내어줄 때" 하나님께서 인간을 "다스리신다"고 쓴다. 참고. Torrance, *Kingdom*, 120ff.

51. Peter Toon, *Puritans, the Millennium and Israel*(Cambridge: James Clarke, 1970); Christopher Hill, *The World Turned Upside Down*(New York: Viking, 1972); *Antichrist in 17th-Century England*(London: Oxford University Press, 1971)을 보라.

52. Karl Barth, *The Christian Life,* trans. G. W. Bromiley(Grand Rapids: Eerdmans, 1981), 243을 보라. 참고. 그의 *Protestant Theology in the Nineteenth Century*(Valley Forge: Judson, 1973). 슐라이어마허(Schleiermacher)와 리츨(Ritschl)의 교회관에 대해서는 Jay, *The Church*, chap. 16을 보라.

53. Barth, *Life,* 237. 참고. Arthur C. Cochrane, *The Mastery of Peace*(Elgin, Ill.: Brethren Press, 1986).

54. *Protestant Theology*, chaps. 11, 29에 나오는 슐라이어마허와 리츨에 대한 바르트의 언급; 그의 *Theology of Schleiermacher,* ed. Dietrich Ritschl, trans. G. W. Bromiley(Grand Rapids: Eerdmans, 1982); H. Martin Rumscheidt, *Revelation and Theology: An Analysis of the Barth-Harnack Correspondence of 1923*(New York: Cambridge University Press, 1972)를 보라.

55. Barth, *Life,* 240.

56. *Ibid.,* 244.

57. *Ibid.,* 242.

58. 이 구절은 블름하르트(J. C. Blumhardt, 1805-80)와 그의 아들 크리스토프(Christoph)와 관계되어 있다. 이것은 바르트가 좋아하는 구절이었다(*Life,* 256-60을 보라).

제10장 오늘날의 신학적 전환점들

1. Jürgen Moltman, *The Trinity and the Kingdom,* tras. Margaret Kohl(San Francisco: Harper & Row, 1981): *The Crucified God,* trans. R. Wilson and J. Bowden(New York: Harper & Row, 1974); *Theology of Hope,* trans. J. W. Leitch(New York: Harper & Row, 1967)을 보라.
2. Karl Rahner, *The Trinity*(New York: Herder & Herder, 1970), 106.
3. Majorie Hewitt Suchocki, *God − Christ − Church: A Practical Guide to Process Theology*(New York: Crossroad, 1982), pt. 2; Charles Hartshorne, *The Divine Relativity*(New Haven: Yale Univ. Press, 1948).
4. Rosemary Ruether, *Sexism and God−Talk*(Boston: Beacon Press, 1983); Virginia Ramey Mollenkott, *The Divine Feminine*(New York: Crossroad, 1983); Joan Chamberlain Engelsman, *The Feminine Dimension of the Divine*(Philadelphia: Westminster, 1979).
5. Don Cupitt, "The Finality of Christ," *Theology* 78(1975): 625.
6. John F. O'Grady, *Models of Jesus*(New York: Doubleday, 1982).
7. Suchocki, *God − Christ − Church,* pt. 3; John Cobb, *Christ in a Pluralistic Age*(Philadelphia: Westminster, 1975); Patricia Wilson-Kastner, *Faith, Feminism, and the Christ*(Philadelphia, Fortress, 1983); Rosemary Ruether, *To Change the World: Christology and Cultural Criticism*(New York: Crossroad, 1981).
8. Wolfhart Pannenberg, *Jesus — God and Man,* trans. Duane A Priebe (Philadelphia: Westminster, 1968); 참고. Pannenberg, *Basic Questions in Theology* 1. trans. George H. Kehm(Philadelphia: Fortress, 1983).
9. Shubert M. Ogden, *Christ without Myth*(New York: Haper & Row, 1961).
10. John Hick, *God and the Universe of Faiths*(New York: St. Martin's, 1973).
11. Ibid., 152; John A. T. Robinson, *The Human Face of God*(Philadelphia: Westminster, 1973).
12. Hans Küng, *On Being a Christian,* trans. Edward Quinn(New York: Doubleday, 1976).
13. Karl Rahner, "Anonymous Christians," in *Theological Investigations,* trans. Karl H. Kruger, 15 vols.(Baltimore: Helicon, 1969), 6:390-98; "Atheism and Implicity Christianity," *ibid.,* 9:145-65; "Anonymous Christianity and the Missionary Task

of the Church," *ibid.,* 12:161-81을 보라.

14. Eirc G. Jay, *The Church: Its Changing Image through Twenty Centuries* (Atlanta: John Knox, 1980), 302, 439를 보라.

15. Robert S. Paul, *The Church in Search of Its Self*(Grand Rapids: Eerdmans, 1972)를 보라.

16. Dietrich Bonhoeffer, *Letters and Papers from Prison,* ed. Eberhard Bethge (New York: Macmillan, 1972), 382: Jay, *The Church,* 340.

17. Barth, *CD,* IV/1; IV/2를 보라.

18. Paul Tillich, *Systematic Theology,* 3 vols.(Chicago: Univ. of Chicago Press, 1951, 1957, 1963), 3:162-63.

19. Hans Küng, *The Church*(Garden City, N.Y.: Doubleday, 1976), 11.

20. *Ibid.,* 169-77.

21. Colin Gunton, *Enlightenment and Alienation*(Grand Rapids: Eerdmans, 1985); Diogenes Allen, *Philosophy for Understanding Theology*(Atlanta: John Knox, 1985)를 보라.

22. Linwood Urban, *A Short History of Christian Thought*(New York: Oxford Univ. Press, 1986), 146를 보라.

23. John Macquarrie, *In Search of Humanity*(New York: Crossroad, 1983); 참고. *Review of Books and Religion* 12/10(Sept.-Oct. 1984): 14-17, 32-33에 실린 Donald K. McKim의 서평.

24. Wolfhart Pannenberg, *Anthology in Theological Perspective,* trans. Matthew J. O'Connell(Philadelphia: Westminster, 1985), 20. 참고. 그의 What is Man(Philadelphia: Fortress, 1970).

25. H. George Anderson et al., eds., *Justification by Faith*(Minneapolis: Augsburg, 1985), 16. 70-72를 보라.

26. Pannenberg, *Anthropology,* 311-12.

27. Gustavo Gutiérrez, *A Theology of Liberation,* trans. and ed. Caridad Inda and John Eagleson(Maryknoll, N.Y.: Orbis, 1973); José Miguez Bonino, *Doing Theology in a Revolutionary Situation,* ed. William H. Lazareth(Philadelphia: Fortress, 1975).

28. Suchocki, *God — Christ — Church,* chap. 12.

29. Rosemary Ruether, "Feminist Interpretation: A Method of Correlation," in

Feminist Interpretation of the Bible, ed. Letty M. Russell(Philadelphia: Westminster, 1985), 115; Phyllis Trible, "Postscript: Jottings on the Journey," ibid., 149; Letty M. Russell, "Authority and the Challenge of Feminist Interpretation," ibid., 138.

30. Robert Gnuse, *The Authority of the Bible: Theories of Inspiration, Revelation and the Canon of Scripture*(New York: Paulist, 1985), 114.

31. Article IX of *Dei Verbum,* in *the Documents of Vatican II,* ed. and trans. W. M. Abbott and J. Gallagher(New York: Guild, 1966). 참고. Avery Dulles, "Scirpture: Recent Protestant and Catholic View," in *The Authoritative Word: Essays on the Nature of Scirpture,* ed. Donald K. McKim(Grand Rapids: Eerdmans, 1983), 246-51.

32. Paul J. Achtemeier, "How the Scriptures were Formed," in McKim, *Authoritative Word,* 14. David H. Kelsey, *The Uses of Scripture in Recent Theology* (Philadelphia: Fortress, 1975), 32-119.

33. Rogers and McKim, *AIB,* passim.

34. *A Guide to Contemporary Hermeneutics: Major Trends in Biblical Interpretation,* ed. Donald K. McKim(Grand Rapids: Eerdmans, 1986).

35. Edward Schillebeeckx, *Christ, the Sacrament of the Encounter with God*(New York: Sheed & Ward, 1963).

36. Karl Rahner, *Foundations of the Christian Faith*(New York: Seabury, 1978), chap. 8.

37. Alexandre Ganoczy, *An Introduction to Catholic Sacramental Theology,* trans. William Thomas and Anthony Sherman(New York: Paulist, 1984), 156.

38. Karl Barth, *The Church's Teaching About Baptism,* tans. Ernest A. Payne(London: SCM, 1948); *CD* IV/4. 참고. Geoffrey W. Bromiley, *Introduction to the Theology of Karl Barth*(Grand Rapids: Eerdmans, 1979), 239-43.

39. Moltmann, *Theology of Hope,* 329-180.

40. Pannenberg, *Basic Questions* 1:74.

41. Wolfhart Pannenberg, *Theology and the Kingdom of God*(Philadelphia: Westminster, 1969), 56, 61, 75.

42. Charles Hartshorne, "Process Philosophy as a Resource for Christian Thought," in *Philosophical Resources for Christian Theology,* ed. Perry LeFevre (Nashville: Abingdon, 1968), 52.

43. 수초키(Suchocki)는 하나님 나라의 '이중적 초점'에 대해 쓴다. 그녀는 그것을 "정의의 궁극성 안에서 악에 대한 하나님의 선의 승리"라고 정의한다. 하나의 나라의 그 두 가지 차원은 영원한 것과 일시적인 것이다(*God-Christ-Church*, 174).

44. Gutiérrez는 3단계의 해방에 대해 말한다. 그것은 정치적 해방, 역사적 해방, 그리고 예수 그리스도 안에서의 신학적 해방이다. 이 단계들은 서로 구별될 수 있지만 또한 그 모든 것이 현존하는 하나의 기본적인 통일성을 구성하기도 한다(*Theology of Liberation*, 177).

참고도서 목록

약어표와 본문의 주석에 실려 있는 도서들 외에 다음에 나오는 자료들이 유용할 것이다.

제1장 삼위일체론

Bavink, Herman. *The Doctrine of God,* translated by William Hendricksen. Grand Rapids: Baker, 1980.
Eichrodt, Walther. *Theology of the Old Testament,* translated by J. A. Baker. 2vols. Philadelphia: Westminster, 1967.
Prestige, G. F. *God in Patristic Thought.* London: SPCK, 1952.
von Rad, Gerhard. *Old Testament Theology,* translated by D. M. G. Stalker. 2 vols. Edinburgh: Oliver and Boyd, 1962, 1965.

제2장 기독론

Dunn, James D. G. *Christology in the Making.* Philadelphia: Westminster, 1980.
Marshall, I. H. *The Origins of New Testament Christology.* Downers Grove, Ill.: Inter-Varsity, 1976.
Moule, C. F. D. *The Origin of Christology.* New York: Cambridge University Press, 1977.
Wells, David F. *The Person of Christ.* Westchester, Ill.: Crossway, 1984.

제3장 교회론

Berkouwer, G. C. *The Church,* translated by James E. Davison. Grand Rapids: Eerdmans, 1976.

Bultmann, Rudolf. *Theology of the New Testament,* translated by Kendrick Grobel. 2 vols. New York: Scribner's, 1951, 1955.

Dulles, Avery. *Models of the Church,* Garden City, N. Y.: Doubleday, 1974.

Frend, W. H. C. *Martyrdom and Persecution in the Early Church.* Garden City, N.Y.: Doubleday, 1967.

제4장 인간론

Berkouwer, G. C. *Man: The Image of God,* translated by Dirk W. Jellema. Grand Rapids: Eerdmans, 1962.

Cunliffe-Jones, Hurber, and Benjamin Drewery, editors. *A History of Christian Doctrine.* Philadelphia: Fortress, 1980.

Hall, Douglas John. *Imaging God.* Grand Rapids: Eerdmans, 1986.

Hoekema, Anthony A. *Created in God's Image.* Grand Rapids: Eerdmans, 1986.

제5장 구원론

Berkouwer, G. C. *Faith and Justification,* translated by Lewis B. Smedes. Grans Rapids: Eerdmans, 1968.

Moffatt, James. *Grace in the New Testament.* New York: Long & Smith, 1932.

Morris, Leon. *The Cross in the New Testament.* Exerter, England: Paternoster, 1967.

Toon, Peter. *Justification and Sanctification.* Westchester, Ill.: Crossway, 1983.

제6장 권위론

Berkouwer, G. C. *Holy Scripture,* edited and translated by Jack B. Rogers. Grand Rapids: Eerdmans, 1975.

Dulles, Avery. *Models of Revelation,* Garden City, N. Y.: Doubleday, 1983.

McKim, Donald K. *What Christians Believe About the Bible.* Nashville: Nelson, 1985.

Ridderbos, Herman N. *Studies in Scripture and Its Authority.* Grand Rapids: Eerdmands, 1978.

제7장 성례론 I - 세례

Beasley-Murray, G. R. *Baptism in the New Testament.* London: Macmillan, 1963.
Gullmann, Oscar. *Baptism in the New Testament.* London: SCM, 1956.
Flemington, W. F. *The New Testament Doctrine of Baptism.* London: SPCK, 1957.
Lampe, G. W. H. *The Seal of the Spirit.* London: Longmans, 1951.

제8장 성례론 II - 성찬

Gäbler, Ulrich. *Huldrych Zwingli: His Life and Work,* translated by Ruth C. L. Gritsch. Philadelphia: Fortress, 1986.
Jeremias, Joachim. *The Eucharistic Words of Jesus,* translated by Norman Perrin, 3d ed. London: SCM, 1966.
McDonnell, Kilian. *John Calvin, the Church, and the Eucharist.* Princeton: Unviersity Press, 1967.
Wallace, Ronald S. *Calvin's Doctrine of the Word and Sacrament.* Edinburgh: Olver & Boyd, 1953.

제9장 종말론

Berkouwer, G. C. *The Return of Christ,* translated by James Van Oosterom. Grand Rapids: Eerdmans, 1972.
Bright, John. *The Kingdom of God.* Nashville: Abingdon, 1953.
Gowan, Donald G. *The Eschatology of the Old Testament,* Philadelpha: Fortress, 1986.
Ridderbos, Herman, *The Coming of the Kingdom,* translated by H. ed Jongste.

Philadelphia: Presbyterian & Reformed, 1962.

제10장 현대 신학

Bracken, Joseph A. *What Are They Saying About the Trinity?* New York: Paulist, 1979.

Drummond, Richard H. *Toward a New Age in Christian Theology.* Maryknoll, N. Y.: Orbis, 1985.

Hodgson, Peter G., and Robert H. King, editors. *Christian Theology: An Introduction to Its Traditions and Tasks,* revised and enlarged ed. Philadelphia: Fortress, 1985.

McKim, Donald K. "Hearkening to the Voices: What Women Theologians Are Saying." *The Reformed Journal* 35(1985): 7-10.

교회의 역사를 바꾼
9가지 신학 논쟁

지은이 도날드 K. 맥킴 | 옮긴이 장종현
2005년 6월 1일 초판 1쇄 발행
2005년 12월 15일 초판 2쇄 발행
2007년 3월 1일 초판 3쇄 발행

발행인 장종현 | 사장 홍찬환
기획자 김광남 | 편집자 박록희
마케터 김민 | 디자이너 김경이

펴낸곳 기독교연합신문사
등록번호 제21-347호 | 등록일자 1992년 6월 3일
주소 서울시 서초구 방배3동 981-14 기독교연합신문사 2층
전화 585-2754 | 팩스 585-6683 | 전자우편 ucnbooks@hanmail.net

ISBN 89-86046-92-X
값 18,000원